A ÉTICA A NICÔMACO

Coleção Chaves de Leitura

Coordenador
Robinson dos Santos

Dados Internacionais de Catalogação na Publicação (CIP)
(Câmara Brasileira do Livro, SP, Brasil)

Pakaluk, Michael
   A Ética a Nicômaco : uma chave de leitura / Michael Pakaluk ; tradução de Caesar Souza – Petrópolis, RJ : Vozes, 2020. – (Coleção Chaves de Leitura)

Título original: Aristotle's Nicomachean ethics : an introduction
Bibliografia.
ISBN 978-85-326-6295-8

1. Aristóteles. Ética a Nicômaco 2. Ética antiga
I. Título. II. Série.

19-29372   CDD-171.3

Índices para catálogo sistemático:
1. Aristóteles : Ética a Nicômaco : Filosofia   171.3

Cibele Maria Dias – Bibliotecária – CRB-8/9427

Michael Pakaluk

A ÉTICA A NICÔMACO

Uma chave de leitura

Tradução de Caesar Souza

Petrópolis

© Michael Pakaluk, 2005.

Título do original em inglês: *Aristotle's Nicomachean Ethics - An Introduction*

Direitos de publicação em língua portuguesa – Brasil:
2020, Editora Vozes Ltda.
Rua Frei Luís, 100
25689-900 Petrópolis, RJ
www.vozes.com.br
Brasil

Todos os direitos reservados. Nenhuma parte desta obra poderá ser reproduzida ou transmitida por qualquer forma e/ou quaisquer meios (eletrônico ou mecânico, incluindo fotocópia e gravação) ou arquivada em qualquer sistema ou banco de dados sem permissão escrita da editora.

CONSELHO EDITORIAL

Diretor
Gilberto Gonçalves Garcia

Editores
Aline dos Santos Carneiro
Edrian Josué Pasini
Marilac Loraine Oleniki
Welder Lancieri Marchini

Conselheiros
Francisco Morás
Ludovico Garmus
Teobaldo Heidemann
Volney J. Berkenbrock

Secretário executivo
João Batista Kreuch

Editoração: Leonardo A.R.T. dos Santos
Diagramação: Mania de criar
Revisão gráfica: Alessandra Karl
Capa: Editora Vozes
Ilustração de capa: Alexandre Maranhão

ISBN 978-85-326-6295-8 (Brasil)
ISBN 978-0-521-52068-3 (Reino Unido)

Editado conforme o novo acordo ortográfico.

Este livro foi composto e impresso pela Editora Vozes Ltda.

Para
niko-Max

Sumário

Prefácio, 9

1 Lendo a *Ética a Nicômaco* de Aristóteles, 19

2 O fim da vida humana, 83
Ética a Nicômaco, livro 1

3 A virtude relacionada ao caráter, 138
Ética a Nicômaco, 1.13 e livro 2

4 Ações como sinais do caráter, 180
Ética a Nicômaco, 3.1-5

5 Algumas virtudes particulares relacionadas ao caráter, 226
Ética a Nicômaco, 3.6-4.9

6 Justiça como uma virtude relacionada ao caráter, 267
Ética a Nicômaco, livro 5

7 Virtude relacionada ao pensamento, 301
Ética a Nicômaco, livro 6

8 *Akrasia*, ou falha de autocontrole, 339
   Ética a Nicômaco, livro 7.1-10

9 A amizade, 372
   Ética a Nicômaco, livros 8 e 9

10 O prazer, 412
   Ética a Nicômaco, 7.11-14 e 10.1-5

11 Felicidade, 452
   Ética a Nicômaco, 10.6-9

Referências, 473

Índice, 485

Prefácio

Lembro vividamente de meu primeiro encontro com a *Ética a Nicômaco* de Aristóteles em meu primeiro semestre na universidade. O texto me foi designado como parte de um curso introdutório à história da filosofia. Meu professor, Ed McCann, havia dito em aula que Aristóteles e Kant eram geralmente considerados superiores a todos os outros filósofos, devido à sua profundidade e abrangência. Por isso, tinha as expectativas mais elevadas enquanto me dirigia à biblioteca, com o texto da *Ética a Nicômaco* nas mãos, para me defrontar com o pensamento de Aristóteles.

Mas, adormecido, talvez, pelo leve zumbido do sistema de calefação da biblioteca, ou pelo suntuoso conforto da cadeira de couro na qual estava afundado, simplesmente não pude permanecer acordado enquanto lia. Lia um capítulo ou dois da *Ética*; e então adormecia; então, acordava, e lia um outro capítulo; e caía no sono novamente; e assim por diante. Durante meus breves períodos desperto, minha impressão foi a de que seguia o argumento, e aquilo que Aristóteles estava dizendo era, afinal, senso comum – uma primeira impressão muito comum acerca da *Ética*, de fato. E, todavia, eu realmente não estava entendendo o texto. O que estava acontecendo era que a aparente obviedade das afirmações de Aristóteles permitia que meus olhos percorressem o texto muito rapidamente, e ainda assim a densidade e concentração do argumento subjacente, até onde o compreendia, provocava um tipo de sobrecarga intelectual, da qual então escapava, caindo no sono.

Essa experiência, embora não inteiramente aprazível, deu-me uma discreta admiração pela *Ética*. Parecia um trabalho sério – difícil e devidamente desafiador – embora também aprazível e sob muitos aspectos evidentemente correto. Minha dificuldade de compreender o texto parecia completamente compatível com a elevada estima de meu professor por Aristóteles. Mas eu estava impaciente comigo: queria verdadeiramente entender a *Ética* e *aprender* o que tinha a oferecer.

Mais cedo do que poderia ter imaginado, tive uma outra chance. Em meu segundo semestre, sem saber bem no que estava me metendo, tentei me matricular e fui aceito em um seminário sobre filosofia política para alunos em final de curso. Uma das primeiras leituras para o seminário era a *Ética* de Aristóteles. Cada membro do seminário deveria fazer uma apresentação durante o semestre, e muito estupidamente me voluntariei para fazer a apresentação sobre a *Ética*. Não foi prudente, é claro, da minha parte, oferecer-me para uma das primeiras apresentações do semestre em um seminário avançado destinado a alunos de final de curso, mas imaginava que ao concordar em fazer a apresentação poderia me *forçar* a adquirir uma compreensão da *Ética*.

Porém, em breve, pude perceber o apuro no qual estava. Em um tipo de pânico, e sem um plano ou sistema, comecei a percorrer rapidamente a literatura secundária sobre a *Ética*, na esperança de encontrar alguma chave interpretativa. Deparei-me com um artigo – não consigo me lembrar agora exatamente qual ou de que autor – que afirmava que a *Ética* apresenta, do início ao fim, uma perspectiva "teleológica". Isso é correto, mas eu não tinha ideia alguma na época do que significava "teleológico". Não importa: em minha apresentação para o seminário, reproduzi a afirmação, e usei esse tema, o qual não compreendia, para introduzir e sumarizar os pontos muito vagos que levantei sobre o texto. Desnecessário dizer que fiquei completamente atônito quando o professor, Nathan Tarcov, começou a discussão após minha apresentação pedindo para que eu definisse o que queria dizer com "teleológico"!

Eu seria incumbido do texto uma terceira vez ainda antes de findar meus anos de graduação, dessa vez, por incrível que pareça, em um curso intitulado "Conhecimento Não científico". Hilary Putnam, um filósofo da ciência, indicou a *Ética* como um tipo de culminação do argumento do curso, que visava a derrubar qualquer distinção clara entre "fatos" e "valores". Mais cedo, havíamos examinado argumentos do livro de Iris Murdoch, *The sovereignity of the good* [*A soberania do bem*], devido à afirmação de que palavras que indicam o caráter de uma pessoa (p. ex., "gentil", "perseverante") não são puramente avaliativas, mas também essencialmente descritivas. Afirmações que usam palavras que visam a dizer como o mundo é também carregam consigo uma avaliação. A *Ética* de Aristóteles, afirmava o professor, era um tipo de exemplo excepcional disso, e o sistema e inteligência da *Ética* mostravam que o discurso ético dessa ordem, embora não "científico", poderia, contudo, constituir um tipo de conhecimento.

Naturalmente, em um curso assim, não lemos a *Ética* com grande atenção ao detalhe. O que deixou uma impressão duradoura em mim, particularmente, foi a alta consideração de meu professor pela *Ética*. Ele observou em aula que a *Ética a Nicômaco* provavelmente seria o livro que levaria consigo para uma ilha deserta, caso lhe fosse permitido levar somente um livro. Ele inclusive afirmava que poderíamos encontrar na *Ética* não meramente "conhecimento não científico", mas também *sabedoria* sobre a vida humana – a única vez em minha graduação, de fato, que ouvi um professor reconhecer a existência de algo como a sabedoria.

Assim, durante a graduação, ensinaram-me a *Ética* a partir de três abordagens diferentes: por um historiador, como um texto básico na filosofia antiga; por um filósofo político, como um texto seminal no pensamento político; e por um filósofo da ciência, como um paradigma de compreensão organizada, mas "não científica", e talvez inclusive como um exemplo de sabedoria. Minha experiência, que não é inusual, foi uma testemunha do poder e importância geral da *Ética*. Havia vários outros cursos em economia, sociologia, governo e religião nos quais poderia ter me matriculado e encontrado novamente a *Ética*.

A *Ética* parecia um texto do qual eu pessoalmente não poderia escapar. Fascinava-me; continuei a admirá-lo, ainda que intrigado pelo que *não* compreendia sobre ele. Passei a estudá-lo cuidadosamente em vários cursos como aluno de pós-graduação e, por fim, quase contra minha intenção, escrevi uma tese sobre ele. Digo "contra minha intenção", porque meu plano era escrever minha tese em filosofia política sistemática – um argumento, eu pensava, a favor da importância da "amizade cívica" na sociedade política. Para fazer isso, tinha de estudar a noção de amizade, como uma noção preliminar. E, para estudar a amizade, necessitava dominar a melhor discussão sobre o tema, que calhava ser encontrada – quem diria? – nos livros 8 e 9 da *Ética*. E esse terminou sendo o tópico de minha tese.

Suponho que a definição de um texto fundamental é seu caráter preliminar: é o que deveríamos idealmente ler e dominar antes de estudar e pensar sobre outras coisas. Por essa definição, a *Ética* de Aristóteles conta como um dos textos mais fundamentais no pensamento ocidental. Encontra-se na raiz da filosofia moral, da teoria política, da ciência comportamental e da economia, além de ser de influência predominante e contínua na literatura e cultura de um modo geral.

Não surpreende que muitos livros tenham sido escritos sobre um trabalho tão fundamental. Por que, então, estou oferecendo mais um? A explicação é fornecida por minha própria experiência. Tentei escrever um livro que poupasse aos estudantes de hoje parte do trabalho que necessitei realizar para ler e entender a *Ética*. Meu objetivo foi formular e, depois, transmitir algo do que aprendi em meu enfrentamento com a *Ética* durante esses anos. Por exemplo, há uma arte ou habilidade particular de ler Aristóteles, que envolve ser capaz de ver que ele está propondo um argumento, em uma sentença ou passagem, e, depois, reconstrói esse argumento por reflexão e avaliação. A densidade e concentração do pensamento de Aristóteles são difíceis para serem apreciadas por estudantes iniciantes, especialmente porque ninguém mais escreve desse modo; praticamente cada sentença desempenha um papel em um argumento ou outro, e cada palavra desempenha um papel específico na sentença, como um poema cuidadosamente elaborado. Tento explicar como Aristóteles escreve e dar dicas para reconhecer argumentos.

E, além disso, existem métodos distintos de análise que Aristóteles emprega, mas que seriam estranhos para nós, porque, embora esses métodos tenham análogos na linguagem ordinária e no senso comum, não são explicitamente formulados ou não se apoiam diretamente em grande parte do pensamento sistemático dos últimos séculos, além de parecerem intratáveis pelos métodos usuais de análise lógica. Os mais importantes deles são as noções de Aristóteles acerca de "significado focal", "analogia", "categorias" da predicação e predicação reduplicativa. Esses são absolutamente fundamentais para entender Aristóteles, e mesmo assim leitores cuja formação os levou a considerar a matemática clássica ou a lógica de primeira ordem uma estrutura adequada para o raciocínio – ou seja, praticamente, todos nós – acharão essas noções obscuras. Somos tentados a desconsiderar, descartar ou mudar por meio da reformulação precisamente aquelas afirmações de Aristóteles que deveríamos tratar como centrais, para que pudéssemos entender seu pensamento. Meu objetivo neste livro, especialmente, foi dar atenção especial a esses métodos de análise e às afirmações que fazem uso particular deles.

Parece-me, também, que estudantes de Aristóteles necessitam de ajuda para discernir o que poderia ser chamado de os "temas elevados" da *Ética*. Nesse trabalho, a floresta é por vezes exatamente tão difícil de ver quanto as árvores. Quais são as intenções de Aristóteles? Como uma dificuldade particular se parece para *ele* (não para *nós*)? Por que, exatamente, ele está adotando a abordagem que adota? Qual é o resultado de uma série particular de argumentos ou afirmações? Aristóteles não marca seu texto com títulos de capítulos. Ele raramente anuncia o que está tentando mostrar. Frequentemente, entender uma seção do argumento requer que vejamos que uma pressuposição particular está envolvida, motivando a investigação de Aristóteles. Estudantes iniciantes poderiam facilmente quebrar sua cabeça com a *Ética* por muitas horas e não fazer qualquer progresso na descoberta dessas coisas. Um objetivo principal deste livro, portanto, foi clarificar tanto quanto possível o contexto próprio e as pressuposições relevantes das discussões de Aristóteles.

Sobre um ponto relacionado, devo dizer que rejeito, para o propósito deste livro e como doutrina correta sobre Aristóteles, a concepção comum segundo a qual a *Ética* é uma coleção ou compilação de tratados ou discussões separados, que carecem de unidade genuína. Parece-me claro que a hipótese de trabalho mais útil para os estudantes é presumirem que a *Ética* possui uma grande integridade e é hábil e inteligentemente arranjada, porque claramente não vão descobrir qual ordem o trabalho de fato tem a menos que perseverem em buscar por ela. O erro de atribuir ordem quando não há uma não é particularmente prejudicial e é usualmente frutífero. Ao longo deste livro, pretendo chamar a atenção a algumas das muitas conexões e referências cruzadas que, acredito, coerem a *Ética*.

Com relação às passagens nas quais não há suspeita de desunidade ou manipulação editorial, parece similarmente que a hipótese de trabalho mais útil é sustentar que Aristóteles está dizendo algo plausível, interessante e possivelmente profundo, mesmo quando todos os tipos de objeções e dificuldades se apresentam. Dizem que o que evidencia um grande filósofo é que "quanto mais esperto você fica, mais esperto ele fica". Aristóteles é certamente um grande filósofo. Geralmente, portanto, interpretações que apresentariam Aristóteles como dizendo algo desinteressante ou impróprio se arriscam a revelar mais sobre o intérprete do que sobre o texto que está sendo interpretado. É relativamente fácil levantar problemas sobre o que Aristóteles diz; difícil, em contraste, é ver como essas coisas poderiam ser resolvidas ou esclarecidas. Minha abordagem, portanto, é geralmente pressupor que os estudantes verão dificuldades e presumir que aquilo no qual necessitam de assistência particular, especialmente, é ver como, diante dessas dificuldades, Aristóteles pode, ainda assim, estar dizendo algo valioso.

Toda pessoa que escreve um livro introdutório de filosofia está consciente de que algumas decisões delicadas necessitam ser tomadas sobre o quanto de literatura secundária introduzir, e sobre se as visões padrão devem ser consideradas, mesmo quando quem escreve considera essas visões erradas. Essas determinações, parece-me, são relativas aos propósitos da pessoa. Se seu objetivo é preparar estudantes, que já têm uma base em filosofia e alguma familiaridade com a *Ética*, para estudo de pós-graduação ou para o futuro trabalho acadêmico, então, é necessário que sejam introduzidos sistematicamente à melhor literatura secundária, e que saibam quais visões são as visões "padrão", e quais posições alternativas proeminentes foram propostas. Que um estudioso importante tenha proposto uma concepção é razão suficiente para considerá-la, portanto, mesmo que essa concepção pareça falsa.

Mas meu objetivo principal neste livro, em contraste, é relativamente modesto. É simplesmente fornecer uma introdução clara, acessível e abrangente à *Ética* de Aristóteles para estudantes com um conhecimento mínimo em filosofia e ética, e que provavelmente se dedicarão a algo diferente do trabalho acadêmico em filosofia. Portanto, pareceu prudente manter-me num mínimo de consideração explícita da literatura secundária (exceto pelas notas bibliográficas que seguem cada capítulo) e, mesmo em alguns casos, quando isso serviu ao propósito do livro, dar uma atenção relativamente pequena a interpretações que, não obstante, têm sido amplamente aceitas entre estudiosos.

Minha relutância explícita em discutir a literatura acadêmica não deveria ser tomada como um sinal de que me considero de algum modo acima ou além da dependência dela. De modo algum isso é verdadeiro. Em cada ponto de minha formação, apoiei-me nos escritos de estudiosos e comentadores. Eu seria tolo e ingrato em não me considerar completamente em dívida para com as contribuições de outros. Além disso, e obviamente, seria contraproducente para alguém que também contribuiu com publicações para a literatura secundária – e está agora propondo um novo trabalho acadêmico – depreciar os trabalhos desse tipo. Particularmente, concebo minha abordagem como, uma vez mais, uma abordagem de economia: espero poupar aos estudantes algum trabalho nos campos de estudos, embora, sem dúvida, alguém deva fazer esse trabalho, se não os próprios estudantes, então, outros. E, por vezes, o devido respeito ao trabalho dos estudiosos toma a forma de, por enquanto, ignorá-los.

Não que eu sempre reconheça adequadamente minha dívida. De fato, devo confessar uma dívida intelectual que por um longo tempo necessitou de reconhecimento. Quando escrevi meu volume Clarendon *Aristotle* [Aristóteles], sobre a *Ética a Nicômaco*, livros 8 e 9, há sete anos, *não* o concebi como um "livro de tese" – o que estava correto. E sob aqueles fundamentos, uma certa prepotência adolescente de independência filosófica – o que não estava correto – omiti reconhecimento impresso a meus orientadores da tese, Sarah Broadie e John Rawls, que contribuíram para o livro indiretamente por meio de seu auxílio com a tese anterior. Broadie foi minha mentora. A rara combinação de clareza analítica e profundidade filosófica em seu próprio trabalho permanece um ideal que gostaria de imitar. Rawls foi um professor extraordinariamente generoso e, como agora é bem conhecido, um notável historiador da filosofia, que ensinou a mim e a outros alunos, pelo seu próprio exemplo, a como ler grandes textos filosóficos com seriedade e integridade. Ser capaz de reconhecer minha gratidão a eles é em si um motivo de gratidão.

Estou consciente de que partes particulares deste livro foram constituídas por discussões com Victor Caston, Patrick Corrigan, Anthony Price e Stephen White. Tenho uma dívida intelectual geral para com Jennifer Whiting, minha professora, e por meio dela a Terence Irwin, em questões relativas à interpretação da *Ética*. Meu pensamento sobre a *Ética*, por outro lado, foi particularmente moldado pelos escritos de David Bostock, John Cooper, Robert

Heinaman, Richard Kraut, Gavin Lawrence e Nicholas White. Sou igualmente grato aos alunos da Clark University e da Brown University, onde grande parte do material deste livro foi testada pela primeira vez.

Pela assistência financeira para completar este trabalho, desejo agradecer à Higgins School of the Humanities na Clark University e à Earhart Foundation. O livro foi esboçado durante uma licença sabática, generosamente concedida pela Clark University. Quando necessitei de um sabático desse sabático, refugiei-me na The Currier's House, em Jaffrey, New Hampshire, onde Nancy Lloyd, a proprietária, ela própria uma autora, ofereceu uma hospitalidade muito apreciada e revigorante, à qual sou muito grato. Adicionalmente, agradeço a Gisela Striker por subsidiar minha posição como pesquisador visitante em Harvard durante aquele ano sabático, e também a David Sedley por arranjar uma breve visita na Classics Faculty da Universidade de Cambridge.

Estou muito em dívida com Hilary Gaskin na Cambridge University Press por seu auxílio constante e aguda perspicácia editorial. Uma leitora anônima da Editora me deu sugestões úteis com relação ao penúltimo esboço. Anthony Price leu generosamente uma grande porção do material impresso e ofereceu muitos comentários perceptivos. Meu filho, Maximilian Pakaluk, a quem este livro é dedicado, leu cuidadosamente e discutiu comigo o material impresso inteiro, melhorando-o muito.

A amizade de Jay Delahanty se mostrou um apoio indispensável nos meses finais de revisão.

Sobretudo, agradeço à minha esposa, Catherine Ruth, por sua devoção e amor revigorante, e por sua disposição em ver comigo se, afinal, é ou não verdadeiro que *amor com amor se paga*.

1
LENDO A *ÉTICA A NICÔMACO* DE ARISTÓTELES

A estrutura básica da *Ética a Nicômaco*

A *Ética a Nicômaco*, diz-nos Aristóteles, é uma busca ou investigação (1.6.1096a12; b35; 1102a13). Ela coloca uma questão no início, olha para várias respostas possíveis ao longo do caminho, e conclui com um julgamento definido. O tratado, portanto, assemelha-se à forma de uma história de detetive.

O que Aristóteles nos diz que está buscando, e o que ele quer que nos juntemos a ele para buscar, é o que ele chama o "fim último" da vida humana. Informalmente, podemos pensar isso como o que conta como "se dar bem" na vida, ou o que é para alguém ser no verdadeiro sentido "um sucesso". Atingir nosso fim último é atingir a "felicidade". Falando de um modo prático, o fim último da vida é algo para o qual faríamos bem em dirigir tudo o mais que fazemos. *Preferimos*, razoavelmente, isso a qualquer outra coisa. Nosso fim último, podemos pensar, é aquilo com que podemos *nos contentar*: quando o obtemos, nada mais nos é necessário.

Existe um fim assim que seja o mesmo para todos, e, se existe, qual é? Essa é a questão básica da *Ética*.

É útil pensar sobre qualquer busca como envolvendo quatro elementos básicos. Suponha, por exemplo, que uma detetive desejasse estabelecer a identidade de uma pessoa que cometeu um assassinato. Primeiro, ela formularia uma descrição da pessoa assassina, ou *critérios* que ela satisfaria: ela poderia ter deduzido, por exemplo, a partir do exame da cena do crime, que a pessoa assassina calçava botas de caubói e mancava ao caminhar. Em segundo lugar, ela elaboraria uma lista de pessoas suspeitas, ou um *campo de busca* – aquelas pessoas que possivelmente cometeram o assassinato. Em terceiro lugar, ela questionaria e *examinaria* aquelas pessoas suspeitas uma a uma. Enquanto fizesse isso – e esse é o quarto passo –, ela *aplicaria seus critérios*, vendo se eles identificavam apenas uma pessoa suspeita como a assassina, a pessoa suspeita que, consequentemente, calçasse botas de caubói e mancasse ao caminhar[1].

A busca de Aristóteles pelo fim último da vida humana segue linhas similares. Primeiro, no começo da *Ética*, ele formula os critérios que, segundo ele, um fim último deve satisfazer: ele sustenta que deve ser o *mais último*; *autossuficiente*; e o mais preferível (1.7.1097a25-b21)[2]. Em segundo lugar, ele identifica um campo de busca: no famoso Argumento da Função de 1.7 (1097b22-1098a20), ele argumenta que nosso fim último deve ser encontrado entre aquelas atividades que podemos desempenhar somente se tivermos bons traços de caráter, ou as virtudes. Isso é o que ele quer dizer quando diz, na frase muito citada, que o bem humano mais elevado é "a atividade de acordo com a virtude" (1098a16-17). Em terceiro lugar, ele passa a examinar as virtudes uma por uma e suas atividades características, como coragem, generosidade e justiça. Esse projeto ocupa a maior parte do tratado – os livros 3-6. Em quarto e último lugar, após examinar alguns tópicos suplementares, Aristóteles aplica seus critérios originais e argumenta em

---
1. É claro que poderia ocorrer de mais de uma pessoa suspeita satisfazer os critérios.
2. Examinaremos esses critérios mais atentamente no próximo cap.

10.6-8 que a atividade intelectual que é uma expressão da virtude da "sabedoria filosófica" (*sophia*) é o fim último da vida humana:

> A atividade que executamos com nossas mentes, um tipo de atividade perceptiva[3], parece superar todas as outras quanto ao bem. Ela não visa a fim algum além de si. Ela tem seu prazer distinto (que aumenta a atividade). E, claramente, a autossuficiência, a ausência de necessidade, a ausência de esforço do tipo que a natureza humana pode alcançar, e tudo o mais que é atribuído a uma pessoa abençoadamente feliz, são atingidos por meio dessa atividade. Essa, portanto, seria a felicidade última de um ente humano... (10.7.1177b19-26).

Portanto, a *Ética* consiste em três seções principais, bem como de uma quarta, que discute tópicos secundários. Um plano do tratado pareceria mais ou menos assim:

O FIM ÚLTIMO DA VIDA HUMANA

    Critérios e campo de busca (1.1-12)

AS VIRTUDES E SUAS AÇÕES CARACTERÍSTICAS

    A origem, definição e classificação da virtude (1.13, livro 2)

    A relação entre virtude e ação (3.1-5)

    As virtudes (3.6-6.13)

      A – Virtudes relacionadas ao caráter

        1 Coragem (3.6-9)

        2 Moderação (3.10-12)

---

[3]. Aristóteles diz estritamente que esse tipo de atividade é "teórica" ou "contemplativa", ou seja, é um tipo de visão ou intuição. Nesse ponto, é menos equívoco chamar esse um tipo de percepção, não significando com isso algum tipo de percepção *sensível*.

3 Generosidade (4.1)

  4 Magnificência (4.2)

  5 Magnanimidade (4.3)

  6 Virtudes menores relacionadas ao caráter (4.4-9)

  7 Justiça (5.1-11)

 B – Virtudes relacionadas ao pensamento (6.1-13)

  1 Conhecimento demonstrativo (6.3)

  2 Capacidade artesanal (6.4)

  3 Capacidade administrativa (6.5)

  4 Boa intuição (6.6)

  5 Sabedoria filosófica (6.7)

  6 Virtudes menores relacionadas ao pensamento (6.9-11)

Tópicos secundários

  Autocontrole e ausência de autocontrole (7.1-10)

  Prazer corporal (7.11-14)

  Amizade (8.1-9.12)

  Prazer em geral (10.1-5)

A felicidade reconsiderada (10.6-8)[4]

A ideia fundamental da *Ética*

Mas, se o tratado é uma busca pelo fim último, então, por que – podemos perguntar – é chamado um tratado sobre "ética"?

---

4. O último cap. do tratado, 10.9, parece ser um capítulo transicional, cujo propósito é argumentar que o estudo do bem último para um ente humano leva naturalmente ao estudo das leis das instituições políticas. Ele vincula a *Ética* à *Política*.

A "ética" não tem a ver com cumprir obrigações, regras, princípios e deveres? Por que não o chamar, em troca, um tratado sobre "o propósito da vida humana", ou sobre "o que deveríamos estar tentando conseguir"?

O tratado recebe seu nome devido à *maneira* pela qual Aristóteles busca pelo fim último. Com foi mencionado, Aristóteles sustenta que nosso fim último deve ser encontrado entre aquelas de nossas ações que podemos executar somente como um resultado de termos bons traços de caráter, ou as virtudes. E a palavra grega que significa "relativo a traços de caráter" é *ēthikē*, a fonte de nossa palavra "ética". O tratado de Aristóteles é sobre "ética", portanto, no sentido histórico e original desse termo[5]. (É chamado "*a Nicômaco*" em homenagem ao filho de Aristóteles, mas se é porque foi dedicado a Nicômaco ou porque ele foi o editor, não sabemos.)

Mas isso leva somente à questão mais importante: por que Aristóteles sustenta que nosso fim último é "a atividade de acordo com a virtude"? Uma vez que essa é talvez a afirmação mais distinta e fundamental da *Ética*, é bom ter uma compreensão inicial do que Aristóteles quer dizer com ela, e quais foram suas razões para sustentá-la. Examinarei esses temas com mais cuidado no próximo capítulo, mas uma breve introdução será útil aqui.

A afirmação de Aristóteles é baseada em um princípio que ele toma de Platão e que poderia ser chamado a "Interdefinibilidade do Bem, da Virtude e da Função". Pela "função" (*ergon*, literalmente "trabalho" ou "tarefa") de uma coisa, entenda sua ativi-

---

5. Isso, por sua vez, deveria servir como uma advertência em nossa abordagem ao tratado: não deveríamos presumir no começo que Aristóteles esteja interessado no que *nós* queremos dizer por "moralidade" e "ética".

dade ou operação característica. De acordo com Platão, podemos identificar a função de uma coisa ao considerarmos que tipo de coisa apenas ela pode realizar, ou pode realizar melhor do que qualquer outra (*República* 352e). Por exemplo, a "função" de uma faca é cortar: cortar é algo que somente uma faca pode realizar, ou realizar melhor do que qualquer outro instrumento disponível[6]. Ao observarmos atentamente o conteúdo de um secador de louças numa cozinha, pela forma de uma faca podemos ser capazes de ver que sua tarefa distinta é cortar; um outro utensílio é destinado a esmagar alho; um outro, a assar panquecas ou hambúrgueres; e assim por diante. Dificilmente, poderíamos cortar uma maçã com uma panquequeira, ou esmagar alho com uma faca de descascar, ou assar panquecas com um esmagador de alhos. Cada tipo de utensílio tem seu próprio trabalho a fazer, e essa é sua "função". Platão e Aristóteles olham do mesmo modo para os tipos de coisas que existem na natureza. Um tipo de coisa não existiria, a menos que tivesse um papel distinto a desempenhar.

Claramente, uma coisa executa sua "função", nesse sentido, ou bem ou mal: uma faca corta bem; outra corta mal. O que explica a diferença? Uma faca que corta bem terá características ou "traços" que a fazem cortar bem. Uma faca que corta mal carecerá dessas mesmas características – coisas como, obviamente, sua lâmina *ter uma borda afiada; manter uma borda afiada; ter a forma e tamanho certos* para o tipo de corte que deve realizar (pequeno e fino para descascar; grande e cuneiforme para fatiar; etc.); e assim por diante. Era natural para um falante de grego da época de Aristóteles chamar esses traços, que fazem uma coisa fazer seu trabalho bem, as "virtudes" de uma coisa desse tipo.

---

6. O ponto é ainda mais claro com facas especializadas: não seríamos capazes de podar uma árvore, ou podá-la bem, exceto com uma podadeira.

A palavra grega relevante é *aretē*, que significa, de um modo geral, qualquer tipo de excelência ou poder distinto. Na época de Aristóteles, o termo seria aplicado livremente a instrumentos, substâncias naturais e animais domésticos – não simplesmente a entes humanos. Se fôssemos entrar no campo de batalha, por exemplo, buscaríamos um cavalo com "virtude", a fim de puxar uma quadriga que tivesse "virtude", feita de materiais que tivessem as "virtudes" relevantes. O termo conotava força e sucesso, assim como o termo latino *virtus*. A palavra "virtude" também, em sua origem, tinha conotações similares. Parte de sua significação original é ainda preservada em expressões como "em virtude de": "A faca corta *em virtude de* sua afiação"[7].

Qualquer faca que tenha todos esses traços bons, e quaisquer outras "virtudes" que devesse ter, seria como resultado uma faca *boa*, embora uma faca que evidentemente careça de um deles será uma faca *ruim*. Se é assim, então, as noções de *função*, *tipo*, *virtude* e *bem* são interdefiníveis, uma relação que pode ser expressa na seguinte afirmação:

> A *Interdefinibilidade do Bem, Função e Virtude* – Uma coisa *boa* de um certo tipo é aquela que tem as *virtudes* que a permitem realizar bem sua *função*.

---

7. Como o grego, *aretē*, poderia ser aplicada desse modo abrangente, mas não é mais natural usar nossa palavra "virtude" desse modo, alguns comentadores recomendavam que *aretē* fosse traduzida, em troca, como "excelência". O termo "excelência" deixa claro ao mesmo tempo que *aretē* não é um termo especificamente moral, e que tem um pouco a ver com distinção e realização especial. Todavia, poderíamos dizer, em contraste, que é igualmente inatural para nós usar "excelência" para referir traços como generosidade e justiça. E, como vimos, o termo "virtude" não carece de sugestões de força e poder. Minha própria concepção é que é melhor tentarmos recuperar a palavra "virtude", restaurando-a em parte ao seu significado inicial, ao retermos deliberadamente a palavra em discussões sobre a ética grega – tendo em mente todo tempo o que o termo de fato significa.

Um segundo princípio importante que Aristóteles pressupõe é que existe uma estreita relação entre *fins* e *bens*: ele acredita que, para alguma coisa *ser um bem*, ela, simplesmente, de algum modo, *tem de ser um fim*. (Essa afirmação, em contraste, *não* parece ter vindo de Platão. Parece ser aristotélica, mesmo que na abertura da *Ética* ele negue crédito especial pela noção.)

Suponha, agora, que consideremos que um fim seja *algo ao qual outras coisas estão direcionadas*. Seguir-se-ia que o bem de uma coisa seria aquilo ao que outras coisas que a envolvem estaria direcionado. Considere as partes de uma faca, por exemplo. Vemos que são desenhadas de modo que cada uma contribua para a tarefa de cortar: a faca tem uma lâmina de um certo comprimento, que é feita de um material particular, e é montada em um cabo de um certo modo, tudo isso para que possa cortar. Se um fim é um bem, então, o bem de uma faca pareceria envolver cortar. É estranho, talvez, dizer que algo como uma faca tem um bem. Mas, então, poderíamos dizer que se uma faca fosse uma coisa viva, então, seu bem seria cortar. Ao que visaria fazer, aquilo que buscaria basicamente realizar, envolveria, de algum modo, cortar.

É claro que uma faca enferrujada ou quebrada não cortará muito bem ou com segurança. Uma faca com uma lâmina embotada poderia inclusive não cortar coisa alguma. Dificilmente poderíamos dizer a função de uma faca quebrada, e pareceria equivocado, em qualquer caso, dizer que ela realiza o fim de uma faca. Não olharíamos para uma faca quebrada ou enferrujada para ver qual era a utilidade da faca. Assim, parece mais apropriado dizer que a finalidade ou bem de uma faca não é simplesmente *cortar*, senão *cortar bem*.

Contudo, cortar é a função de uma faca, e, como vimos, algo realiza sua função *bem* somente por possuir as "virtudes" daquele tipo de coisa. Assim, seria mais apropriado dizer que o fim último de uma faca envolve cortar *do modo que uma faca corta quando possui as "virtudes" de uma faca*. Considere a diferença entre uma faca em boas condições – afiada, seguramente construída e bem mantida – e uma faca em más condições – enferrujada, malfeita ou danificada. Considere a diferença que estar em boas condições faz para cortar: o que a faca boa pode realizar que a faca ruim não pode. O fim último ou o bem de uma faca estará localizado, portanto, precisamente nessa diferença de realização. O fim último ou o bem de uma faca consistirá no que uma faca pode realizar precisamente ao ser afiada, seguramente construída e bem mantida.

A *Ética* é essencialmente a aplicação de Aristóteles de uma linha similar de pensamento aos entes humanos em vez de facas. Aristóteles pensa que, por mais que possamos discordar sobre a justiça ou correção de ações particulares, em geral, encontramo-nos de acordo quanto ao que conta como um ente humano bom. Isso é refletido em como usamos a palavra "bom": geralmente, estamos de acordo em aplicar palavra "bom" somente para aquelas pessoas que possuem traços como generosidade, coragem, equidade, e assim por diante, e que não possuam quaisquer traços que sejam evidentemente contrários a esses. Não discordamos quanto ao fato de que uma pessoa que é generosa ou equânime nos fornece, nesse sentido, uma razão para chamá-la "boa".

Portanto, geralmente, concordamos, Aristóteles pensa, quanto ao que conta como um traço bom ou "virtude". Mas a linha de pensamento desenvolvida acima indicaria que o fim último de um ente humano, assim como o de qualquer outra coisa, consistiria em realizarmos bem nossa função; e realizarmos bem essa função, como em outros casos, encontra-se no que podemos realizar precisamente pelo fato de termos aqueles traços que nos tornam bons:

as "virtudes" dos entes humanos. Assim, Aristóteles pensa, o modo de tornarmos mais claro o fim último da vida humana é examinarmos mais cuidadosamente o que podemos realizar ou executar precisamente pelo fato de termos as virtudes. O bem humano será encontrado entre atividades como essas, assim como o propósito de ser uma faca pode ser discernido naquilo que uma faca boa em particular pode fazer.

Essa é a ideia fundamental da *Ética*, e é por isso que Aristóteles dedica a maior parte do tratado a um exame cuidadoso – e, ele pensa, *exaustivo* – das várias virtudes humanas e suas ações características.

Uma primeira dificuldade – e depois mais quatro

Seleção ou coleção?

Todavia, tão logo essa ideia fundamental é esboçada, surge uma ambiguidade no que dissemos. Vimos que Aristóteles pensa que nosso fim último será encontrado entre aquelas de nossas ações que podemos realizar somente como um resultado de termos traços bons de caráter. Mas "entre" poderia significar uma dentre duas coisas – ou que *uma* ação assim é nosso fim último, ou que *todas* as ações assim são nosso fim último. Ou há apenas uma virtude, de modo que as ações que podemos executar pelo fato de termos essa virtude particular constituem nosso fim último; ou qualquer virtude é de tal modo que as ações que podemos executar somente por termos essa virtude constituem nosso fim último. Na primeira, estamos buscando um tipo de atividade virtuosa como sendo o fim último; na segunda, estamos buscando todo tipo de atividade virtuosa como pertencendo ao fim último. Na primeira, deveríamos identificar o fim último "selecionando" uma atividade de acordo com a virtude; na segunda, fazemos isso "reunindo" todas essas atividades. Aristóteles está defendendo que resolvemos o problema por meio da Seleção ou da Coleção?

Aqui, está uma analogia. Suponha que alguém fosse dizer: "O fim último dos médicos é curar pacientes empregando capacidade médica do melhor tipo". Até aqui, essa é uma afirmação vaga, porque não sabemos o que é "capacidade médica do melhor tipo". Suponha que a pessoa que faz essa afirmação, portanto, passe a discutir os vários tipos de capacidade médica: capacidade de consertar ossos; capacidade de tratar problemas intestinais; capacidade de cirurgia cerebral; e assim por diante. Quando a pessoa terminou de enumerar e examinar todas as especialidades e subespecialidades em medicina, poderia fazer uma dentre duas coisas. Poderia selecionar uma capacidade assim e dizer algo como o seguinte: "O melhor tipo de capacidade médica é visto no trabalho de um cirurgião cerebral, uma vez que a cirurgia cerebral visa à saúde na melhor e mais importante parte do corpo". Ou poderia reunir todas essas capacidades e sustentar: "O melhor tipo de capacidade médica é encontrado em alguém que combina em uma todas essas várias capacidades – uma médica de família –, uma vez que esse tipo de médica visa à saúde completa".

Do mesmo modo, não é inteiramente claro se Aristóteles examina as várias virtudes e suas atividades com vistas à seleção de uma delas ou à reunião de todas. Essa é uma controvérsia comum entre estudiosos, e nomes padrão foram dados a diferentes visões. Uma interpretação da *Ética* que considera que Aristóteles está selecionando um tipo de atividade virtuosa é tipicamente chamada uma interpretação do "Fim Dominante" ou "Intelectualista" ("Intelectualista" com base em que essa atividade é um traço distinto do intelecto humano). Uma interpretação que considera que

Aristóteles está reunindo todas as atividades virtuosas (e talvez mesmo incluindo outras coisas além delas) é tipicamente chamada interpretação "Inclusivista" ou "Compreensivista".

À primeira vista, é como se a *Ética* não tivesse uma concepção uniforme. No livro 10, como vimos, é como se Aristóteles pretendesse *selecionar*: o fim último da vida humana, ele sustenta ali, é o tipo de atividade que podemos exercer pelo fato de termos a virtude da sabedoria filosófica (*sophia*). Mas o livro 1, com seu famoso Argumento da Função, e também com a ideia fundamental que motiva o tratado, pareceria vincular Aristóteles à *coleção*: se o fim último da vida humana é o que um ente humano bom pode realizar pelo fato de ter as virtudes, e se existem muitas virtudes, então, o fim último da vida humana, parece, deveria incluir *qualquer* tipo de ação que realizamos pelo fato de termos uma virtude. E é difícil entender como ações virtuosas poderiam, diferentemente, ter o peso que têm para Aristóteles: como veremos, ele pensa que deveríamos realizá-las como um fim em si mesmas, e que, frequentemente, deveríamos estar preparados inclusive para morrer em vez de fazer algo contrário a uma virtude. Mas por que isso seria apropriado, a menos que *todas* essas ações estivessem de algum modo incluídas em nosso fim último?

Um problema complicador é que o próprio Aristóteles parece consciente da ambiguidade da Seleção *versus* Coleção, e ele parece inclusive deliberadamente cultivar ou prolongar a ambiguidade. Considere as seguintes passagens:

> O bem humano resulta ser a atividade de acordo com a virtude, e se as virtudes são muitas, então, de acordo com a melhor e mais última virtude (1.7.1098a16-18). Todas essas coisas [*sc.* bem, utilidade, prazer] pertencem aos melhores tipos de atividades, e essas, ou a melhor delas, afirmamos, é a felicidade (1.8.1099a29-31).

> E, presumivelmente, é inclusive necessário que, caso existam atividades desimpedidas, correspondentes a cada condição, independentemente de se a felicidade é a atividade de todas elas ou de algumas delas em particular, se ela é desimpedida, é a coisa mais preferível (7.13.1153b9-14). Portanto, independentemente de se as atividades de um ente humano maduro e abençoadamente feliz são de um tipo ou de vários, os prazeres que levam à sua realização seriam propriamente ditos "prazeres humanos" (10.5.1176a26-28).

Frequentemente, chamou-se a atenção para o fato de que Seleção e Coleção não necessitam ser consideradas exclusivas. A concepção de Aristóteles sobre o bem humano poderia ser que ele consiste em uma variedade de atividades, mas como tendo um certo ordenamento, com somente uma atividade dessas sendo a primeira ou estando no topo. A felicidade para nós, portanto, seria exercer aquela atividade de primeira ordem, embora tendo todas as outras virtudes e as colocando em prática como apropriado. Assim, talvez, Aristóteles não considere Seleção e Coleção como exclusivas; talvez, ele prolongue a ambiguidade por pensar nunca ser necessário dispensá-la.

O Problema da Ordem

Ainda assim, caso aceitemos essa solução, parecemos ser levados diretamente a outra dificuldade, que parece similarmente surgir em vários pontos do tratado. Podemos chamá-la o "Problema da Ordem".

O problema surge do seguinte modo: Existem muitas coisas que aparentemente fazemos como um fim em si mesmas, por exemplo, assistir a um bom filme; resolver um quebra-cabeça pelo prazer disso; ou dar um presente a alguém como um "ato aleatório de bondade". Aristóteles, de fato, vai ao ponto de dizer que todo ato verdadeiramente virtuoso é executado como um fim em si mesmo (2.4.1105a32). Aparentemente, sua concepção é que não podem existir "motivos ulteriores" por trás de uma ação verdadeiramente generosa: executamos uma ação assim simplesmente para "mostrar generosidade" (como poderíamos dizer), porque é uma coisa inerentemente boa sermos generosos.

Essa atitude parece muito importante também na amizade. Em uma amizade verdadeira, diz Aristóteles, mostramos afeição por uma outra pessoa "pelo que ela é": reconhecemos seus traços bons; apreciamos e admiramos esses traços; e, então, desejamos beneficiá-la de algum modo, simplesmente por aquilo que gostamos nela (cf. 8.2.1155b31, 8.3.1156b10). Claramente, os "motivos ulteriores" não têm lugar em uma verdadeira amizade: não é uma verdadeira amizade, parece, se nos amigamos de uma pessoa a fim de obter algo dela.

Mas, agora, justaponha isso à ideia, que Aristóteles também endossa, de que fazemos tudo que fazemos em prol da felicidade (1.2.1094a19), e duas dificuldades surgem.

Primeiro, começa a parecer que "motivos ulteriores" são inescapáveis. Alguém que dá um presente como um "ato aleatório de bondade" também estaria, portanto, promovendo seu próprio bem último, de acordo com Aristóteles. Mesmo uma amiga verdadeira não faria coisas boas por sua amiga simplesmente por essa amiga; ela as faria também por seu próprio bem. Mas então a concepção de Aristóteles começa a parecer perturbadora. Alguns estudiosos afirmam até que é incoerente: faz algum sentido dizer que você ama uma pessoa "por ela, por você mesmo?" Ou que você faz algo "por esse algo, por você"?

Em segundo lugar, se fazemos o que fazemos por algum fim último, o que impedirá nossa preocupação com esse fim de subjugar cada outra consideração e cada outro valor? Suponha que fazemos X em prol de Y. Então, poderia parecer que X é um mero meio para a realização de Y. Assim, se pudéssemos obter Y sem recurso a X, então, faríamos isso; e X se torna desimportante. Agora, aplique isso ao caso em questão. Suponha que agimos virtuosamente e amamos nossos amigos em prol de nosso bem último. Então, parece que essas ações são meros meios para nossa felicidade, e, naqueles casos nos quais *poderíamos* realizar nossa felicidade renunciando a essas coisas, não há razão pela qual não *faríamos* assim. Em particular, é como se nada nos impedisse de agir não virtuosa ou traiçoeiramente quando, ao fazermos isso, promovêssemos nossos interesses últimos.

Ambos os problemas envolvem o Problema da Ordem na *Ética*, porque ambos se ocupam do problema geral de como é possível perseguirmos uma variedade de bens por eles mesmos, quando esses bens têm um certo ordenamento – alguns deles sendo buscados visando a outros. Está claro, como vimos, acima, que qualquer tentativa de combinar Seleção com Coleção levaria direto a esse problema.

Egoísmo versus *Altruísmo*

O Problema da Ordem parece relacionado a outra dificuldade envolvendo o "Egoísmo" (ou amor-próprio, autointeresse) e "Altruísmo" (ou amor ao próximo, benevolência, atitudes em relação a outros). Aristóteles diz que cada um de nós visa, acima de tudo, ao fim último da vida humana, ou felicidade, e que visamos a tudo o mais em prol disso (1.7.1097a34-b6). Mas ele quer dizer que cada um de nós visa à *sua própria* felicidade, ou à felicidade em algum sentido geral? Parece que ele sustenta a primeira: ele pensa, por exemplo, que cada pessoa deveria preferir sua própria felicidade à de outros (8.7.1159a12) e amar a si mais que tudo (cf. 9.8). Mas se é assim, então, Aristóteles aparentemente sustenta que a ação humana é, em um sentido fundamental, egoística.

Mas, então, ele necessita explicar por que ao menos *parecemos* agir altruisticamente, e pareceria haver cerca de três alternativas:

1) Aparências são enganadoras: embora pareçamos agir altruisticamente, de fato, todas as nossas ações são expressões de autointeresse. Essa é a concepção que Aristóteles parece adotar quando sustenta que ações aparentemente autossacrificantes, como dar um presente a uma amiga, são realmente ações nas quais uma pessoa obtém um benefício para si, porque ao renunciar a uma mera posse material, quem dá conquista um bem ético distinto e melhor (9.8.1169a18-b1). O aparente autossacrifício, portanto, é, na realidade, uma forma de aquisição.

2) Uma vida virtuosa requer um tipo de *substituição* de motivos: cada um de nós começa a vida visando à sua própria felicidade acima de tudo, mas por meio do tipo certo de formação e treinamento éticos, esse motivo pode se tornar suplantado por novos e distintos motivos, envolvendo consideração altruística pelo bem-estar de outros. Algumas observações de Aristóteles sobre educação moral sugerem que ele sustente essa concepção – segundo a qual podemos adquirir as virtudes somente se aqueles responsáveis por nossa criação nos impuserem a atitude altruística apropriada, antes que estejamos em uma posição de aceitá-la ou rejeitá-la racionalmente (cf., p. ex., 1.4.1095b4-6).

3) Uma vida virtuosa envolve a união ou coincidência forçada de egoísmo e altruísmo: embora cada um de nós comece a vida visando à sua própria felicidade, podemos, afinal, adquirir *amizades*, e uma amizade pode ser entendida como simplesmente uma estrutura social na qual se torna impossível fazer qualquer distinção clara entre o bem de uma amiga e o da outra. Alguns estudiosos pensavam que o tratamento estendido de Aristóteles da amizade nos livros 8 e 9 intencionava, em parte, responder ao Problema do Egoísmo e do Altruísmo desse modo.

Um problema relacionado ao do Egoísmo e Altruísmo é se Aristóteles pensa que o fim último da vida humana é algo que as pessoas podem razoavelmente buscar individualmente, ou somente em um grupo, e, se em um grupo, então, se alguém realiza esse fim, caso o grupo realize. Por exemplo, "caminhar sobre a lua" não é um fim que alguém possa buscar por si. Uma pessoa pode ser bem-sucedida em caminhar sobre a lua somente se for integrante de uma grande iniciativa cooperativa que adota isso como um fim, ou seja, o "Programa Espacial". Todavia, ao mesmo tempo, parece que qualquer membro do Programa Espacial pode "alegar o crédito" por caminhar na lua quando é bem-sucedido em colocar uma astronauta sobre a lua. Parece que o Programa Espacial inteiro e todos os seus integrantes realizam esse fim de caminhar sobre a lua, mesmo que somente alguns astronautas tenham de fato caminhado sobre ela.

Aristóteles pensa o fim último da vida humana desse modo? Como vimos, ele, aparentemente, escreve a *Ética* para legisladores e líderes políticos. Ele pensa que o fim último da vida humana é algo que as pessoas podem razoavelmente buscar somente como cidadãs em uma sociedade política que assume isso como seu fim? E, caso seja, ele pensa que *todos* os membros de uma sociedade assim podem alegar realizar esse fim, se *alguns* de seus membros realizam?

Objetividade Moral

Chama-se "convencionalismo" em ética a concepção segundo a qual as exigências éticas são baseadas fundamentalmente apenas na decisão ou acordo humano. Aristóteles rejeita essa concepção (cf. 1.3.1094b14-16; 5.7.1134b18-20), ele é, portanto, um "objetivista" em ética, ainda que suas razões do *porquê* de não sejam inteiramente claras.

Que ele rejeite o convencionalismo não surpreende, considerando o Argumento da Função: como vimos, Aristóteles acredita que os entes humanos têm uma natureza definida, comum e objetiva, e que, como resultado, temos em comum alguns fins últimos. Ele também gosta de usar a percepção sensível como um modelo para julgamentos sólidos em questões éticas. Por exemplo: "uma pessoa boa é especialmente distinta porque vê a verdade em cada caso" (3.4.1113a32-33); "em qualquer caso particular, as coisas *são* do modo que *parecem ser* a uma pessoa boa" (10.5.1176a15-16). Uma linguagem como essa parece sugerir que atributos éticos são de algum modo baseados na natureza das coisas.

Todavia, Aristóteles diz pouco para explicar ou justificar uma concepção assim. O que tem essa realidade que é percebida quando uma pessoa boa percebe corretamente algum atributo ético? Aristóteles descreve variadamente ações virtuosas como "nobres" ou "admiráveis" (*kalon*); "apropriadas" (*prepon*); ou "justas" e "iguais" (*ison*); mas não dá critérios ou padrões para essas coisas. Ele possui uma concepção, que pressupõe e está implícita no que diz, ou simplesmente não pensou o bastante sobre esse tema? A segunda seria estranha, uma vez que os predecessores de Aristóteles na ética, Sócrates e Platão, insistiram precisamente em que pessoas cuidadosas deveriam ser capazes de dar definições de atributos éticos.

Tem sido uma concepção comum em filosofia moral desde ao menos David Hume no século XVIII que juízos morais não podem ser sobre características objetivas do mundo. Atributos éticos parecem não ser observáveis, como são os atributos físicos. E parece haver uma enorme lacuna entre "fatos" físicos e "valores" éticos: notadamente, princípios éticos são prescritivos, em contraste com as leis descritivas que são formuladas pela ciência natural. Mas, se a ética é desconectada da ciência, mas a ciência abrange nosso conhecimento sobre o mundo, então a ética não envolveria conhecimento sobre o mundo. Opiniões éticas, poderia parecer, seriam meramente a expressão de nossos interesses e gostos subjetivos. Aristóteles não desconhece esse tipo de concepção, uma vez que vários de seus predecessores sustentavam algo similar, mas ele mostra pouca simpatia por ela. Na *Ética*, ele aparentemente pressupõe que fenômenos morais são inteiramente relacionados à ciência natural. Se juízos éticos são distintos, é porque são práticos, não subjetivos (cf. 6.1-2).

O Problema da Objetividade parece relacionado aos Problemas de Ordem, do Egoísmo e do Altruísmo. Podemos dizer, de um modo geral, que se existem fundamentos "objetivos" para contar algo como inerentemente digno de nossa busca, então, isso permaneceria presumidamente verdadeiro mesmo que o buscássemos também por nossa felicidade. Esses fundamentos "objetivos" poderiam concebivelmente colocar *restrições*, inclusive, em nossa busca dessa outra coisa. Suponha, por exemplo, que fosse de algum modo "adequado" (digamos) retribuir um presente de um amigo antes de iniciar uma troca de presentes com um estranho, em condições normais. Então, se tivéssemos de escolher a primeira em detrimento da segunda, poderíamos estar fazendo isso *tanto* porque (simplesmente) é "adequado" *como* porque fazer isso contribuiria para nosso próprio bem. Faria sentido dizer algo como: "Sim, estou buscando minha própria felicidade, mas não de modo a fazer alguma coisa não adequada, digamos, favorecendo um estranho em detrimento de um amigo com presentes". Esse *parece* ser o modo como Aristóteles vê o tema; mas, como vimos, a natureza e fundamentos de sua concepção parecem ser em grande parte não explicados.

O Problema da Orientação

Um problema relacionado envolve o modo de decidirmos que ação ou curso de ação é correto. Aristóteles enfatiza que a ética é uma disciplina prática. Ele insiste em que seu propósito não é simplesmente nos ajudar a entender o bem e o mal, o certo e o errado, mas também, e mais importante, ajudar-nos, de fato, a *nos tornarmos bons* e a *fazer o que é certo*. "O ponto dessas aulas", ele diz, "não é conhecimento, mas ação" (1.5.1095a5-6); "Não estamos nos envolvendo nessa tarefa simplesmente para teorizar, como em outras disciplinas: não estamos investigando a fim de *conhecer* o que é o bem, senão *para nos tornarmos bons*, porque, caso contrário, de nada serviriam" (2.2.1103b26-29). "Em questões práticas, o ponto não é simplesmente examinar várias coisas e conhecê-las, senão *fazê-las*. É difícil o bastante 'conhecer coisas' sobre a virtude: temos de tentar adquiri-la e colocá-la em uso – a menos que você suponha que exista algum outro modo de nos tornarmos bons" (10.9.1179a35-b4).

Mas, aparentemente, não poderíamos colocar seu ensinamento em prática, como Aristóteles pretende, a menos que tivéssemos algum conselho definido, prático, que pudéssemos de fato seguir. Todavia parece haver extremamente pouco disso na *Ética*. E o que

Aristóteles nos *diz* parece vazio ou muito vago para seguirmos. Em muitas de suas discussões sobre virtudes particulares, ele descreve o comportamento de uma pessoa virtuosa simplesmente fornecendo o que parece uma lista não instrutiva: por exemplo, uma pessoa corajosa teme as coisas que deveria temer, nos momentos certos, no grau certo e da maneira apropriada (*e. g.* 3.7.1115b15-16). Em outros lugares, Aristóteles diz que uma pessoa que tem uma virtude particular agirá "do modo que uma pessoa com sabedoria prática aconselharia" (*e. g.* 2.6.1107a1-2).

Talvez, seja inevitável em termos de moralidade que contemos com autoridades em algum ponto: para colocar o ensinamento de Aristóteles em prática, portanto, teríamos de encontrar uma pessoa com bom juízo, e simplesmente seguir o que ela nos diz. Todavia, nessa concepção também uma dificuldade ameaça: como identificamos uma pessoa assim? Aristóteles diz que uma pessoa não pode ter um bom juízo nessas questões a menos que tenha todas as outras virtudes (cf. 6.13). Assim, para identificar uma pessoa com bom juízo, necessitaríamos identificar, primeiro, uma pessoa que tivesse coragem. Mas como poderíamos identificar uma pessoa corajosa, a menos que soubéssemos o que contasse como corajoso? – que é exatamente do que supostamente carecemos.

Um outro modo de expressar o Problema da Orientação é o seguinte: podemos pensar que as pessoas aprendem tipicamente a fazer o que consideram correto ao receberem preceitos ou ordens (os dez mandamentos); listas de deveres (como, em séculos passados, livros sobre o "Dever de Toda Pessoa"); soluções de casos problemáticos (o que é conhecido como "casuística"); um equilíbrio da opinião oficial (como no Talmude); ou fragmentos de sabedoria comum (como o Livro dos Provérbios). Ou, uma vez mais, adquirimos convicções sobre a ação correta ao nos mostrarem exemplos de ação correta em histórias ou nas biografias de mulheres e homens exemplares. Mas a *Ética* não contém coisa alguma como isso nem nos refere, aparentemente, a esses tipos de guias. (Considere Platão, em contraste, que dá, por exemplo, um conselho detalhado sobre os tipos de histórias às quais uma pessoa jovem deveria ser exposta, na *República*, livros 2-3.) Parece que Aristóteles nem dá esse conselho prático nem nos diz onde podemos encontrá-lo. Alguém poderia ler seu tratado com grande cuidado, parece, e concordar com todas as suas conclusões e ainda assim não ter a menor ideia do que fazer depois.

O contexto da *Ética*: vida e obra de Aristóteles

Poderíamos, talvez, obter alguma ajuda na resolução dessas dificuldades conhecendo o contexto da *Ética*? É bom, em todo caso, conhecer algo sobre a vida e a obra de Aristóteles, especialmente para alguém que esteja se aproximando de Aristóteles pela primeira vez, precisamente, por meio de um estudo sobre a *Ética*.

A vida de Aristóteles

Quando Martin Heidegger, o filósofo existencialista alemão, dava aulas sobre Aristóteles, ele começava dizendo: "O homem nasceu, trabalhou e depois morreu", e depois se encaminhava diretamente para uma discussão sobre questões filosóficas, com base no fato de que a biografia de Aristóteles era irrelevante para sua filosofia. Mas uma familiaridade com os fatos básicos da vida de Aristóteles pode ao menos nos ajudar a entender melhor alguns de seus interesses e preocupações, mesmo que fossem de pouca ajuda na análise ou avaliação de seus argumentos.

Aristóteles nasceu em 384 a.C. em Estagira, uma pequena cidade na costa do Mar Egeu, cerca de 600km ao Norte de Atenas. Seu pai, Nicômaco (em homenagem ao qual Aristóteles terminaria nomeando seu próprio filho), foi médico. Embora a ciência médica fosse uma atividade muito rudimentar naquela época, com esse histórico, podemos presumir que Aristóteles desde cedo teria recebido a melhor educação disponível, com atenção especial à biologia e à ciência natural. Além disso, poderíamos esperar que tivesse sido treinado a ter um pouco da perspectiva de um médico: um olho para o detalhe; um pragmatismo obstinado; uma preocupação com a ação efetiva; e um interesse por princípios gerais e pelas idiossincrasias de sua aplicação em casos particulares. Esse tipo de temperamento é, de fato, imediatamente evidente na *Ética*, e exemplos médicos abundam. Em geral, Aristóteles tende a pensar a ética como análoga à medicina. Platão ensinou que a virtude era um tipo de saúde da alma; Aristóteles, com um histórico em medicina, leva essa analogia muito a sério.

Estagira era perto da Macedônia, o domínio mais poderoso no rude país montanhoso ao Norte de Atenas, e o pai de Aristóteles serviu como médico da corte a Amintas II, o rei da Macedônia, pai de Felipe da Macedônia e avô de Alexandre o Grande. Desde cedo, portanto, podemos imaginar que Aristóteles estivesse à vontade com os tipos de pessoas influentes que frequentam cortes reais: conselheiros, administradores, militares, generais e legisladores. A *Ética* parece, de fato, ser uma série de aulas destinadas a pessoas como essas: como vimos, parece direcionada a uma audiência de pretensos governantes, legisladores e conselheiros.

Aristóteles ainda era criança quando seu pai faleceu. Ele foi colocado sob a proteção de Proxenos, que aparentemente tem o crédito de ter enviado Aristóteles aos sete anos para estudar com Platão em Atenas, uma decisão com implicações que mudariam o mundo. Platão, um seguidor de Sócrates, havia conquistado reconhecimento por escrever uma série brilhante de discussões intelectuais dramáticas, ou "diálogos", na recém-concebida e inovadora disciplina de "filosofia", e podemos especular que Aristóteles foi atraído para o estudo em Atenas após ter lido alguns desses diálogos[8].

Platão havia formado um grupo de pesquisa, chamado "Academia", em homenagem ao jardim público com esse nome, onde seus membros tipicamente se encontravam. Os membros da Academia se dedicavam à pesquisa matemática sistemática, mas também, em um espírito criativo e crítico, a estudos filosóficos mais amplos. Esse é o grupo ao qual Aristóteles se juntaria: elite, orgulhosos de seus argumentos rigorosos (uma inscrição sobre a porta da Academia dizia: "Ninguém sem conhecimento em geometria pode entrar"), e comprometidos com a primazia do intelecto e da realidade suprema dos objetos do pensamento. A *Ética* de Aristóteles, não menos que o resto de seus escritos, está repleta de um tipo de confiança no raciocínio e de um amor pelo argumento. Claramente, Aristóteles apreciava e colecionava argumentos, mantendo-os à mão como muitas ferramentas ou armas. E podemos supor que sua experiência inicial na Academia tenha servido como um tipo de modelo para ele, de como a vida humana poderia idealmente ser vivida: bons amigos, sem preocupações com a sobrevivência ou com os problemas da guerra, envolvidos em uma busca comum e inclusive competitiva pela verdade.

Platão estava aparentemente longe quando Aristóteles chegou: estava na Sicília em uma de suas desesperadas tentativas

---

8. Aristóteles teria escrito diálogos também, presumivelmente em imitação aos de Platão. Mas esses foram perdidos.

de conquistar os favores do tirano de lá, Dionísio, e convertê-lo em um "rei-filósofo", o governante ideal de Platão. Eudoxo, parece, foi deixado encarregado da Academia, e talvez ele tenha sido o primeiro instrutor de Aristóteles. As visões de Eudoxo são frequentemente discutidas na *Ética*, em cada caso com aparente admiração e respeito.

Como Aristóteles esteve associado com a Academia por vinte anos, ele claramente teve muitas oportunidades para estudar com o próprio Platão. Afirma-se, por vezes, que durante esse período Aristóteles foi um fervente e mesmo doutrinário seguidor de Platão, ainda assim a ideia parece implausível. A história do pensamento sugere que alguém com os talentos de Aristóteles certamente teria chegado às suas próprias ideias distintas quando jovem, próximo ao começo de sua vida intelectual. E como a Academia tolerava e inclusive encorajava a discordância e o pluralismo na filosofia, não há razão para pensar que um jovem recruta como Aristóteles tivesse caído diretamente na linha atrás de Platão. Todavia, isso não nega que Platão tenha exercido uma grande influência sobre ele: em quase todos os seus tratados, talvez, especialmente, na *Ética*, Aristóteles está combatendo, tentando refutar ou desenvolvendo ideias que se originaram em Platão.

Platão faleceu em 347, quando Aristóteles tinha 37 anos, e, podemos presumir, recém-atingido sua maturidade intelectual. Nesse mesmo ano, Aristóteles deixou a Academia, com Xenócrates, um outro pensador importante dessa escola, e foi viver em Assos, na costa noroeste da Ásia Menor (na Turquia dos nossos dias). Alguns especularam que Aristóteles ficou desapontado com o fato de Espeusipo ter sido selecionado, e não ele, como o próximo a comandar a Academia e saiu indignado. (Não que devêssemos supor que Espeusipo tivesse sido preferido a Aristóteles por razões filosóficas apenas: ele era a escolha mais natural, sendo 25 anos mais velho do que Aristóteles e um cidadão ateniense, embora o *status* de Aristóteles em Atenas fosse o de um "meteco", ou residente estrangeiro, carente de muitos direitos legais relevantes para servir como diretor da escola, como o direito a ter propriedades.) De qualquer modo, teria havido razões políticas peremptórias para um movimento: naquela época, Felipe da Macedônia havia começado a travar uma campanha militar brutal que parecia ameaçar Atenas; um sentimento anti-Macedônia havia se tornado feroz; e Aristóteles, com suas conexões com a corte macedônica, e como um residente estrangeiro, teria se encontrado em uma situação desconfortável caso tivesse permanecido em Atenas.

Em Assos, Aristóteles desfrutou da amizade do rei Hérmias, casando-se com sua sobrinha e filha adotiva, Pítia, com quem teve uma filha (também chamada "Pítia"). Sob o patrocínio de Hérmias, Aristóteles juntou forças com Xenócrates e dois outros alunos da Academia de Platão, que viviam na área, Erasto e Corisco, para firmar um grupo de pesquisa filosófica. (Considera-se que Aristóteles tenha iniciado seus tratados biológicos abrangentes nessa época, uma vez que um número desproporcional de exemplos desses tratados aparentemente envolve espécies que são peculiares àquela área.) Contudo, esse arranjo durou pouco, uma vez que em 345 os persas invadiram Assos, capturaram Hérmias e o executaram; Aristóteles e seus colegas fugiram para a ilha vizinha de Lesbos.

Profundamente afetado pela morte de Hérmias, Aristóteles compôs um hino à Virtude personificada em honra ao seu amigo assassinado, que dizem ter entoado toda noite após o jantar, pelo resto de sua vida. O ponto do hino parece ser que pessoas heroicas como Hérmias atingem a imortalidade pela qual implicitamente ansiavam, porque por meio de seus feitos virtuosos são eternamente lembrados pelos deuses imortais. Que Aristóteles compusesse e regularmente recitasse um hino assim é revelador: mostra a força de sua devoção ao seu amigo; sua estima pela virtude; e sua perspectiva geralmente religiosa. Aristóteles evidentemente partilhava com muitos de seus contemporâneos gregos um forte sentimento pela "divindade" da realização admirável[9].

Os vários anos seguintes da vida de Aristóteles parecem ter sido muito instáveis, em parte devido à sua relação variável com a corte macedônica: após Lesbos, ele se mudou para a Macedônia, como tutor de Alexandre o Grande, com treze anos; e, depois disso, novamente, para sua cidade natal de Estagira, por um breve período. Sua esposa, Pítia, faleceu nessa época. Aristóteles, mais tarde, desenvolveu uma estreita relação com Herpilis, que veio para Estagira, e tiveram um filho, Nicômaco, que já mencionamos.

Em 334, aos 50 anos, Aristóteles retornou a Atenas, talvez por insistência de Alexandre o Grande, onde estabeleceu em aparente competição com a Academia sua própria comunidade, que se encontrava no Liceu, um ginásio público. Como os outros professores que se encontravam lá, Aristóteles, originalmente, lecionava em um dos passeios sombreados do ginásio, chamado *peripatos*, que é a origem do termo "Peripatético", mais tarde aplicado aos seguidores da filosofia de Aristóteles. A escola, em breve, adquiriu o uso de salas próximas e essas passaram a ser conhecidas, por transferência, como o "Liceu".

---

9. Compare essas condições do testamento de Aristóteles: "Eles deveriam dedicar a estátua de minha mãe a Dêmetra em Nemeia, ou onde quer que pensem ser melhor. Onde quer que coloquem minha tumba, deveriam coletar e colocar os ossos de Pítia, como ela mesma solicitou. Como Nicanor retornou em segurança, deveria erigir estátuas de 4 cúbitos de altura em Estagira a Zeus, o Preservador, e a Atenas, a Preservadora, em cumprimento de meu voto".

Não é implausível contar a escola de Aristóteles como a primeira universidade: ela aparentemente tinha uma biblioteca excepcional; salas para espécimes coletados e para realizar pesquisas científicas; e, quanto a aulas, havia as exposições matinais e vespertinas de Aristóteles, que estava envolvido no projeto ambicioso de dar uma explicação de tudo que era então conhecido. Foi presumivelmente nessa época que Aristóteles escreveu ou praticamente finalizou seus vários tratados em quase toda área importante de conhecimento: linguística, lógica, física, química, biologia, psicologia, ciências da terra, astronomia, ética, política, teoria constitucional, filosofia do direito, retórica, crítica literária, e filosofia propriamente dita (que Aristóteles nomeou "metafísica" – literalmente "o que investigamos depois de dominarmos a física").

O vigor do pensamento de Aristóteles, e o tom geral da pesquisa no Liceu – abrangente, inquisitivo, incansavelmente curioso – são capturados em uma compilação de questões de pesquisa e hipóteses provisórias chamadas *Problemata*. Aqui, algumas seleções, tomadas aleatoriamente:

> Por que as pessoas em geral bocejam quando veem outras bocejarem? É porque, se são lembradas disso quando sentem um desejo de realizar qualquer função, então, elas a colocam em execução, particularmente quando o desejo é facilmente provocado, por exemplo, o da urina passando? (Problema 7.1).
> Por que as bases das bolhas na água são brancas, e se são colocadas no sol não fazem sombra; mas, embora o resto da bolha projete uma sombra, a base não o faz, mas é cercada por todos os lados pela luz do sol? (Problema 16.1).
> Por que um grande coro mantém um tempo melhor do que um pequeno? É porque olham mais para uma pessoa, sua líder, e começam mais lentamente e assim mais fa-

cilmente atingem a unidade? Pois erros ocorrem mais frequentemente em cantar rápido (Problema 19.22).
Por que, nas cortes judiciais, se votos iguais são dados para os dois adversários, o réu vence o caso? É porque o réu permaneceu não afetado pela ação da pessoa queixosa, e em uma posição de igualdade com ela ele provavelmente teria vencido? (Problema 29.15).
Por que espirramos mais após termos olhado para o sol? É porque o sol engendra calor e, portanto, provoca movimento, assim como fazer cócegas no nariz com uma pena? Pois ambos têm o mesmo efeito; ao colocarem em movimento provocam calor e criam ar mais rapidamente a partir da mistura; e é a fuga desse ar que provoca o espirro (Problema 33.4).

O ano final da vida de Aristóteles foi passado no exílio. Após a morte de Alexandre, em 323, Atenas se rebelou contra o governo macedônico e começou uma limpeza de elementos pró-macedônicos na cidade. Aristóteles, compreensivelmente, considerou sua própria vida em risco. Comentando que não queria que Atenas "pecasse duas vezes contra a filosofia", executando-o como executou Sócrates, retirou-se para Chalcis, em Euboea, para uma propriedade pertencente à família de sua mãe, e faleceu dentro de um ano, aos 63 anos.

As obras de Aristóteles

Como mencionado, Aristóteles tinha aspirações enciclopédicas como filósofo: suas obras completas em dois volumes equivalem a cerca de duas mil páginas de observação detalhada, classificação completa, análise astuta e argumentação cuidadosa. Todavia, esses tratados representam somente uma porção de suas obras. Aristóteles aparentemente escreveu não somente tratados analíticos para uso em sua escola (as assim chamadas obras "acroamáticas"), mas também discussões mais populares, muitas delas sob a forma de diálogo, que foram publicadas e eram direcionadas a um público leitor mais amplo, mas que foram perdidas, exceto por alguns fragmentos. Os escritos internos são não acabados em sua grande parte e têm um pouco o caráter de notas de aulas. A *Ética a Nicômaco* cai nessa classe.

Quanto da vasta obra de Aristóteles necessitamos conhecer para apreciar a *Ética*? Felizmente, muito pouco, no começo. Aristóteles considera a ética uma disciplina relativamente autônoma, com seus próprios princípios e procedimentos, e, portanto, apenas ocasionalmente necessitando se basear em resultados de outras disciplinas. E quando qualquer material adicional desses *é* necessário, o próprio Aristóteles tende a introduzi-lo aos leitores, sob a forma do sentido comum, e sem entrar em mais detalhes do que o necessário. Mas existem três conexões especiais entre a *Ética* e outras obras no corpus aristotélico que deveriam ser mencionadas aqui.

A *ética* é primeiro de tudo estreitamente relacionada à *Política* de Aristóteles. Os capítulos de abertura da *Ética* declaram que o projeto daquele tratado é realmente um tema da "arte de governar" ou (como poderíamos dizer) da "ciência política" em vez da "moralidade" em qualquer sentido estrito; e o capítulo final se assemelha muito a uma seção de transição, levando a uma discussão sobre política. Por essas e outras razões, alguns estudiosos sustentaram inclusive que esses dois tratados eram destinados a formar duas partes de uma única investigação.

Em segundo lugar, a *Retórica* de Aristóteles é, por vezes, útil para entender a *Ética*. A *Retórica* é um manual de técnicas de persuasão, e muitas formas de argumentos que Aristóteles examina e recomenda lá são empregadas por ele mesmo na *Ética*. Além disso, a análise de várias emoções que Aristóteles faz na *Retórica* – porque um retórico, ele pensa, deveria ser capaz de explorar várias reações emocionais em seus ouvintes – pode muitas vezes esclarecer discussões sobre as emoções na *Ética*. E a *Retórica* revela muito sobre como Aristóteles entendia a pessoa típica de sua época – que crenças ele considerava serem geralmente plausíveis, que motivos considerava serem difundidos.

Finalmente, a *Ética a Nicômaco* está estreitamente relacionada à *Ética a Eudemo* – elas inclusive se sobrepõem. Quatro tratados separados chegaram a nós como atribuídos a Aristóteles: não somente a *Ética a Nicômaco*, como também a *Ética Eudemo*, a *Magna Moralia* (ou "Grande Ética") e *Sobre Virtudes e Vícios*. Estudiosos concordam que *Sobre Virtudes e Vícios* não seja autêntica: assemelha-se a uma tentativa um tanto rudimentar de sintetizar as ideias éticas platônicas e aristotélicas. A autenticidade de *Magna Moralia* tem sido defendida por alguns, mas o consenso geral dos estudiosos é que foi escrita por um dos seguidores de Aristóteles e é um tipo de digesto da *Ética a Nicômaco* e da *Ética a Eudemo*. Contudo, a segunda é aparentemente autêntica: alguns estudiosos mantêm que a obra date bem do início da carreira de Aristóteles; outros sustentam que seja de um período tardio de sua vida e deveria ser considerada o pensamento mais maduro de Aristóteles sobre o tema[10].

Um problema desconcertante surge do fato de os dois trabalhos partilharem três livros: *Ética a Nicômaco* 5, 6 e 7 são os mes-

---

10. Uma concepção outrora popular, mas talvez ainda digna de consideração séria, é que a *Ética a Eudemo* não seja autêntica e algo como um comentário inicial sobre porções da *Ética a Nicômaco* de dentro da escola de Aristóteles. É claro que mesmo sobre esta última concepção teria autoridade importante.

mos de *Ética a Eudemo* 4, 5 e 6. A qual tratado, portanto, esses assim chamados "livros comuns" pertencem originalmente? E qual tratado foi escrito primeiro? O tópico tem muitas dificuldades e está longe de resolvido: o que uma pessoa que está começando a estudar a *Ética a Nicômaco* necessita saber é simplesmente que a *Ética a Eudemo* existe e que interpretações da primeira podem por vezes ser auxiliadas pela consulta a passagens paralelas da segunda. Todavia, ao mesmo tempo, deveríamos dizer, esse tipo de consulta é tipicamente de uso limitado, porque as obscuridades ou dificuldades que encontramos na *Ética a Nicômaco* são muitas vezes espelhadas na *Ética a Eudemo*. Por exemplo, a segunda parece igualmente indecisa entre Seleção e Coleção. Na abertura, ela parece apoiar a Coleção, uma vez que mantém que o fim da vida humana é adquirir a virtude completa e colocá-la em prática. Contudo, em suas sentenças conclusivas, o tratado se inclina na direção da Seleção, uma vez que argumenta que, quando uma pessoa adquiriu a virtude completa, deveria colocar essa virtude a serviço de um fim adequado, que, o tratado sustenta muito diretamente, é a contemplação de Deus:

> Qualquer que seja a preferência por, ou aquisição de, coisas que são por natureza boas, elas levarão melhor à contemplação intelectual de Deus (sejam bens do corpo, ou riqueza, ou amigos, ou qualquer outro bem), isso é o melhor; e essa é a melhor meta a visar. Do mesmo modo, qualquer que seja a deficiência ou excesso em nós, impede nosso serviço a, e contemplação intelectual de, Deus – isso é mau (1249b16-21).

Eu deveria mencionar um quinto escrito sobre temas éticos atribuídos a Aristóteles: o *Protréptico*. Diferente dos outros, esse trabalho não foi transmitido por editores antigos como incluído no corpo dos ensinamentos de Aristóteles. Como mencionado,

Aristóteles escreveu diálogos filosóficos e outras obras de uma natureza mais popular, que foram em grande parte perdidos. Todavia, no caso de um trabalho assim, o *Protéptico*, ou "Exortação à Filosofia", estudiosos acreditam que longos extratos foram preservados nos escritos de um autor posterior, um filósofo neoplatônico, chamado Jâmblico, que viveu cerca de seiscentos anos após Aristóteles. Quando essas passagens são judiciosamente selecionadas e colocadas em uma ordem cogente, como editores modernos fizeram, elas têm uma pretensão razoável a serem consideradas uma boa representação de parte do pensamento ético mais popular de Aristóteles.

O que encontramos no *Protéptico*, assim reconstruído, é uma defesa apaixonada da primazia da atividade intelectual e a importância de nos dedicarmos a uma vida de estudo e cultura. O *Protéptico* defende indisfarçadamente uma concepção de Fim Dominante da vida humana. Alguns extratos capturam o espírito bem o bastante:

> Os entes humanos, portanto, nada possuem que seja divino ou abençoado, exceto por essa única coisa que é de algum valor, ou seja, aquilo em nós que envolve a mente e a inteligência. Essa é nossa única posse imortal; apenas isso é divino. Como partilhamos essa capacidade, então, mesmo que uma vida humana seja fútil e laboriosa, somos tão maravilhosamente equipados, que um ente humano parece ser um deus em relação aos outros animais... Assim, portanto, deveríamos nos dedicar à filosofia, ou devemos nos despedir da vida e deixar essa cena, uma vez que tudo o mais parece, de qualquer modo, um tipo de sem-sentido em uma grande escala e adulação.

Em outra parte, no *Protéptico* reconstruído, Aristóteles elogia Anaxágoras porque, quando perguntado por que fazia sentido nascer e estar vivo, ele respondeu: "Simplesmente para ver os céus e estrelas nele, e a lua e o sol". Aristóteles (se a reconstrução é correta), então, fala sobre isso com aprovação: "Ele respondeu isso porque sustentava que tudo o mais não tinha qualquer valor".

O método de Aristóteles

Qual é o melhor modo de fazer filosofia? Deveríamos tentar identificar um fundamento de verdades indubitáveis e construir a partir daí, como fez Descartes? Ou deveríamos, talvez, visar a esclarecer e criticar nossas crenças retroagindo-as à experiência sensível, ao modo de Locke e Hume? Ou a filosofia envolve amplamente a análise de conceitos que já possuímos e não podemos prescindir? Claramente, cada filósofo tem sua própria concepção do que conta como um bom método filosófico. De fato, parece difícil distinguir claramente *método* de *conteúdo* em filosofia: dependendo de *sobre* o que consideramos que a filosofia trata, um tipo diferente de *modo* de fazer filosofia pareceria apropriado. Aristóteles, também, tem seus próprios métodos distintos, e, como esses são especialmente proeminentes na *Ética*, é útil para leitores iniciantes se familiarizarem com eles.

Podemos apontar quatro estratégias distintas que constituem o método de Aristóteles.

"Salvando os fenômenos"

Uma das pressuposições mais básicas de Aristóteles na investigação filosófica é que os entes humanos são constituídos pela natureza para descobrir a verdade. Somos, ele pensa, animais que buscam a verdade, e de fato, que encontram a verdade. Devido a isso, a opinião considerada de cada pessoa conta, para Aristóteles, ao menos como um tipo de indicador da verdade, e opiniões que são particularmente difundidas, ou que ele considera apoiadas por pensadores inteligentes e cuidadosos, são especialmente boas indicadoras da verdade[11]. Aristóteles chama essas opiniões mais confiáveis "endoxa" (singular *endoxon*). As *endoxa* em qualquer tema são as opiniões do "sábio" e dos "muitos", que necessitam ser levadas em conta na teorização sobre esse tema. As *endoxa* devem ser contrastadas com opiniões "aleatórias" e "casuais" sobre um tema, que não são especialmente interessantes ou importantes.

Aristóteles, com efeito, considera os entes humanos "instrumentos de medida", que dão "relatos" relevantes para determinar a verdade em muitos temas. Uma teoria satisfatória nesse tema terá de explicar os relatos dados por esses diferentes "instrumentos de medida".

Tendemos a pensar que dados relevantes para construir uma teoria científica sobre o mundo são, por assim dizer, lidos acuradamente em instrumentos científicos: por exemplo, dizemos que *uma escala* mede uma substância como pesando 3,2 gramas; ou que a velocidade de uma bola de beisebol é registrada *pela pistola de radar* a 92 milhas por hora. Mas Aristóteles conceberia esses registros, em troca, como as opiniões consideradas das pessoas que usam esses instrumentos: a opinião (muito confiável) da pessoa treinada para usar a escala é que a substância pesa 3,2 gramas; e a opinião (extremamente confiável) da pessoa habilitada no uso da pistola de radar é que a bola estava se movendo a 92 milhas por hora. Para Aristóteles, dados são inseparáveis de opiniões, e

---

11. Aristóteles parece pensar que o que *muitas pessoas* sustentam é *muito provável* ser em substância verdadeiro; e o que *cada um* sempre pensa é *certamente* verdadeiro.

as próprias opiniões são dados. Essa é a razão pela qual ele por vezes se refere a opiniões relevantes, confiáveis, em algum tema como as "aparências" (*phainomena*): que é como as coisas parecem ser àqueles observadores cuja opinião necessita ser levada em conta.

Aristóteles insiste em que uma boa teoria "salva" ou "preserva" as aparências: ou seja, quer ao "*justificar*" essas opiniões, considerando-as corretas, quer ao "*explicá-las*", descrevendo por que são erradas. Seu procedimento não difere de como lidamos com dados científicos. Suponha que cientistas estejam fazendo um experimento que gere um conjunto de pontos de dados, muitos dos quais situam-se ao longo de uma curva, mas alguns deles estão radicalmente fora da curva. Ao escrever um trabalho científico sobre esse experimento, os cientistas teriam de discutir ambos os tipos de pontos de dados. Teriam de discutir como os pontos que se situam ao longo da curva tendem a confirmar suas hipóteses, e teriam de explicar por que os pontos que situam-se fora da curva não desconfirmam essa hipótese, sugerindo alguma fonte de erro – algum erro na medida, ou uma perturbação previsível, ou algo do tipo. Similarmente, Aristóteles insiste em que uma boa teoria filosófica deve explicar também por que as pessoas têm as falsas opiniões que têm, por que essas opiniões têm exatamente essa forma.

Essa abordagem tem duas implicações importantes para a filosofia de Aristóteles. Primeiro, ele tende a ver seu próprio pensamento como o ponto-final de um processo de desenvolvimento filosófico. Quando ele discute um tema, começa tipicamente sondando as visões dos predecessores filosóficos, que fornecem muitos dos seus "dados". (Essas sondagens são, a propósito, as primeiras "pesquisas bibliográficas" registradas.) Ele supõe que necessita dar conta dessas várias visões no modo explicado. Assim, ele visa a construir uma teoria que de algum modo incorpore e substitua tudo que veio antes. Mas observe que se isso é bem feito, *parecerá* que tudo o que veio antes foi simplesmente uma preparação para sua própria concepção[12]. Em segundo lugar, Aristóteles tende a não ser um filósofo "revolucionário", mas um tipo de filósofo irênico, que constrói coalizões. Devido ao seu método, que se baseia tanto nas opiniões consideradas de outros, não estaria simplesmente aberto a Aristóteles concluir, ao modo de Descartes ou Wittgenstein, que todos os filósofos anteriores que lidaram com algum tema estiveram completamente equivocados e dizendo coisas sem sentido.

Por vezes, afirma-se que a abordagem de Aristóteles a esse respeito o limita à convencionalidade e ao conservadorismo na teorização, que sua filosofia pode equivaler a não mais do que descrever o que já se pensava e elucidando nossos conceitos. Mas essa seria uma concepção injustificada, assim como seria injustificado afirmar que uma teoria científica pode ser apenas um simples sumário de resultados obtidos em experimentos. Teorias científicas muitas vezes postularão princípios ou entidades que irão além de observações disponíveis, precisamente a fim de explicar essas observações; do mesmo modo, nada impede Aristóteles de formular uma teoria que vá além das *endoxa*, precisamente a fim de explicá-las. Na verdade, como veremos nos capítulos seguintes, Aristóteles chegará frequentemente a uma teoria que requer que reinterpretemos radicalmente as *endoxa* que inicialmente deram origem a essa teoria.

---

12. Mas observe que Aristóteles *não* subscreve algum tipo de concepção hegeliana do *progresso* inevitável do pensamento na direção de suas próprias formulações.

Aporia *e* lysis

Se as opiniões confiáveis, ou *endoxa*, sobre um tema fornecem os *dados* para teorizar, de acordo com Aristóteles, então, o que fornece o *motivo* para uma investigação é o *perguntar-se*. Aristóteles pensa que nossos esforços para entender o mundo começam com o perguntar-se e são motivados ao longo do caminho pelo perguntar-se, essencialmente pelo mesmo tipo de perplexidade que uma criança sente e que a mantém perguntando "por quê"?

Aristóteles tem um termo técnico para o que usualmente ocasiona esse tipo de perguntar-se: ele o chama *aporia*, literalmente um "bloqueio". *Aporia* é um tipo de dificuldade ou perplexidade. Aristóteles chega ao ponto de dizer que os filósofos deveriam ativamente buscar esse "bloqueio": que, quando o encontramos, deveríamos desfrutá-lo e sentir a resistência completa da dificuldade, e somente quando tivéssemos feito isso, estaríamos em uma posição de encontrar nosso caminho para uma solução. Muito naturalmente, Aristóteles chama a solução para uma dificuldade assim uma *lysis*, um "irrompimento", ou "dissolução", do bloqueio.

Em uma passagem fascinante de sua *Metafísica*, Aristóteles usa algumas comparações surpreendentes para explicar esse método de "*aporia* e *lysis*": é como descobrir como se libertar do cativeiro; ou como alcançar um vislumbre mais claro de para onde estamos intencionando ir; ou como chegar a um julgamento em um caso após ter ouvido cuidadosamente advogados em lados opostos sustentarem seu caso:

> Aqueles que desejam ser livres e desimpedidos deveriam primeiro se familiarizar com as perplexidades relevantes. Pois ser livre e desimpedido é livrarmo-nos de um vínculo que anteriormente nos constrangia, e é impossível libertarmo-nos de um vínculo que não nos é familiar.

> Mas uma dificuldade no pensamento torna evidente esse vínculo envolvendo o tema. Por quê? Porque na medida em que estamos perplexos, assemelhamo-nos muito àqueles que estão no cativeiro, porque é impossível nos movermos adiante em ambas as direções ao mesmo tempo.
> É por isso que é necessário termos examinado cuidadosamente de antemão todas as dificuldades – por essas razões, e também porque aqueles que investigam sem ter primeiro se familiarizado com as dificuldades são como pessoas que não têm ideia alguma de para qual direção deveriam caminhar. Adicionalmente, não sabem se encontraram o que estão procurando. Por quê? Porque esse tipo de pessoa não tem um fim claro. Mas o fim é claro para aquela pessoa que já se familiarizou com as perplexidades relevantes.
> Além disso, seremos melhores em chegar a um vereditó se formos como alguém que ouviu os advogados em disputa em um caso e todos os argumentos relevantes (995a24-b2).

Há uma estreita conexão entre a preocupação de Aristóteles com "salvar as aparências" e seu método de *aporia* e *lysis*. Frequentemente, as opiniões confiáveis sobre um tema parecerão se contradizer[13]. Como ambas as visões terão algum mérito, essa aparência de uma contradição provocará perplexidade: Qual das duas visões, perguntamo-nos, é correta? Assim, um método complementa o outro, e em uma passagem famosa da *Ética*, Aristóteles as apresenta como dois componentes de sua abordagem geral:

> Como em outros casos, o que deveríamos fazer é estabelecer como as coisas aparecem às pessoas (os *phainomena*), e então, após experienciarmos todas as dificuldades

---

13. Um exemplo claro seria de 8.1: "as pessoas que são semelhantes se tornam amigas"; mas também "pessoas que são diferentes uma da outra se tornam amigas".

(*aporiai*), justificar – esse é o melhor caso – todas as opiniões confiáveis (*endoxa*) sobre o tema; mas, ao falharmos nisso, deveríamos justificar a maior parte delas, ou daquelas que são mais confiáveis. A razão é que, se as dificuldades são dissolvidas e as opiniões confiáveis são preservadas, então, nossa concepção será suficientemente estabelecida (7.1.1145b3-7).

É provável que essas características do método de Aristóteles tenham se desenvolvido naturalmente da forma do diálogo de Platão. Um bom diálogo filosófico empregará personagens que sustentam visões representativas, ainda que díspares: como as visões são representativas, servem, com efeito, como *endoxa*; e como essas visões são díspares, sua justaposição gera perplexidade e constitui uma *aporia*. Na verdade, um diálogo bem construído, seria um bom modo de "sondar todas as dificuldades de antemão", do modo que Aristóteles recomenda, antes de chegar a uma resolução satisfatória.

Análise de caso central, ou "significado focal"

Como mencionamos anteriormente, uma das suposições básicas de Aristóteles na *Ética* é que *ser um bem* e *ser um fim* equivalem à mesma coisa. Portanto, a *Ética*, que se ocupa com os bens humanos, lida o tempo inteiro com fins. Aristóteles pensa que as coisas que estão tentando atingir um fim necessitam ser classificadas de um modo distinto, e isso é o que subjaz seu frequente uso da análise de "caso central", ou "caso-focal", (como é chamada) na *Ética*.

A análise de caso central deve ser contrastada com o método padrão de classificação em Aristóteles, que envolve árvores gênero/espécie:

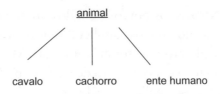

Nesse caso, *animal* é o gênero, e *cavalo*, *cachorro* e *ente humano* são as espécies. As espécies caem sob o gênero, e são classificadas sob ele, porque todas exibem as características do gênero. É uma característica de qualquer animal mover-se e perceber; similarmente, um cavalo se move e percebe; um cachorro se move e percebe; um ente humano se move e percebe. O que torna um cavalo uma espécie de animal é o fato de possuir características adicionais, além daquelas que têm em comum com todos os outros animais, e que o separam como um tipo distinto de animal.

Classificações gênero/espécie correspondem a "definições" do tipo que são buscadas nos diálogos platônicos. Quando Sócrates pede a seus interlocutores que definam um termo como "piedade" ou "coragem", está buscando pelas condições necessárias e suficientes para a aplicação de um termo a uma coisa. Definir piedade é dizer o que uma ação não pode deixar de ter para ser um ato de piedade (uma condição necessária), e o que, caso uma ação a possua, qualifica esse ato como um ato de piedade (a condição suficiente). Para cada ato piedoso, Sócrates sustenta, existe algo que ele tem em comum com todos os outros atos piedosos e com nada que não seja piedoso.

Contaste esse tipo de classificação e definição com a análise de "caso central", que envolve coisas tentando atingir algum fim. Vamos supor que estejamos caminhando por um parque no dia seguinte a uma manifestação política a favor de um candidato impopular. Notaremos pontos falhados no gramado onde a multidão pisoteou; notaremos, também, pontos falhados e marrons onde mesas e plataformas foram colocadas. Mas, depois, veremos uma área com uma concentração de tomates podres, ovos e balões d'água estourados espalhados pelo chão. Pelo modo como essas coisas estão espalhadas, podemos ver exatamente onde o candidato impopular estava posicionado. A razão é que as pessoas estavam visando a ele, mas jogaram essas coisas nele com variados graus de sucesso. Que ele fosse o alvo, portanto, serve para unificar esses dados, e nossas observações geram a seguinte classificação:

Nesse caso, com certeza, nada há em comum entre os tomates, ovos e balões, que nos faça agrupá-los sob o título de "lixo", senão que foram todos orientados a um único fim. Se quisermos, podemos chamar esses três tipos de coisas pelo mesmo nome, "lixo", mas isso não seria porque todas as três partilhassem alguma característica que elas e somente elas possuíssem. Não poderíamos construir condições necessárias e suficientes para o uso de "lixo" nesse sentido. Nem mesmo a localização em relação ao ponto em que o pódio se encontra bastaria, uma vez que algumas coisas próximas a esse ponto não seriam "lixo jogado no candidato", e, independentemente de quão longe do ponto olhássemos (dentro de limites), ainda assim poderíamos encontrar lá algo que fosse destinado a atingir o candidato.

Um outro exemplo como esse – uma analogia mais próxima à que encontramos na ética – é o tipo de classificação que poderia ser encontrada em um manual médico: a condição de saúde do corpo ou de um órgão seria o caso central, e, então, várias condições de enfermidades, ou agentes de doenças, são agrupados em torno dela e entendidos em relação a ela. A bactéria da sífilis, o vírus da pólio e príons têm pouco em comum, considerados em si mesmos, mas podem ser significativamente agrupados como agentes de doenças que afetam o cérebro. Observe que, nesse caso, como em outros exemplos de análise de caso central, há uma importante assimetria: os casos derivativos devem ser entendidos em termos do caso central (uma doença é uma falha *dessa* função saudável), mas o caso central pode ser entendido por si, sem referência aos casos derivativos (um manual sobre função saudável não necessita discutir doenças), e os casos derivativos não são tipicamente elucidados por um outro caso derivativo considerado em si (um manual sobre um tipo de patologia necessita fazer referência à saúde, mas não a outros tipos de patologia).

O exemplo favorito de Aristóteles de análise de caso central é, de fato, um exemplo escolhido da medicina. Aplicamos o termo "saudável", Aristóteles observa, a todos que seguem: urina, alimentos, corpo vivo. Mas esses – certamente, urina saudável e alimento saudável – têm pouco em comum que sirva para explicar por que os chamamos "saudáveis"! Em troca, nosso uso da palavra "saudável" necessita de uma análise de caso central: a aplicação central do termo é a um corpo vivo em boa condição, e outras coisas são chamadas "saudáveis" devido à sua relação com esse caso central: alimento saudável é alimento que *produz* um corpo saudável, e urina saudável é urina que é *produzida por* (e, portanto, é um sinal de) um corpo saudável.

Variação apropriada na acurácia

Aristóteles parece várias vezes querer dizer ao menos quatro coisas pelo que chama "acurácia" (*akribeia*). Essas podem ser elucidadas por um exemplo simples, digamos, de um mestre carpinteiro tentando explicar a um aprendiz como medir e cortar um pedaço de madeira. Suponha que o carpinteiro diga ao aprendiz: "Pegue um pedaço de madeira, meça-o, e o corte assim". Esse comando poderia envolver mais ou menos "acurácia", no sentido de Aristóteles, em ao menos quatro dimensões:

- Acurácia de *medida* – Quão precisamente deveria o aprendiz medir e cortar a madeira – por exemplo, abaixo até um oitavo de polegada, ou a um décimo sexto, ou a um trigésimo segundo?

- Acurácia de *especificação* – Suponha que diferentes tipos de madeira deveriam ser cortados de diferentes modos (madeira dura *vs.* macia; bordo *vs.* carvalho, *vs.* pinho, *vs.* freixo etc.), então, o carpinteiro poderia dar sua instrução mais acurada adaptando o que diz ao tipo de madeira que tem em vista.

- Acurácia de *qualificação* – Tipicamente, uma instrução contém uma condição ou qualificação implícita: "Faça isso (ou seja, a menos que tal e tal ocorra)". Assim, a instrução do carpinteiro é mais "acurada" na medida em que torna essas condições explícitas: "Aqui, está como cortar a madeira quando está úmido", ou "...quando está levemente torta", ou "... quando a serra está sem fio"; e assim por diante.

- Acurácia de *explicação* – Tipicamente, damos razões para o que dizemos, razões que declaramos explicitamente ou consideramos implícitas. Um comando será mais ou menos "acurado", quanto mais ou menos extensas as razões em apoio de uma pessoa. Por exemplo, um carpinteiro com pouca educação formal poderia dizer simplesmente: "Manuseie a madeira úmida desse modo porque está úmida", mas um carpinteiro com uma formação em biologia e química poderia explicar como a umidade na madeira úmida penetra as células e muda o modo como a serra afeta mecanicamente essas células, e assim por diante.

Aristóteles pensa que afirmações gerais na ética admitem variações similares em acurácia. Considere uma regra como: "Deveríamos saldar uma dívida primeiro, antes de dar um presente a um amigo" (o que Aristóteles parece aceitar). Mas, podemos nos perguntar: esse princípio vale independentemente de qual seja o valor da dívida ou do presente? Talvez, valha somente para somas relativamente grandes, mas não para somas abaixo de um certo valor? ("Acurácia de medida".) E, talvez, faça uma diferença a que tipo de pessoa devemos (*e. g.* um amigo ou um estranho), ou a que tipo de pessoa estamos pensando em dar o presente? Poderia, por exemplo, ser correto darmos um presente a um amigo *muito íntimo* antes de saldarmos uma dívida para com um *completo* estranho ("Acurácia de especificação"). Ou suponha que existam algumas condições inusuais: a pessoa a quem devemos é desonesta e provavelmente usará mal o dinheiro quando recebê-lo, mas a pessoa a quem queremos dar o presente *nos* deu um grande presente no ano anterior? ("Acurácia de qualificação"). E, de qualquer modo, como exatamente deveria o princípio ser expresso? Deveria ser expresso, talvez: "Como a justiça é mais necessária do que a amizade, deveríamos (em geral) saldar dívidas antes de dar presentes" – assim, dando a razão por quê? E deveria ser dito mais sobre o que essa suposta "necessidade de justiça" equivale? ("Acurácia de explicação").

Aristóteles sustenta que geralmente o grau de acurácia que buscamos deveria ser apropriado: (i) à natureza da coisa sobre a qual estamos falando; e (ii) ao nosso propósito ao expressarmos uma generalização (cf. 1.7.1098a26-33). Nem sempre ocorre de quanto maior a acurácia melhor; em troca, devemos buscar o que é apropriado (cf. 1.3.1094b22-27). Por exemplo, um carpinteiro que está cortando pinho para estruturar uma parede não será tão acurado em falar em medidas, nem deveria ser, como um carpinteiro cortando carvalho para construir um delicado armário. (Observem que, tipicamente, a acurácia será afetada do mesmo modo pela natureza do material e do propósito do carpinteiro, porque escolhemos o material *em vista do* propósito que temos em mente: não usamos carvalho para estruturar uma parede, ou pinho bruto para construir um armário delicado.)

O tema da ética, para Aristóteles, "admite uma grande variação e imprevisibilidade" (1.3.1094b14-16). Além disso, ele pensa que o propósito da ética (como vimos) é prático – visa a tornar as pessoas boas, em vez de simplesmente a conhecer o que é o bem – e, portanto, necessita somente tanta acurácia quanto for efetiva para atingir esse fim prático. Essas duas restrições, ele pensa, trabalham juntas para tornar a acurácia na ética muito limitada. Isso significa que nossos enunciados de generalizações éticas serão tipicamente bem-sucedidos em valer apenas "na maioria dos casos". Eles não articulam o que vale "sempre e em toda parte, sem exceção", portanto: "*Na maioria dos casos*, devemos saldar dívidas antes de dar presentes". (Mas observe que colocarmos uma generalização desse modo não exclui necessariamente sermos capazes de enunciar a regra com maior eficácia, se as circunstâncias ou propósitos garantissem isso.)

Um outro modo de entender isso é que a generalização em ética tipicamente afirma uma tendência ou propensão, que manifesta seu efeito somente se "outras coisas são iguais" (*ceteris paribus*): por exemplo, "No campo de batalha, a coragem é benéfica ao soldado que a possui" significa, estritamente, "No campo de batalha, se um soldado tem coragem, ele é melhor sucedido", ou "Tudo o mais permanecendo igual, um soldado no campo de batalha se dará melhor se for corajoso". Isso não excluiria casos nos quais um soldado corajoso faz algo que o leva à morte, quando um covarde teria fugido e permanecido a salvo.

Afirma-se, por vezes, que as visões de Aristóteles sobre a inacurácia da ética implicam que ele pensa que não pode haver quaisquer princípios éticos universalmente obrigatórios ou sem exceção. O fato de que (como vimos) ele não lista regras éticas parece apoiar essa concepção: que melhor explicação sobre sua não formulação de quaisquer regras, do que ele pensar que não existem? Todavia, Aristóteles *parece* pensar que existem alguns princípios desse tipo: ele aparentemente sustenta em uma famosa passagem que adultério, roubo e assassinato são sempre errados (2.6.1107a14-17). Além disso, seria estranho se uma disciplina prática *não* tivesse regras sem exceção. Mesmo em uma disciplina que é muito acurada, parece sempre possível encontrar alguma classe de ações que sejam tão estranhas que podem ser simplesmente excluídas, *tout court*. Considere uma vez mais o exemplo do carpinteiro: que ele não possa cortar o pinho macio com precisão não exclui nossa formulação de princípios sem exceção como "Você nunca deveria tentar cortar uma tábua de pinho com o *lado* da serra" ou "Você nunca deveria tentar produzir um corte *reto* no pinho inclinando a serra a um *ângulo de 45 graus*". Parece bastante plausível que Aristóteles visse adultério, roubo, assassinato, e outras ações assim, como igualmente estranhas aos entes humanos: ações desse tipo são tão diferentes do que deveríamos estar tentando, que podem simplesmente ser excluídas, *tout court*[14].

Pontos de partida

Da perspectiva de Aristóteles, nenhum dos pontos metodológicos que discutimos até aqui envolveria qualquer coisa peculiar à ética: salvar os fenômenos, explorar dificuldades, análise de caso central e variação na acurácia serão relevantes, ele pensa, para muitas disciplinas (com exceção da matemática). Aristóteles, como vimos, não pensa a ética como um domínio especial (o domínio dos "valores") que seja especialmente estranho ou intratável, em comparação a outros campos de investigação.

O mesmo valeria aparentemente para suas observações sobre "pontos de partida" ou "primeiros princípios" (*archai*, ou *archē*, no singular). Ele apresenta essas observações como se o que encontrássemos na ética fosse o mesmo tipo de coisa que encontramos em outros lugares. Aqui, está a famosa passagem de 1.4:

> Não vamos perder de vista o fato de que os argumentos *dos* primeiros princípios diferem dos argumentos *para* os primeiros princípios. Platão estava certo quando costumava se preocupar com isso e tentava compreender: "Esse caminho está se afastando dos pontos de partida, ou voltando a eles?" (É exatamente como uma pista de corridas: estamos correndo da tribuna dos juízes para a chegada, ou para trás na outra direção?) Por que a preocupação? Porque necessitamos começar a partir de coisas que conhecemos, todavia, essas são de dois tipos:

---

14. Vale a pena notar que essas regras são praticamente irrelevantes, também, para a educação moral. Os pais usualmente não se encontram tendo de lembrar seus filhos a não matar. Se tivessem, educar as crianças para a virtude seria já uma causa perdida.

aquelas que são conhecidas *por nós*, e aquelas que são assim, simplesmente. É seguro dizer, portanto, que *nós*, de qualquer modo, deveríamos começar pelas coisas conhecidas *por nós*. É por isso que ninguém pode ouvir proveitosamente aulas concernentes a ações admiráveis e justas (ou, geralmente, o que pertence à arte de governar) a menos que tenha sido educado corretamente. A razão é: "que isso é assim" é um primeiro princípio, e se isso é suficientemente evidente para essa pessoa, ela não necessitará saber ao mesmo tempo "*por que* isso é assim". Ela é o tipo de pessoa, portanto, que ou (i) já possui ou (ii) pode facilmente adquirir primeiros princípios. Mas alguém para quem nenhuma dessas coisas é o caso deveria ouvir, em troca, a observação de Hesíodo: "A melhor pessoa de todas é aquela que entende tudo por si mesma; uma boa pessoa, também, é aquela que aceita em confiança a palavra bem falada de uma outra; mas a pessoa que não compreende algo por si mesma, nem chega à convicção sincera ouvindo outras, é um desperdício de vida humana" (1095a30-b9).

A passagem é difícil, mas o que Aristóteles parece querer dizer é algo como o que segue. Para se ocupar de raciocínio em ética, como em qualquer outra coisa, necessitamos começar de algum lugar. Mas esses pontos de partida têm de ser mantidos "fixos" para nosso raciocínio progredir: não pode ocorrer que, ao mesmo tempo, *trabalhemos a partir* dos pontos de partida e também tentemos justificá-los, *raciocinando na direção deles* – é como não ter claro sobre em qual direção se mover na pista de corrida.

Aqui, está um exemplo, tomado do próprio capítulo seguinte da *Ética*. Aristóteles sustenta lá que uma pessoa que dedica sua vida a acumular os prazeres que vêm da comida, bebida e sexo está vivendo a vida de um escravo ou de um animal bruto e que, por essa razão, uma vida assim pode ser descartada imediatamente como uma não candidata à felicidade humana (1.5.1095b19-20). Mas é essa concepção um ponto de partida de um argumento ou uma conclusão? Presumivelmente, Aristóteles a considera um ponto de partida: ele considera como óbvio que esse tipo de vida deveria ser rejeitado como "bestial". Mas poderíamos nos perguntar por quê. *Por que* ela é bestial? O que queremos dizer ao chamá-la assim? O que de fato diferencia uma vida distintamente humana da vida de um animal não humano? Se, ao fazermos essas perguntas, mantivermos esse ponto de partida fixo, não hesitando em nossa convicção que esse tipo de vida é bestial, então está bem. Nesse caso, o que estamos fazendo é nos envolver em raciocínio ético *a partir do* ponto de partida, para tentar determinar *por que* isso é assim. (E a resposta de Aristóteles repousaria presumivelmente no argumento, que consideraremos mais adiante, segundo o qual somente "atividade de acordo com a razão" é distintamente humana, cf. 1.7.) Mas se, ao formularmos essas perguntas, estivermos colocando em questão esse ponto de partida – "Ocorre *realmente* de essa vida ser bestial? Como podemos saber isso? Que *razões* podem me dar para me fazer pensar isso?" – então, não estamos mais a tratando como um ponto de partida. Em troca, estamos agindo como se agora estivéssemos raciocinando na outra direção, *para* essa afirmação, como se fosse uma conclusão. Aristóteles está preocupado, correta e perceptivamente, portanto, com aquelas pessoas que ouvem suas aulas não para rejeitar descuidadamente o que ele tem a dizer porque, sem que se apercebam disso, deslizam de um tipo de questionamento para o outro.

Que elas não deslizem desse modo, pensa Aristóteles, será geralmente possível se tiverem recebido uma boa formação. Aqui, também, Aristóteles, aparentemente, não considera estar dizendo alguma coisa peculiar à ética: ocorre o tempo inteiro que alguém, sem capacidade em lógica ou matemática, quando lhe pedem para provar um teorema, termina assumindo (se afastando) o que deveria provar (ir para). E é fácil imaginar tipos similares de confusão na ciência natural: O clínico diz: "Este paciente está exibindo claramente um sintoma familiar de X", e a residente, mal treinada, diz "Por quê?" não querendo dizer com isso "Qual é a causa do sintoma?" (raciocinando para longe de), mas "Não vejo isso. Por que você diz isso?" (raciocinando para).

Observe que Aristóteles sustenta que um ponto de partida pode ser ou algo que "vemos diretamente", ou algo que reconhecemos como verdadeiro devido à uma afirmação de alguém. Apelos à autoridade, ele pensa, têm peso na ética, e em outras disciplinas, ao menos quando se trata de introduzir pontos de partida. Assim, um estudante de ética poderia dizer: "Ah, sim, esse tipo de vida é bestial – minha mãe me disse isso" ou mesmo (hoje) "Isso é obviamente bestial – Aristóteles a descarta como tal". Similarmente, quando o clínico diz: "Este paciente está exibindo claramente um sintoma de X", a residente poderia pensar para si, *Não estou certa sobre isso, mas lembro da médica famosa X dizendo algo como isso em um caso similar – vou deferir a esse julgamento.*

Conselho prático para ler a Ética

Notas de aula?

O texto da *Ética*, basicamente, é escrito com extraordinário cuidado, no sentido de que cada palavra tem uma função; cada palavra parece ter sido escolhida em relação a alternativas para exatamente essa função particular que pode desempenhar; e o significado do texto (quando finalmente conseguimos interpretá-lo, o que pode ser difícil) é extremamente claro e preciso. Parece escrito com tanto cuidado quanto um belo poema e, consequentemente, possui grande poder e força. Essa é uma razão pela qual a *Ética* é considerada uma grande obra-prima e compensa muito o estudo intensivo.

Supondo que isso seja assim, parece estranho que estudiosos comumente se refiram ao tratado como "notas de aula". De fato, não sabemos como o tratado foi escrito. Consiste em notas de aula do próprio Aristóteles? Foi ditado por Aristóteles a alguma pessoa (talvez, seu filho, Nicômaco)? Ou foi escrito e editado por alguém que assistiu às aulas de Aristóteles? Simplesmente, não sabemos. Contudo, há características tanto do conteúdo como do estilo que sugerem alguma relação com aulas. Quanto ao conteúdo: Aristóteles se refere à audiência de sua investigação como "ouvintes", sugerindo apresentação oral (*e. g.* 1.3.1095a5); e ele frequentemente sumariza e recapitula ao modo de um professor acadêmico. Quanto ao estilo: o texto tem várias características que são mais apropriadas a algo como notas do que a um escrito elegante, que podem ser enumeradas como segue.

1) *Compressão* – O escrito de Aristóteles é extremamente conciso e por vezes drasticamente abreviado. Tradutores completarão sua linguagem em maior ou menor extensão, dependendo de quão literal visem a ser. Aqui, está um exemplo do livro 1. Aristóteles escreve, literalmente, "Pois o vegetativo não participa de modo algum na razão, mas o apetitivo e geralmente desiderativo participa de algum modo, uma vez que ouve a razão e pode se submeter. Do mesmo modo, portanto, ao pai e a amigos dizemos 'terem razão'" (1.13.1102b29-32). Mas o que Aristóteles quer dizer, e o modo como a passagem será traduzida, é:

> Em suma, a parte da alma "semelhante à planta" não tem qualquer participação na razão, mas a parte que

possui desejos e que geralmente aspira por coisas participa na razão, de algum modo, ou seja, do modo pelo qual pode ouvir a razão e se submeter ao que a razão diz. Essa parte "tem razão", portanto, do mesmo modo que dizemos que alguém que ouve ao seu pai ou aos seus amigos, e que se submete ao que dizem, "tem razão".

Por vezes, que Aristóteles escreva com tal compressão tem grande importância filosófica: em muitos lugares na *Ética*, como veremos em vários capítulos adiante, uma sentença única, comprimida, está destinada a apresentar uma linha inteira de argumento.

2) *Densidade do argumento* – O texto da *Ética* consiste em argumentos interessantes estreitamente agrupados, um após o outro. É bastante difícil *lê-la* e seguir todos os argumentos; seria impossível ouvi-la sendo lida e fazer isso, por isso, a suposição de que era destinada a ser elaborada em aulas. Aqui, está um exemplo. No meio de um argumento muito elaborado, Aristóteles inclui a seguinte consideração:

> Parece também que Eudoxo estava correto em sua defesa da pretensão do prazer às honras elevadas. Que o prazer não seja enaltecido, embora seja um bem, indica, ele pensava, que é *melhor* do que aqueles bens que são enaltecidos. Mas somente Deus e O Bem são esse tipo de coisa, ele pensava, porque é a esses que todos os outros bens são referidos (1.12.1101b27-31).

Se examinarmos a passagem cuidadosamente, veremos que contém um argumento muito interessante, mas denso, atribuído a Eudoxo, que poderia ser apresentado mais completamente do seguinte modo:

(i) Os bens são divididos em dois tipos: bens superiores e bens inferiores.

(ii) Bens superiores são aqueles aos quais os bens inferiores são referidos.

(iii) Todos os bens que são referidos a qualquer outro bem são referidos a Deus e ao Bem, e somente a esses.

(iv) Portanto, os únicos bens superiores são Deus e O Bem.

(v) Bens inferiores são enaltecidos; bens superiores não são enaltecidos.

(vi) O prazer é um bem.

(vii) O prazer não é enaltecido.

(viii) Portanto, o prazer é um bem superior.

(ix) Mas o prazer não é Deus.

(x) Portanto, o prazer é O Bem.

Claramente, esse argumento dentro de um argumento é complexo e extremamente interessante, exigindo atenção cuidadosa. Leitores desatentos poderiam facilmente passar direto por ele. Os leitores, portanto, necessitam pausar frequentemente quando estão estudando o texto, pondo de lado e analisando esses argumentos em detalhe. (E, como se isso não fosse ruim o bastante, Aristóteles frequentemente amontoará uma série de argumentos densos como esse, um após o outro, conectando-os concisamente com "Fora isso", "Além disso" ou "Adicionalmente".)

3) *Razões vêm depois* – Quando as pessoas lecionam, elas caracteristicamente, primeiro, afirmam coisas, e então dão razões para apoiar o que dizem depois (não que as pessoas façam isso somente ao falar, mas que isso é especialmente proeminente na fala). A *Ética* possui essa característica do começo ao fim: conclusões vêm primeiro; premissas vêm em segundo lugar. Isso requer que

pausemos enquanto lemos e estejamos preparados para ler passagens completas repetidamente, e *de trás para a frente*, tentando discernir a ordem lógica do argumento.

4) *Variações na textura* – A *Ética* consiste em segmentos de textos que desempenham uma variedade de funções: argumentos; digressões; objeções dialéticas; listas das opiniões de outros; exercícios em classificação; e assim por diante. Tipicamente, esses não serão claramente marcados, assim, leitores inteligentes devem ser sensíveis a elas e tentar selecionar passagens corretamente enquanto leem.

5) *Propósitos implícitos* – Aristóteles dá muito poucas indicações para marcar suas discussões. Ele normalmente nos dirá, por exemplo, por que discute temas na ordem que os discute, ou o quanto uma discussão aparentemente fora do tópico, de fato, enquadra-se bem no argumento geral. Os leitores têm de fornecer essas indicações. Uma vez mais, isso é característico de notas de aula: os professores sabem quais são seus propósitos e os explicitarão quando estiverem ministrando de fato a aula.

Um exemplo resolvido

Após termos assinalado essas características do texto de Aristóteles, parece útil dar um breve exemplo de como ler a *Ética* levando essas coisas em conta. A primeira coisa que devemos fazer é presumir que existe uma estrutura inteligente no texto, porque é difícil discernir os argumentos de Aristóteles, e se nos falta a convicção de que essa estrutura inteligente está lá para ser descoberta, então, é improvável que perseveremos em encontrá-la. Que a *Ética* possui uma estrutura inteligente, tanto no todo como em suas partes, não é ilusão ou pretensão caridosa; em troca, é uma sólida hipótese de trabalho, que será repetidamente confirmada quando é adotada.

Uma vez que a *Ética*, como estamos supondo, possui uma estrutura inteligente, então, devemos tomar cuidado para entender passagens em seu contexto apropriado: deveríamos tentar entender a função que uma palavra está destinada a desempenhar em uma sentença, que uma sentença está destinada a desempenhar em um argumento, que um argumento está destinado a desempenhar em uma discussão mais ampla, e que uma discussão mais ampla está destinada e desempenhar em alguma linha de pensamento abrangente.

Como um exemplo, devemos considerar o capítulo 1.12, que seleciono porque é um dos mais curtos do livro 1, e porque não o examinarei mais adiante neste livro. Os passos que deveríamos dar na leitura dessa e de outras passagens na *Ética* são:

(i) Situar a passagem no contexto e identificar a função da passagem como um todo.

(ii) Construir uma *divisio* (como os comentadores medievais a chamam) do texto, identificando suas partes principais e qual é a função de cada parte.

(iii) Interpretar os argumentos dentro de cada parte.

Nós aplicamos esses a 1.12 do seguinte modo:

(i) 1.12 discute uma questão que à primeira vista parece trivial e inclusive tola: a felicidade é o tipo de coisa que deveria ser enaltecida? A resposta de Aristóteles é: não, a felicidade não é o tipo de coisa que deveria ser enaltecida. Enaltecemos somente aquelas coisas que podemos considerar que contribuem para algum *outro* bem; a felicidade é aquilo em prol do que fazemos tudo o mais, e ao que todos os outros bens são referidos; portanto, a felicidade não pode ser adequadamente enaltecida. Em troca, Aristóteles pensa, a felicidade é algo a ser honrado ou considerado "abençoado".

Isso é o bastante quanto à posição de Aristóteles. Mas podemos colocar o capítulo no contexto? Seu contexto é o livro 1, que, como veremos, ocupa-se principalmente da formulação de uma definição de felicidade. De fato, o livro pode ser dividido em duas porções iguais: a primeira parte prepara para essa definição (1.1-7), e a segunda parte se afasta dela e se destina a confirmá-la (1.8-12). 1.12 cai nessa segunda parte. Agora, após Aristóteles formular sua definição, tenta confirmá-la cotejando-a com outras coisas que acreditamos ou diríamos – *phainomena*, no sentido amplo discutido acima. E ele considera três tipos de *phainomena*: (a) outras coisas que acreditamos ou dizemos que a felicidade é; (b) os sujeitos à felicidade: *a quem* aplicamos ou não o termo "feliz"?; e (c) o que predicamos ou dizemos *da* felicidade. 1.12 cai nesta última categoria. Assim podemos colocar o capítulo no contexto do seguinte modo, situando-o em um plano geral do livro 1:

Livro i: Felicidade

I – Preliminares para a definição de felicidade (cap. 1-6)

II – A definição de felicidade (cap. 7)

III – Confirmação da definição (cap. 8-12)

i – Consistência da definição com outras coisas ditas sobre felicidade (cap. 8)

ii – Consistência da definição com o que consideramos ser o escopo do termo "feliz" (cap. 9-11) iii – Consistência da definição com aquelas coisas que dizemos sobre felicidade (se a enaltecemos ou a abençoamos) (cap. 12)

(i) Observe que ao colocarmos 1.12 sem seu contexto adequado, a tese de Aristóteles, portanto, não parece mais tão trivial ou tola assim. O capítulo, podemos ver, é parte de um exame metódico de como usamos o termo "felicidade", mas embora os capítulos 8-11 considerem como o termo é usado na posição de predicado ("_____ é felicidade", ou "_____ é feliz"), o capítulo 12 muito interessantemente muda o foco e a considera na posição de sujeito ("felicidade é _____").

(ii) Podemos desenvolver em seguida uma *divisio* do texto, que é uma descrição da estrutura interna do texto que estamos examinando. É uma decomposição inteligente do texto. Esse é um processo difícil, que usualmente tem muitos começos falsos. Aqui, está uma sugestão de como isso poderia ser feito nesse caso particular. Uma *divisio*, como a entendemos, consiste em títulos ao estilo de linhas gerais com o texto que cai sob cada título.

Livro 1, capítulo 12
A Felicidade Deveria Ser Enaltecida?
Introdução
Agora que esses temas estão estabelecidos, vamos considerar se a felicidade é o tipo de coisa que deveria receber enaltecimento ou honra, em troca. ("Tem de ser um ou outro", porque, obviamente, felicidade não é uma potencialidade.)
O que está implícito em enaltecer algo

Parece que tudo que é merecedor de enaltecimento é enaltecido porque é (a) um certo tipo de coisa, e (b) relacionado a algo de um certo modo.

Dois argumentos em apoio

(**primeiro argumento**) Evidência para isso: enaltecemos uma pessoa justa, corajosa, e geralmente uma pessoa com seu bom caráter, devido às suas ações e realizações; enaltecemos uma pessoa com sua força física, capacidade de correr, ou outra "talentos atléticos", porque ela tem um certo tipo de constituição e está relacionada de algum modo a algo bom e valoroso.

(**segundo argumento**) Isso é também claro a partir do enaltecimento que dirigimos aos deuses: nosso enaltecimento parece ridículo quando é referido a nós; mas a razão pela qual isso ocorre é que (exatamente como afirmamos) não podemos enaltecer algo sem referi-lo a alguma outra coisa.

Reservamos a bênção para bens que são superiores àqueles que são enaltecidos

Se o enaltecimento é por coisas desse tipo, então, não é pelas melhores coisas. Em troca, algo maior e melhor é para elas.

Dois argumentos em apoio

(**primeiro argumento**) E isso é precisamente o que observamos: *abençoamos* os bens e *os consideramos felizes*; fazemos o mesmo com a mais divina das pessoas; e fazemos isso também com aquelas coisas boas que são mais divinas. A explicação é que ninguém aprecia a felicidade do modo que enaltecemos (digamos) a justiça, mas a *abençoamos*, uma vez que a consideramos ser algo mais divino e melhor.

(**segundo argumento**) Parece também que Eudoxo estava correto em sua defesa da pretensão do prazer às honras elevadas.

Que esse prazer não seja apreciado, mesmo que seja um bem, indica, ele pensava, que é *melhor* do que aqueles bens que são apreciados. Mas somente Deus e O Bem são esse tipo de coisa, ele pensava, porque é para esses que todos os outros bens são referidos.

Esclarecendo observações sobre nossas práticas de enaltecimento

Assim, portanto: *Enaltecimento* é dirigido para bons *traços*. Por quê? Porque é como um resultado de nossos bons traços que caracteristicamente fazemos ações admiráveis. Mas *encômios* são dirigidos a *realizações* admiráveis, sejam do corpo ou da alma.

Observação editorial

(Mas discutir esses temas em detalhe, é seguro dizer, é mais o trabalho de alguém que foi treinado para fazer encômios.)

Tese, que confirma a definição de felicidade de Aristóteles

Quanto a nós, considerando o que foi dito, está claro que felicidade cai na classe de coisas que são honráveis e que têm a natureza de uma finalidade.

Uma observação parentética que dá um argumento além daquele do capítulo

(Uma outra razão pela qual é plausível colocá-lo aqui: felicidade é um primeiro princípio ou ponto de partida. Por quê? Porque é por um primeiro princípio ou ponto de partida que todos fazemos tudo o mais. Mas sustentamos que o primeiro princípio e causa de "todos os outros" bens é algo honrável e divino.)

Observe que 1.12 fornece um bom exemplo do que acima chamei "variação na textura": o capítulo contém argumentos, digressões, enunciados de uma tese, classificações, comentários editoriais, e assim por diante.

Parte desse trabalho de produzir uma *divisio* já foi feito pelo tradutor, se o texto foi dividido em parágrafos que correspondem corretamente à estrutura argumentativa do texto. Mas os estudantes deveriam estar conscientes de que nossos manuscritos gregos originais consistem simplesmente de uma série contínua de letras, sem espaçamento entre palavras ou pontuação. Mesmo marcar um parágrafo é propor uma interpretação do texto, e não há garantia de que os tradutores farão isso corretamente.

(iii) Após termos discernido a estrutura interna ao capítulo construindo uma *divisio*, como a que fizemos acima, estamos em uma posição de analisar e examinar criticamente passagens dentro do capítulo, como o argumento de Eudoxo, que foi analisado acima. Com certeza, nossa análise será guiada por nossa percepção do que a função da passagem deveria ser: o que a passagem deveria obter; o que Aristóteles está tentando estabelecer e por quê. Na verdade, muitos erros são cometidos na interpretação dos argumentos de Aristóteles porque seu contexto mais amplo e a função precisa não são corretamente compreendidos primeiro. Nesse caso, é comum que intérpretes suponham uma discrepância entre o argumento de Aristóteles e sua conclusão: eles inflam a conclusão e, consequentemente, acham o argumento deficiente, ou subestimam a força do argumento e perdem a importância da conclusão. Mas Aristóteles é notavelmente habilidoso em argumentar e possui um senso extremamente claro, semelhante ao de um matemático, do que é necessário para estabelecer um ponto. Seus escritos exibem usualmente uma grande eficiência: ele diz do que necessita para estabelecer sua conclusão, e não diz mais do que isso[15].

Leitura adicional

Existem vários tratamentos da *Ética a Nicômaco* em geral que serão recomendados por diferentes razões. Bostock (2000) é valio-

---

[15]. Ao tentarmos apreciar a *Ética* de Aristóteles hoje, um projeto de extensão e transposição adicional é necessário. Grande parte do que Aristóteles discute na *Ética* está destinado a se aplicar a todos os entes humanos: ele está, sobretudo, interessado, como diz, na *anthrōpinon agathon*, ou seja, "a bondade que é distintiva dos entes humanos em geral" (em contraste com o que é bom para os deuses ou animais não racionais). Podemos possuir e desfrutar disso porque somos racionais e temos mentes, e ele pensa que tanto homens como mulheres são assim.
Apesar disso, Aristóteles escreve sua *Ética* para líderes e políticos aspirantes que, ele presume, são homens. Além disso, ele considera que homens fornecem os melhores espécimes da humanidade, e ele pensa que somente eles podem exibir a virtude em sua forma completa. Portanto, ao longo da *Ética*, ao discutir casos paradigmáticos sobre as várias virtudes – coragem, magnanimidade, justiça – ele invariavelmente tem em mente homens. (Uma exceção importante, contudo, seria sua discussão sobre amor e amizade, na qual cita muitas vezes as mulheres como fornecendo os melhores exemplos.) Na *Política*, Aristóteles sustenta que as mulheres têm virtudes que são análogas e complementares às virtudes dos homens, mas na *Ética*, embora se refira a essa concepção em 8.9-12, ele não está muito interessado em explorar essas diferenças.
Não partilhamos as visões de Aristóteles sobre a primazia dos homens; e, sob alguns aspectos, estamos muito interessados nas diferentes abordagens que homens e mulheres poderiam dar à vida ética e ao raciocínio moral. Portanto, apreciamos suas visões, e para dar a elas a forma mais generosa hoje, necessitamos em alguns casos estender o que ele diz, de modo que se aplique tanto aos homens quanto às mulheres, indiferentemente; e, em outros casos, necessitamos transpor o que ele diz, para encontrar algo análogo, mas interessantemente diferente, o que podemos pensar que tende a ser verdadeiro sobre como as mulheres, em particular, abordam a ética.
Consequentemente, traduções e comentários da *Ética* deveriam adotar um acordo equilibrado. Quando Aristóteles está falando dos entes humanos em geral (*anthrōpoi*), então, deveríamos evitar a linguagem que dá a impressão de que ele se refere apenas aos homens, portanto, "estendendo" suas observações implicitamente. Todavia, quando está claro que Aristóteles pretende que o que diz se aplique apenas aos homens, e o ponto não poderia, sem anacronismo ou deformação, ser estendido também às mulheres (p. ex., muitos de seus comentários sobre coragem têm esse caráter), então, necessitamos tornar claro o referente intencionado de suas observações, e permitir aos leitores "transporem" suas observações como entenderem.

so como um manual de dificuldades e problemas. Broadie (1991) fornece uma leitura exigente e filosoficamente profunda do trabalho. Esses livros são talvez mais adequados para estudos avançados de graduação e pós-graduação. Algumas das melhores intuições particulares de Broadie podem ser facilmente obtidas pelos estudantes iniciantes a partir das notas que fornece a uma recente tradução da *Ética* por Broadie e Rowe (2002). Urmson (1988) é uma visão geral seletiva. Grande parte dos estudos do passado recente partiram de ou responderam a Hardie (1980). Kraut (1989) discute grande parte da *Ética* enquanto considera o que chamei o Problema de Seleção *versus* Coleção, e o Problema da Ordem.

O Problema da Seleção *versus* Coleção é bem levantado por Hardie (1965); Ackrill (1974) defende uma tese famosa para a Coleção; Heinaman (1988) defende talvez a melhor tese para a Seleção. Lawrence (1993) introduz uma distinção valiosa que talvez permita um acordo. O Problema do Egoísmo e do Altruísmo poderia ser examinado no trabalho de Annas (1977 e 1993), e também Irwin (1988a). O Problema da Objetividade Moral e o Problema da Orientação tendem a ser levantados por estudiosos em conexão com preocupações sobre o método de Aristóteles. Sobre isso, ver Barnes (1980), Bolton (1991) e Irwin (1981). Um argumento vigoroso segundo o qual Aristóteles pode consistentemente estar comprometido com algumas normas universais, mesmo que falte "acurácia" à ética, é proposto por Kaczor (1997).

Uma tentativa especulativa e provocadora para relacionar a vida de Aristóteles com sua filosofia, especialmente sua política, é encontrada em Chroust (1973). Que Aristóteles tenha começado sua carreira como um platônico e depois se desconectado ao realizar pesquisa biológica é a famosa tese de desenvolvimento, proposta por Jaeger (1948). Qualquer consideração sobre a relação da *Ética a Nicômaco* com a *Ética a Eudemo* deve começar com Kenny (1978). O *Protéptico* correntemente é melhor estudado simplesmente examinando as passagens reunidas entre os fragmentos de Aristóteles no final do volume II de Barnes (1984).

Dois artigos de Owen (1960 e 1961) são seminais para considerações sobre Aristóteles sobre "aparências" e "significado focal"; sobre o primeiro tópico, ver também Nussbaum (1982). Burnyeat (1980) oferece uma descrição provocadora e influente do "isso" e de como deve ser instilado na educação. Talvez, o melhor modo de estudar como tentar uma *divisio* de um texto aristotélico seja simplesmente olhar para exemplos em Tomás de Aquino (1993).

2
O FIM DA VIDA HUMANA

Ética a Nicômaco, livro 1

Vimos que a *Ética* tem a forma de uma investigação, e que uma investigação tem quatro passos distinguíveis: formulação de critérios para o que é buscado; identificação do campo de investigação; exame desse campo; aplicação dos critérios. Aristóteles adota os dois primeiros passos no livro 1. Ele estabelece critérios que, pensa, o fim último da vida deve satisfazer, e identifica de um modo mais geral seu campo de pesquisa, argumentando, como vimos, que o fim último da vida humana envolve alguma "atividade de acordo com a virtude". Mais precisamente, ele faz ambas as coisas no capítulo 7, que é o capítulo principal do livro. Após o livro 1, ele, então, conduz sua investigação, examinando as várias virtudes e suas atividades características.

Cabe aqui uma observação sobre a terminologia. Aristóteles se refere ao fim último da vida de vários modos, como: "o bem"; "o bem humano"; "o bem alcançável praticamente"; "a melhor coisa"; "a coisa mais elevada"; e "o bem último (ou 'final')". Claramente, ele o considera um tipo de ponto-final, e é irrelevante se imaginamos isso como o ponto-final de uma sequência vertical ("mais elevado"), horizontal ("final"), ou avaliativa ("melhor")[16].

---

16. Deveríamos ter em mente, contudo, que Aristóteles talvez desejasse manter uma distinção entre um mero "bem humano" e o bem humano *último*.

Ele também o chama *eudaimonia*, e diz que as pessoas concordariam em chamá-lo assim. "*Eudaimonia*" era um termo popular, não um termo técnico em filosofia, que significava literalmente ser abençoado por um espírito ou deus (cf. 9.9.1169b7-8), ou ser abençoado com relação ao seu próprio espírito. Como o termo envolve a noção de bênção, carrega com ele sugestões de prosperidade e boa sorte (*eutychia*) – "se dar bem na vida". É tipicamente traduzido como "felicidade", embora alguns comentadores prefiram "prosperidade", "dar certo" ou mesmo "realização". "Felicidade" servirá bem, contanto que tenhamos em mente algumas diferenças básicas entre como Aristóteles (e seus contemporâneos gregos em geral) compreendiam *eudaimonia* e como tendemos a conceber a felicidade:

1) *Eudaimonia* é algo estável. Não é, portanto, um sentimento flutuante, mas algum tipo de condição duradoura.
2) *Eudaimonia* é objetiva, ou seja, uma pessoa pode supor que tem *eudaimonia*, mas está errada sobre isso.
3) *Eudaimonia* é universal. É similar para todos os entes humanos, não algo diferente para cada pessoa.
4) *Eudaimonia* tem uma relação com a divindade, seja porque vem dos deuses, ou porque é uma condição como a dos deuses.

Existe um bem último?

Faltou mencionar que uma condição para investigar algo é verificar se esse algo de fato existe e, portanto, pode ser encontrado. Aristóteles não negligencia esse passo preliminar. De fato, os primeiros capítulos do livro 1 argumentam que existe um tal bem a ser encontrado e argumentam também contra algumas falsas concepções desse bem.

Mas como podemos estabelecer que existe um bem melhor? "O melhor" é um superlativo, e tipicamente compreendemos um termo superlativo por meio do comparativo: a montanha *mais alta* é aquela que é *mais alta* do que qualquer outra[17]. Do mesmo modo, podemos entender o *melhor* bem como aquele bem que é *melhor* do que qualquer outro. Assim, um melhor bem existe, caso exista algo bom que é melhor do que qualquer outro bem.

Mas comparações pressupõem uma classificação, e como podemos classificar um bem como *melhor* do que outro? Poderíamos ter uma chance de responder isso, se tivéssemos compreendido o que queremos comparar. Mas, de qualquer modo, o que é um *bem*? A resposta preliminar de Aristóteles está contida nas primeiras linhas da *Ética*: "Cada método de produção e cada tipo de investigação, similarmente também cada ação e propósito, parecem visar a algum bem. É por isso que as pessoas declararam, corretamente, portanto, que o bem é ao que tudo visa".

Antes de considerar por que Aristóteles diz isso, deveríamos examinar brevemente a acusação comum de que comete uma falácia rudimentar nessa passagem bem no começo de seu tratado. Essa acusação é fomentada por traduções (também permissíveis) que traduzem a segunda linha acima como algo assim: "É por isso que as pessoas declararam, corretamente, portanto, que o Bem é ao que tudo visa". Se traduzirmos a linha desse modo, Aristóteles estaria usando "o Bem" como um nome para uma coisa particular, e estaria afirmando que tudo o visa. No entanto, essa conclusão não deriva de sua afirmação de abertura. De "Cada coisa visa a

---

17. Se a definirmos como "aquela montanha em comparação à qual nenhuma é maior" (compare a compreensão de Sócrates do oráculo de Delfos, Sócrates é o ente humano "em comparação ao qual nenhum é mais sábio"), deixamos aberta a possibilidade de que mais de uma montanha seja a "mais alta".

uma coisa boa ou outra" não segue "Existe um único bem ao qual todas as coisas visam". Compare: de "Cada estrada leva a algum lugar" não segue que "Existe um único lugar ao qual todas as estradas levam". (Essa inferência falaciosa é chamada uma falácia de "Mudança de Quantificador" pelos lógicos, uma vez que envolve uma mudança ilícita de uma expressão da forma "Todo... algum..." para uma da forma "Algum... todo".)

Mas não *necessitamos* considerar que Aristóteles esteja raciocinando desse modo, e, portanto, não *devemos*. Podemos considerar, em troca, que está propondo uma definição, em vez de argumentando que existe algum bem particular ao qual todas as coisas visam. O que Aristóteles deseja afirmar, com efeito, é que "bem" deveria ser definido como "visado". Ser um bem é ser um alvo (ou um "fim"). Para confirmar que esse é seu propósito, observe que o resto do capítulo pressupõe essa identificação. Na sentença imediatamente seguinte, Aristóteles continua: "Mas uma certa diferença é evidente entre *fins*". Ele abandona a fala sobre "bens", e agora, de fato, falará somente sobre "fins" até o final do capítulo. Suas linhas introdutórias são destinadas não a apresentar um grande argumento, mas a substituir a fala sobre bens pela fala sobre fins.

Vamos retornar, portanto, à nossa preocupação com comparações de bens. Se bens são fins, podemos determinar se um *bem* é melhor do que outro, se pudermos determinar se um *fim* é melhor do que outro. Mas, então, como poderíamos classificar fins desse modo? Para elucidar isso, Aristóteles argumenta do seguinte modo, que ele pensa chamar atenção para o princípio relevante da comparação. Em alguns casos, Aristóteles observa, ao que visamos é simplesmente uma ação em si (digamos, um movimento difícil de dança); mas, em outros casos, em contraste, ao que visamos é alguma realização ou "obra" separada de nossas ações (digamos, uma casa a ser construída). Considere agora casos do segundo tipo: "Em casos nos quais existem fins particulares separados das ações", Aristóteles observa, "é a natureza da realização ser melhor do que a atividade" (1094b5-6). A casa que um carpinteiro constrói, por exemplo, é *melhor do que* seus movimentos na construção da casa; obviamente, portanto. Mas por que sustentamos isso? Porque aqueles movimentos são *em prol da* casa. O carpinteiro realiza movimentos que ele considera que produzirão certos efeitos, e realiza esses movimentos precisamente porque eles farão isso. Ele, portanto, escolhe os movimentos "em prol dos" efeitos. É porque suas ações são em prol dos efeitos que os efeitos são melhores. Assim, Aristóteles propõe o seguinte princípio de comparação: quando X e Y são fins, e X é em prol de Y, então, Y é melhor do que X.

Observe que a relação "em prol de/por" estabelece uma classificação, também, entre as ações e produtos de um profissional de qualquer disciplina. Um construtor de casas age em prol da construção da casa, e isso implica uma ordem, e uma base de comparação, para tudo que ele faz, como um construtor. Similarmente, uma médica age em prol da saúde da paciente, que serve como um padrão de comparação. Contudo, e quanto a esses próprios fins: uma casa, a saúde, uma embarcação, uma vitória militar, e assim por diante? Esses são de tipo muito diferente, e cada um é o alvo de uma disciplina separada. Existe algum modo de *eles* poderem ser classificados? Aristóteles sustenta que, na verdade, eles podem, na medida em que uma disciplina assim esteja subordinada a outra. (O que ele quer dizer com "subordinada" não é completamente explicado. Ele quer dizer, ao menos, que a disciplina superior de algum modo dirige e decide como fazer uso das realizações da disciplina inferior.) Nesses casos, o fim da disciplina superior, ele diz, é melhor do que o da disciplina subordinada, porque, aqui, também, o segundo fim é "em prol do" primeiro.

Uma vez que Aristóteles explicou, portanto, no capítulo 1, de um modo provisório, o comparativo, "melhor", ele pode construir uma descrição do superlativo, "o melhor", e argumentar que uma coisa satisfaz essa descrição: o melhor fim seria aquele que é o fim da disciplina mais elevada, se uma disciplina assim existe.

Portanto, seu argumento nos capítulos 1 e 2 tem a seguinte forma geral:

1) Cada disciplina tem um fim (ou bem) ao qual visa.

2) Quanto mais elevada a disciplina, melhor seu fim (ou bem).

3) Se existe uma disciplina mais elevada, então, existe um melhor fim (ou bem).

4) Existe uma disciplina mais elevada.

5) Portanto, existe um melhor fim (ou bem).

A premissa 1 é expressa nas linhas de abertura do tratado e era um lugar-comum na época de Aristóteles. Nada poderia sequer contar como uma disciplina ("técnica", "habilidade", "arte", "método de produção") a menos que houvesse algum tipo de bem que ela confiável e inteligentemente buscasse. A medicina, por exemplo, simplesmente é a promoção confiável e inteligente da saúde; a construção naval é a produção confiável e inteligente de navios; e assim por diante. (Em contraste, a retórica, como Sócrates argumenta no *Górgias*, em 463a-466a, não é uma disciplina, pois não há bem definível ao qual vise.) A premissa 2, como vimos, é o principal princípio de comparação de fins (ou bens) que Aristóteles desenvolve no capítulo 1. A premissa 3 repousa sobre a definição que Aristóteles dá do superlativo, "o melhor", em termos do comparativo, "melhor". Pareceria que a premissa 3 é o que Aristóteles está apresentando na difícil passagem na abertura do capítulo 2:

> Se, então, existe um fim para assuntos práticos, que desejamos por si, e outras coisas por conta disso (e não ocorre de escolhermos tudo por conta de alguma outra coisa, uma vez que, assim, prosseguem indefinidamente, de modo que se esforçar é vazio e em vão), está claro que esse seria o bem e a melhor coisa (1094a18-22).

Deveríamos entender que esse não é como um argumento segundo o qual existe uma coisa melhor, mas como uma definição da melhor coisa – a condição que bastaria para estabelecer que existe uma coisa melhor[18].

A defesa da premissa 4, portanto, ocupa o restante do capítulo 2. Aristóteles argumenta que existe uma disciplina mais elevada, e se existe uma disciplina mais elevada, então, a existência de um bem mais elevado está estabelecida. Ele se refere a essa disciplina mais elevada como *politikē technē*, literalmente, "a arte de governar". Compreendam a *politikē technē* como sendo qualquer competência (*expertise*) que buscamos em um legislador ou líder político; é o conhecimento ou compreensão que deveria ser colocado em uso na formulação de leis e em governar bem a sociedade política. A expressão também poderia ser traduzida como "capacidade de liderança", "capacidade política" ou mesmo "arte de governar". Que exista uma tal competência

---

18. Se considerarmos essa sentença como um argumento de que existe uma coisa melhor, então, Aristóteles uma vez mais estaria cometendo uma falácia da Mudança de Quantificador. Portanto, não deveríamos considerar a sentença desse modo, se não necessitarmos fazê-lo.

que líderes políticos deveriam ter é um tema constante em Platão (p. ex., na *República*, livro 1, e em *Alcibíades*). Aristóteles pressupõe isso, mas a ideia também está profundamente relacionada a ideias importantes em sua própria perspectiva filosófica. Ele considera, famosamente, os entes humanos destinados, por natureza, a viverem em uma sociedade política (que é a força da frase "animal político"); mas, então, há algo ao qual a natureza está visando, ao nos conceber para que vivamos em uma sociedade política; e, se é assim, então, isso pode e deveria se tornar o objeto da inteligência e capacidade humanos.

Um outro modo de entender a concepção de Aristóteles, segundo a qual a autoridade política deveria ser baseada em competência, é considerar que ele está propondo uma alternativa. Certamente, consideramos que as leis têm o maior "poder" na sociedade: as leis da sociedade política superam todas as outras regras e procedimentos. Mas esse poder é baseado na competência ou não. Se não é, então, as leis são a mera expressão da força, a "lei do mais forte" – em cujo caso, sua autoridade é minada, uma vez que não temos razão para obedecer à lei simplesmente porque é estabelecida pela pessoa ou grupo mais poderoso. Portanto, a obediência à lei é inteligível somente com base na suposição de a lei ser a expressão de algum tipo de competência.

Como Aristóteles pressupõe que a obediência é inteligível somente se é obediência à competência, no capítulo 2 ele se concentra em estabelecer que a competência política é a autoridade mais elevada: ela dirige, ele afirma, mesmo as capacidades e métodos mais respeitados de produção; dirige o que deveria ser investigado e até que ponto pelas várias ciências (mesmo que não restrinja essas ciências aos resultados que alcançam); e, além disso, dirige nossas ações e omissões particulares (1094a27-b6)[19]. Como é a autoridade mais elevada, e essa autoridade é a expressão de alguma competência, e todo tipo de competência visa a algo, então, ao que quer que vise, Aristóteles conclui, é o bem mais elevado. Assim, um bem mais elevado existe, na verdade – e logo em seguida ele acrescentará que é apropriado se referir a esse bem como *eudaimonia*, "felicidade" (1095a18).

O argumento, embora engenhoso por ser indireto, provavelmente não nos surpreenderá como inteiramente convincente, porque não pressupomos, como Aristóteles, que a competência (ou "conhecimento", "discernimento verdadeiro") fornece a única base adequada para obediência razoável na sociedade política, e não é obvio para nós que qualquer outra base deve similarmente ter um objetivo ou fim definido[20].

Endoxa em relação ao melhor bem

No livro 1 da *Ética*, e, na verdade, em grande parte do tratado, Aristóteles progride em sua investigação alternando entre o que poderiam ser chamadas considerações "formais" e "materiais". Uma consideração "formal" é aquela que se ocupa com que tipo de coisa, geralmente, estamos buscando; uma consideração "mate-

---

19. Observe a indução implícita nas três considerações de Aristóteles. A autoridade política governa métodos de ação (tanto práticos como especulativos), assim como ações particulares que podem não se situar diretamente sob algum método, e, portanto, seu fim "abrange todos os demais" (1094b6).
20. Podemos expressar o ponto do seguinte modo: Aristóteles está pressupondo que o "bem" é anterior ao "direito", mas outros filósofos, como Kant e mais recentemente Rawls, argumentaram que o "direito" é anterior ao "bem", ou seja, não há fim a que a autoridade razoável vise trazer à existência; em troca, o exercício da autoridade razoável é seu próprio fim. Não devemos considerar neste texto introdutório a questão interessante de se a noção de razão prática de Aristóteles é ou não muito diferente da concepção kantiana.

rial" é aquela que se ocupa com o que, de fato, satisfaz uma descrição geral. Após estar estabelecido, para sua satisfação, que existe algum bem que desempenha o papel do mais elevado ou último em uma sequência – um resultado formal –, Aristóteles passa, então, a considerar *o que*, de fato, um bem assim pode ser – uma questão material. Ele faz isso, como poderíamos esperar, ao considerar opiniões, ou *endoxa*, sobre o bem último, ao que ele já nomeou *eudaimonia*, "felicidade".

Ele deseja imediatamente pôr de lado visões alternantes ou particulares sobre a felicidade, porque esses sequer têm a chance de ser o tipo correto de coisa. É por isso que (após algumas digressões metodológicas em 1.3-4) Aristóteles usa no capítulo 5 o dispositivo das "formas de vida". Podemos entender uma "forma de vida" como um modo de estruturar nossa vida consistentemente em torno da busca de um único fim, e, além disso, é o tipo de coisa que muitas pessoas podem em princípio buscar juntas. Sociedades inteiras em geral podem estar dedicadas a alguma "forma de vida", nesse sentido. Portanto, uma "forma de vida" carrega consigo uma concepção de felicidade como algo que é estável e universal, aquilo que era desejado.

Aristóteles identifica três "formas de vida", embora mencione também uma outra incidentalmente. Cada uma implica uma concepção do bem mais elevado, como na tabela seguinte:

Forma de vida	Bem mais elevado
Vida tranquila	Prazer
Vida de envolvimento cívico	Honra
Vida dedicada a atingir discernimento	?
Vida dedicada a ganhar dinheiro	Riqueza

Observe que, consistente com sua concepção nos capítulos 1-2, ele está considerando um "bem mais elevado" ser um *tipo* de coisa ou atividade, que é adquirido ou realizado em intervalos, com respeito ao qual tudo o mais que buscamos pode razoavelmente ser considerado como dirigido, e que podemos, em troca, razoavelmente considerar não dirigido a coisa alguma além dele. Considerar *tranquilidade* um bem mais elevado é tomar a realização periódica de relaxamento como justificando tudo o mais que fazemos, e por isso, por sua vez, não ser explicada por referência a qualquer outra coisa.

Ele, então, submete prazer, honra e riqueza à crítica, concluindo que nenhum desses poderia razoavelmente ser considerado um bem mais elevado nesse sentido. Ele considera essa conclusão óbvia no momento em que pensamos um pouco sobre o assunto e não deseja dedicar muito tempo defendendo-a. Não há dúvida de que ele considera a base igualmente coberta já pelos argumentos proptéticos padrão, que Sócrates costumava apresentar, seguido por Platão, segundo os quais não deveríamos nos dedicar a coisas como dinheiro, prazer ou reputação (cf. *Eutidemo* 278e-282d). (O melhor e mais completo desenvolvimento de argumentos como esse pode ser encontrado em um trabalho muito posterior de Boécio, *A consolação da filosofia*, que pertence à mesma tradição.) O próprio Aristóteles parece ter repetido esses tipos de argumentos em seus escritos populares, aos quais parece se referir (1096a9-10), incluindo presumivelmente seu *Protéptico*.

Com "prazer", ele pretende significar especificamente prazeres associados aos confortos do corpo e à satisfação de desejos corporais. (Mais adiante, em 10.1-5, ele argumentará que existem outros tipos de prazeres, que são prazeres, ele pensa, no sentido próprio do termo, e que esses estão intimamente conectados à felicidade.) Como vimos, no capítulo 1, Aristóteles descarta essa alternativa mais por uma descrição desdenhosa dela do que por qualquer argumento explícito: deveria ser evidente, ele pensa, que uma vida assim é como uma vida de escravo e adequada a um animal de rebanho (1095b20). É verdadeiro que o Argumento da Função, que ele apresenta mais adiante, implica que deveríamos rejeitar uma vida tranquila: o argumento sustenta, com efeito, que um ente humano é principalmente sua faculdade de raciocinar e que, portanto, quem dedica sua vida a cuidar do corpo coloca seu *self* verdadeiro ou real em uma posição de servidão ao corpo. Mas esse argumento não tem mais força do que sua premissa, segundo a qual a faculdade da razão é distinta e especialmente valiosa, e concordar com isso é *já* rejeitar uma vida centrada em torno dos prazeres corporais. Considerar o *argumento* indo contra esse modo de vida, como já indicado, seria confundir *argumentar para* com *argumentar a partir de* um ponto de partida[21].

A crítica de Aristóteles à vida do envolvimento cívico (literalmente a "vida política") mostra como ele permite que uma crença difundida possa, ainda assim, não ser inteiramente coerente e possa se tornar instável quando examinada racionalmente. As sociedades centradas em torno dessa forma de vida consideram a honra e a boa reputação como a razão para tudo o mais que as pessoas fazem. Mas a honra parece de algum modo dúbia como um bem: não está claro que possamos, de fato, possuí-la, uma vez que ela existe somente na medida em que está sendo conferida pelos ou-

---

21. Não está claro que uma pessoa que vive uma vida dedicada à tranquilidade e prazer corporais desejaria defendê-la racionalmente – que é apenas como ela vive. E se ela *adotasse* uma defesa racional dessa vida, então, pareceria que seria levada, em troca, a determinar alguma outra coisa como seu objetivo (digamos) *poder* ou *se distinguir* dos outros.

tros²². Além disso, não é razoável enaltecer a honra a menos que seja conferida por alguém que possua bom julgamento e conheça os fatos relevantes – mas isso indica, afirma Aristóteles, que enaltecem a honra *em prol do que* um juiz competente reconhece²³. Esse é um bom traço de caráter, ou virtude. Assim, quando a vida do envolvimento cívico é submetida à crítica racional, pensa Aristóteles, vemos que deveria, de fato, considerar a virtude, não a honra, como o bem mais elevado. Ninguém pode razoavelmente enaltecer a honra, sem enaltecer ainda mais a virtude que recebe a honra.

Todavia, a virtude não pode ser o bem mais elevado, quer dizer, não faz sentido considerar *ter se tornado um ente humano bom* uma realização para a qual tudo o mais pode ser razoavelmente dirigido, e que não é razoavelmente dirigido, por sua vez, a coisa alguma além dela. Por quê? Porque suponha que alguém tenha se tornado um ente humano bom. Então, por hipótese, essa pessoa teria realizado o bem último, e, portanto, a vida que ela vive seria uma vida feliz. Mas, suponha, agora, que uma pessoa assim entre em coma pelo resto de seus anos, ou que seja capturada pelo inimigo e submetida a tortura por muitos anos. Se simplesmente *ter se tornado um ente humano bom* fosse o sentido de tudo, ela teria realizado isso, e sua vida seria feliz. Mas seria absurdo, diz Aristóteles corretamente, considerar alguém em coma ou sofrendo torturas incessantes vivendo uma vida feliz.

Observe que, nesse ponto do argumento, parece que Aristóteles está sustentando que se uma correção posterior for feita, então,

---

22. Honra é uma relação, *da* pessoa que a concede, *para* a pessoa que a recebe, e, na concepção de Aristóteles sobre as relações (cf. *Categorias* 8), ela existiria, então, na pessoa que a concede.
23. Observe que Aristóteles se move de "X é uma condição para razoavelmente valorizar Y" para "valorizamos Y em prol de X". Mas essa inferência é válida?

a concepção de felicidade implícita em uma vida de envolvimento cívico será suficiente. Considere que o bem humano último não seja a honra, ou a virtude, mas o *exercício* da virtude sob condições adequadas – "atividade de acordo com a virtude", que é a própria concepção de Aristóteles. Mas, nesse caso, então, a concepção de Aristóteles é que as pessoas *atingem* a felicidade através de uma vida de envolvimento cívico, mesmo que nem sempre seja claro para elas o que seja, de fato, a felicidade? Ou Aristóteles pensa, em troca, que uma vez que se torna claro para alguém que é uma *atividade* (ou, melhor, "atividade racional") a que deveria ser visada, então, a pessoa está inevitavelmente diante da questão de *qual* atividade é a melhor, e, ao responder a essa questão, ela será afastada de uma vida de envolvimento cívico? A segunda, de fato, parece ser a concepção de Aristóteles, e a dialética de 1.5-7 tem essa direção e força gerais.

Quanto a uma vida dedicada aos negócios ("a vida dedicada a ganhar dinheiro"), a riqueza não é, obviamente, o maior bem, uma vez que é *em prol de* alguma outra coisa e, portanto, alguma outra coisa é melhor do que ela. Além disso, esse tipo de vida pode ser desconsiderado porque envolve necessidade e compulsão (1096a6) – uma busca sem fim*. (Aqui, vemos manifestado pela primeira vez a convicção de Aristóteles de que há uma conexão profunda entre felicidade e tempo livre, "lazer", um pensamento que adquirirá uma grande importância em suas observações finais sobre a felicidade no livro 10.)

A outra forma de vida proeminente mencionada por Aristóteles é a *bios theōrētikos*, literalmente, "uma vida dedicada à con-

---

* No original, "*rat race*", literalmente, "corrida de ratos". Expressão usada, em geral, para descrever um estilo de vida exaustivo e repetitivo que não deixa tempo para relaxamento ou distrações [N.T.].

templação" ou, mais naturalmente, "uma vida dedicada a atingir discernimento". Não está claro o que Aristóteles quer dizer com isso, ou mesmo o que pretende ao dizer que o investigará "no que sucede". Existem duas alternativas, dependendo de se entendemos essa "contemplação" a que uma vida assim visa em um sentido estrito ou amplo. (i) Entendida estreitamente, essa "contemplação" seria o discernimento e a compreensão que obtemos por meio do estudo filosófico e científico, especialmente (Aristóteles pensa) naquelas disciplinas que lidam com coisas imutáveis: matemática, astronomia e teologia. A discussão de Aristóteles sobre esse tipo de vida parece contida principalmente nos capítulos finais do tratado, 10.7-8, e a frase "no que sucede" significaria, portanto, "no que sucede no tempo oportuno". (ii) Entendida amplamente, essa "contemplação" seria *qualquer tipo* de apreciação da beleza ou adequação, em cujo caso poderíamos supor que *qualquer atividade* onde beleza ou adequação fossem uma condição, ou restrição predominante, seria aquela que pertencesse a essa forma de vida. Como veremos, Aristóteles considera a marca de qualquer ação virtuosa que ela de algum modo vise a um tipo de beleza ou nobreza na ação, e ele pensa que alguém que age virtuosamente, consequentemente, "conquista" essa nobreza para si. Agora, se esse é o tipo mais amplo de "contemplação" e a forma de vida correspondente que Aristóteles tem em mente, então, *todos* os livros da *Ética* que sucedem são uma discussão sobre a *bios theōrētikos*, e a frase "no que sucede" significaria "no que sucede imediatamente".

Uma digressão sobre a lógica do bem

Mas se, quando pensamos sobre isso, vemos que o prazer corporal, conforto, honra, reputação e riqueza não podem, razoavelmente, ser considerados como o ponto pelo qual fazemos tudo o que fazemos, pelo que mais nos esforçarmos? Que outro bem poderia contar como o mais elevado? Uma grande parte da persuasão da descrição de Aristóteles vem simplesmente da eliminação dessas alternativas familiares. Poderia parecer que a concepção de Aristóteles é a única que restaria.

Contudo, antes de propor sua concepção, Aristóteles argumenta detalhadamente uma última alternativa, uma concepção derivada de Platão, segundo a qual o bem mais elevado é uma Forma do Bem que existe separadamente, que é a fonte e causa do bem de todas as coisas. Aristóteles observa, perceptivamente, que concepções como essa têm um certo apelo, precisamente, porque retratam o bem mais elevado como algo além da vida e da apreensão ordinárias, e as pessoas são, em algum sentido, conscientes de que não a compreenderam, de fato – que o bem geralmente buscado como o mais elevado não é realmente o mais elevado (1095a25-28).

A concepção de Platão é baseada em considerações lógicas sobre o uso e significado das palavras, razão pela qual Aristóteles considera sua discussão sobre essa concepção, em certa medida, uma digressão, mais adequada a um tratado de lógica ou metafísica. Mas a digressão é importante, uma vez que critica uma concepção do bem que pode facilmente parecer atrativa. Da nossa parte, ao entendermos por que Aristóteles rejeita a teoria de Platão, entendemos melhor a afirmação crucial de Aristóteles de que ser um bem é ser um fim.

(Advertência – A seção a seguir é filosoficamente difícil! Se, como Aristóteles, você pensa que investigações lógicas não têm um lugar apropriado na ética; mas, se, diferente de Aristóteles, você não considera platônicos fervorosos entre seus amigos mais próximos, então, sinta-se livre para pular a próxima seção adiante.)

A concepção de Platão consiste, basicamente, de três afirmações:

1) O bem é uniforme: todas as coisas boas são boas do mesmo modo.

2) Existe uma Forma do Bem, ou do "Bem em Si" que existe separadamente.

3) A competência no bem envolve, intelectualmente, perceber essa Forma do Bem.

Vamos considerar, primeiro, as razões de Platão para essas afirmações e, depois, examinar as críticas de Aristóteles a elas.

1) *O bem é uniforme* – Algumas palavras ("termos singulares") aplicamos a uma coisa somente, por exemplo, aplicamos o termo "Sócrates" somente ao indivíduo Sócrates. Mas outras palavras ("termos universais") aplicamos a mais de uma coisa, por exemplo, aplicamos o termo "pálido" a Sócrates antes de pegar algum sol, mas também a Agatão, similarmente, ou a qualquer outra pessoa que tenha uma compleição pálida. Ora, Platão presume, muito compreensivelmente, que tem de haver alguma razão pela qual aplicamos uma palavra a algumas coisas, mas não a outras. A linguagem é inteligente; não criamos palavras arbitrariamente. Portanto, quando aplicamos um termo universal a alguns objetos, mas não a outros, tem de haver uma razão pela qual fazemos isso. Na compreensão de Platão, a definição de uma palavra se destina a fornecer essa razão. A definição de uma palavra seleciona algumas características que é possuída por tudo ao qual essa palavra é propriamente aplicada, e que falta em tudo ao que a palavra não é propriamente aplicada (cf. *Eutifron* 5d). Todas as coisas propriamente chamadas por um termo universal, portanto, têm essa característica em comum. Elas são o mesmo *tipo* de coisa e similares

quanto à forma. A palidez em Sócrates é o mesmo tipo de coisa que a palidez em Platão, e todas as coisas pálidas são uniformes, na medida em que são pálidas.

A palavra "bom" é claramente um termo universal, uma vez que podemos aplicá-lo a mais de uma coisa. Além disso, identificamos algumas coisas como boas, mas não outras. Assim, tem de haver uma razão pela qual aplicamos a palavra como aplicamos. Portanto, nessa linha de pensamento, o bem seria como a palidez: cada coisa possui alguma característica definida que tem em comum exclusivamente com outras coisas boas. Coisas boas são uniformes no bem.

Segue-se disso que enunciados comparativos envolvendo o bem são observações sobre diferenças de grau. Dizer que "Sócrates é mais pálido do que Platão" é dizer que a mesma característica que é encontrada em ambos, que é responsável por serem pálidos, é encontrada em Sócrates em um grau maior do que em Platão. Similarmente, dizer que um bem é melhor do que outro é dizer que o primeiro tem o bem em um grau maior.

2) *Existe uma Forma do Bem que existe separadamente* – Platão, com certeza, é famoso por sua Teoria das Formas: a concepção segundo a qual existem paradigmas inteligíveis, não materiais, imutáveis, dos atributos que reconhecemos nos objetos mutáveis que percebemos por meio de nossos sentidos. Seu argumento principal para a existência das Formas, chamado argumento do "Um Sobre o Múltiplo", começa com a uniformidade que, em sua concepção, subjaz ao nosso uso de termos universais. Quando o mesmo nome é aplicado a vários objetos e, desse modo, todos partilham de uma única característica, parece correto dizer, portanto, que *existe uma única coisa que todos esses objetos são*. Contudo,

essa única coisa não pode ser identificada com qualquer um dos objetos particulares, ou com qualquer característica de qualquer um desses objetos: cada uma dessas coisas é um indivíduo, todavia, a "única coisa que todos esses objetos são" é obviamente universal. Assim, essa única coisa deve ser distinta de cada um dos indivíduos, ainda que deva, de algum modo, estar presente neles. Chame essa a Forma: ela existe separadamente dos indivíduos; os indivíduos *participam* ou *partilham* dessa Forma; e quando aplicamos o termo universal a um indivíduo, estamos fazendo isso em virtude da participação do indivíduo na Forma.

O Argumento do Um Sobre o Múltiplo, similarmente, estabeleceria que existe uma Forma do Bem. Aplicamos o termo "bom" a vários objetos. Portanto, existe uma única coisa, o Bem em Si, que todos eles são. Isso não pode ser identificado com quaisquer das coisas boas particulares, ou com o bem particular que cada uma delas possui. Em troca, é separadamente existente e inteligível. Dizer que alguma coisa particular é boa, portanto, é dizer que ela participa na, ou partilha da, Forma do Bem, que serve como um tipo de paradigma de qualquer coisa boa.

3) *A competência no bem envolve perceber intelectualmente a Forma do Bem* – Uma das razões pelas quais Platão postulou as Formas é ele ter pensado que o conhecimento só seria possível se as Formas existissem. Seu raciocínio era o seguinte. Temos conhecimento de algo somente se não pudermos estar errados sobre esse algo. Mas qualquer coisa que é mutável é algo sobre o qual podemos estar errados. Por quê? Porque ela pode mudar enquanto não a estamos percebendo. Assim, nosso conhecimento deve ser de coisas que não podem mudar. Mas tudo que percebemos neste mundo está sujeito à mudança. Assim, o conhecimento deve ser de objetos imutáveis que não estão no mundo perceptível, e esses

são as Formas. O conhecimento é sempre uma percepção de uma Forma, e correspondente a cada Forma há um certo tipo de conhecimento que consiste simplesmente na percepção dessa Forma.

Como as formas constituem nosso conhecimento, segue-se que haverá um único tipo de competência correspondente a cada Forma, que lida exclusivamente com aqueles indivíduos que participam nessa forma. Assim, existe uma única competência que lida com todas as coisas boas, na medida em que são boas; além disso, se os Xs são um tipo de coisa boa e os Ys são um outro tipo de coisa boa, então, a competência que lida com os Xs, na medida em que são bons, será a mesma que lida com os Ys, na medida em que são bons.

Aristóteles argumenta contra as três afirmações platônicas em 1.6. Como suas críticas repousam sobre sua doutrina das "categorias", essa doutrina necessita, primeiro, ser explicada. A doutrina das categorias afirma que existem vários tipos ou gêneros mais elevados de coisas; ela é talvez mais bem explicada em relação à noção da classificação gênero-espécie, familiar à biologia. Considere um ente vivo particular, digamos, a joaninha que, enquanto digito, está caminhando sobre a mesa perto de meu computador. Sei que esse inseto não é o único de seu tipo; de fato, pertence a uma espécie particular de insetos, todos semelhantes sob aspectos importantes. Como não sou um entomologista, não posso dizer a qual das 350 espécies norte-americanas de joaninhas ela pertence. Mas, independentemente de qual seja a espécie, essa espécie também não é algo totalmente único: pertence a um tipo mais elevado (*coccinellidae*, de fato, a família das joaninhas). Todavia, todos os besouros, similarmente, são semelhantes de certo modo e pertencem ao tipo "coleóptera". Ora, os coleópteros são eles próprios um tipo de inseto, que é um tipo de animal, que é um tipo de ente vivo, que é um tipo de... coisa. E isso pareceria ser o tipo mais elevado de todos: coisas.

Mas isso é precisamente o que Aristóteles nega com sua fascinante doutrina das "categorias". Ele sustenta que existem *vários* tipos mais elevados: além de "coisas", ou *substâncias*, como Aristóteles as chama, existem também *qualidades* (ser "tal como"), *relações* (ser "de" ou "para" alguma coisa), aspectos do *tempo* e *lugar*, e (Aristóteles pensava) algumas outras classes ou "categorias" mais elevadas. (Sua lista mais longa possui dez dessas categorias.) Essas categorias são exclusivas, no sentido de que nenhum item em uma categoria pertence também a outra: uma substância não é uma relação; nenhuma quantidade é uma qualidade. Mas, mais importante, precisamente porque as categorias são (como Aristóteles sustenta) tipos mais elevados, não há classe da qual itens de duas categorias distintas sejam ambos os membros. Em casos nos quais possa parecer que exista uma classe abrangente de várias categorias – porque podemos aplicar a mesma palavra a itens em diferentes categorias –, então, pode ser assegurado, Aristóteles pensa, que essa palavra está sendo usada em sentidos diferentes. Por exemplo, podemos pensar que a palavra "existente" possa ser aplicada às várias categorias, uma vez que podemos dizer coisas como "Uma substância é um existente"; "Uma qualidade é um existente"; "Uma relação é um existente"; e assim por diante. Mas Aristóteles insistiria em que a palavra "existente" varia em sentido ao longo dessas várias afirmações. Dizer que uma substância é um existente é dizer que é uma coisa separada e independente; dizer que uma qualidade é um existente é dizer – muito diferentemente – que é um "tal como" de uma substância; dizer que uma relação é um existente é dizer que é algum aspecto de uma substância que é "de" ou "para" alguma outra coisa.

Assim, se as categorias são os tipos mais elevados, qualquer palavra aplicada a itens em categorias diferentes não é usada uniformemente, e não identifica a mesma característica em seus vários usos. Essa é a base da objeção de Aristóteles à primeira afirmação da teoria platônica. O bem não é uniforme, Aristóteles insiste, porque existem itens que chamamos "bons" em cada uma das categorias:

> O termo "bem" é usado de tantos modos diferentes quanto o termo "é". É usado na categoria do "o que" (*e. g.* Deus, mente); do "que tipo" (*e. g.* as virtudes); do "quanto" (*e. g.* a quantidade certa); da "relativo a algo" (*e. g.* o que é útil); do "tempo" *e. g.* o momento certo); e da "localização" (*e. g.* o lugar certo, e outras coisas desse tipo). Por conseguinte, é claro que "bem", usado geralmente, não significa uma única coisa partilhada em comum – porque, caso significasse, então, "bem" não seria usado em todas as categorias, mas somente em uma (1096a23-29).

Com certeza, se a palavra "bem" não é usada do mesmo modo em suas várias aplicações, então, é implausível afirmar que "existe uma única coisa que todas as coisas boas são", e, assim, o Um Sobre o Múltiplo é bloqueado, e, em contraste com a segunda afirmação da teoria platônica, não há base para postular uma Forma.

Mas Aristóteles acrescenta uma outra crítica a essa segunda afirmação na teoria platônica, e, a fim de entender essa crítica, necessitamos entender, primeiro, o que é tradicionalmente conhecido como a objeção do Terceiro Humano (*Third Man objection*) às Formas. A objeção do Terceiro Humano consiste em que o argumento do Um Sobre o Múltiplo implica um regresso vicioso. A objeção procede do seguinte modo: De acordo com o Um sobre o Múltiplo, sempre que um termo pode ser aplicado a vários membros de uma classe, então, podemos postular uma Forma, distinta dos membros dessa classe, à qual todos os membros dessa classe exibem, e na qual participam. Considere, então, a classe de entes humanos individuais. Podemos aplicar a palavra "humano" a cada um deles; assim, de acordo com o Um Sobre o Múltiplo, podemos postular uma Forma, chame-a "Humano em Si", distinta de qualquer ente humano particular, que todos os humanos exibem, e na qual participam. Suponha, portanto, que essa Forma exista. Nesse caso, então, parece que podemos formular, agora, uma nova classe, consistindo em todos os entes humanos, junto ao Humano em Si. Mas a palavra "humano", parece, pode agora ser aplicada, não meramente a todos os homens e mulheres individuais, mas também à Forma, o Humano em Si. Afinal, os entes humanos individuais participam na, e exibem essa, Forma, e a semelhança parece ser simétrica. Além disso, a Forma deve ser um paradigma das coisas que participam nela, mas certamente um paradigma exibe de um modo predominante a característica do que ele é um paradigma. Portanto, parece que podemos dizer que o Humano em Si é "humano". Contudo, se dizemos isso, então, o Um Sobre o Múltiplo instrui que deveríamos postular agora uma terceira coisa, um "Terceiro Humano" (*Third Man*), distinta tanto do ente humano individual como da Forma Humana em Si, da qual essas coisas partilham. Por quê? Porque, recorde, o Um Sobre o Múltiplo nos leva a postular uma Forma sempre que formamos uma classe de itens chamados pelo mesmo nome. Mas, agora, observe que, por razões comparáveis, a palavra "humano" pode aparentemente ser aplicada igualmente a esse Terceiro Humano. Mas, então, está claro que existe um regresso infinito de Formas: na teoria de Platão, somos compelidos a sustentar que existem entes humanos individuais; e que existe a Forma do Humano; e que existe a Forma dos {entes humanos e a Forma do Humano}; e que existe a Forma dos {entes humanos, a Forma do Humano, e a Forma dos {entes humanos e a Forma do Humano}}; e assim por diante, interminavelmente.

Para impedir essa absurdidade, bastaria dizer que o Um Sobre o Múltiplo nos permite postular uma Forma somente quando os itens aos quais uma única palavra é aplicada estão todos "no mesmo nível". Entes humanos individuais estão "no mesmo nível" – eles são todos particulares perceptíveis –, mas a Forma do Humano está claramente em um "nível" diferente: ela é de algum modo anterior e tem um *status* diferente. Assim, não poderíamos aplicar o Um Sobre o Múltiplo à classe que consiste nos particulares e na Forma, e o regresso seria impedido. Poderíamos inclusive insistir em que a palavra "humano" varia em significado, dependendo de se é aplicada a algo anterior em *status* ou não. E essas coisas são, aparentemente, o que os platônicos dizem. Eles tentaram escapar do regresso do Terceiro Humano sustentando que uma única Forma não deveria ser postulada quando um termo fosse usado sobre itens que poderiam ser classificados como anteriores e posteriores com respeito ao que foi identificado por esse termo.

Suponha que um platônico estivesse comprometido a responder ao Problema do Terceiro Humano desse modo. Mas, então, como Aristóteles assinala, isso, agora, implicaria que não deveríamos, de modo algum, postular uma Forma do Bem! Seu argumento, uma vez mais, repousa na doutrina das categorias. As próprias categorias exibem prioridade e posterioridade, Aristóteles observa, porque a substância é anterior às outras categorias (e, mais evidentemente, é anterior à categoria de relação). Com isso ele quer dizer que qualquer termo aplicado tanto à substância quanto a um item em alguma outra categoria é usado em um sentido anterior como aplicado à substância, e em um sentido posterior como aplicado a esse outro item. Por exemplo, se dizemos "Essa joaninha existe" e também dizemos "O vermelho do casco da joaninha existe", a palavra "existe", como usada na primeira sentença, indica algo que tem um tipo de prioridade em relação ao que a palavra "existe" indica na segunda sentença. (Em outra parte, Aristóteles explica essa prioridade como dependência da definição: o vermelho existe *na* joaninha; assim, não podemos definir o vermelho sem mencionar aquilo *no qual* ele existe; mas podemos definir a joaninha sem mencionar o vermelho.) Mas se as categorias, desse modo, exibem prioridade e posteridade, e a palavra "bem" é usada sobre substâncias assim como itens nas outras categorias, então, o bem exibe prioridade e posterioridade, e o Um Sobre o Múltiplo não se aplicaria. Portanto:

> Era a prática daqueles que introduziram essa opinião não postular "Ideias" [ou Formas] para coisas nas quais a aplicação de um termo exibia prioridade ou posteridade. (É por isso que não postulavam uma Ideia para os números.) Mas o termo "bom" é aplicado ao que está na categoria do "que é", e do "que tipo", e do "relativo a algo". Mas o que existe em si, *sc.* a substância, é por natureza anterior ao que é relativo a algo. Por quê? Porque a segunda é algo como um desdobramento ou concomitante do que existe. Segue-se que não haveria qualquer Ideia que fosse comum a eles (1096a17-23).

A objeção de Aristóteles à terceira afirmação na teoria platônica, ou seja, a de que a competência no bem deve ser explicada pelo conhecimento de uma Forma, procede então do seguinte modo: Considere o bem simplesmente como é encontrado em uma única categoria, digamos, a categoria do tempo. O bem com relação ao tempo é apenas *pertinência* de tempo; é um bom momento[24]. Se a

---

[24]. Essa limitação do argumento a uma única categoria é necessária simplesmente para pôr em marcha o argumento. Aristóteles está propondo o que é chamado um

teoria platônica fosse correta, então, haveria uma única competência pertencente a um bom momento em geral. Mas essa sugestão é absurda. Um bom momento com relação à saúde – *quando* realizar uma cirurgia, *por quanto tempo* ministrar uma medicação, e assim por diante – cai sob a competência da medicina. Um bom momento com relação à guerra – *quando* atacar, *por quanto tempo* manter uma posição, e assim por diante – cai sob a competência da estratégia militar. Outras decisões sobre outros tipos de coisas pertencem similarmente a outros tipos de competência. Além disso, com certeza, não ocorre de aquela pessoa que tem competência em um tipo de bom momento ter competência em todos. Portanto, se mesmo com relação ao tipo particular de bem que é encontrado em uma única categoria não existe uma competência única, não pode ocorrer de essa competência no bem equivaler a compreender a Forma do Bem.

Essas são objeções de Aristóteles à concepção platônica que são dirigidas às principais afirmações dessa concepção. Mas Aristóteles também formula objeções adicionais à concepção platônica, dizendo que a Forma do Bem não pode desempenhar o papel que o bem mais elevado desempenha. Em particular, aquelas características de uma Forma que, na concepção platônica, deveriam torná-la um objeto passível de conhecimento, tornariam incompreensível como a Forma do Bem seria o bem mais elevado. O argumento é apresentado do seguinte modo: O bem mais elevado é melhor do que qualquer outro bem; assim, se a Forma do Bem fosse o bem mais elevado, com Platão sustenta, teria de ser melhor do que coisas boas particulares. Ora, a Forma, como vimos acima, está destinada a ser um objeto

---

"argumento *a fortiori*", um argumento do caso mais forte ao mais fraco: se seu ponto situa o bem em uma única categoria, então, *a fortiori*, situa o bem em geral.

passível de conhecimento: as coisas neste mundo são mutáveis e perecem, mas uma Forma é imutável e eterna. Contudo, uma Forma deve ser o mesmo tipo de coisa – a mesma "em definição" – que as coisas que participam nela, de outro modo não ocorreria de o conhecimento dessas coisas ser o mesmo que o conhecimento dessa Forma. (O mesmo resultado é implicado também pelo argumento do Um Sobre o Múltiplo. Se a Forma é simplesmente essa "coisa única que todos os vários indivíduos são", então, ela tem de ser a mesma em definição que aqueles indivíduos.) Assim, por exemplo, se a Forma do Branco deve explicar nosso conhecimento de coisas brancas, então, na teoria de Platão, duas condições devem se dar: a Forma deve ser a mesma "em definição" que qualquer coisa branca particular; a Forma deve ser eterna. Mas, assinala Aristóteles, nenhuma dessas condições poderia explicar por que a Forma do Bem era melhor do que coisas boas individuais. Na medida em que é a mesma "em definição", é igualmente boa, nem melhor nem pior. E que seu bem dure para sempre não implica que seja mais um bem do que algum bem que exista apenas brevemente. Uma coisa eterna poderia concebivelmente, em princípio, ter inclusive um atributo em um grau menor do que uma coisa similar que existisse apenas brevemente. Assim, existe um conflito entre os dois papéis que a Forma do Bem deve desempenhar. Seu papel como um objeto de conhecimento nada faz para explicar como pode desempenhar o papel do bem mais elevado:

> Um bem-em si e um bem particular de modo algum diferirão, precisamente, como bem. E não será por durar para sempre que um bem-em si é um bem maior do que uma coisa boa, se coisas brancas que duram um longo tempo não são mais brancas do que aquelas que duram apenas brevemente (1096b2-5).

Aristóteles conclui sua crítica à teoria platônica com outros argumentos segundo os quais a Forma do Bem não poderia desempenhar o papel de um bem mais elevado. Seu ponto mais fundamental é que, uma vez que a Forma do Bem, como qualquer forma, deve ser uma coisa não material, imutável e separadamente existente, parece não ser o tipo de coisa que poderíamos alcançar ou possuir; todavia, o bem mais elevado, se é, na verdade, aquele pelo qual fazemos tudo o mais que fazemos, tem de ser algo desse tipo (1096b32-35).

Um platônico poderia responder que mesmo que a Forma do Bem não seja algo que possamos alcançar ou possuir nesta vida, o conhecimento dela é extremamente importante, porque a Forma do Bem é um tipo de paradigma do bem: uma vez que possuímos um tal paradigma, se nos familiarizamos com a Forma, então, estaremos em uma posição melhor para reconhecer e, assim, possuir os bens individuais que *somos* capazes de alcançar nesta vida. E Aristóteles concede que existe alguma plausibilidade nessa reposta. Mas ele pensa que a prática daquelas várias disciplinas que visam a bens particulares mostra que a resposta é equivocada. Se o conhecimento da Forma fosse, de fato, importante para reconhecer e alcançar bens, sustenta Aristóteles, então, cada disciplina *já* teria incluído um treinamento nesse conhecimento no curso padrão de formação para essa disciplina. Por exemplo, a geometria é importante para a arquitetura, como os arquitetos descobriram, e, assim, a formação em geometria é exigida de todos os arquitetos prospectivos. Mas, claramente, nenhuma disciplina exige formação no conhecimento da Forma do Bem.

Além disso, é implausível dizer que o conhecimento da Forma do Bem levaria a uma proficiência maior ou *mais refinada* em qualquer disciplina. A razão é que esse conhecimento seria, presumivelmente, de caráter extremamente geral, uma vez que, presumivelmente, envolveria o que *todos* os bens têm em comum. Todavia, esse tipo de conhecimento seria inútil para profissionais avançados em qualquer disciplina. Tipicamente, a proficiência do especialista em uma disciplina envolve a capacidade na aplicação dos princípios dessa disciplina a casos inusuais ou especiais; por exemplo, os melhores médicos são aqueles que praticam medicina em hospitais de ensino, que tratam de doenças raras e atípicas, enquanto o tratamento de doenças muito comuns não requer capacidade especial. Afirmar, portanto, que o conhecimento da Forma do Bem poderia constituir a diferença, ou parte da diferença, entre um profissional especialista em um campo, seria como dizer que alguém poderia alcançar uma proficiência avançada em medicina estudando algo tão geralmente aplicável como a aritmética.

É lamentável, mas revelador, que Aristóteles mostre pouco interesse em propor sua própria explicação positiva para nosso uso da palavra "bem". Suas observações sobre esse tópico são breves e crípticas:

> Mas, então, como o termo *é* usado? De qualquer modo, não parece que "bem" seja um daqueles termos que, por mero acaso, tem uma variedade de usos diferentes. É talvez que todos os vários usos se originem em uma única coisa, ou tenham seu ponto na conexão com uma coisa única? Ou, mais ainda, são baseados em analogia? Por exemplo, a visão: corpo / mente: alma (1096b26-29).

É difícil saber o que ele quer dizer com isso. Ele está sugerindo que, afinal, existe um padrão único de bem para o universo, embora essas coisas sejam chamadas "boas" não por participarem nele, mas somente na medida em que tendem a ele – a doutrina que ele parece propor nas discussões sobre o Primeiro Motor na

Metafísica, livro 12, onde ele discute o bem do universo (embora somente brevemente)? Sua menção à analogia, portanto, cobriria o modo como nos relacionamos e agrupamos essas coisas, além do Primeiro Motor, que consideramos boas: consideramos a visão e a mente boas, por exemplo, porque cada uma desempenha um *papel* similar – o papel, talvez, de, de algum modo, trazer aquilo no qual é encontrado para uma *relação mais próxima com* o Primeiro Motor. Mas, dada a brevidade da passagem, é difícil ter segurança em qualquer interpretação dela.

Critérios do bem

No começo do capítulo 7, portanto, Aristóteles considera ter mostrado que existe um bem humano último, e que as concepções comuns sobre esse bem, e também a visão platônica, são equivocadas. Assim, o capítulo 7, em um sentido, marca o começo de sua própria busca por esse bem. Sua primeira tarefa é propor critérios que, segundo ele, o bem último deve satisfazer, e que, portanto, servirão para identificar o bem último (1097a15-b21). (Na verdade, ele só aplicará esses critérios mais adiante, em 10.6-8.)

Não está claro se Aristóteles pretende apresentar três critérios ou somente dois: ele parece apresentar três, mas no sumário de suas observações, menciona somente dois (1097b20-21)[25]. Os três critérios que parece apresentar podem ser sumarizados do seguinte modo:

1) Caráter Último [*ultimacy*] (1097a25-34): o bem mais elevado é aquele pelo qual buscamos tudo o mais e não é em si buscado por coisa alguma além dele.

---

25. E, além disso, não parece usar o terceiro critério no livro 10.

2) Autossuficiência (1097b6-16): o bem mais elevado em si não implica outra necessidade.

3) Preferibilidade (1097b16-20): quando comparado um por um a qualquer outro bem, o bem mais elevado é, em cada caso, preferível.

Vamos considerar cada um por sua vez.

1) *Caráter Último* [*ultimacy*] – Esse critério parece ser um refinamento do que Aristóteles já havia dito nos capítulos 1 e 2. Como vimos, é um princípio básico da *Ética* que ser um bem é ser um fim. Assim, um critério do bem mais elevado seria que ele era, mais que tudo, um fim. Mas o que seria para algo ser assim? Aristóteles, primeiro, introduz uma palavra para significar que algo desempenha, razoavelmente, o papel de um fim: ele chama uma coisa assim *como um fim* [*goal-like*], *teleion*, da palavra grega, *telos*, que significa "fim" ou "finalidade". Ele, então, afirma, com efeito, que algo se torna mais ou menos como um fim, dependendo de que lado da relação "em prol de/por" se encontra: na medida em que uma coisa é aquilo pelo que fazemos outras coisas (chame isso o lado "que aumenta o fim" da relação), ela é mais como um fim; na medida em que uma coisa é buscada por uma outra coisa (chame isso o lado "que diminui o fim" da relação), ela é menos como um fim.

Agora, considere a seguinte classificação de fins, que Aristóteles parece adotar da *República* de Platão (357b-358a):

> (i) aqueles buscados somente em prol de alguma outra coisa;
> (ii) aqueles buscados por si mesmos assim como em prol de alguma outra coisa; e
> (iii) aqueles buscados por si mesmos e não em prol de alguma outra coisa.

Aristóteles sustenta que qualquer membro de (ii) será mais como um fim do que qualquer membro de (i), com base em que membros de (i) estão sempre do lado que diminui o fim da relação "em prol de/por", mas membros de (ii) estão por vezes no lado que aumenta o fim da relação. Mas, similarmente, qualquer membro de (iii) (e a linguagem de Aristóteles em 1097a32 mostra que ele está sugerindo que será somente um membro em [iii]) será mais como um fim do que qualquer membro de (ii). Aristóteles pensa que isso nos autoriza a dizer que um membro de (iii) é "como um fim um fim, sem qualificação", ou seja, nunca entra na relação "em prol de/por" de modo a diminuir sua pretensão a ser um fim.

Observe que isso é um resultado um pouco contraintuitivo. Podemos ter pensado que algo na classe (ii) seria o mais valioso de todos. Algo que leva a coisas boas e, ao mesmo tempo, é bom em si não é melhor que algo que é simplesmente bom em si? Mas Aristóteles está afirmando que uma consideração cuidadosa do princípio com o qual contamos qualquer coisa como boa sugere o contrário.

O Critério do Caráter Último talvez seja mais naturalmente entendido como nos dirigindo para o uso da Seleção para identificar o fim último. Como vimos, a imagem geral que Aristóteles faz de um fim é de algo que regula nossa atividade de um modo cíclico, pelo fato de ser repetidamente alcançado: por exemplo, um general conquista uma cidade, e depois se dirige para um outro fim militar; uma médica cura uma paciente, e depois cura outra. Mas observe que esses bens exercem controle apenas sobre alguns tipos de comportamento, e não sobre outros: é somente quando estão travando uma guerra que as atividades dos generais são governadas pelo fim da vitória; é somente quando a médica está vendo pacientes (ou está "de plantão", pronta para ver um paciente) que suas ações são dirigidas pelo fim da saúde (ou seja, de uma paciente particular ou outra). Nesse padrão, portanto, seria natural considerar o "fim mais como um fim" simplesmente algo bom, cuja realização periódica daria, similarmente, estrutura a *todas* as outras atividades sem exceção.

Contudo, alguns estudiosos argumentaram que o Critério do Caráter Último favorece, em troca, a Coleção. Em grego, a palavra *teleion* pode significar também "completo" ou "perfeito", ou seja, não carece de coisa alguma importante, ou não carece de coisa alguma que possa razoavelmente ser considerada devida a uma coisa. Suponha que Aristóteles entenda *teleion* nesse sentido. Então, ele está sustentando que bens são melhores ou piores, quanto mais ou menos completos são. Se um bem mais completo, como poderíamos pensar, reúne bens menos completos, então, o melhor bem seria o bem mais completo e o mais inclusivo, contendo nele, presumivelmente, todo bem que vale a pena alcançar.

Mas existem duas dificuldades com a segunda interpretação do Caráter Último: (i) Dada a importância até aqui, considerando o argumento de Aristóteles, do princípio segundo o qual ser um bem é ser um fim, seria estranho para ele, nesse ponto, e em uma passagem que se assemelha muito à passagem de abertura, usar a palavra *teleion* – que tem a mesma raiz da palavra para "fim" (*telos*) – no sentido muito diferente de "completo", e fazer isso sem qualquer advertência. (ii) Como vimos, Aristóteles explica o Caráter Último com referência à relação "em prol de/por". Mas não ocorre, tipicamente, de quando uma coisa ser buscada pela outra, então, a segunda incluir a primeira e ser, nesse sentido, mais completa. Por exemplo, buscamos dinheiro pela comida e vestimenta, mas comida e vestimenta não *incluem* dinheiro; uma vez mais, nós nos exercitamos pela saúde, mas a saúde não *inclui* o exercício. Assim, parece, simplesmente, inadequado entender um bem mais *teleion*, no sentido de Aristóteles, como um bem mais inclusivo em geral.

2) *Autossuficiência* – Aristóteles começa sua consideração sobre esse critério com uma observação intuitiva, "um bem que é como um fim parece ser autossuficiente" (1097b8), e é útil para nós também obtermos uma compreensão intuitiva inicial desse critério.

Na medida em que algo é um fim, parece, podemos *repousar* nele, uma vez alcançado. Atingirmos um fim deveria nos *satisfazer*. Atingirmos esse fim não deveria por si trazer consigo outras necessidades ou anseios. Nesse sentido intuitivo, o que equivale à autossuficiência pode ser mais bem apreciado, talvez, em contraste com algo que não é assim. A esse respeito, é útil considerar a famosa imagem dos jarros furados do *Górgias*, de Platão, que se destina a traçar exatamente esse contraste. No *Górgias*, o personagem Cálicles afirma que uma vida feliz seria uma vida na qual alguém aumenta constantemente suas necessidades, mas consegue também, correspondentemente, aumentar sua capacidade em satisfazê-las. Sócrates, com efeito, objeta dizendo que uma vida assim não seria feliz, porque não envolveria a autossuficiência[26]. Para estabelecer esse ponto, Sócrates introduz a imagem dos jarros:

> Suponha que haja duas pessoas, cada uma delas com vários jarros. Os jarros que pertencem a uma delas estão em boas condições e cheios, um com vinho, outro com mel e um terceiro com leite, e muitos outros com muitas outras coisas. E suponha que as fontes de cada uma dessas coisas sejam escassas e difíceis de encontrar, obteníveis somente com muito trabalho e esforço. Ora, uma pessoa, tendo enchido seus jarros, não coloca ou-

---

26. Sócrates começa sua resposta perguntando: "Então, não é correto dizer, como as pessoas dizem, que aqueles que nada desejam são felizes?" (492e) – ao que a formulação de Aristóteles em 1097b15 talvez seja uma alusão.

tra coisa neles e não pensa neles mais. Pode relaxar em relação a eles. Quanto à outra, ela também tem recursos que podem ser obtidos, embora com dificuldade. Mas seus vasilhames estão furados e gastos. Ela é forçada a continuar enchendo-os dia e noite. A alternativa é que tenha um grande sofrimento. Ora, dado que a vida de uma pessoa moderada seja como a da primeira, e a vida de uma pessoa autocomplacente seja como a da segunda, você está dizendo que a vida da pessoa autocomplacente é *mais feliz* do que a da pessoa moderada? (493d-494a, tradução de Zeyl com modificações).

Uma vida similar a essa dos jarros furados não seria autossuficiente, e, portanto, não poderia ser uma vida feliz, porque não envolveria fim algum que implicasse repouso, e aquilo a que visasse, ao ser alcançado, implicaria imediatamente, outra necessidade. A ideia intuitiva da autossuficiência, portanto, inclui as noções de *repouso* e *ausência de dependência posterior*.

A definição de Aristóteles de um bem autossuficiente, "aquele que torna uma vida digna de escolha por si e carente de nada" é obscura e difícil de entender. (Ele quer dizer que *o bem em si* torna uma vida *digna de escolha por si*?) Mas se considerarmos que as duas partes da definição correspondem aos dois elementos da ideia intuitiva de autossuficiência, então, ele estaria afirmando que um bem autossuficiente é algo tal que sua obtenção implica um repouso de esforço e não implica necessidade posterior. Como vimos, Aristóteles concebe um fim como uma atividade que é repetida periodicamente, e que serve para dar direção a outras coisas que uma pessoa faz. Nesse caso, então, uma atividade assim seria autossuficiente, na medida em que poderia ser entendida como um tipo de repouso do esforço, e na medida em que essa atividade em si não implicasse necessidade alguma além dela.

O Critério da Autossuficiência, assim entendido, parece mais naturalmente nos dirigir para usar a Seleção para identificar o fim último: quanto mais autossuficiente uma atividade, menos se tornaria combinada a, ou exigiria, outras atividades ou bens, e mais apenas ela nos satisfaria. Nós, tipicamente, queremos prescindir de outras coisas quando nos deparamos com algo que possui os traços da autossuficiência. (P. ex.: um amante da música descobre uma obra musical especialmente importante e começa a ouvir apenas ela, considerando outras em sua coleção inferiores e dispensáveis.) E qualquer bem mais elevado alcançado por meio da Coleção, em contraste, pareceria menos Autossuficiente. Não exigiria mais esforço salvaguardar e preservar uma grande variedade de bens? E não ocorreria que quanto mais dependêssemos de bens, maior a probabilidade de que nossa consideração por esses bens implicasse dependência de outras coisas fora desse conjunto?

Todavia, alguns estudiosos argumentaram que o Critério da Autossuficiência implica um bem mais elevado obtido por meio da Coleção. Seu argumento é o seguinte. De acordo com Aristóteles, um bem é autossuficiente, somente se torna uma vida livre de necessidades. Mas o que poderia tornar, estritamente, uma vida livre de necessidades? Com certeza, somente algum tipo de bem composto poderia fazer isso, um bem que incluísse qualquer coisa de que pudéssemos razoavelmente jamais necessitar ou desejar. Pois, se uma vida carecesse de um bem assim, então, alguém que vivesse essa vida permaneceria carente desse bem. Portanto, somente a soma total de *todos* os bens, como possuídos ao longo de uma vida, poderia constituir um bem que fosse estritamente autossuficiente.

Mas há três dificuldades nesse argumento. (i) No contexto filosófico no qual Aristóteles escrevia, uma vida autossuficiente implicava simplicidade e austeridade, todavia, um bem alcançado por meio da Coleção ameaça ser extravagantemente grande. (ii) Uma vez mais, nesse contexto, a autossuficiência de um bem era considerada ter um efeito em nossos desejos, levando desejos que tivéssemos por outros bens a desaparecerem ou a parecerem insignificantes. Todavia, a Coleção aparentemente considera nossos desejos determinados e busca pela satisfação mais expansiva desses desejos. (iii) Parece que o tipo de bem composto requerido por essa interpretação simplesmente não poderia existir: mesmo uma composição grande não seria estritamente autossuficiente nesse sentido, uma vez que sempre careceria de algum bem que pudesse razoavelmente ser desejado. Contudo, o bem mais elevado, Aristóteles insiste, tem de ser um bem possível, que possamos, de fato, alcançar (1096b34).

Observe que, como o Critério da Autossuficiência está destinado a ser aplicado aos *bens*, não às *pessoas* que alcançam, possuem ou desfrutam dos bens, nada há sobre a posse de um bem autossuficiente que implique uma vida solitária, como Aristóteles indica em 1097b14-15[27]. Um ente humano não autossuficiente poderia alcançar, com outros, um bem que fosse em si autossuficiente.

3) *Preferibilidade* – Parece que Aristóteles também apresenta um terceiro critério, ou seja, que o bem mais elevado é o tipo de coisa que, quando comparada individualmente a qualquer outro bem particular, é sempre preferível ao outro: "Além disso, a *eudaimonia* é o mais preferível de todos os bens, assumindo que não esteja incluída em qualquer outra coisa. (Caso esteja, então, claramente é mais preferível com o acréscimo da menor coisa boa. Um

---

27. Considere: nada há sobre a imagem dos jarros que restrinja o uso de jarros não furados a eremitas que vivem sozinhos: poderiam existir famílias ou comunidades que estivessem coletando seu mel e leite em jarros não furados, assim como indivíduos.

acréscimo incremental produz um excesso de coisas boas, e o bem maior é sempre preferível.)" (1097b16-20).

Esse critério é aparentemente tomado de Platão, que faz uso dele no começo do *Filebo* (20d-22e), embora Platão não restrinja comparações a bens considerados individualmente: Platão permite comparações de bens compostos. Aristóteles aparentemente critica Platão por isso mais adiante na *Ética*, indicando que se usamos esse teste para bens compostos, então, nada poderia contar como o bem mais preferível, porque, independentemente de quão grande o composto, sempre seria possível criar um bem que fosse preferível a ele, acrescentando ainda outro bem (10.2.1172b28-35)[28].

Observe que, se Aristóteles concebe o bem mais elevado como algo que deveria ser comparado individualmente a outros bens particulares, então, ele, aparentemente, favorece a Seleção.

Mas esse terceiro critério também foi adotado para apoiar a Coleção. Consideramos que a passagem esteja excluindo comparações que envolvem bens compostos. Todavia, é possível perceber que a passagem os está defendendo: "Além disso, a *eudaimonia* é o mais preferível de todos os bens, assumindo que não esteja incluída em qualquer outra coisa. Todavia, caso *estivesse*, então, claramente seria mais preferível com o acréscimo da menor coisa boa". Nesse caso, a passagem, com efeito, estaria dizendo que qualquer coisa que considerássemos felicidade, mas que pudesse ser melhorada pela adição de algum bem, não seria ainda felicidade – porque a felicidade é o bem mais preferível. Assim, necessitaríamos continuar acrescentando bens a alguns candidatos à felici-

---

28. Isso, claro, parece bastante com a dificuldade que encontramos na interpretação Compreensivista do Critério da Autossuficiência. Deveríamos observar, contudo, que as observações de Aristóteles em 10.2 são difíceis de interpretar, e alguns estudiosos negam que tenham o sentido dado aqui.

dade, até que alcançássemos um bem composto que não pudesse ser melhorado, e, então, seria o bem mais elevado. (Observe que, nessa segunda interpretação, Aristóteles não estaria propondo um terceiro critério distinto. Seu ponto sobre a Preferibilidade seria simplesmente uma reformulação ao que havia dito em conexão com a Autossuficiência.)

O argumento da função

Após Aristóteles apresentar critérios pelos quais identificar o bem mais elevado, delimita seu campo de busca no famoso Argumento da Função (1097b22-1098a20). Antes do Argumento da Função, Aristóteles fez pouco mais do que fornecer critérios para identificar o bem humano mais elevado; após o Argumento da Função, ele começa a trabalhar examinando as virtudes particulares e suas atividades características. Portanto, o propósito do Argumento da Função, como vimos, é argumentar que o bem humano mais elevado deve ser encontrado entre aquelas coisas que podemos fazer somente porque temos as virtudes. O Argumento da Função identifica ações virtuosas como o campo de busca ao qual deveríamos aplicar os critérios que ele apresentou.

O argumento começa assim:

> Mas dizer que a melhor coisa é a felicidade (poderíamos pensar) é dizer algo que, basicamente, todo mundo aceita. O que desejamos é que algo seja dito mais claramente sobre *o que é a felicidade*. Isso seria possível, caso pudéssemos identificar o trabalho a ser feito [*ergon*] por um ente humano. Por quê? Porque no caso de uma flautista, uma escultora ou qualquer artífice – e, em geral, no caso de alguma ocupação para a qual há algum trabalho definido a ser feito – o "bem" e o "bem feito" parecem residir no trabalho; e isso pareceria também no

caso de um ente humano, se, na verdade, existe algum trabalho definido a ser feito por ele (1097b22-28).

Já examinamos o raciocínio básico do Argumento da Função: a função ou "trabalho" de uma coisa (*ergon*) é aquilo pelo que ela existe; portanto, a realização desse trabalho, ou, mais precisamente, seu fazer tão *bem*, é seu bem; mas somente uma coisa boa de um tipo realiza bem sua função; e é pelo fato de ter as virtudes relevantes que algo é uma coisa boa de seu tipo; portanto, podemos ver o que o bem de uma coisa é, se examinarmos o que esse tipo de coisa pode realizar somente na medida em que possui essas virtudes que a tornam uma coisa boa de seu tipo. Em particular, podemos ver o que é o bem humano, se examinarmos o que um ente humano pode fazer somente por possuir aqueles traços que tornam uma pessoa um ente humano bom. Uma virtude é um traço que torna uma coisa de um certo tipo boa e em vista do qual chamamos uma coisa desse tipo "boa". Portanto, o Argumento da Função nos leva a examinar as várias virtudes e tipos de ações que são distintas delas. Mas, vamos agora examinar o argumento em mais detalhes e considerar, especialmente, como Aristóteles poderia responder a algumas objeções-padrão feitas ao argumento.

Aristóteles não considera seriamente a possibilidade de que os entes humanos não tenham uma função. Afinal, ele considera que a natureza, em geral, move-se por fins; na verdade, ele pensa que as coisas mutáveis não teriam razão para mudar de um modo em vez de outro, exceto para atingir algum fim; e ele considera que os entes humanos, enquanto situados, em algum sentido, no topo do mundo mutável, agiriam de modo a atingir algum fim. Contudo, ele apresenta dois argumentos muito resumidos para a premissa:

[i] Ou você supõe que o *carpinteiro*, ou o *sapateiro*, tem algum trabalho ou ação definida para realizar, mas que o *humano* não, e, em troca, ele, por natureza, é desempregado? [ii] Você não acha que, assim como há claramente algum trabalho definido a ser feito pelo olho, pela mão, pelo pé e, em geral, por cada uma das *partes* de um ente humano, igualmente, além de todas essas, há algum trabalho definido a ser feito por um ente humano? (1097b28-33).

Não está claro qual é o argumento de Aristóteles em (i). Ele poderia simplesmente estar chamando a atenção para os *nomes*, "carpinteiro", "sapateiro", "humano", e argumentando que não teríamos um nome para esse tipo distinto, *humano*, se nada fizesse distintamente ou o que fizesse fosse indistinguível do que outras coisas fizessem. Poderíamos objetar que podemos criar um nome para um tipo de coisa simplesmente ao usarmos uma *descrição* do que esse tipo de coisa é, e, portanto, ao nomearmos coisas não necessitamos, portanto, nos basear em alguma concepção dos fins aos quais ela visa, seu "trabalho" ou função. Mas Aristóteles poderia muito bem negar isso; ele poderia insistir em que cada concepção de um *tipo* de coisa envolve a formulação de um ideal, ao qual coisas desse tipo, supõe-se, são destinadas a visar, e que realizam apenas "na maioria dos casos".

Ou, talvez, o que Aristóteles esteja enfatizando em (i), em troca, seja a distinção entre funções adquiridas e naturais, e a prioridade da segunda em relação à primeira: não poderíamos *adquirir* papel algum, como o de ser um carpinteiro ou sapateiro, se não tivéssemos originalmente um papel que *não* fosse adquirido: a arte imita e completa a natureza (cf. *Física* 2.8.199a15-18); portanto, qualquer ocupação aprendida simplesmente dá uma forma específica à nossa "ocupação" natural como entes humanos.

O argumento em (ii) parece ser que não teríamos sido equipados com partes que têm um trabalho especial a realizar se não houvesse algum trabalho ou função ao qual esses estivessem dirigidos, porque, como pensa Aristóteles, "a natureza nada faz em vão" (cf., p. ex., *Sobre o céu* 1.4.271a33). Se um ente humano como um todo não tivesse função distinta, então, a natureza estaria operando tanto quanto nós estaríamos se construíssemos uma máquina retirando um componente valioso de um carro, um outro de um computador, um outro de uma câmera, e os reuníssemos sem propósito algum. O argumento parece também sugerir que seria incoerente atribuir uma função a uma parte, se o todo carecesse de uma função, uma vez que uma parte de uma coisa necessita ser definida em referência ao todo. (A função do olho humano é adequadamente especificada como "ver para que ___", não meramente como "ver", onde colocaríamos no espaço em branco qual é a função do organismo na qual essa capacidade de ver está situada.)

Quão plausível é a concepção segundo a qual os entes humanos têm uma função? Para acreditar em algo assim, devemos também estar comprometidos com uma estrutura teleológica, como a filosofia da natureza de Aristóteles? Talvez, não: existem análogos do senso comum ao ponto de vista de Aristóteles, como o quanto tendemos a pensar sobre "talentos" que as pessoas têm. Tendemos a pensar que se alguém tem uma capacidade extraordinária, que a separa de outras, na música ou no esporte, por exemplo, então, seria lamentável ou de algum modo errado se ela deixasse esse talento completamente sem desenvolvimento. Supomos que ela ser considerada ou não um "sucesso" em sua vida pode muito bem depender de como faz uso desse talento especial – que ela poderia, enfim, fracassar e "desperdiçar seus dotes". O Argumento da Função pode similarmente ser entendido nessa forma intuitiva; mas, agora, com respeito aos "talentos" da raça humana como um todo. Que talentos especiais nos separam dos outros animais? Não estaríamos "desperdiçando esses talentos" se não vivêssemos de um modo diferente dos animais que carecem da capacidade de pensar e dirigir seu comportamento por meio do pensamento?

A próxima parte do argumento visa a dizer exatamente qual é o trabalho ou função de um ente humano, examinando algo que é distinto de nós:

> Muito bem; mas, então, o que poderia ser isso? *Viver* é claramente algo compartilhado mesmo pelas plantas, mas buscamos algo que pertence somente aos entes humanos. Todavia, nesse caso, uma vida envolvendo meramente nutrição e crescimento, tem de ser posta de lado. Algum tipo de vida envolvendo percepção vem a seguir, mas claramente isso também é algo compartilhado por outros animais – por cavalos, bois e todos os outros animais. A única alternativa, portanto, é que o trabalho a ser feito por um ente humano seja algum tipo de vida exibida na ação da nossa parte que possui a razão (1097b33-1098a4).

Como vimos (p. 23-25 acima), supondo que a função de uma coisa é distinta dela, Aristóteles está seguindo Platão, que sustentava em seu próprio Argumento da Função, no final da *República*, livro 1, que a função de uma coisa é o que somente ela pode fazer, ou o que ela faz melhor do que qualquer outra. E a primeira coisa que Aristóteles faz é voltar Platão contra si mesmo. Em seu próprio Argumento da Função, Platão sustentava que a função de um ente humano (ou, mais precisamente, da alma humana) é viver (cf. *República* 353d). Ele dizia isso porque estava pressupondo que as almas geralmente constituem um tipo uniforme, uma visão que era consistente com sua crença na reencarnação através das espécies[29]. Todavia, essa concepção dificilmente produz uma função distinta de entes humanos, como Aristóteles indica: meramente viver não é algo que só nós fazemos, ou que fazemos melhor que todos os demais.

Objeta-se, comumente, que o próprio candidato de Aristóteles para a função humana, "uma vida envolvendo a razão", é igualmente não distinto, ao menos nos termos de Aristóteles, porque ele acreditava existirem deuses, e que fossem racionais e vivos. Assim, eles também vivem "uma vida envolvendo a razão"; portanto, não é exclusivo a nós e não pode ser nossa função. Mas ele dizer, mais precisamente, que nossa função é um "tipo de vida *exibida na ação* (*zōē praktikē tis*) da parte que possui razão" parece destinado a impedir essa objeção. Aristóteles, como veremos adiante (cf. cap. 4 adiante), pensa que somente os entes humanos *agem*. Ele, na verdade, acredita que existem deuses que são entes racionais vivos, e que iniciam mudanças no mundo, mas fazem isso não por meio de movimentos discretos, mas pelas outras coisas serem continuamente atraídas a eles (cf. *Metafísica*, livro 12). A *ação* é característica dos entes humanos; é o modo de agência que é exclusivo ao tipo de ente que somos, como Aristóteles insiste em outra parte na *Ética a Nicômaco* (3.3.1112a31-33; 3.5.1113b16-19; e ver também *Ética e Eudemo* 1223a4). Portanto, viver uma vida *consistindo em ações* que envolvem a razão, mesmo supondo que existem deuses, seria, na verdade, exclusivo aos entes humanos.

Objeta-se, também, por vezes, que a mera exclusividade não pode ser um guia para a função de uma coisa, porque existem muitas coisas que nos são exclusivas, que seria absurdo contar como

---

29. Aristóteles, em contraste, no *De anima*, sustenta que as almas diferem em tipo e formam uma série – almas com poderes superiores contêm as capacidades das almas que têm apenas poderes inferiores.

parte da função humana, por exemplo, jogar damas ou roubar. Mas essa parece uma objeção frívola, porque a função de um *tipo* tem de pertencer ao que é comum aos membros desse tipo, e essas coisas como jogar damas e roubar não são assim. Além disso, a objeção é, nesse ponto, fora de lugar, uma vez que Aristóteles está, aqui, baseando-se em uma concepção intuitiva da razoabilidade humana; mais tarde ele irá organizar as coisas e torná-las mais precisas, apresentando argumentos dizendo que jogos não podem ser considerados o fim de uma vida humana (cf. 10.6), e que injustiças como roubo não são exemplos de boas operações da razoabilidade humana (cf. 2.6 e 5.2).

Após anunciar o que considera ser a função humana, Aristóteles faz duas qualificações:

> Mas "a parte de nós que possui razão" pode significar ou: [i] aquilo que é receptivo à razão; ou [ii] aquilo que possui razão e pensa nas coisas. E, como "vida" também possuía dois sentidos, um deveria tomá-la como se referindo à atualização (*actualization*), uma vez que é o principal sentido do termo. Assim, suponha que o trabalho a ser feito por um ente humano seja: *a atualização racional ou não irracional da alma* (1098a4-8).

A primeira qualificação introduz uma psicologia elementar, da qual Aristóteles fará uso mais tarde, em 1.13 e 2.1 (cf. esp. 1103a1). Existem dois modos, ele pensa, pelos quais um ente humano pode ser dito responsável: ou por meio simplesmente do exercício de sua faculdade da razão ("a parte que possui razão"), ou por meio do exercício de alguma outra faculdade de um modo consistente com a ou receptivo à razão. Ambos são modos pelos quais *agimos*, e, portanto, ambos são exclusivos a nós. Esse ponto também parece concebido como uma resposta a Platão. Aristóteles presumivelmente introduz essa qualificação para deixar claro que com "vida da parte que possui razão" ele não está identificando um ente humano simplesmente com sua mente, como Platão fez[30].

A segunda qualificação de Aristóteles explicita que, por exemplo, permanecer sempre dormindo não seria realizar a função humana. Isso se aplica geralmente a qualquer função e não simplesmente à função humana: meramente ter uma potencialidade ou poder não poderia contar como o "trabalho" de um tipo de coisa; o "trabalho" ou função de uma coisa teria de ser, em troca, a atualização de um potencial ou capacidade[31].

Em seguida, vem a passagem na qual Aristóteles apresenta sua posição crucial sobre a inter-relação de função, virtude, bem e a boa execução de uma função. Suas observações são extremamente condensadas em grego; a seguinte tradução tenta expressar explicitamente seu pensamento:

> Mas não marcamos a distinção entre o tipo de trabalho a ser feito por X e o tipo de trabalho a ser feito por um *bom* X: por exemplo, não marcamos uma distinção entre o tipo de trabalho a ser feito por um *harpista* e o tipo de trabalho a ser feito por um *bom harpista*. E falamos desse modo, portanto, sem fazer qualificações, em todos os casos. Todavia, *marcamos* o que é adicionado ao trabalho por meio dos *bons* traços de um profissional. Ou seja: dizemos que "o trabalho a ser feito por um harpista é tocar a harpa", mas "o trabalho a ser feito por um *bom* harpista é tocar a harpa *bem*" (1098a8-12).

---

30. Portanto, o "ou" na frase "atualização racional ou não irracional da alma" deveria ser entendido inclusivamente.
31. Observe que Aristóteles usa a mesma palavra, *energeia*, tanto para "atualização" como para "atividade" ou "ação"; a razão é que a alma humana é atualizada, ele pensa, precisamente por meio de suas ações.

Se esse é o modo correto de traduzir essa passagem muito condensada, então, Aristóteles está, basicamente, fazendo um apelo à consistência no uso: não deveríamos qualificar lado algum de uma asserção ("O trabalho de um harpista é tocar a harpa") ou ambos os lados igualmente ("O trabalho de um bom harpista é tocar a harpa bem"). A razão pela qual Aristóteles deseja enfatizar isso é porque possui a seguinte consequência importante: se qualquer pessoa com uma função deveria razoavelmente assumir como seu bem executar essa função *bem*, então, ela deveria assumir como seu bem a execução dessa função do modo que um *bom* profissional da função a executa.

É importante apreciar como Aristóteles pretende que essa afirmação seja colocada em uso. Podemos ver isso em comparação ao modo usual, mas incorreto, de interpretar o Argumento da Função. Muitas vezes, o argumento é entendido como tendo a seguinte forma básica:

1) A função de um ente humano é atividade de acordo com a razão.

2) Um ente humano bom, ou seja, uma pessoa que possui as virtudes, executa essa função bem.

3) Portanto, o bem último para um ente humano é agir de acordo com as virtudes.

O argumento, assim entendido, é claramente um *non sequitur*. As premissas nos dizem o que um *ente humano bom* faz; a conclusão é sobre qual é o *bem para um ente humano*. Aristóteles começa a *Ética* se perguntando qual é o fim último de um ente humano, ou seja, qual é ou deveria ser o propósito ou fim de todo nosso esforço. Mas o Argumento da Função, quando interpretado como acima, especifica somente o que é viver como um ente humano bom, ou seja, viver de acordo com as várias virtudes. Mas, então, Aristóteles, não só não teria respondido a sua questão original como mudado o tema. Ele teria confundido o que é viver como um ente humano bom com o que é bom para um ente humano.

Todavia, essa dificuldade, parece, pode ser evitada se considerarmos a forma básica do Argumento da Função, em troca, a seguinte:

1) Um ente humano bom, ou seja, uma pessoa que possui as virtudes, executa a função humana bem.

2) Para uma coisa, executar sua função bem é, para ela, alcançar o que é bom para si.

3) Portanto, um ente humano bom alcança o que é bom para si.

Nessa interpretação, consideramos a premissa 2 ser precisamente sobre o que Aristóteles está insistindo em 1098a8-12[32]. Aristóteles não estaria argumentando no Argumento da Função que ter as virtudes torna um ente humano bom. Isso ele pressupõe. Em troca, ele está argumentando que somente uma pessoa com as virtudes realiza a função humana do modo pelo qual pode razoavelmente ser considerada um fim – ou seja, realizar essa função *bem*. Além disso, como ele considera ser um fim equivalente a ser um bem, está pressupondo que o bem para uma coisa é simplesmente ela realizar sua função bem.

O texto do Argumento da Função, então, continua:

---

32. Observe que, nesse modo de entendê-la, a premissa dizendo qual é a função humana é abandonada. O que essa premissa faz é simplesmente nos levar a examinar aqueles traços bons de um ente humano que nos levam a dizer que ele é um "humano bom", em vez de "saudável" (porque seu corpo funciona bem), ou "de visão penetrante" (porque seus olhos funcionam bem). Em todos esses aspectos ele é bom, mas não *qua* humano.

Mas, se é assim, ou seja, se estabelecemos que:
[1] o trabalho a ser feito por um ente humano é um certo tipo de vida; e que
[2] isso é uma atualização e uma ação da alma, envolvendo a razão; e que
[3] fazer essas coisas bem e corretamente é o trabalho de um ente humano bom; e que
[4] cada tipo de trabalhador é bem-sucedido em realizar seu trabalho *bem*, fazendo uso da virtude apropriada a um trabalhador desse tipo;
então, nesse caso, o bem apropriado para um ente humano termina sendo: a atualização da alma como suscitada pela virtude. E se existem várias virtudes, então, é: a atualização da alma como suscitada pela virtude, que é melhor e mais como um fim[33]. Mas acrescente: em uma vida que tem a natureza de um fim. Por quê? Porque "uma andorinha só não faz primavera", nem um só dia bom, e, portanto, um único dia não torna alguém abençoado e feliz, nem um breve período de tempo (1098a16-20).

Portanto, o Argumento da Função contém quatro passos: (i) um argumento segundo o qual os entes humanos têm uma função; (ii) a identificação da função humana, como atividade racional; (iii) a qualificação segundo a qual a função é executada por um ente humano bom; e (iv) a conclusão de que o bem último de um ente humano deve estar situado na atividade virtuosa.

---

33. A frase "como suscitada pela virtude" traduz *kata tēn aretēn*. Isso é mais usualmente traduzido "de acordo com a virtude". Mas uma tradução assim é muito imprecisa, uma vez que algo pode estar de acordo com algum princípio ou causa, mesmo que não resulte de fato desse princípio ou causa. Aristóteles examina as virtudes como causas e princípios reais da ação. Elas são poderes de agir. Sem dúvida, esses *poderes* têm manifestações distintas e características, que podem ser consideradas conformes a ou "em acordo com" a manifestação típica de um poder de um certo tipo. Mas o que Aristóteles tem em mente no Argumento da Função são ações do tipo que executamos *precisamente por meio da* operação de alguma virtude.

Vale a pena observar que Aristóteles, primeiro, afirma o Argumento da Função como se houvesse apenas uma virtude humana. Ele faz isso em deferência a Platão, e em reconhecimento às origens platônicas do argumento, porque Platão pensava haver somente uma virtude humana. (Na verdade, Platão, em geral, sustentava que cada tipo de coisa tinha apenas uma virtude que a capacitava a realizar sua função bem.) Mas Aristóteles pensa que existem várias virtudes humanas, de modo que várias coisas estariam contidas em "o bem humano". Seria por isso que ele acrescenta a cláusula: "E, se há várias virtudes..." Ele está, aparentemente, assumindo que não poderia agir coerentemente se tivesse irredutivelmente múltiplos fins elevados. Assim, ele está supondo que, a fim de identificar o bem humano último, necessitaria operar, de algum modo, sobre esse "bem humano" diverso – uma vez mais, seja através da Seleção ou da Coleção – a fim de alcançar um único bem que é o mais elevado. É por isso que ele acrescenta, "como suscitada pela virtude, que é melhor e mais como um fim". Essa formulação talvez seja entendida mais naturalmente como nos instruindo a aplicar, às várias atividades características das virtudes, os critérios do bem mais elevado que ele havia fornecido pouco antes do Argumento da Função[34].

Uma vida que é como um fim

Os capítulos restantes do livro 1, embora contenham algumas passagens desconcertantes e levantem questões interessantes sobre a relação entre felicidade e prosperidade material, são geralmente diretos. Mas deveríamos, brevemente, dar alguma atenção à quali-

---

34. Aqui, novamente, ative-me à leitura de *teleion* como "como um fim", pelas razões apresentadas acima. Mas, como vimos, o termo *pode* significar "completo", e Ackrill (1974) argumenta fortemente nesse sentido.

ficação de Aristóteles segundo a qual o bem humano é "atividade de acordo com a virtude em uma vida que é *teleion*" (1098a18). A frase usualmente traduzida como "em uma vida completa", mas dado o contexto do livro 1, talvez, signifique, estritamente, "em uma vida como um fim". A qualificação pode ser entendida em ao menos três sentidos:

1) *Cronologicamente* – Aristóteles expressa uma vida "suficientemente longa", como o provérbio citado por ele sugere. Talvez essa seja a interpretação mais natural, mas parece insatisfatória, porque a mera duração do tempo pareceria ser o tipo de coisa que Aristóteles consideraria um acidente. (Aristóteles inclusive diz antes que a maturidade, não a duração do tempo vivo, é a coisa crucial para a ética, 1095a7.)

2) *Desenvolvimentalmente* – Aristóteles expressa uma vida na qual uma pessoa atinge a "maturidade", e tem em mente algum padrão de maturidade em relação ao qual uma vida pode ser mensurada. Por exemplo, em outra parte, Aristóteles sustenta que uma coisa viva chegou à maturidade somente quando se tornou capaz de se reproduzir (*De anima* 415a23-28). Ele pode pensar, portanto, que a "maturidade" moral, e, assim, o tipo certo de vida, requer que nos desenvolvamos em virtude a tal ponto que sejamos bem-sucedidos em inculcar a virtude em outros, digamos, através da liderança prudente e da legislação habilidosa[35].

3) *Teleologicamente* – Aristóteles quer dizer que uma vida não pode ser uma vida feliz se não for "como um fim", ou seja, se não pode ser inteligivelmente considerada um fim. Uma vida

---

[35]. Isso deveria ser similar a um padrão de felicidade defendido por Platão no *Simpósio* (cf. 206b ss.).

poder ou não ser inteligivelmente considerada um fim dependeria de como fosse construída. Muitos tipos diferentes de vidas, e mesmo vidas relativamente breves, poderiam ser como um fim, se contivessem o que necessitassem em seus próprios termos. A famosa escolha de Aquiles ilustraria exatamente isso: ele teve de escolher entre duas vidas como um fim, uma envolvendo a morte gloriosa no campo de batalha em uma idade precoce, a outra envolvendo longos anos de realizações indistintas. Ambos os tipos de vida têm seu propósito e "faziam sentido"; ambas são inteligíveis como um fim.

É discutível, uma vez mais, se o fato de que Aristóteles acrescenta essa qualificação tende a favorecer a Coleção. Poderíamos pensar que não, uma vez que, nessa interpretação, a completude já estaria integrada ao bem humano, de modo que pareceria ser *impossível* alcançar o bem humano em qualquer contexto que não fosse completo. Por outro lado, podemos argumentar que sim, com base em que ao acrescentar a cláusula Aristóteles está simplesmente reforçando, com relação à extensão temporal, uma noção de completude que vem assumindo desde o começo.

Em grande parte da segunda metade do livro 1, Aristóteles se propõe a argumentar que uma vida feliz necessita de um mínimo de bens materiais. Grande parte disso parece motivada pela associação popular, que já foi mencionada, entre *eudaimonia* e *eutychia*, "prosperidade", "se dar bem". Sua concepção é que bens são equipamentos para a atividade que constitui a felicidade; portanto, obviamente, uma falta completa desses bens impediria nossa atividade e, consequentemente, nossa felicidade, porque a felicidade é uma atividade. Um mínimo desses bens é, portanto, uma condição necessária da felicidade (e, mais adiante, em 10.8, ele argumentará que o mínimo é muito modesto). Mas nenhuma quantidade de bens materiais, ele pensa, poderia em si tornar uma pessoa feliz, porque a felicidade requer a ação virtuosa; além disso, nenhuma ausência deles poderia tornar uma pessoa infeliz, porque, similarmente, a infelicidade requer a má ação[36].

Um problema estranho que Aristóteles discute nos capítulos finais do livro 1 é se uma pessoa pode se tornar infeliz em decorrência de (p. ex.) sofrimentos que sobrevêm a seus familiares após sua morte. Que ele considere seriamente o problema é um sinal de seu compromisso com o caráter objetivo da felicidade. Se a felicidade é algo objetivo, então, alguém poderia fracassar em ser feliz, ou cessar de ser feliz, sem o saber. Por exemplo, suponha que enquanto uma mulher feliz está dormindo, terroristas raptem seus filhos, torturem-nos horrivelmente, e então os matem. Quando a mulher acorda, Aristóteles aparentemente sustentaria, ela não seria mais feliz, embora ainda não *soubesse* que não era mais feliz. Mas, se adotamos esse tipo de visão, por que não deveríamos também sustentar que uma pessoa que viveu uma vida feliz pudesse cessar de ser feliz em decorrência de sofrimentos que sobreviessem aos seus familiares após sua morte? Com efeito, ela não *saberia*, portanto, que não deveria mais ser considerada feliz, ainda que a felicidade, supomos, não seja subjetiva.

Surpreendentemente, Aristóteles não diz, como poderíamos esperar (cf. 3.6.1115a25-27), que uma pessoa que está morta simplesmente não existe, de modo que não é mais feliz ou infeliz, e não pode, portanto, mudar com relação a uma condição ou outra. Em troca, ele fala dos sofrimentos dos vivos como algo sendo capaz de "atingir" os mortos. Eles os atingem, ele acredita,

---

36. Portanto, embora sermos ou não felizes, de acordo com Aristóteles, dependa em certa medida de sorte, sermos *infelizes* não – uma distinção importante nem sempre observada pelos comentadores que falam de "sorte moral" em Aristóteles.

mas não o bastante para fazer com que uma pessoa deixe de ser feliz. Essa é uma afirmação estranha – o que poderia significar "atingir" exceto que o morto de algum modo saiba ou perceba os sofrimentos dos vivos?

A dificuldade, como grande parte do livro 1, parece pressupor um pano de fundo platônico. Platão sustentava que as almas dos mortos, caso não reencarnassem, continuariam a existir em um domínio divino, onde se associariam às almas de outras pessoas boas e aos deuses em absoluta beatitude. Essa beatitude seria ameaçada, caso os sofrimentos dos familiares ainda-vivos tivesse o mesmo peso para os mortos que para os vivos. Contudo, se esse é de fato o contexto para a discussão e solução de Aristóteles, então, é estranho que em nenhuma outra parte da *Ética* ele tenha levantado a questão relacionada – mesmo que para descartá-la – das consequências possíveis da ação boa e da ação má após a morte. Que as almas dos mortos eram julgadas por seus feitos pelos deuses após a morte era uma crença popular difundida e repetidamente expressa por Platão (cf., p. ex., *República* 612b-134b); e Platão pensava, além disso, que uma crença nesse tipo de juízo servia para reforçar nossos motivos para a ação virtuosa. Mas Aristóteles surpreendentemente não mostra sinais de interesse pela questão, mesmo como algo suplementar à ética no sentido estrito.

Leitura adicional

Kraut (1979) contém uma excelente discussão sobre o que conta como uma visão objetiva de *eudaimonia*. A concepção de Aristóteles sobre o bem pode ser examinada através de Ackrill (1972), sobre o bem nas várias categorias, e N.P. White (1988), sobre o bem como um fim.

Com relação aos critérios do bem último, e suas implicações, mencionamos Ackrill (1974) como apresentando o argumento básico para a Coleção, e a crítica de Heinaman (1988). Podemos mencionar também Price (1980) como uma tentativa de esboçar uma abordagem à Coleção que a tornaria imune às críticas mais usuais. Bostock (2000) em 21-25 apresenta um resumo útil de como os critérios poderiam parecer favorecer a Coleção em vez da Seleção.

Dois estudos desafiadores e sutis, adequados para um trabalho mais avançado, são Lawrence (1997), sobre a Preferibilidade, e Wedin (1981), que adota uma visão muito diferente sobre a sentença de abertura de 1.2 da proposta aqui, considerando-a como vinculada a 1.7.

Há muitas discussões valiosas sobre o Argumento da Função; mas, talvez, os melhores sejam Gomez-Lobo (1991) e Lawrence (2001). Whiting (1988) é útil em neutralizar algumas objeções comuns. A apresentação do Argumento da Função esboçada acima pretendia evitar uma famosa acusação de falácia proposta em um breve artigo de Glassen (1957). O ponto de Glassen levanta o problema mais profundo se expediência e princípio moral coincidem, e para uma discussão sobre isso em um espírito aristotélico, ver P. Foot (2001).

Para a relação da felicidade com bens materiais, Cooper (1985), Irwin (1985), e especialmente S.M. White (1992) valem a pena consultar.

3
A VIRTUDE RELACIONADA AO CARÁTER

Ética a Nicômaco, 1.13 e livro 2

O estado do argumento de Aristóteles, próximo ao fim do livro 1 da *Ética*, é o seguinte. Há um fim último da vida humana, ou seja, qualquer que seja o objetivo daquela competência que é requerida a fim de governar razoavelmente a sociedade política. Podemos estar certos de que existe um tal objetivo, e uma tal competência, supõe Aristóteles, porque a sociedade política é uma forma natural de associação para entes humanos e, portanto, tem um propósito ou fim definido. Podemos identificar três (ou talvez apenas dois) critérios que um tal fim deve satisfazer: deve possuir as marcas do Caráter Último, da Autossuficiência, e (talvez também) da grande Preferibilidade. Podemos também identificar, aproximadamente, o tipo geral de coisa que esse fim último será: como sustenta Aristóteles no Argumento da Função, o fim último da vida humana envolve uma atividade que um ente humano pode executar somente por ter um traço que contribui para que uma pessoa seja um ente humano bom. Um traço assim é uma "virtude", de modo que o fim último da vida humana é alguma "atividade de acordo com a virtude". Podemos determinar o fim último da vida humana, portanto, examinando as atividades desse tipo e vendo quais delas satisfazem os critérios do Caráter Último, da Autossuficiência, e (talvez também) da maior Preferibilidade.

Assim, o próximo passo de Aristóteles deve ser examinar as várias atividades desse tipo. Mas, antes que possa fazer isso, deve, primeiro, distinguir as várias virtudes, que exigiria também que dissesse que tipo de coisa uma virtude é. E isso é o que ele visa a realizar no livro 2. O livro 2 da *Ética* trata da definição da virtude e da distinção das várias virtudes.

Partes da alma e partes da virtude

Essa tarefa assim descrita, contudo, é iniciada, de fato, em 1.13, onde Aristóteles oferece uma análise preliminar da virtude humana. Como vimos, Aristóteles segue Platão ao supor, em princípio, que a virtude de uma coisa é algo unitário e singular. Uma virtude é "aquilo que uma coisa tem que a faz executar sua função bem". Coisas possuem funções unificadas, e, portanto, podemos supor que "aquilo que uma coisa tem que a faz executar sua função bem" também seria algo unificado. Contudo, Aristóteles reconhece que virtudes permitem algum tipo de análise. Como elas o fazem pode ser esclarecido por um exemplo simples.

Uma cafeteira elétrica é um utensílio que, podemos dizer, possui a função de *preparar café*. Se uma cafeteira prepara o café *bem*, então, há algo nela que a faz preparar o café bem. Podemos apontar, de um modo geral, para o que isso é, ao referi-lo como a "virtude" da cafeteira: "Essa excelente cafeteira prepara um ótimo café porque possui a 'virtude' que se busca em uma cafeteira".

Mas essa "virtude" não é simples; ela permite análise. Que ela permita análise é claro se considerarmos que a função de uma cafeteira também permite análise. A função de uma cafeteira, poderíamos dizer, é *fazer passar água muito quente através do café moído*. Mas isso consiste em uma variedade de fases, cada uma das quais podendo ser realizada bem ou mal. Se a cafeteira realiza essa fase bem, então, há algo nela que a torna de tal modo que realiza essa fase bem. Por exemplo, uma cafeteira muito boa filtrará a água, moerá o café do modo certo (com um moedor) imediatamente antes de iniciar o processo, e aquecer a água à temperatura exata. Assim, correspondendo a esses três aspectos de sua função, haveria três "virtudes" desse tipo de uma cafeteira: o que ela tem que faz com que filtre a água bem; o que ela tem que faz com que moa o café corretamente; o que ela tem que faz com que aqueça a água à temperatura correta.

Certamente, um outro modo de analisar a função de uma cafeteira, e descobrir diferentes aspectos de sua "virtude", seria simplesmente examinar suas partes físicas. É um truísmo que forma e função em um instrumento estão relacionadas: cada parte de um instrumento terá seu propósito ou função distinta. Assim, poderíamos considerar o utensílio isoladamente e simplesmente observar que ele possuía um reservatório para água com filtro, um elemento aquecedor para aquecer a água, e um moedor para moer o café na hora. Cada parte teria sua própria função, contribuindo para a função do todo, e, assim, cada parte teria sua própria virtude, contribuindo para a virtude do todo.

Observe que essas partes seriam partes *separáveis*: poderíamos remover o filtro, ou o elemento aquecedor, e substituí-lo por outro, caso desejássemos. Todavia, nem sempre ocorre de as partes de um instrumento serem separáveis: uma concha de sorvete, por exemplo, remove uma porção do sorvete da caixa com sua face convexa lisa, e molda aquela porção de sorvete retirada em uma bola nítida com sua face côncava lisa, e, todavia, sua face convexa não é separável de sua face côncava. Assim, não devemos considerar nosso uso da palavra "parte" nesses contextos como implicando separabilidade na "localização" (como Aristóteles diria).

Observe, também, que nem toda parte da cafeteira elétrica contribui para a função, ou virtude, de uma *cafeteira*. Por exemplo, o cabo elétrico que fornece a energia para o utensílio, mas não desempenha papel algum na preparação do café. Sem dúvida, é algo *bom* sobre um utensílio se seu cabo elétrico funciona bem, e é algo *ruim* sobre um utensílio se seu cabo elétrico está com defeito. Mas uma cafeteira não é uma *cafeteira ruim* se seu cabo elétrico está com defeito, e nem uma cafeteira é uma *cafeteira boa* porque seu cabo elétrico funciona bem. Não ocorre, portanto, em relação a cada parte de um certo tipo de coisa, que, se essa parte funciona bem, então, diremos que uma coisa desse tipo é "boa", sem qualificação. Diremos que é "boa", talvez, mas somente acrescentando uma qualificação: "A coisa que não pode preparar café não vale coisa alguma, mas seu *fio* é de primeira qualidade, ao menos".

Portanto, algumas partes de um instrumento ou utensílio (*e. g.* o filtro de água, o elemento aquecedor) são tais que, se são boas, o serem boas contribui para que o instrumento seja bom, sem qualificação; e outras partes de uma coisa (*e. g.* o cabo elétrico) são tais que, se são boas, o serem boas contribui para que o instrumento seja bom somente de um modo qualificado. Com relação ao primeiro tipo, o que uma parte como essa tem que faz com que seja boa, ou a "virtude" dessa parte, será uma parte da virtude do instrumento como um todo. Com relação ao segundo tipo, o que uma parte como essa tem que faz com que seja boa, ou a "virtude" dessa parte, não será uma parte da virtude do instrumento como um todo. (Poderíamos querer dizer que o bem desse segundo tipo de parte não é mais do que uma "condição" para a operação do instrumento.)

A virtude de uma boa cafeteira, quando assim analisada, inclui coisas como ela ser de tal modo que filtre a água bem; e ela ser de tal modo que aqueça a água bem; e ela ser de tal modo que moa o café bem. Mas a virtude de uma boa cafeteira não inclui, por exemplo, ela ser de tal modo que receba um cabo elétrico bem.

Aristóteles raciocina sobre a virtude humana de um modo similar. Sua pressuposição e que ela é unitária, mas ele pensa que permite análise, que podemos realizar com referência às partes da alma humana, na qual o bem de apenas algumas dessas partes, contudo, contribui para o bem *de um ente humano*.

Por que Aristóteles se dirige a partes da "alma" nesse ponto? Por que não às partes de um ente humano? Bem, claramente, as partes relevantes *não* são as partes do corpo humano. É bom que o coração de uma pessoa funcione bem; e que o coração de uma pessoa funcione bem é algo bom sobre ela. Mas que o coração de uma pessoa funciona bem não fornece razão alguma para *a* considerarmos boa. Chamarmos uma pessoa "boa" ou "má" (quando esses termos são usados sem qualificação) nada tem a ver com se uma parte de seu corpo está doente ou é mal-formada: "Aquele bandido pode ser o pior criminoso da história, mas seu *coração* é tão saudável quanto um coração pode ser". O bem ou mal de uma parte do corpo humano não contribui de modo algum para o bem ou mal *de um ente humano*.

Mas o que Aristóteles quer dizer com uma "parte" da alma? A alma (se uma tal coisa existe) não é algo simples e uniforme? A "alma" (*psychē*), para Aristóteles, e, na verdade, para qualquer falante do grego de sua época, como vimos, era simplesmente o princípio ou causa da vida em um animal, independentemente do que pudesse vir a ser[37]. Platão, sem dúvida, considerava a alma uma substância incorpórea, que era capaz de existência independente separada do corpo: essa era a base de sua crença na reencarnação e na imortalidade da alma. Mas embora Aristóteles concordasse com Platão quanto a alma não ser um corpo – como a alma *ativa* o corpo, ela deve ser algo diferente dele –, ele geralmente resistia à conclusão de que a alma é, portanto, uma substância que possa existir por si separada do corpo. A alma de um animal pode ser conceitual e inclusive causalmente diferente de seu corpo, insistia Aristóteles, sem ser o tipo de coisa que, geralmente e em sua inteireza, pode existir por si.

A alma nesse sentido terá diferentes "partes" se existirem diferentes tipos de atividade de vida pelas quais ela pode ser responsável. Mas como indicamos alguns tipos de atividade como diferentes no sentido relevante? Para Aristóteles, a natureza usualmente já faz isso para nós. As plantas exibem apenas um tipo de atividade, "atividade nutritiva", que consiste em coisas como nutrir-se, crescer e exibir declínio controlado. Podemos, portanto, postular, pensava Aristóteles, uma parte "nutritiva" da alma humana (*to threptikon*, cf. 1102b11), uma vez que, de fato, a vida de um ente humano também envolve atividade de nutrição, crescimento e declínio moderado. Essa parte da alma funciona bem, e, portanto, possui sua própria "virtude", quando temos boa digestão, dormimos bem à noite, desenvolvemos ossos e músculos fortes, e assim por diante. Mas está claro que o bem dessa parte da alma é irrelevante quanto a um ente humano ser bom ou não. É bom que uma pessoa durma

---

37. Assim, a noção de uma "alma" não é uma noção especificamente religiosa; na verdade, é basicamente uma noção biológica. Muitos contemporâneos de Aristóteles pensavam que a alma fosse algo corpóreo – um tipo de substância fina, gasosa; e era uma crença popular comum que a alma fosse algo como um vapor, que, quando separada do corpo na morte, fosse suscetível a ser dispersa e destruída.

bem à noite, mas não estamos dispostos a dizer que ela é *boa* (um ente humano bom) porque dorme bem à noite. Assim essa parte da alma não tem uso algum na análise da virtude *de um ente humano*.

Aristóteles pensava, similarmente, que podemos muito facilmente considerar a atividade do *pensamento* atribuível a uma parte distinta da alma humana, porque essa atividade, também, existe por si no mundo: existem divindades, ele pensa (deuses, a Primeira Causa), que exibem apenas esse tipo de atividade. Portanto, se essa atividade ou algo semelhante a ela é encontrada em um ente humano, deveríamos postular uma parte ou aspecto distinto da alma humana como sendo responsável por ela. (Não necessitamos aceitar sua teologia para ver a força dessa conclusão, uma vez que pensar, sob vários aspectos, parece muito diferente de outras atividades das coisas vivas. Na verdade, para muitos de nós exige esforço considerar o *pensamento* nos entes humanos algo semelhante a uma função biológica, agrupado com a digestão ou a sensação.)

Mas mesmo que nos fosse garantido que existe alguma parte ou aspecto distinto da alma que seja responsável pelo pensamento, deveríamos sustentar que essa parte tem muito a ver com o bem humano? O bem no pensar não é como o bem na digestão – uma coisa desejável, mas não relevante quanto a uma pessoa ser simplesmente *boa* ou *má*? Não está claro que uma pessoa pode ser uma pensadora brilhante, mas um ente humano terrível, ou uma verdadeira santa, mas mentalmente desinteressante? Afinal, não parecemos tratar a capacidade intelectual como se fosse uma virtude humana: quando encontramos uma pessoa excepcionalmente *inteligente*, não estamos, desse modo, dispostos a dizer que ela é uma *boa* pessoa.

Mas Aristóteles adota uma visão diferente. Ele acredita que a concepção segundo a qual o bem da parte pensante da alma humana – que ele chama "virtude relacionada ao pensamento" (*dianoētikē aretē*, 1103a5, 15) ou "virtude intelectual" –, na verdade, faz sua própria contribuição ao bem humano. Ele pensa que a virtude humana deve ser analisada de um modo tal que inclua a "virtude relacionada ao pensamento", e dedica o livro 6 da *Ética* para discutir a virtude desse tipo. Essa visão é compreensível e, talvez, não esteja distante do que também sustentamos, uma vez que supomos que o bem no pensamento é mais do que inteligência ou astúcia, e que envolve coisas como "bom julgamento", "discernimento", "compreensão", "profundidade intelectual", e mesmo algum tipo de "sabedoria" (cf. a lista em 1103a5-6).

Uma análise completa das virtudes humanas, pensa Aristóteles, deveria incluir uma outra parte da alma humana. Ele chama essa a parte que não "possui razão", mas que de algum modo a "ouve" e "se submete" ou "responde" a ela (1102b31, 1103a3)[38]. Seu procedimento em distinguir e apelar a essa parte da alma é curioso. Poderíamos pensar que Aristóteles, nesse ponto, simplesmente apoia suas investigações no *De anima*, onde, além das partes de pensamento e nutrição (ou "semelhante a plantas"), ele também distingue partes responsáveis pela percepção sensível, pelo movimento corporal e por desejos por alimento, bebida e reprodução – em suma, os poderes ou faculdades que, em uma psicologia elementar, poderíamos pensar serem encontrados em animais em geral.

---

38. Não fica particularmente claro a partir do texto, e há muita divergência entre comentadores sobre precisamente o que Aristóteles pretende ao dizer que existe uma parte que adequadamente "possui razão". Isso significa que ela pode compreender explicações e definições? Ou que pode formulá-las? Ou que é capaz de *raciocinar*? E assim por diante. Mas esses refinamentos parecem bastante irrelevantes ao ponto de Aristóteles aqui, que é muito básico.

Chame isso o "lado animal" da natureza humana. Aristóteles não pode simplesmente se apoiar no que diz em outra parte sobre essa "parte animal", pela seguinte razão. Não podemos, plausivelmente, afirmar que esse lado animal, como a parte nutritiva, seja completamente irrelevante para o bem humano, uma vez que claramente *é*, de algum modo, relevante: como experienciamos emoções, ou percebemos coisas, ou o modo pelo qual nosso corpo opera em uma ação, pode ser relevante quanto a se somos bons ou maus entes humanos. Mas não podemos afirmar que esse lado animal é relevante *sob todos os aspectos*, uma vez que coisas como se nossa visão é boa ou má ou se podemos nos mover rapidamente ou não são irrelevantes quanto a sermos bons ou maus.

Aristóteles, portanto, tem de fazer um tipo de seleção desse "lado animal" e afirmar que é relevante sob alguns aspectos e não sob outros. Isso ele faz precisamente por meio dessa noção de uma parte da alma que é capaz de "ouvir" e "responder" à razão. Na medida em que nossa atividade de perceber, sentir emoções e nos mover é tal que ela ouve e responde à razão – ou *poderia ter* ouvido e respondido, caso tivéssemos agido diferentemente no passado – então, essa atividade é de um tipo um pouco diferente, pensa Aristóteles, da outra atividade animal. Essa parte da alma também existe por si no mundo, em um certo sentido. Aristóteles diz que essa parte ouve e responde à razão como se a um pai (1102b32, 1103a3); ele, aparentemente, tem em mente como uma criança imatura obedece naturalmente a seus pais e com uma compreensão muito imperfeita de suas razões para exigirem algo dela. Uma criança imatura, portanto, não tendo ainda atingido a "idade da razão" (como dizemos), seria um exemplo dessa parte de nossa natureza que existe de um modo isolado da parte de nossa natureza que "possui razão".

Como essa parte que não "possui razão", mas pode "ouvir" e "responder" a razões relevantes quanto a uma pessoa ser um ente humano bom ou mau: Por que o bem dessa parte não é semelhante à boa digestão – valiosa, mas moralmente irrelevante? Para estabelecer sua relevância, Aristóteles introduz o caso de uma pessoa que tem de lutar para atingir o autocontrole. Considere uma pessoa que *pensa* que poderia agir de um certo modo, e que, portanto, *desejasse* fazer isso[39], mas que consistentemente tem fortes impulsos para fazer algo diferente, e, assim, falhasse em fazer o que desejava ou fosse bem-sucedida, mas somente com dificuldade. Toda vez que sofre com esse conflito, atribuímos o pensar e o desejar ao mesmo aspecto dela como antes, e consideramos os impulsos contrários, todavia, uma outra expressão da mesma coisa nela. Assim, tratamos o conflito como se tivesse se originado de duas partes diferentes e persistentes. Os impulsos que opõem pensamento e desejo, concedemos, poderiam não ter sido tão fortes, ou poderiam sequer ter existido; supomos, portanto, que a parte à qual os atribuímos é de algum modo persuadível pela razão. Além disso, consideramos uma pessoa ser pior, na medida em que acha difícil agir como pensa e deseja. Um ente humano bom não teria impulsos *que poderiam não estar presentes caso tivesse agido diferentemente* e que conflitassem com o que pensasse que deveria fazer. Assim, o fato de que essa parte é debilmente persuadida e submissa, Aristóteles pensa, é, na verdade, um bem que contribui

---

39. Quando Aristóteles observa: "Parece, portanto, que existe uma divisão dupla na parte não racional da alma também: a parte vegetativa de modo algum partilha da razão, mas a parte que é apetitiva e geralmente desiderativa de algum modo partilha dela" (1102b28-30), não deveríamos considerar que esteja dizendo que apetites e desejos sejam encontrados somente na parte não racional, que a parte racional da alma de modo algum possua desejos, ou que de modo algum vise ou tenda a alguma coisa. (Essa é uma visão defendida por David Hume.) Em troca, Aristóteles pensa que existe uma coisa como um desejo racional, que exemplificamos em atos de desejo e escolha.

para o bem humano, e, assim, o bem dessa parte é uma parte da virtude humana[40].

Tabela 3.1

Parte da alma humana	Parte da virtude humana
A parte que possui razão	Virtude relacionada ao pensamento ou "intelectual"
A parte que não possui razão, mas que pode ouvi-la e responder a ela	Virtude relacionada ao caráter
A parte que não possui razão e que não pode ouvi-la ou responder a ela	– nada –

Portanto, Aristóteles nos apresenta uma psicologia minimalista em 1.13, que ele usa para fornecer uma análise da virtude humana (cf. tab. 3.1).

A forma do livro 2

Aristóteles começa o livro 2 observando: "A virtude específica aos entes humanos, portanto, possui duas partes: a parte relacionada ao pensamento e a parte relacionada ao caráter. A

---

40. O ideal de excelência moral de Aristóteles diverge de uma visão comum hoje, ou seja, a de que a virtude e o comprometimento moral são mais evidentes, e mais admiráveis, quando uma pessoa se esforça com sucesso para fazer o que é certo contra suas inclinações ao contrário – porque (pensa-se) quando a inclinação de uma pessoa diverge do que é seu dever, então, ela não pode ter quaisquer motivos ulteriores para o que faz, do tipo que diminuiria a pureza moral de seus motivos. Aristóteles sustenta, em contraste – e essa era a visão grega comum – que uma pessoa está em uma condição melhor, se *tudo* sobre ela que pode ser dedicado ao dever é dedicado, e que, se uma pessoa *pudesse* ter feito isso de modo que suas inclinações estivessem alinhadas com seu dever, mas não o fez, então, ela é culpada por estar nessa condição pior.

primeira começa a existir e cresce basicamente enquanto recebemos nossa instrução. É por isso que necessita de experiência e tempo. A segunda é um efeito colateral de termos nos acostumado a nos comportar de formas características" (2.1.1103a14-18). Ele discute a virtude relacionada ao pensamento, como vimos, no livro 6, e as virtudes particulares relacionadas ao caráter são discutidas nos livros 3-5.

Como um prelúdio a essa segunda discussão, ele apresenta no livro 2 uma introdução geral à virtude relacionada ao caráter, que tem a seguinte estrutura:

A *origem* da virtude relacionada ao caráter (cap. 1-4).

A *definição* da virtude relacionada ao caráter (cap. 5-6).

A *classificação* da virtude relacionada ao caráter (cap. 7-9).

Podemos nos perguntar por que Aristóteles discute a origem da virtude relacionada ao caráter antes de apresentar uma definição dela. É possível determinarmos *como* uma coisa passa a existir, sem primeiro termos claro *o que* ela é? Mas Aristóteles pensa, evidentemente, que já identificou esse tipo de virtude muito bem, com sua noção da virtude da "parte da alma que ouve e responde à razão", e que pode plausivelmente sugerir que alguns nomes de virtudes comumente usados, como "generosidade" e "moderação", estão destinados a identificar precisamente esse tipo de virtude (1103a6). Assim, temos um tipo de compreensão inicial do que é esse tipo de virtude. E, portanto, Aristóteles acredita, também, muito razoavelmente, que muitas vezes temos uma compreensão intuitiva melhor de algo ao vermos como passa a existir (cf. *Política*, livro 1), após o que estamos em uma posição melhor para defini-lo.

Mas, de certo modo, também, seu procedimento pretende distinguir sua própria abordagem da virtude do que poderia, de um modo geral, ser chamado uma abordagem "socrática". Sócrates, aparentemente, sustentava que a virtude é equivalente ao conhecimento: ser corajoso, por exemplo, é o mesmo que saber o que é ser corajoso. A razão de Sócrates para sustentar isso pode ser capturada na seguinte linha de pensamento. Ninguém, voluntariamente, escolhe fazer algo ruim, pensava Sócrates. Portanto, se reconhecemos uma ação como, digamos, corajosa e, portanto, boa, ou covarde e, portanto, má, então, é claro, executaríamos a primeira e evitaríamos a segunda. Mas ser capaz de reconhecer uma ação como corajosa requer ser capaz de dizer se uma ação particular é corajosa ou não, e por quê. Mas isso é ser capaz de dizer o que todas as ações corajosas têm em comum, e o que falta a todas as ações que não são corajosas. Mas isso é simplesmente dar uma definição de "corajoso". Todavia, ser capaz de dar uma definição de uma coisa é ter conhecimento dela. Portanto, saber o que é ser corajoso implica, na verdade, ser corajoso.

Nessa concepção, uma vez que possuímos o conhecimento relevante, então, a virtude sucede imediatamente. Não há tarefa ou preocupação particular em adquirir uma virtude, a não ser simplesmente em adquirir o conhecimento relevante. Ser bom, portanto, não seria diferente de ser competente em uma disciplina matemática como a geometria: quando alguém sabe geometria, simplesmente não é mais capaz de cometer inferências não geométricas estúpidas; do mesmo modo, quando alguém sabe o que é coragem, simplesmente não é mais capaz de agir de um modo não corajoso.

Contudo, uma vez que Aristóteles distinguiu uma parte da alma que possui razão da parte que meramente "ouve" e "responde" à razão, a ação virtuosa não sucede imediatamente do conhecimento da virtude, e se torna um problema de como essa segunda parte se torna adequadamente responsiva. Claramente, ela só se torna assim por meio da instrução, como na geometria. E faz sentido pensar que podemos compreender melhor ao que exatamente esse tipo de responsividade equivale, ao vermos, primeiro, como passa a existir. A ênfase repetida de Aristóteles na perspectiva prática de sua investigação é inteiramente consistente com sua divergência da visão socrática: "O propósito do que estamos fazendo não é simplesmente ver o que é verdadeiro, como em outras discussões. Nosso fim não é saber a definição de virtude, mas nos tornarmos bons" (1103b26-31).

O livro 2 começa com alguns breves argumentos contra a concepção de que adquirimos a virtude relacionada ao caráter por natureza, porque Aristóteles está pressupondo que se eliminar essa concepção, então, terá, efetivamente, estabelecido a sua. A razão é que Aristóteles reconhece padronizadamente quatro modos pelos quais as coisas podem se originar: natureza, propósito humano deliberado, necessidade e acaso. Que traços bons de caráter surjam aleatoriamente é absurdo, uma vez que a felicidade igualmente surgiria aleatoriamente (cf. 1.9). Se sua origem fosse necessária, então, ninguém poderia ser elogiado ou culpado por eles (ou assim pensa Aristóteles: cf. 3.5). Portanto, se não surgem por natureza, devem surgir pelo propósito humano deliberado, que nesse caso assumiria presumivelmente a forma de algum tipo de treinamento.

A noção de que as virtudes surgem por natureza necessita, adicionalmente, ser contra-argumentada, porque Aristóteles tem alguma simpatia pela visão, e pensa que, em algum sentido, é verdadeira. Mais adiante, ele dirá, em 6.13, que os entes humanos são geralmente equipados por natureza ("desde o nascimento", 1144b6) com tendências favoráveis à ação correta. Como uma consequência, é apropriado falar de "justiça natural", "moderação natural" e de "coragem natural". Essas virtudes não são, contudo, verdadeiras ou completas (e deveríamos sempre nos referir a elas com a qualificação "natural"), porque necessitam ser mantidas verificadas e dirigidas, como Aristóteles argumenta, pelo raciocínio prático firme, em cujo caso são transformadas em virtudes no sentido estrito. Mas, se alguém meramente com virtude natural não se converte em uma pessoa verdadeiramente virtuosa desse modo, então, essas tendências naturais terminariam desencaminhando-a – e, talvez, em um grau muito maior, quanto mais fortes seus dotes naturais originalmente fossem.

Havia uma ideia comum na Grécia segundo a qual algumas pessoas eram especialmente distintas em "virtude natural", talvez devido à sua ancestralidade. Encontramos dispersos ao longo dos diálogos platônicos personagens que, claramente, estão destinados a exibir fortemente apenas virtude natural: Cármides, por exemplo, no diálogo desse nome, é descrito como tendo uma moderação natural notável; Alcibíades, uma magnanimidade natural; Lísis, uma amabilidade natural. Platão sustentava que a virtude natural era insuficiente por si e que, a menos que fosse suplementada pelo conhecimento ético, exporia a pessoa a grande corrupção moral, com Alcibíades sendo o principal exemplo disso. Aristóteles, presumivelmente, concordava, mas em 2.1 apenas observa, concisamente: "Embora sejamos naturalmente equipados para adquirir as virtudes, elas atingem um completo desenvolvimento em nós por meio do treinamento" (1103a25-26)[41].

---

41. Bons traços de caráter naturalmente adquiridos são a esse respeito similares a bons traços psíquicos que uma pessoa encontra naturalmente: uma jovem poderia ser uma atleta natural em um esporte e se distinguir entre pares não treinados, mas necessitaria se submeter a treinamento para competir contra os melhores, e certamente necessitaria continuar treinando se quisesse permanecer uma boa atleta após atingir a maturidade.

Alguma coisa deveria ser dita sobre a noção de "treinamento" de Aristóteles, de um modo geral. Poderíamos tender a associar a essa palavra como uma pessoa treina um cão ou como um sargento de instrução treina novos recrutas, um processo que envolve constante supervisão e distribuições imediatas de recompensas ou punições pelo comportamento considerado aceitável ou não. A noção de Aristóteles é mais sutil; assemelha-se, em troca, à visão de Montaigne ou de Hume sobre a força predominante do "costume". A palavra grega muitas vezes traduzida como "treinamento" significa algo como "tornar-se acostumado", "tornar-se habituado", "acostumar-se a". Isso pode, na verdade, ocorrer de uma forma fortemente diretiva – Aristóteles preferiria um treinador de atletismo como um modelo para isso em vez de um sargento de instrução. Mas, tipicamente, acontece indiretamente, e é mais efetivo assim; por exemplo, os pais enviam seus filhos para um acampamento musical onde sabem que os padrões são elevados e que outros campistas lá têm fortes ambições de carreira na música, pensando que seus próprios filhos, ao passarem algumas semanas no acampamento, vão "se tornar acostumados" a abordar seus estudos musicais desse modo.

Certamente, Aristóteles insistiria em que mesmo quando isso ocorre desse modo indireto, o "treinamento" é ainda algo que tem de ser *imposto* pelas pessoas que têm autoridade sobre aqueles que estão sob seus cuidados. É por isso que ele escreve a *Ética* para líderes aspirantes: a *Ética* não é um manual de autoajuda, nem Aristóteles pensa que, falando praticamente, pudéssemos tornar-nos entes humanos bons por meio de nossos próprios esforços, mais do que alguém poderia, treinando a si mesmo, tornar-se um pianista concertista. Mesmo quando indireto, o treinamento envolve a imposição e aceitação de algum tipo de disciplina ou lei, embora, sem dúvida, a força dessa disciplina ou lei possa, na verdade, ser sentida apenas levemente; por exemplo, alunos no acampamento musical podem praticar seus instrumentos durante quatro horas a cada tarde, porque, eles pensam, "isso é o que fazemos aqui", quando, originalmente, os campistas fazerem isso era uma exigência para permanecerem numa boa posição, imposta pela administração do acampamento.

A aquisição da virtude relacionada ao caráter

Aristóteles faz cinco observações muito práticas em 2.1-4 sobre a aquisição da virtude relacionada ao caráter. Ele não argumenta em favor delas, mas parece esperar que seus leitores concordem com elas enquanto alude a elas[42]. Presumivelmente, ele considera que essas observações têm força, em parte, devido a um contraste implicado com o modo de adquirirmos conhecimento e competência em temas especulativos como a geometria. Se a virtude relacionada ao caráter tratasse simplesmente de pensar do modo correto, não seria adquirida como é.

1) *Adquirimos uma virtude relacionada ao caráter realizando ações similares àquelas de pessoas que têm essa virtude* (1103a31-b6). Aristóteles coloca o ponto sucintamente: "O que só podemos fazer ao praticarmos, praticamos somente ao fazermos" (1103a32-33). Ele apresenta como análogos o modo de as pessoas se tornarem boas na construção de casas ou na execução da lira. Ao aprender uma capacidade dessa, uma pessoa, no início, tenta realizar, imediatamente, um "desempenho" típico da capacidade,

---

42. Ao oferecer essas observações, ele se *apoia* completamente em analogias entre, por um lado, a virtude relacionada ao caráter e, por outro, habilidade prática e aptidão física – que equivalem a um tipo de argumento.

mesmo que o faça muito ineptamente – digamos, ela tenta desajeitadamente, e sob a orientação de um especialista, construir uma seção de um muro, ou executar uma simples melodia – e, então, ao longo do tempo, torna-se mais exata e firme naquele mesmo tipo de "desempenho". Com a aquisição de conhecimento é diferente: ninguém se torna especialista em geometria formulando provas inteiras de uma só vez de um modo desajeitado, esperando melhorar em provar coisas simplesmente ao repetir esses desempenhos.

2) *Adquirimos uma virtude relacionada ao caráter não ao executarmos certos tipos de ações, mas ao as executarmos de um certo modo* (1103b6-21). Dada a observação 1, poderíamos pensar que existiriam certos tipos de ações que fossem tais que, ao simplesmente as realizarmos, então, adquiriríamos uma virtude relacionada ao caráter. Compare a velha piada sobre um homem carregando um violino que perguntou a um nova-iorquino como chegar ao Carnegie Hall*, ao que ele disse: "Pratique! Pratique" – como a sugerir que se uma pessoa simplesmente *tocasse o violino*, então terminaria se tornando boa nisso. Mas Aristóteles menciona que algumas pessoas continuam tocando um instrumento musical; mas, como um resultado, terminam tocando *mal* esse instrumento (1103b9). Assim, o *modo* pelo qual uma pessoa executa uma ação de um certo tipo é crucial para adquirir um bom traço: aquelas que, repetidamente, executam bem esse tipo de ação se tornam *boas* sob esse aspecto; aquelas que o fazem mal se tornam *ruins* sob esse aspecto.

Isso tem duas implicações importantes com relação às virtudes relacionadas ao caráter. Primeiro, deveríamos esperar que cada virtude assim tivesse um "domínio" de ação, ou seja, uma classe

---

* Famosa sala de concertos de Nova York, construída em 1890 por Andrew Carnegie [N.T.].

de ações tais que uma pessoa adquire essa virtude, ou adquire um vício contrário, dependendo de se executar ações nessa classe bem ou mal. Esses "domínios", portanto, serviriam para diferenciar virtudes. E Aristóteles lista alguns domínios de um modo preliminar: "é ao realizarmos intercâmbios de bens com outros que alguns de nós se tornam justos, outros injustos; é pelo que fazemos quando ameaçados por perigos, e por desenvolvermos hábitos de ter medo ou nos sentir confiantes, que alguns de nós se tornam corajosos e outros covardes" (1103b14-16). Segundo, deveríamos antecipar que em tais coisas haveria dois modos pelos quais uma pessoa poderia dar errado, porque o sucesso consiste no *modo* correto, mas o modo sugere *grau*, e o grau sugere atingir um *equilíbrio* e ajustar as coisas corretamente. Se, para uma pessoa, o que está em jogo, ao se tornar uma boa tocadora de lira, é *como* pratica a lira, então, ela poderia se perder ou por se precipitar ou por hesitar em tocar uma nota; ao tocar uma nota afinada ou ao tocá-la desafinada; ao acrescentar muita ou pouca ênfase; e assim por diante. Observe que, aqui, também existe um contraste implicado com o modo de adquirirmos uma capacidade ou conhecimento em um tema como geometria: tornar-se competente em geometria não diz respeito a fazer uma *outra* coisa bem; e o sucesso na geometria não diz respeito ao grau – ou a pessoa faz certo, ou simplesmente falhou em raciocinar geometricamente.

3) *Agir bem em um domínio envolve, inicialmente ao menos, a evitação dos extremos contrários* (1104a11-27). Essa observação sucede naturalmente à precedente. As observações de Aristóteles aqui poderiam, em princípio, parecer tolas:

> Se uma pessoa foge de, e teme, tudo, e não se coloca firme diante de coisa alguma, torna-se covarde; se, em geral, uma pessoa nada teme; mas, em troca, precipita-se

em direção a tudo, torna-se impetuosa. Similarmente, se uma pessoa satisfaz cada desejo seu sem resistir a nada, torna-se autocomplacente; mas, se evita todas as coisas aprazíveis, como os duros camponeses, torna-se uma pessoa insensível (1104a20-25).

Poderíamos querer protestar que existe um enorme abismo entre fugir de tudo e se precipitar em direção a tudo: como é útil, enquanto conselho prático, ser encorajado ao comportamento que cai entre eles? Mas as observações de Aristóteles são incisivas e têm uma força considerável caso as compreendamos como dirigidas contra a concepção platônica de virtude. Nessa concepção, haveria somente uma condição oposta a cada virtude, porque virtude é conhecimento, e conhecimento é oposto somente por uma coisa, a ignorância. Além disso, essa ignorância seria variável e aleatória, assim como alguém incompetente em geometria tipicamente possui um conhecimento limitado e confuso sobre geometria. A observação de Aristóteles, em contraste, tem em vista estabelecer que para qualquer virtude relacionada ao caráter existem duas condições contrárias a ela, e que essas são estabelecidas e determinadas.

Contudo, as observações de Aristóteles são úteis mesmo se entendidas como um conselho prático. Uma alpinista caminhando ao longo de um estreito topo de montanha poderia ser utilmente aconselhada: "Ei, isso não é como um penhasco – você pode cair aqui ou para a direita ou para a esquerda". Equilibrar-se corretamente é diferente de pendurar-se corretamente. Além disso, uma pessoa percorre um longo caminho para descobrir a regra *correta* para ação, simplesmente ao ser orientada a examinar *alguma* regra que module flexivelmente o comportamento: não é um mau conselho, para uma pessoa que deseje manter um peso saudável, dizer simplesmente: "Cuide com o que você come e se exercite regularmente". Quer dizer: siga *alguma* regra. A razão é que uma regra é um tipo de limite, e a ação que não é adaptada a algum tipo de regra tende a ser ilimitada. Se uma pessoa come "quando tem vontade", nunca comendo porque alguma disciplina ou regra a restringe, então, nada há, em princípio, que a impeça de comer continuamente: é como se ela *estivesse* comendo sempre. Ou, se uma pessoa não consegue sair da cama para fazer seus exercícios matinais porque "não está com vontade", então, por que deveria alguma vez se exercitar? É como se, por agora, tivesse adotado o princípio: nunca se exercite.

4) *Há um tipo de ímpeto na ação: na medida em que uma pessoa age bem ou mal em um domínio, ela se torna mais disposta a agir desse modo* (1104a27-b3). Aristóteles apoia essa afirmação com uma comparação que envolve a boa forma física: uma pessoa fica forte ao levantar pesos pesados, e quanto mais forte fica melhor fica em levantar pesos. Do mesmo modo, "é ao nos abstermos de desfrutar de prazeres que nos tornamos moderados, e uma vez que nos tornamos assim somos especialmente capazes de nos abster deles" (1104a33-35). Ele não tenta dar uma explicação para por que isso é assim. O mais próximo que chega disso é a linguagem ligeiramente metafísica que usa em uma passagem resumida: "as coisas das quais uma virtude retirou seu começo são as mesmas coisas em relação às quais encontra sua atualização" (1105a14-16). Essa linguagem sugere que uma virtude (e um vício) envolve algum tipo de propensão à satisfação – presumivelmente assumindo a forma de estarmos preparados para considerar algo como bom para preferi-lo – e isso, portanto, na medida em que uma pessoa possui uma virtude, ela prefere realizar ações que fortalecem essa virtude.

Presumivelmente, Aristóteles considera isso válido em geral para o tipo de coisa que uma virtude (ou vício) é – um "hábito" ou "disposição", algo sobre nós que nos torna acostumados a algo (cf. 1103b20-22). Observe que existem duas implicações importantes desse princípio. Primeiro, em qualquer domínio em relação ao qual existe uma virtude relacionada ao caráter, uma pessoa que seja ativa nesse domínio tenderá a desenvolver ou essa virtude ou uma de vícios contrários. A mediocridade não é, como tal, facilmente sustentável; uma pessoa que não está melhorando ficará pior. Segundo, virtudes e vícios, uma vez desenvolvidos, são estáveis: uma pessoa que possui uma virtude e é perturbada de tal modo que age, brevemente, de um modo não característico, tenderá a voltar a agir virtuosamente; e, similarmente, uma pessoa que possui um vício (cf. 1.10.1100b12-16; 8.3.1156b12).

5) *Quando uma pessoa executa regularmente ações similares àquelas de pessoas que possuem uma virtude, e se ela gosta de fato de agir desse modo, podemos estar certos de que ela na verdade possui essa virtude* (1104b3-9). "O prazer ou dor que é um efeito colateral da ação", diz Aristóteles,

> deveria ser usado como um sinal do caráter de uma pessoa. Considere uma pessoa que esteja se negando prazeres corporais: se fazer isso lhe apraz, possui autodomínio; mas, caso se aborreça com isso, é autocomplacente. E considere uma pessoa que se mantenha firme quando confrontada por coisas aterradoras: se fazer isso lhe apraz, ou, ao menos, não a incomoda, tem coragem, mas se a incomoda, é covarde (1104b3-8).

Essa observação sucede ao ponto precedente e a noção de Aristóteles de "se tornar acostumado" em geral. Sua ideia é esta. A primeira etapa na aquisição de uma virtude é tipicamente uma pessoa executar ações como aquelas de pessoas que possuem a virtude porque ela é dirigida a fazer isso por alguma disciplina ou regra. Essa regra vinculará recompensas à observância e punições às infrações. Quando executamos uma ação assim exigida por uma regra *devido* à recompensa[43], estamos tendo prazer em algo diferente da ação, mas que é acidentalmente vinculado à ação. Após repetidamente executar ações desse tipo, contudo, podemos mudar de modo a *desejarmos* executar ações como essa[44]. Se, na verdade, adquirimos a relevante virtude relacionada ao caráter, que (lembre) pertence àquela parte de nossa natureza animal que é responsiva à razão, então, com relação à execução dessa ação não teríamos afeições divididas – nada haveria em nós que não preferisse executar *essa ação*. Assim, a atitude de uma pessoa que possui a virtude relevante, em relação à ação, é pura afeição[45]. Que simplesmente apraza a uma pessoa realizar a própria ação, portanto, é um sinal do completo desenvolvimento da relevante virtude relacionada ao caráter.

Observe que, ao descrever esse crescimento de caráter, é natural que falemos não apenas do prazer ou da dor que uma agente sofre em sua ação, mas também de seus sentimentos de "satisfação" ou "insatisfação" na execução dela, ou seu "gostar" ou "desgostar"

---

43. Ou mesmo, suspeitamos, *simplesmente porque é exigida pela regra*, ou seja (Aristóteles diria), *por alguma autoridade que faz a regra*, uma vez que encontrar prazer no prazer bom dessa autoridade não é ainda ter prazer na própria ação.
44. Aristóteles, nesse ponto, não tenta explicar como mudamos assim, exceto na medida em que isso está implícito em sua linguagem de "atualização" de uma virtude.
45. Isso não é negar, no reconhecimento de Aristóteles, que as circunstâncias em torno da ação virtuosa possam ser extremamente repugnantes: assim, uma pessoa corajosa gosta da *ação corajosa* que executa, sem qualquer divisão em sua afeição, todavia, ela poderia capitular diante dos *ferimentos* que, como resultado disso, recebe (cf. 3.9). Claramente, o fato de Aristóteles uma concepção como essa exige que tenha uma teoria da ação que lhe permita contar a *ação corajosa* da agente como uma coisa e seu *ferir-se* como outra.

do que faz. De fato, os termos gregos para "prazer" e "dor" podem cobrir todos esses estados subjetivos. Está claro que Aristóteles entende esses termos desse modo amplo quando argumenta em detalhe, em 2.3, que cada virtude relacionada ao caráter lida de algum modo com prazeres e dores (1104b9). Poderíamos expressar a perspectiva geral de Aristóteles nesse capítulo do seguinte modo: Como há um sujeito que age e sente apropriadamente ou não, então, haverá respostas subjetivas, de busca e evitação, associadas a essas ações e sentimentos, e, assim, as virtudes devem igualmente levar essas respostas subjetivas em conta. Recebermos uma "boa educação", portanto, é sermos disciplinados de tal modo que nossas respostas se alinhem bem com o que objetivamente devemos fazer: uma pessoa foi corretamente educada quando passou a gostar de fazer o que deveria fazer e a desgostar de fazer o que não deveria fazer. Em outra parte, Aristóteles compara esse processo a como desenvolvemos uma compreensão objetiva do mundo, a partir de uma perspectiva subjetiva: "É assim que o processo de aprendizagem ocorre com cada um, das coisas que são por natureza menos cognoscíveis, para coisas que são por natureza mais cognoscíveis. Essa é nossa tarefa; assim como, quando se trata da ação, nossa tarefa é começar das coisas que são boas para nós individualmente, para realizá-la de tal modo que as coisas que são geralmente boas sejam boas para nós" (*Metafísica* 1029b3-7).

Estamos agora em uma posição de entender as respostas de Aristóteles, em 2.4, à dificuldade que poderia ter parecido surgir na conexão com a observação 1 acima. Não é circular dizer que as pessoas se tornam virtuosas ao executarem ações virtuosas – como *já* teriam de ser virtuosas, para executar uma ação virtuosa em primeiro lugar? Aristóteles responde, com efeito, que a frase "agir virtuosamente" tem dois sentidos: pode significar ou (i) executar o tipo de ação que uma pessoa que é virtuosa executaria, ou (ii) executar aquele tipo de ação, mas *como uma pessoa virtuosa a executaria*. E a afirmação de Aristóteles é que, ao realizarmos ações do primeiro tipo, transformamo-nos de tal modo que executamos ações do segundo tipo.

Que possamos executar ações do primeiro tipo, sem, ainda, sermos de tal modo que sejamos capazes do segundo tipo, é claro: como vimos, pessoas que ainda não são virtuosas podem executar ações do primeiro tipo porque lhes *exigem* que as executem. Há uma lacuna similar inclusive no caso de uma capacidade; por exemplo, uma pessoa que esteja aprendendo a tocar trompete, por vezes, tocará a peça para sua audição com completa acurácia. Mas ela não a toca, portanto, *competentemente*: ela toca a peça competentemente, somente quando toca a peça com acurácia e *tipicamente* toca a peça com acurácia. (Portanto, possui "maestria", como dizemos.) Isso requer uma mudança *nela*, um desenvolvimento de sua capacidade. Similarmente, uma pessoa jovem em boa companhia fará o tipo correto de coisas, porque todos os demais estão agindo desse modo, e porque ela deseja se dar bem com e conquistar a aprovação dos outros. Contudo, ela ainda não está agindo virtuosamente: ela tem de se tornar o tipo de pessoa que executa essas ações consistentemente e como uma expressão de um caráter estável. Isso requer que entenda a ação corretamente e vise a executá-la pelo que é; também que esse entendimento e propósito não seja transiente, mas a expressão de algo estável e bem estabelecido nela (1105a31-33)[46].

---

46. A interpretação exata dessas condições é controversa. Eu ofereço aqui uma interpretação do senso comum delas, uma vez que considero que o contexto no qual foram propostas não é especialmente técnico e simplesmente apresenta um esclarecimento do que Aristóteles pensa que deveria ser óbvio com esse ponto.

A definição de caráter: seu gênero

"Após esses temas, devemos considerar o que é a virtude" (1105b19), Aristóteles observa na abertura de 2.5, movendo-se com isso de uma discussão sobre a *aquisição* da virtude relacionada ao caráter para uma formulação de uma *definição* dela.

Em seu trabalho de lógica, os *Tópicos*, Aristóteles sustenta que a fim de formular uma boa definição devemos, primeiro, apresentar a classe mais geral à qual alguma coisa pertence (seu *gênero*), e, depois, identificar sua subclasse dentro dessa classe geral (sua *espécie*), dizendo o que distingue essa coisa de outras dentro dessa classe geral (sua *propriedade* diferenciadora). Ele segue exatamente esse procedimento aqui, argumentando, primeiro, (em 2.5) que uma virtude relacionada ao caráter é em geral um "estado" da alma, e, segundo (em 2.6), que o que distingue uma virtude relacionada ao caráter de outros "estados" é que ela é de algum modo "intermediária". Sua definição completa pode ser encontrada em 1106b36-1107a2: "A conclusão é que a virtude é um estado que envolve propósito deliberado, que ocupa uma posição intermediária, uma vez que é determinada pela razão e como alguém com sabedoria prática a determinaria".

Deveríamos ter em mente que essa pretende ser uma definição apenas da virtude relacionada ao caráter, não da virtude relacionada ao pensamento. Assim, quando Aristóteles começa seu argumento afirmando que "Há três coisas que surgem na alma – respostas emocionais; capacidades; e estados" (1105b20), deveríamos presumir que ele pretende estar se referindo àquela parte da alma à qual a virtude de caráter pertence, ou seja, àquela parte da parte não racional que é responsiva à razão. Obviamente, Aristóteles sustenta que também poderíamos encontrar na alma pensamentos, crenças e atos racionais particulares, como os atos de desejar ou consentir.

Com relação à responsividade da parte da alma que não possui razão, mas a ouve e responde a ela: somos de tal modo a possuirmos potencialmente uma resposta, e essa é uma "capacidade" na alma; ou somos de tal modo a de fato possuí-la, e, então, essa é uma "resposta emocional" efetiva; ou somos de tal modo a possuí-la de uma certa forma, e esse é um "estado" (*hexis*) e o tipo de coisa que Aristóteles pensa que a virtude é. Seus argumentos de que a virtude não é uma capacidade nem uma resposta efetiva são diretos e baseados em considerações da linguagem ordinária: não justificaríamos uma afirmação de que uma pessoa é boa (ou má) apontando para ela *tendo* uma resposta emocional de algum tipo ("ela é má – veja, ela está com raiva, não está?"), ou para ela sendo *capaz* de tê-la ("ela é má – veja, é capaz de ficar com raiva"). Nesse caso, portanto, segue que uma virtude é um "estado" – como já foi efetivamente mostrado pelas observações de Aristóteles sobre como adquirimos uma virtude, quando ele afirmou que agir virtuosamente envolvia o *modo* pelo qual agimos.

A afirmação de Aristóteles de que as virtudes são "estados" levanta uma questão sobre a relação entre as virtudes e as emoções. "Um estado", diz Aristóteles, "é aquele pelo qual estamos dispostos a responder com uma emoção bem ou mal. Por exemplo, com relação a ficar com raiva", se estivermos dispostos a ficar intensa ou fracamente com raiva, então, estamos maldispostos, mas se estivermos dispostos a fazê-lo de um modo intermediário, então, estamos bem dispostos" (1105b25-28). Essa observação implica que (i) Aristóteles pensa que todas as virtudes de caráter têm a ver com a modulação de emoções, e que (ii) Aristóteles sustenta que as virtudes são correlacionadas uma a uma com emoções, com cada virtude fazendo com que tenhamos essa emoção corretamente? A alternativa (i) é claramente falsa: Aristóteles diz em muitos lugares que as virtudes lidam com *ações* assim como com emoções (1106b16-17; 1108a30-31, b18-19; 1109a23, b30; 1111a2-3; 1115b20); ele introduz a noção de virtude relacionada ao caráter em 2.1, como vimos, precisamente ao descrever as virtudes como diretivas de *ações*; e, em 2.3, ele argumenta extensamente que as virtudes também estão relacionadas a gostos e desgostos, não insistindo nesse contexto em que essas são sempre relacionadas a emoções. Ele não restringe o domínio de uma virtude à modulação da emoção, portanto, como se poderia pensar que a observação acima sugere. E (ii) parece igualmente falsa, porque existem várias virtudes que Aristóteles menciona e discute, como generosidade e magnanimidade, que evidentemente não lidam com qualquer emoção particular; e existem algumas emoções na lista em 1105b21 (como "ansiar", *pothos*), às quais nenhuma virtude está correlacionada. (Mas, então, por que Aristóteles explica um "estado" como "aquilo pelo qual estamos dispostos a responder com uma emoção bem ou mal"? Presumivelmente, porque ele está olhando entre coisas "na alma", e, portanto, pretende dizer o que um estado é somente em referência a coisas "na alma".)

O que, precisamente, Aristóteles quer dizer com um "estado"? O termo grego correspondente, *hexis*, significa literalmente "um haver". (É por isso que, tradicionalmente, era traduzido como "hábito", do latim *habere*, "haver", e que em livros antigos as virtudes são por vezes explicadas como sendo "bons hábitos".) Aristóteles em sua doutrina das virtudes evidentemente deseja se basear em três importantes conotações do termo *hexis*, das quais nossa palavra "estado", basicamente, carece:

1) "*Hexis*" conota ter uma *preensão firme* de algo, e, portanto, significa algo que tem estabilidade. Em outros contextos, Aris-

tóteles usa o termo simplesmente para significar uma qualidade duradoura e profundamente arraigada de uma coisa em vez de uma que seja transiente e superficial. Por exemplo, esculpir uma forma a partir do bloco, mas não a pintar de uma cor, seria impor uma *hexis* ao bloco. Assim, o termo conota estabilidade e permanência.

2) O termo também conota *possessão* e nesse sentido deve ser contrastado com *uso*. Aristóteles se apoia nesse contraste quando faz uma distinção entre uma pessoa ter meramente uma virtude e ela atualizar essa virtude executando uma ação característica dela. Quando uma pessoa com uma virtude executa uma ação virtuosa correspondente, ela "põe em uso" a virtude: um herói dormindo meramente possui coragem; o mesmo herói no calor da batalha está adicionalmente usando-a. Portanto, o termo *hexis* conota algo potencial e oculto, o que pode torná-lo manifesto, mas necessita fazê-lo.

3) O termo também conota ter um tipo de orientação persistente, seja essa orientação passiva ou ativa. Um *hexis* pode ser simplesmente uma disposição passiva (uma "potência passiva", na linguagem do século XVIII) para responder de certos modos, dadas certas circunstâncias ou estímulos, como a prontidão de uma porta elétrica para abrir se uma pessoa interrompe o feixe fotoelétrico. Ou um *hexis* pode ser ativo e diretivo (uma "potência ativa"), visando a realizar um certo tipo de resultado independentemente das circunstâncias: um passarinho vasculhando a praia em busca de moluscos ao longo do dia mostra um *hexis* ativo de buscar alimento[47].

---

47. Aristóteles considera uma ocupação ou habilidade (*technē*) um *hexis* que é desse modo ativo. De fato, Aristóteles tende a falar como se a ocupação ou habilidade, não o profissional, fosse a causa da ordem e estrutura mostrada em seu produto: quando

Aristóteles considera uma virtude de caráter um *hexis* nesses três sentidos: é um traço estável, construído e estabelecido, como vimos, por meio de algum tipo de "treinamento"; é uma condição que não necessita ser atualizada; e é análogo a uma capacidade (como a construção de casas ou a estratégia militar), na medida em que opera na direção de um fim definido de um modo disciplinado.

A definição de virtude de caráter: sua espécie (a doutrina da mediedade)

Certamente, um vício, assim como uma virtude, é um *hexis*; portanto, para definir uma virtude, necessitamos acrescentar sua propriedade diferenciadora que, segundo Aristóteles, é a de ser orientada para um fim (*stochastikē*, 1106b28) em direção a uma marca intermediária entre dois extremos. Essa é sua famosa Doutrina da Mediedade.

A Doutrina da Mediedade parece ter dois componentes: (i) cada virtude em si, como um estado, é intermediária em relação a dois outros estados, um vício de excesso e um vício de deficiência; e (ii) qualquer emoção corretamente sentida ou ação corretamente executada cai entre aquelas que se desencaminhariam devido a algum tipo de excesso e aquelas que se desencaminhariam devido a algum tipo de deficiência. Podemos considerar esses dois componentes correspondentes à explicação de Aristóteles de uma virtude em 2.6, onde ele introduz a Doutrina. "Cada virtude, com relação àquilo de que é uma virtude", diz Aristóteles ali, "leva essa coisa a uma condição boa e torna seu esforço bom" (1106a15-16).

---

um escultor competente faz uma estátua, é esse homem enquanto tendo a capacidade que é propriamente a causa (cf. *Física* 2.3). Similarmente, quando Aristóteles fala de uma virtude ou vício como um *hexis*, está considerando-o que é propriamente denominado a causa do controle consequente das ações e emoções.

Podemos considerar (i) relevante à cláusula "leva essa coisa a uma condição boa", e (ii) relevante à cláusula "torna seu esforço bom". Com relação a (i), Aristóteles aparentemente concebe uma virtude semelhante à saúde física: é um tipo de equilíbrio e beleza da alma, que envolve uma proporção adequada. Um vício, em contraste, envolve um tipo de distorção ou exagero (quando envolve excesso) ou pequenez e deformidade (quando envolve deficiência). E existe uma certa congruência entre as ações ou emoções que um estado origina e esse estado em si. Uma desproporção na alma leva a ações e emoções desproporcionais.

É discutível se a Doutrina da Mediedade se destina a ser um princípio básico prático, ou simplesmente um princípio de classificação, que nos ajuda a descobrir e classificar virtudes e vícios – dois vícios correlacionados a cada virtude. Aristóteles aparentemente pretende que sejam os dois. Como vimos, a Doutrina é introduzida pela primeira vez em 2.2, precisamente após ele ter anunciado que seus interesses são práticos; e, depois, é explicada mais completamente em 2.6, onde a preocupação de Aristóteles é, em troca, definir a virtude, com vistas a desenvolver uma boa classificação de virtudes e vícios.

A Doutrina da Mediedade, interpretada como um princípio prático, não deveria ser considerada um conselho de moderação: "Sempre sinta quantidades moderadas de emoções e execute ações moderadas". Um tal princípio seria impraticável – o que conta como quantidade moderada? – e frequentemente daria resultados contrários ao que seria característico da virtude, porque existem muitas ocasiões nas quais seria correto não sentir emoção alguma (ou não se envolver em ação alguma), e muitas outras ocasiões em que seria correto sentir um grau extremo de emoção (ou executar algo de um modo extremo); por exemplo, seria correto responder a uma injustiça flagrante com preocupação intensa e extrema indignação.

Poderíamos, no entanto, objetar que é inútil nos dizerem que ações e emoções corretas situam-se entre extremos. Isso não é muito vago para nos dar qualquer orientação na prática? Mas, presumivelmente, a Doutrina da Mediedade não se destina a dar conselhos; em troca, é um esquema que mostra a forma geral que necessitam tomar conselhos envolvendo virtude relacionada ao caráter. Você deseja um conselho sobre como ser corajosa? Então, evite audácia descuidada, de um lado, e a covardia, do outro. Você deseja um conselho sobre como usar seu dinheiro? Então, evite a autocomplacência extravagante, de um lado, e a avareza, do outro. E assim por diante.

Certamente, poderíamos objetar que um conselho como esse ainda parece muito vago: o que, afinal, conta como audácia descuidada ou covardia? Mas Aristóteles poderia insistir, em resposta, que um tal conselho pode sempre se tornar mais específico, por meio de exemplos e paradigmas relativos a algum contexto que temos em mente; todavia, o que a Doutrina da Mediedade implica é que, independentemente de quão específico possamos tornar o conselho, ele ainda toma a forma de apontar o caminho entre dois extremos. Por exemplo, suponha que uma pessoa deseje saber, mais especificamente, o que conta como corajoso *nesse* tipo de circunstância em uma batalha? Então, ela tem de ouvir algo assim: "Evite *esse* tipo de impulsividade (o tipo que *fulano e sicrano* mostraram) e *esse* tipo de covardia (como fazer *isso*)".

Aristóteles introduz a Doutrina da Mediedade dizendo: "Em tudo que vem em incrementos distinguíveis, continuamente ordenados [literalmente, 'em tudo que é contínuo e divisível'] é possível tomar mais, menos ou uma quantidade igual, onde são considerados ou em relação à coisa em si ou em relação a nós" (1106a26-28). Portanto, para compreendermos melhor a Doutrina, necessitamos considerar (1) quais são para Aristóteles os "incrementos distinguíveis", com os quais uma virtude lida, e (ii) o que Aristóteles tem em mente quando fala sobre o que é uma quantidade igual "relativa a nós".

Uma resposta simples a (i) é que os "incrementos distinguíveis" são meramente os vários graus de uma emoção. Por exemplo, a delicadeza visa a e alcança um grau de intensidade de raiva que é intermediária; a coragem visa a um grau de intensidade de medo que é intermediário; e assim por diante. Essa é uma visão familiar àquela, mencionada acima, de que as virtudes modulam as emoções e são, portanto, correlacionadas uma a uma a emoções. Vimos acima que existiriam razões para pensar que essa visão não seja de Aristóteles. E, portanto, existem dificuldades adicionais com essa visão que envolve a Doutrina da Mediedade em particular; por exemplo, Aristóteles não parece articular noção alguma de "grau de intensidade" de uma emoção, nem é fácil ver o que isso poderia ser; também, Aristóteles mais adiante afirma que a coragem lida com *duas* emoções, ousadia e medo, de modo que (nessa visão) haveria dois "meios" visados pela coragem, e, portanto, a coragem consistiria, na verdade, em duas virtudes.

Uma resposta mais satisfatória é sustentar que os "incrementos distinguíveis" aos quais Aristóteles se refere se referem ao que poderia ser chamado os "particulares" de uma ação ou resposta emocional. Podemos entender os "particulares" de uma ação ou resposta emocional do seguinte modo: Qualquer ação (ou resposta emocional) é algo necessariamente complexo, e, para ser descrito completamente, necessitaríamos usar uma descrição complexa. Devemos especificar ao menos a agente, o objeto, o instrumento (caso haja), o modo, o tempo, o lugar, a duração, a razão (as circunstâncias especiais que iniciam ou qualificam a ação), e o propósito. Aqui, está um exemplo de uma descrição assim: "Por mais de uma hora, sob o comando de Agamenon, Odisseu, sem hesitação, manteve-se firme usando somente uma espada contra dez soldados que o atacavam, pela simples glória disso". Essa descrição apresenta a duração ("por mais de uma hora"), ocasião ("sob o comando de Agamenon"), o agente ("Odisseu"); a oportunidade ("sem hesitação"); o objeto ("manteve-se firme"); o modo ("vigorosamente"); o instrumento ("somente uma espada"); o objeto indireto ("dez soldados que o atacavam"); e o propósito ("pela simples glória disso"). Aristóteles aparentemente pensa que uma ação individual não é completamente descrita até que seja descrita em todas essas dimensões.

Chame essas coisas, que necessitam ser especificadas para identificar qualquer ação individual, os "particulares" dessa ação ou resposta emocional. Aristóteles apresenta várias listas desses particulares (cf. 1106b21-22; 1109a28; 1111a3-5; 1135a25, b33)[48]. Cada um desses particulares pode ser considerado incluir-se em uma série de opções que constituem "incrementos distinguíveis continuamente ordenados": é possível, por exemplo, que mais ou menos pessoas sejam o objeto da ação de alguém (ou mais ou menos tipos de pessoas; ou tipos que abrangem mais ou menos pessoas); ou que a ação seja iniciada cedo ou tarde; ou que dure por um período mais curto ou mais longo; ou que seja executada mais ou menos de um certo modo; ou que empregue mais ou menos instrumentos (ou instrumentos que sejam mais ou menos apropriadamente escolhidos); ou que as circunstâncias que iniciam a ação sejam reconhecidas pela agente generosa ou estritamente; ou que o motivo da agente seja melhor ou pior (ou mais ou menos acompanhado por motivos ulteriores ou menos admiráveis). E isso valeria para uma resposta emocional tanto quanto para uma ação.

---

48. Ele parece considerá-los, de um modo geral, relacionados às suas dez categorias, mencionadas no cap. 2 acima. Observe, a propósito, no primeiro exemplo que é mais natural considerar que pertencem a ações do que a respostas emocionais, em comparação com a noção de que as virtudes modulam somente as emoções.

A Doutrina de Mediedade, nessa versão mais complexa, portanto, torna-se: (a) pessoas que caracteristicamente se perdem com relação a particulares de uma ação (ou resposta emocional) situam-se em dois grupos distintos, ou seja, aquelas que vão longe demais, e aquelas que não vão longe o bastante; além disso, (b) uma pessoa tende a se perder nessa direção com relação a qualquer uma delas. Considere, por exemplo, ficar com raiva diante de uma injustiça percebida. Algumas pessoas se perdem por permanecerem caracteristicamente com raiva por mais tempo do que é apropriado. A Doutrina de Mediedade nos diz que: (a) essas são uma classe distinta daquelas que tendem a ficar com raiva por menos tempo do que o apropriado, e (b) aquelas que tendem a permanecer com raiva tempo demais tendem a ficar com raiva de mais pessoas do que é justificado, e em mais ocasiões, e com maior intensidade, e assim por diante[49].

A Doutrina da Mediedade, assim entendida, requer que exista um fundamento quanto ao que conta como demasiado em vez de muito pouco. Requer também que nossos elementos não racionais, mas responsivos, em nós, relevantes a essa virtude, sejam capazes de reconhecê-la e persegui-la nos vários particulares de uma ação ou resposta emocional. Tem de haver um fundamento, por exemplo, para o fato de que permanecer com raiva por um certo insulto durante dez dias em vez de cinco é mostrar *mais* raiva: mostrar muita raiva não pode ser o mesmo que mostrar *menos* de alguma outra coisa (digamos, irascibilidade). Também, a raiva deve ser o tipo de motivo capaz de relacionar entre si esses vários exemplos reais de ser maiores, porque não existe razão pela qual uma pessoa que sente raiva por *períodos mais longos* também devesse sentir raiva de mais

---

49. Na verdade, Aristóteles pensa que a raiva é uma exceção sob aspectos importantes da regra geral para virtudes e vícios (cf. 4.5.1126a11-12); mas, na medida em que se conforma a essa regra, faz isso de um modo claro.

pessoas do que deveria. Generalizações irracionais desse tipo, portanto, têm de ser atribuídas à parte não racional da alma, e, quando o fazemos, dizemos que alguém está agindo "por raiva". (Poderíamos dizer: a Doutrina da Mediedade assim entendida é mais uma teoria da *irracionalidade* do que da racionalidade.)

Até aqui, discutimos o que Aristóteles pretende ao dizer que uma virtude é um "estado" que é intermediário entre extremos. Como vimos, ele qualifica isso dizendo que o que conta como intermediário depende da agente: é "relativo a nós". Mas o que ele quer dizer com isso? A observação parece destinada simplesmente a rejeitar o pensamento absurdo de que o intermediário apropriado é uma quantidade fixada determinada unicamente pela consulta à dimensão sob consideração. Por exemplo, sobre esse pensamento absurdo, o número intermediário de pessoas que deveriam ser o objeto de qualquer ação nossa seria sempre *metade* do número de entes humanos que existem – cerca de 3 bilhões – porque a metade é o intermediário entre a população mundial inteira e ninguém. Como a observação de Aristóteles rejeita meramente esse tipo de absurdidade, sua função, portanto, seria deixar espaço para todos os tipos de relatividade razoável, como sua analogia com o treinamento físico deveria deixar claro, e podemos distinguir vários tipos:

1) A relatividade com relação ao grau de virtude da agente. Aristóteles chama atenção para o fato de que atletas requerem mais alimento e um programa de treinamento mais exigente; poderíamos supor, portanto, que pessoas com uma virtude melhor estabelecida necessitariam satisfazer expectativas mais elevadas a fim de agirem corretamente. Existem ações que mostram mais ou menos ousadia, generosidade, magnanimidade, amabilidade e assim por diante, e podemos imaginar nossas expectativas em relação a alguém mudando, e nossa disposição em escusar ou deixar passar, dependendo do grau de sua virtude.

2) A relatividade com relação à natureza humana. Os objetos mais aterradores, como terremotos, estão além da capacidade de tolerância humana, de acordo com Aristóteles (3.7.1115b27); "uma pessoa corajosa é destemida", ele diz, "*nos limites do humano*" (1115b10-11). Mas poderíamos supor que deuses ou heróis divinizados poderiam resistir e evitar o pânico mesmo em meio a um terremoto. O que pode ser esperado de uma agente, e o que seria culpável, é, portanto, relativo à sua natureza.

3) A relatividade com relação a idade, gênero e capacidade de liberdade. Aristóteles sustenta na *Política* (1.13) que o que deveria ser esperado dos entes humanos variará com seu gênero, imaturidade e se são aptos a ser livres (ou são "escravos naturais", como ele pensa que alguns entes humanos são). Ele propõe uma visão similar na *Ética* 8.12. Ele sustenta, por exemplo, que o que em muitos casos conta como uma exibição extrema de medo e de outras emoções em um homem adulto estaria dentro de extremos aceitáveis para uma mulher (cf. 9.11.1171b6-12). Poderíamos rejeitar essas visões, mas aceitar a visão análoga de que expectativas razoáveis para a conduta deveriam ser relativas ao temperamento inerente de uma pessoa.

Classificação e opostos

Uma vez que Aristóteles articulou sua definição de uma virtude de caráter como sendo em si uma condição intermediária, está em uma posição, em 2.7, de classificar as virtudes, postulando uma virtude para motivos e bens humanos importantes e identificando dois vícios correspondentes a cada uma, um envolvendo excesso e o outro deficiência. A Tabela 3.2 expressa esses resultados. (Ela difere, contudo, em sempre dar o nome do traço de caráter, embora Aristóteles por vezes apresente, em troca, o nome da pessoa que possui o traço; e, claro, diferentes traduções usarão uma terminologia diferente.)

Tabela 3.2

Campo	Meio (Virtude)	Excesso	Deficiência
Medo	coragem	covardia	"não nomeado"
Ousadia	coragem	impetuosidade	covardia
Desejo sentido	autodomínio	autocomplacência	insensibilidade
Riqueza como um bem	generosidade	dissipação	avareza
Riqueza como um bem – uso em larga escala	magnificência	pomposidade	desalinho
Honra como um bem – honra em larga escala	magnanimidade	autoenfatuação	pequenez
Honra como um bem	"não nomeado"	ambição extrema	ausência de ambição
Raiva	delicadeza	irascibilidade	desânimo
Sociabilidade – verdade	"honestidade"	exibicionismo	autodepreciação
Sociabilidade – humor	sagacidade	bufonaria	ignorância
Sociabilidade – divertimento	"afabilidade"	servilismo	controvérsia/ comportamento impertinente
Vergonha	Ter um senso de vergonha	nervosidade	ausência de vergonha
[sentimentos de vingança]	indignação justa	inveja	alegrar-se com a maldade

Aristóteles pretende claramente que essa lista seja exaustiva (cf. 3.5.1115a5). Mas, então, sob qual princípio ela é construída? Presumivelmente, ele está identificando "domínios", e, portanto, virtudes, mas se não conhecemos o princípio sob o qual ele as identifica, não podemos ter garantia alguma de que a lista seja exaustiva.

Uma sugestão é que Aristóteles esteja operando aqui com uma noção de um "bem básico", e pense que cada bem assim define um domínio de uma virtude. Portanto, poderíamos supor que existem bens básicos que envolvem a mera vida, como segurança contra danos (coragem) e nutrição e prazer corporais (autodomínio). Portanto, existem bens básicos que são buscados ao longo da vida em sociedade, em geral, como riqueza (generosidade, magnificência) e honra (magnanimidade, ambição comedida). Portanto, existem bens básicos que são buscados na sociedade de amigos, em particular, como uma boa reputação (senso de vergonha), boa conversação (honestidade, amizade, graça), e simpatia (indignação justa). Se somos equipados com motivos e impulsos naturais para buscar esses bens, então, as virtudes relacionadas ao caráter seriam estados pelos quais esses motivos e impulsos são harmonizados com prescrições razoáveis para a busca desses bens em comum, na sociedade política.

Isso parece bem. E, todavia, Aristóteles parece deixar de fora virtudes importantes. Ele não faz menção a traços como lealdade, tato, discrição, otimismo, espírito de grupo, disposição de perdoar, rapidez em mostrar compaixão, ou (como são particularmente importantes para nós) tolerância e humildade. Além disso, poderíamos nos perguntar se existem traços bons que sejam "mais amplos" e mais disseminados do que virtudes: chame essas "atitudes" ou "perspectivas" morais fundamentais em vez de virtudes, como, por exemplo, a seriedade moral, reverência, uma consideração própria pelo passado, gratidão, amor pela natureza, um senso de admiração, docilidade e sensibilidade à beleza. Esses aparentemente não têm lugar em seu esquema.

A tabela de virtudes e vícios de Aristóteles é inovadora, comparada à tradição filosófica antes dele, na medida em que postula *duas* condições opostas para cada virtude. Assim, após apresentar a tabela, Aristóteles (em 2.8) visa a explicar a visão comum de que cada virtude possui apenas um oposto. Ele diz que naqueles casos nos quais parece que existe somente um vício, simplesmente não notamos facilmente o outro vício, por uma das duas razões: ou (i) as manifestações de um vício são tão similares à virtude que não o contamos como um vício (a impetuosidade, por exemplo, é muito semelhante à coragem, porque leva a pessoa que a possui a confrontar o inimigo em vez de fugir); ou (ii) somos tão mais inclinados naturalmente a um vício do que ao outro, que dificilmente contamos o outro vício como uma possibilidade real (é muito improvável que nos tornássemos insensíveis com relação aos prazeres do comer, beber e fazer sexo, que sequer pensamos essa condição como oposta ao autodomínio, como de fato é).

Uma observação astuta é a afirmação de Aristóteles de que uma pessoa em qualquer extremo tende a se considerar ocupando a posição intermediária, e, portanto, assimila o verdadeiro intermediário ao extremo oposto. (Esse seria um outro modo pelo qual poderíamos reduzir as três condições possíveis a somente duas.) Assim, por exemplo, uma pessoa tímida considera as ações e decisões de uma pessoa verdadeiramente corajosa impetuosas; uma pessoa impetuosa considera uma pessoa corajosa excessivamente tímida e covarde.

Aristóteles retorna às considerações práticas no capítulo final do livro 2 e apresenta três amostras de conselho prudente: (i) Nós deveríamos visar a atingir a marca intermediária, não indo diretamente a ela, mas tentando evitar o extremo ao qual estamos mais inclinados. (ii) Em assuntos nos quais tendemos a nos perder e, portanto, já estamos no caminho para desenvolver uma das condições extremas, deveríamos tentar realizar ações que se afastem do intermediário na outra direção. Aristóteles compara isso a como endireitamos um galho curvo curvando-o de volta na direção oposta. (Mas, então, Aristóteles está dizendo que deveríamos fazer uma coisa errada a fim de nos corrigir? Como essas ações corretivas poderiam não ser erradas, se se afastam da marca intermediária, assim como as ações erradas que já cometemos?) (iii) Podemos obter uma boa noção do extremo ao qual estamos mais inclinados prestando atenção ao que nos agrada e nos desagrada: "Em todos os assuntos a maior diligência tem de ser exercida em relação ao que é aprazível a nós e ao prazer que sentimos" (1109b7-8). E, como não somos "juízes imparciais", quando nosso próprio prazer está envolvido, deveríamos tentar nos tornar imparciais, pensando sobre o que é adequado e exigido nas circunstâncias, como se nenhum prazer viesse de nossa ação ou emoção. "Ao simplesmente descartarmos o prazer seremos menos propensos a errar" (b11-12).

Dada a natureza essencialmente prática da investigação ética, Aristóteles considerava seguramente essas aplicações de sua definição de virtude confirmações importantes de sua corretude.

Leitura adicional

Price (1995) tem uma boa discussão sobre as divisões da alma em Aristóteles e em outros pensadores antigos. Com relação à aquisição da virtude de caráter, a influente discussão de Burnyeat (1980) sobre a educação do caráter, muito diferente do que é oferecido aqui, já foi mencionada. Kisman (1980) também é relevante e iluminador.

A definição de Aristóteles de virtude e particularmente da Doutrina da Mediedade pode ser bem estudada examinando-se, primeiro, a crítica de Hursthouse (1980-1981) e, depois, a valiosa defesa de Curzer (1996). Urmson (1973) é importante como uma influência às discussões posteriores.

Para uma consideração sobre a viabilidade filosófica da noção de virtude, MacIntyre (1994) é de um certo modo um clássico moderno; Foot (1978) é centralmente importante; e Geach (1977) apresenta uma visão geral acessível.

4
AÇÕES COMO SINAIS DO CARÁTER

Ética a Nicômaco, 3.1-5

Vamos revisar o argumento até aqui. No livro 1, Aristóteles argumenta que o fim último da vida humana é uma "atividade de acordo com a virtude", e relaciona critérios que, para ele, o fim último deve satisfazer. Em 1.13 e em 2.1, ele analisa a virtude humana na virtude relacionada ao pensamento e na virtude relacionada ao caráter, e, no restante do livro 2, elabora uma lista, que considera exaustiva, das virtudes particulares relacionadas ao caráter. Poderíamos pensar que seu próximo passo seria examinar essas virtudes individualmente. De fato, ele pospõe essa tarefa até 3.6. Em troca, em 3.1-5, realiza uma discussão sobre a ação humana e a psicologia a ela subjacente.

Isso não é uma digressão, como poderia parecer, porque a discussão de Aristóteles sobre a ação humana segue naturalmente de, e é inclusive exigida por, várias afirmações que ele havia apresentado no livro 2. Recorde que, na perspectiva de Aristóteles, a disciplina da ética é prática: seu propósito é que nos tornemos bons e vivamos bem. Mas, como recém-argumentou no livro 2, não podemos nos tornar bons a menos que adquiramos as virtudes de caráter. Como vimos, Aristóteles pensa que geralmente adquirimos as virtudes ao sermos orientados por aqueles com autoridade sobre nós (por nossos pais, quando ainda somos imaturos, e por legisladores, quando somos cidadãos maduros) a realizarmos ações características daquelas virtudes e a nos abster de ações características dos vícios contrários.

Mas, considere, agora, essa tarefa do ponto de vista daqueles no poder. Eles dirigem as ações daqueles sob seus cuidados, Aristóteles disse, vinculando recompensas e punições às ações. Presumivelmente, essas recompensas e punições deveriam ser apropriadamente designadas, dado o fim ao qual visam. Então, presumivelmente, a recompensa deveria ser maior, quanto mais a ação de uma pessoa evidenciasse um bom caráter, e a punição deveria ser maior, quanto maior a ação de uma pessoa evidenciasse um mau caráter. Ou seja, a recompensa e a punição da ação deveriam ser sensíveis ao caráter da pessoa que a realizasse. Assim, é de grande importância que aqueles no poder julguem apropriadamente quando, e em que extensão, ações são sinais do caráter subjacente. A discussão de Aristóteles sobre a ação humana em 3.1-5 parece voltada precisamente a nos auxiliar a fazer juízos desse tipo.

Uma vez mais, Aristóteles chamou a atenção, em 2.4, para o fato de que existe uma lacuna entre realizar ações que são características da virtude e, de fato, agir virtuosamente. Para uma pessoa agir virtuosamente, dizia Aristóteles, ela necessita ainda realizar uma ação (i) com compreensão, (ii) visar a realizá-la apenas pelo tipo de ação que ela é, e (iii) como algo característico dela. Mas como podemos nos assegurar de que essas outras condições prevaleçam? Quando uma ação que parece virtuosa deveria ser considerada uma ação virtuosa? A discussão de Aristóteles sobre a ação humana visa a nos orientar sobre isso.

Uma vez mais, Aristóteles definiu uma virtude relacionada ao caráter como "um estado que envolve propósito deliberado, que ocupa uma posição intermediária, uma vez que é determinada pela razão e como alguém com sabedoria prática a determinaria" (2.6.1106b36-1107a2). A definição menciona "propósito deliberado" (*prohairesis*, ou "escolha", como é comumente traduzida), presumivelmente porque uma virtude é uma condição estável de ação propositada. Mas, então, o que é um "propósito deliberado"? De um modo mais geral, como, precisamente, um elemento não racional da alma se torna persistentemente persuadível por, e dócil a, indicações racionais? Como a racionalidade e a não racionalidade são harmonizadas, em um ente humano, por meio da virtude relacionada ao caráter? A descrição de Aristóteles da ação humana, e do papel da *prohairesis* ou "escolha" na ação humana, destina-se a fornecer uma compreensão disso.

Assim, longe de ser uma digressão, a descrição de Aristóteles da ação humana é um corolário de sua definição de virtude e uma preliminar de sua discussão sobre as virtudes particulares.

Visão geral de 3.1-5

O primeiro passo de Aristóteles (em 3.1) é identificar aquelas condições nas quais uma ação não é um sinal de um bom caráter, ou um sinal de um mau caráter, porque não é um sinal do caráter da agente – porque a ação, em um sentido importante, sequer é sua ação. É algo que ela *calhou fazer*, mas não é sua *ação*.

Ele supõe que haverá duas dessas condições: quando uma pessoa é forçada a agir como se agisse, e quando ela não sabe o que está fazendo. Por que apenas essas duas condições? A ideia subjacente de Aristóteles é que uma ação envolve (i) introduzirmos mudanças no mundo (ii) a fim de atingir algum fim (cf. suas observações em 1110a12-18; 1111a22-24; 1112a31-33, b31-32; e 1113b18-19).

Se somos forçados a fazer algo, então, nós mesmos não introduzimos as mudanças, e a condição (i) falha. E, se somos ignorantes, então, o que consideramos estar alcançando por meio de uma ação não é de fato o que conseguimos alcançar, e a condição(ii) falha. Poderíamos dizer: a força desorienta a iniciação da mudança; a ignorância desorienta seu fim. Compare: que a flecha de um arqueiro erre o alvo não é algo atribuível ao arqueiro se ou (i) alguém moveu seu braço no último momento ou (ii) alguém mudou o alvo quando não estava olhando.

Todavia, existem casos espúrios de força e casos espúrios de ignorância. Distinguir o espúrio do genuíno é importante, porque os casos espúrios são muitas vezes alegados em tentativas de escusar uma má ação. A afirmação: "Eu não sabia o que estava fazendo", em alguns casos, deveria escusar e em outros não; do mesmo modo: "Eu tive de fazer isso" ou "Eu não tive escolha". Assim, Aristóteles se esforça para esclarecer, precisamente, que tipo de força e que tipo de ignorância rompe a relação entre ação e caráter.

Se uma ação, portanto, não é genuinamente forçada, nem genuinamente realizada devido à ignorância, é, de fato, a ação da agente. O termo de Aristóteles para a classe de coisas feitas desse modo é *hekousion*, e ele chama uma agente como agindo desse modo *hekōn*. Ele usa esses termos de um modo muito geral, para aplicar a qualquer tipo de agentes vivos: crianças e animais, assim como entes humanos adultos, podem se mover de um modo que é *hekōn* e fazer o que é *hekousion*. Basicamente, uma coisa viva fazer algo desse modo é, para ela, fazê-lo "por vontade própria". Nesse sentido, ela é um "semovente", como Aristóteles a refere em outra parte[50].

---

50. Para uma discussão completa, cf. Furley, 1980.

O que é para uma coisa viva fazer algo "por vontade própria" variará, é claro, dependendo do que está agindo assim. O que é para uma lesma fazer algo "por vontade própria" será naturalmente diferente do fazer algo "por vontade própria" de um cavalo, que será diferente de uma criança humana, que agirá "por vontade própria", uma vez mais, diferentemente de um adulto. Como agir "por vontade própria" é, como vimos, ter um fim em vista e então iniciar a ação com vistas a alcançar esse fim, então, coisas vivas agirão "por vontade própria" de diferentes modos, na medida em que diferem a esses respeitos. Um animal não racional compreenderá o fim de sua ação somente por meio da percepção e da imaginação, mas um animal racional o fará também por meio da razão; um animal não racional executará etapas para alcançar esse fim instintiva e automaticamente, mas um animal racional o fará adicionalmente por meio da deliberação e da busca de aconselhamento.

Essa é a noção de Aristóteles. Pela ausência de uma boa palavra equivalente, traduções tipicamente dirão que uma ação nessa classe é realizada "voluntaria" ou "espontaneamente". Esses termos são os melhores disponíveis, e embora não sejam muito adequados, uma vez que não diríamos que um cachorro quando apanha uma bola, ou que uma lesma quando desliza pelo chão, está agindo "voluntária" ou "espontaneamente". Esses termos introduzem as noções de propósito e vontade, e as aplicamos em geral em analogia com a ação humana, que tipicamente é *hekousion* por ser propositada e desejada.

Como vimos, ao distinguir essa classe muito ampla de ações executadas quando uma agente está agindo "por vontade própria", Aristóteles, até aqui, identificou somente uma condição necessária para se fazer uma inferência de uma ação ao caráter:

de modo algum, uma ação não pode ser um sinal do caráter de alguém, a menos que tenha sido algo que a agente fez quando estava agindo "por vontade própria". Todavia, isso não ajuda a discernir se uma ação é um sinal de bom ou mau caráter. Para ver isso, considere um exemplo que Aristóteles apresenta em sua discussão sobre a coragem (em 3.6-9). Lá, Aristóteles distingue a coragem verdadeira – na qual uma pessoa permanece em seu posto no campo de batalha simplesmente porque fazê-lo é bom e admirável – de várias formas falsas de coragem, incluindo a "coragem cívica" – na qual uma pessoa permanece em seu posto porque não quer ser ridicularizada mais tarde por ser covarde. Uma pessoa que manteve seu posto por essa falsa forma de coragem estaria agindo "por sua própria vontade" exatamente tanto quanto uma pessoa verdadeiramente corajosa. Mas seria errado um legislador ou general recompensar ambas igualmente.

Assim, portanto, como podemos, exatamente, discernir se uma ação que parece corajosa é um sinal de coragem genuína, ou, em troca, é indicativa de uma falsa forma de coragem? Para fazermos isso, necessitaríamos de uma descrição da ação distintamente humana, que Aristóteles fornece em 3.2-4. Sua visão, de um modo geral, é que uma ação distintamente humana é aquela na qual (a) a agente começa com uma concepção de algum bem a ser buscado como um fim; e depois (b) retroagindo daí em pensamento, por meio de um processo de deliberação, ela chega a uma conclusão sobre uma ação particular que pode realizar para promover esse fim; após isso (c) ela, então, escolhe essa ação precisamente com vistas a promover o fim desse modo. Poderíamos dizer, de uma forma muito rudimentar, que uma ação distintamente humana exibirá uma certa *sensibilidade a bens*, e uma *preferência* ou *status* de alguns tipos de bens em detrimento de outros. Uma ação indica um caráter bom ou mau, ou uma tendência a desenvolver um desses, dependendo de que tipo de sensibilidade e preferência exibe. Por exemplo, a soldada que permanece em seu posto meramente por coragem cívica é ou insensível ao bem de permanecer em seu posto simplesmente porque é admirável fazê-lo, ou é sensível a isso, mas dá um *status* mais elevado a evitar a má opinião de seus pares. Qualquer uma dessas condições sugeriria que sua ação não foi um resultado da virtude da coragem.

Em 3.5, o capítulo final da passagem que estamos considerando, Aristóteles levanta a questão de se também pode ser dito de nós que não realizamos simplesmente ações particulares, mas também adquirimos o caráter que temos "por nossa própria vontade". Admitindo que uma pessoa covarde, sempre que age de um modo covarde, age por sua própria vontade: poderíamos ainda nos perguntar se ela adquiriu sua *covardia* por sua própria vontade. Se não, então, poderia parecer que não pode, afinal, ser responsável por sua ação covarde. O problema se torna urgente porque Aristóteles admitiu que, para uma ação ser distintamente humana, é necessário algo mais do que alguém executá-la "por sua própria vontade". Se "esse algo mais" não é, afinal algo que temos ou adquirimos por nossa própria vontade, então, pode parecer que não podemos responsabilizar uma pessoa covarde por sua ação covarde, e o arranjo inteiro pelo qual as pessoas no poder recompensam e punem aquelas sob seu controle parecerá sem sentido. É por isso que Aristóteles conclui sua discussão sobre a ação argumentando que somos, na verdade, responsáveis por nosso caráter, tanto mau quanto bom.

Ações forçadas

Por vezes é mais fácil chegar a uma noção difícil, primeiro, delimitando as fronteiras externas e dizendo o que definitivamente *não* conta como a coisa que temos em vista. O que ela significa é indicado, portanto, por contraste. Esse é o procedimento geral de Aristóteles em 3.1: ele chega à difícil noção do agir "de uma pessoa por sua própria vontade" examinando o que é comumente considerado uma pessoa realizar uma ação *não* por sua própria vontade: força e ignorância. Vamos examinar primeiro a força.

A força parece direta: a ação de A é forçada se um poder ou agência fora de A inicia a ação, em vez de A: por exemplo, se uma outra pessoa pega sua mão e a faz apertar um botão, ou uma rajada de vento a empurra para o lado. Uma tal ação, diz Aristóteles, é aquela na qual "a pessoa que faz algo, ou a quem algo é feito, em nada contribui" (3.1.1110a1-3)[51].

Poderíamos nos perguntar se necessitamos de uma segunda categoria de ações forçadas, negligenciada por Aristóteles, para coisas que somos compelidos a fazer, mas não nos importamos de fazer. Para ver por que, necessitamos ir um pouco adiante na exposição de Aristóteles. Quando ele discute, mais à frente, ações realizadas por ignorância, distingue dois tipos de ações como essas: aquelas que realizamos *involuntariamente*, e aquelas que executamos somente *não voluntariamente*. Uma ação executada *involuntariamente*, por ignorância, ele diz, é aquela que mais

---

51. O texto permite ser entendido como: "a pessoa que faz algo, ou sente algo, nada contribui", permitindo, assim, que emoções como ações possam ser forçadas. Mas essa tradução deve ser provavelmente rejeitada: (1) os exemplos de Aristóteles concernem somente a ações; (ii) ele põe firmemente de lado sugestões de que motivos internos possam ser forçados (1110b9, 1111a25); (iii) de qualquer modo, parece difícil ver como não poderíamos fazer contribuição alguma a uma emoção. Alguém poderia dizer que a dor que sentimos quando feridos, ou o medo evocado por um susto repentino, estão "além de nosso controle"; mas Aristóteles os contaria como experienciados "por nossa própria vontade", porque é assim que nossa natureza animal deve agir em tais circunstâncias. Somos animais, em parte, e, portanto, sentir dor ou medo seria algo que *nós* fazemos.

tarde nos aflige, quando descobrimos a verdade sobre o que fizemos (*e. g.* estou chocada por ter inadvertidamente ferido meu melhor amigo); uma ação realizada, por ignorância, apenas *não voluntariamente*, é aquela que mais tarde não nos aflige (*e. g.* não me importo muito por ter inadvertidamente ferido um inimigo). Deveríamos fazer, portanto, uma distinção similar com relação à força e dizer que uma ação forçada é "involuntária" se contrária ao que a agente deseja, e somente "não voluntária" se a agente deseja fazer o que é forçada a fazer? Imagine, por exemplo, uma sobrevivente de um naufrágio, à deriva no mar em uma balsa com uma vela improvisada. Ela não tem controle sobre aonde o vento a leva; portanto, para qualquer direção que ela vá, ela é "forçada". Mas deveríamos dizer que quando o vento a afasta da terra, para onde ela deseja ir, ela faz isso *"involuntariamente"*, mas quando o vento a leva em direção à terra, para onde ela não se importa de ir, a ação é ainda forçada, mas algo que ela faz *"não voluntariamente"*?

Aqui, a distinção parece sem sentido, e Aristóteles estava aparentemente certo ao tê-la omitido, porque, na prática, seria irrelevante: qualquer pessoa que é forçada a fazer o que desejava contribuiria tipicamente com algo, em cujo caso não seria forçada, pela definição de Aristóteles. Uma pessoa maltratada que estivesse sendo arrastada para onde desejasse ir de qualquer modo, com certeza, pararia de resistir e caminharia até lá por si. Similarmente, a pessoa na balsa agiria para capturar o vento e orientar a balsa na direção correta, quando o vento a estivesse levando para a terra[52].

---

52. E, então, curiosamente, descrevemos novamente o que exatamente conta como a ação da agente. Quando o vento empurra a balsa em uma direção favorável, e a pessoa na balsa meramente a orienta, contamos o movimento inteiro da balsa como sua ação. Na verdade, grande parte da navegação é assim.

Após considerar casos genuínos de força, onde algo de fora faz alguém fazer algo, Aristóteles examina um caso espúrio: o das ações nas quais somos confrontados com uma "escolha entre dois males", e, portanto, temos de fazer algo que de outro modo não teríamos desejado fazer. Aristóteles apresenta o exemplo de um capitão de uma embarcação comercial que, em meio a uma tempestade, ordena que a carga seja jogada ao mar a fim de salvar o navio e sua tripulação. De modo algum um capitão alegremente jogaria ao mar a carga do navio: as chances são de que o navio estivesse no mar por vários meses, e a tripulação tivesse enfrentado todos os tipos de perigos, precisamente, a fim de trazer aquela carga de volta com segurança; ao jogar a carga ao mar, portanto, eles tornaram aquele esforço sem sentido. Dado esse contexto, o capitão justificaria sua ação dizendo coisas como: "Eu não tive escolha", "A tempestade me forçou a fazer isso", ou "Isso é a última coisa que eu desejava fazer. Resisti a fazer isso o tempo inteiro, e só o fiz quando fui compelido". Além disso, observando, poderíamos escusar o capitão e dizer algo como: "Se dependesse dele, ele não teria jogado a carga ao mar". Assim, poderia parecer que algo fora dele, a tempestade, foi responsável pela ação. O capitão em nada contribui, não é, senão, como dizemos, uma "vítima das circunstâncias"[53].

Mas Aristóteles insiste em que ações como essa são executadas por vontade própria da agente e não forçadas. Ele faz isso apelando para sua concepção positiva da ação "por vontade própria de

---

53. O outro exemplo que Aristóteles apresenta de uma ação forçada é a de um tirano que tem sua família sob seu jugo e a tratará bem somente se você fizer algo vergonhoso que ele lhe ordene fazer. Aristóteles meramente coloca o caso e não diz qual seria a coisa correta a fazer nessas circunstâncias. Para seus propósitos, basta que esse seja um caso no qual independentemente do curso de ação que você adotar seria aquele que você justificaria dizendo: "Eu não tive escolha".

uma pessoa". Recorde que uma pessoa age "por vontade própria" se ela (i) introduz mudanças no mundo (ii) a fim de alcançar um fim. Mas ambas essas condições valem no caso da carga jogada ao mar. A condição (i) vale porque o capitão "inicia os movimentos das partes de seu corpo" (1110a16) que provocam o descarregamento no mar: ele profere as palavras e dá a ordem que inicia essa ação. A condição (ii) vale igualmente porque, diz Aristóteles, o fim da agente ao realizar uma ação é ser determinada "com respeito ao momento em que é realizada" (a13-14). Embora o tempo inteiro previamente na viagem o capitão não tivesse desejado se desfazer da carga no mar, quando a tempestade surge, porque jogar a carga ao mar é o único modo de salvar o navio e sua tripulação, isso *sim* se torna o que ele deseja fazer. Aristóteles chama atenção para o fato de que é precisamente porque essas ações são por vontade própria do agente que podemos avaliá-las – elogiando o capitão por friamente tomar uma decisão difícil em circunstâncias inusuais; ou culpá-lo por valorizar sua carga tanto que esperou demais para jogá-la ao mar, pondo em risco a vida dos passageiros; e assim por diante.

Aristóteles, portanto, concede que existe um aspecto importante no qual a agente não executa ações assim por vontade própria, de modo que elas podem ser consideradas "misturadas". Que Aristóteles identifique essas ações e lhes dê esse rótulo especial poderia parecer desmotivado ou arbitrário: elas não são ações misturadas simplesmente de casos ordinários de agir por motivos misturados? O capitão deseja a segurança tanto da carga quanto do navio, mas não pode ter ambos – nada estranho sobre isso. Mas a ênfase de Aristóteles nessa classe de ações faz sentido quando colocada no contexto correto. Recorde que Aristóteles concebe o caráter como uma disposição ativa para realizar, ou para se abster de, atos de vários tipos, em vários domínios. Essas disposições envolverão tipicamente a busca de múltiplos bens, mas com um ordenamento implícito. Uma ação que envolve uma "escolha de dois males" força o ordenamento da agente a se tornar explícito, exigindo que aja de um modo não característico contra um bem de *status* inferior. É essa segunda característica que torna essas ações sob um aspecto importante não realizadas por vontade própria da agente. Ou seja, uma ação misturada é aquela que, se considerada em separado, seria "não característica". Por exemplo, uma pessoa pacífica mata em autodefesa. Que ela matasse alguém é inteiramente não característico para ela: tipicamente, ela é gentil e amigável em relação a outras pessoas, promovendo simultaneamente o bem de outros e o seu próprio bem. Mas esses bens têm um ordenamento implícito, e, quando é atacada e confrontada com a escolha entre sua própria vida e a de seu atacante, esse ordenamento se torna explícito. As circunstâncias requerem que aja contra um bem que de outro modo promove. Mas se arrepende de ter de fazer isso – não é, de modo algum, o que "deseja" – e, talvez, inclusive chore por isso após o fato.

Assim, uma ação misturada não é algo como: de forma abstrata, você gostaria de batatas fritas para o jantar; mas, devido à sua saúde, tomará sopa. Falando propriamente, é uma ação na qual uma pessoa faz algo que, em circunstâncias usuais, seria característica do vício: matar alguém; destruir bens valiosos; e assim por diante. E a visão de Aristóteles é que se uma ação desse tipo indica ou não o mau caráter depende do *status* que é revelado. Jogar bens ao mar a fim de salvar pessoas é um *status* do tipo que está implícito em muitas virtudes. Mas um capitão pirata impiedoso poderia, em troca, jogar alguns prisioneiros ao mar para salvar sua carga preciosa, mostrando um *status* inverso. Que *ambos* os capitães possam explicar: "Eu não tive escolha", para esses dois cursos opostos de ação, confirma que o que é operativo aqui é algo diferente da força no sentido estrito.

Ações resultantes da ignorância

Aristóteles pensa que a ignorância assim como a força podem tornar uma ação não feita por vontade própria da agente – mas somente a ignorância de um certo tipo, e não a ignorância pela qual somos responsáveis.

Sua visão pode ser bem ilustrada por um exemplo simplificado. Você está vendendo seu carro velho para alguém por 2.000 dólares à vista, valor que a pessoa que lhe comprou o carro lhe paga em notas de cem dólares. Você considera esse um preço justo, e é claramente combinado. No entanto, quando você chega em casa, e conta o dinheiro novamente, vê que algumas notas ficaram juntas e, de fato, você recebeu 2.200 dólares. Podemos imaginar duas reações: você fica chateado por ter recebido a mais e efetivamente recebeu algo por nada; ou você fica agradavelmente surpreso ao descobrir que tem 200 dólares a mais com os quais não contava (é "dinheiro achado"). Se você reage do primeiro modo, então, você não é o tipo de pessoa que deliberadamente tentaria obter algo por nada; na verdade, você provavelmente adotará medidas para devolver o dinheiro extra. Se você reage do segundo modo, um espectador poderia julgar que você, na verdade, é o tipo de pessoa que poderia muito bem, em outras circunstâncias, visar a fazer algo desonesto[54]. Por assim dizer, você hesitaria em devolver o dinheiro, e, talvez, planejasse

---

54. Um espectador poderia julgar isso mesmo se fosse verdade que, se você descobrisse o erro quando a compradora ainda estivesse por perto, você teria devolvido os 200 dólares a mais sem hesitação.

devolvê-lo somente se a compradora se apercebesse do erro e lhe perguntasse sobre isso.

Aristóteles distingue, como vimos, entre ações que resultam de ignorância, que são executadas *involuntariamente*, daquelas executadas *não voluntariamente*, porque sua preocupação é com extrair inferências sobre o caráter das ações de alguém. Se, por ignorância, uma agente faz o tipo de coisa que uma pessoa com mau caráter faria; mas, quando descobre a verdade mostra consternação, então, podemos julgar que a ação foi não característica dela. Se, mais tarde, não mostra remorso, então, mesmo que não possamos dizer que *teria* executado aquela ação se soubesse a verdade, podemos inferir que é o tipo de ação que ela *executaria*.

Esses são casos espúrios assim como genuínos de ação por ignorância. Casos espúrios estão onde a ignorância é "culpável": a própria agente, se tivesse agido como uma pessoa com bom caráter agiria, ou se estivesse cuidando para agir virtuosamente, não teria terminado ignorante. Podemos ser ignorantes de (i) particulares ou (ii) de generalidades morais. Aristóteles sustenta que a ignorância sobre particulares, por vezes, não é culpável, ao passo que a ignorância sobre generalidades morais é sempre culpável[55].

Com relação a (i): considere o seguinte cenário extravagante, mas ilustrativo. Suponha que é de conhecimento de todos que notas de cem dólares emitidas recentemente têm a tendência de grudarem uma na outra; e você vende seu carro no final de uma tarde úmida de verão, quando é sabido, em função de outras compras feitas, que essas notas tendem a grudar uma na outra. Uma pessoa que preten-

---

55. Aristóteles introduz, pela primeira vez, a distinção entre ignorância culpável e não culpável como aquela entre agir "por ignorância" e agir "na ignorância" ou "enquanto ignorante" (1110b24-25).

desse ser justa, e que, definitivamente, não desejasse receber mais dinheiro em uma grande transação que tivesse sido combinada, cuidaria para contar as notas, repetida e cuidadosamente. Se você não adota esse cuidado, então, sua ignorância, mais tarde (sobre o dinheiro a mais que você de fato recebeu), em vez de impedir uma inferência de sua ação ao seu caráter, poderia, na verdade, permitir que uma inferência assim fosse extraída: você terminar com mais dinheiro em seu bolso do que você pensava poderia sugerir que lhe faltou a virtude relevante da equidade (ou "justiça"), uma vez que esse traço lhe teria levado a tomar o cuidado suficiente para não receber mais dinheiro do que deveria[56].

Seu desconhecimento de que recebeu 2.200 dólares é ignorância sobre particulares. Mas alguém poderia alegar ignorância sobre alguma generalidade moral. Suponha que uma pessoa descubra que recebeu 200 dólares a mais e, quando questionada sobre não ter devolvido a quantidade extra, responda: "Por que eu mantive esse dinheiro extra? Porque simplesmente não sabia que um vendedor deveria receber somente a quantia justamente combinada". Ou suponha que uma pessoa alegasse ignorância sobre o princípio relevante de valor comparativo: "Não me apercebi de que, em uma transação comercial, uma pessoa deveria preferir equidade a ganho monetário". Uma ignorância como essa seria sempre culpável?

Aristóteles, aparentemente, pensa que sim. Em uma passagem obscura, ele parece distinguir dois tipos de ignorância sobre generalidades: (i) ignorância sobre o "universal" relevante, e (ii) ignorância

---

[56]. O exemplo aqui é confessadamente extravagante, mas o fenômeno é comum. Essa disposição em buscar informações consideradas razoavelmente relevantes a uma ação relativamente séria é o que é comumente conhecido como "diligência prévia" [*due diligence*].

sobre o que é "vantajoso" (como ele a chama), como é revelado na escolha de uma pessoa (1110b30-33). Não está claro exatamente o que Aristóteles tem em mente nessa passagem, ou se a passagem expressa alguma distinção definida. Mas parece plausível entender esses dois tipos de ignorância em conexão com o que Aristóteles já disse sobre juízos concernentes ao caráter. Como mencionado acima, Aristóteles pensa que qualquer virtude envolve tanto uma sensibilidade com relação a quais coisas são propriamente boas em um domínio, e uma disposição a classificar bens de um certo modo (ou seja, um propósito estabelecido de buscar alguns bens com vistas a outros bens). Considere "ignorância sobre o universal", portanto, a ausência da sensibilidade apropriada de uma pessoa: por exemplo, um comerciante que simplesmente falhasse em "ver" ou "reconhecer" que a equidade em uma transação, de algum modo, tem um valor. Considere "ignorância sobre o que é vantajoso" a falha de uma pessoa em classificar os bens corretamente, independentemente de se possui a sensibilidade relevante: por exemplo, um comerciante que reconhece, na verdade, que a equidade tem valor, mas que considera ganhar dinheiro preferível à equidade. Claramente, nenhum desses tipos de ignorância tornaria uma ação algo que não é realizado por vontade própria da agente. Quando uma ação não é por vontade própria da agente, como vimos, a inferência da ação ao caráter é impedida. Mas podemos, na verdade, extrair conclusões sobre o caráter de uma pessoa se ela age motivada por esses tipos de ignorância, porque, como Aristóteles indica, essa ignorância é em si constitutiva do mau caráter (1110b32).

Aristóteles entra em detalhes sobre os tipos de ignorância não culpável sobre particulares que impediriam a inferência da ação ao caráter. Muito naturalmente, ele recorre à mesma lista de "particulares" de uma ação (ou resposta emocional) que havia desenvolvido ao formular a Doutrina da Mediedade. Se o comportamento virtuoso requer que evitemos extremos em cada um desses aspectos, então, somos capazes de agir não virtuosamente em qualquer um desses aspectos, e, portanto, também somos capazes de ser escusados, por ignorância, por nos perdermos em qualquer um desses aspectos. Considere apenas um exemplo: para agir justamente, devemos pagar nossas contas em dia, mas podemos ser não culpavelmente ignorantes sobre a data do pagamento de uma conta – digamos, há um erro de impressão no título, informando um dia errado do mês –, e não é o caso de que se pudesse esperar que uma pessoa virtuosa agisse de um modo tal a descobrir o erro. É fácil imaginar casos correspondentes com relação a outras dimensões de um ato, e Aristóteles fornece seus próprios exemplos.

Propósito deliberado ou "escolha" (*prohairesis*)

Como vimos, Aristóteles deseja examinar quando e como podemos extrair inferências da ação de uma pessoa ao seu caráter. Que a ação seja realizada por vontade própria da agente é uma condição necessária para extrairmos essa inferência. Mas, até aqui, esse é apenas um resultado negativo. Desejamos saber mais sobre isso; desejamos saber ao que deveríamos prestar atenção, quando tentamos extrair uma conclusão sobre o caráter baseado em ações. O que nos dá mais *informações* sobre o caráter da agente? Aristóteles nos diz para examinarmos a *prohairesis* da agente. Ações realizadas com *prohairesis* são um subconjunto daquelas ações que são executadas por vontade própria da agente: crianças, animais e adultos em respostas reflexas se movem por vontade própria, mas não agem a partir da *prohairesis*. De acordo com Aristóteles, a *prohairesis* parece ser "a marca mais distinta da virtude, e melhor do que as ações para discernir o caráter" (1111b5-6).

O termo *prohairesis*, como vimos, é muitas vezes traduzido por "escolha", por vezes como "decisão", "intenção" ou mesmo "propósito deliberado". Mas o significado de uma palavra é dado pelo seu uso. Tanto quanto possível, manterei a palavra no original, para ver como Aristóteles a usa, e, depois, a partir disso, poderemos encontrar equivalentes quando apropriados.

Aristóteles explica o que é *prohairesis* distinguindo-a de: (a) desejo sentido (ou "apetite", *epithymia*); (b) vigor (ou "espírito vivo", *thymos*); (c) desejo (*boulēsis*); e (d) opinião (*doxa*). Essa lista vem de Platão; portanto, ao argumentar que existe uma coisa adicional e distinta, *prohairesis*, que é importante na ação e avaliação morais, Aristóteles está conscientemente argumentando por uma mudança importante na descrição platônica da alma. Para Platão, cada um desses itens pode indicar ou um *evento* particular uma *capacidade* na alma: *thymos*, por exemplo, pode significar ou a vivacidade de uma pessoa particular em uma ocasião definida, ou a capacidade geral de mostrar vivacidade, que é parte da natureza humana. Aristóteles, similarmente, parece usar o termo "*prohairesis*" de ambos os modos, para significar ou um exercício particular da *prohairesis*, ou uma capacidade ou faculdade geral de exercitar a *prohairesis*, com o contexto indicando qual desses é significado.

O procedimento de Aristóteles é estabelecer que a *prohairesis* é algo distinto de cada um dos outros quatro, encontrando, em cada caso, asserções da forma: "*prohairesis* é F, mas_____ não é F", ou "*prohairesis* não é F, mas ____ é F" (onde "F" está para algum atributo). Ou seja, ele está presumindo que se duas coisas são a mesma, elas terão os mesmos atributos; assim, se um atributo se aplica a uma, mas não a outra, então, elas são distintas[57]. O que é mais importante para os propósitos presentes é que, de cada enunciado da forma acima, aprendemos algo sobre o que Aristóteles considera ser *prohairesis*, e isso, então, permite construir a doutrina da *prohairesis* de Aristóteles.

Por exemplo, Aristóteles começa comparando *prohairesis* ao desejo sentido (ou "apetite"). Ele apresenta cinco afirmações (1111b12-18):

1) A *prohairesis* não é encontrada em animais não racionais, mas o desejo sentido (apetite) é.

2) A *prohairesis* não governa a ação de uma pessoa que mostra fraqueza de vontade, mas o desejo sentido (apetite) governa essa ação.

3) A *prohairesis* governa a ação de uma pessoa que mostra força de vontade, mas o desejo sentido (apetite) não a governa.

4) A *prohairesis* é encontrada em oposição ao desejo sentido, mas o desejo sentido (apetite) não é encontrado em oposição ao desejo sentido.

5) A *prohairesis* é propriamente para coisas não na medida em que são ou aprazíveis ou desaprazíveis, mas o desejo sentido (apetite) é propriamente para coisas somente na medida em que são aprazíveis ou desaprazíveis.

Um comentário sobre o método de Aristóteles é útil aqui. Frequentemente, quando Aristóteles faz uma observação sobre algo que não é em si diretamente observável, o que ele tem em mente, como apoiando essa afirmação, são os tipos de coisas que esta-

---

57. Esse é o princípio conhecido como "Indiscernibilidade dos Idênticos".

mos dispostos a dizer, e os tipos de coisas que seria ridículo dizermos, sobre essas coisas[58]. A pressuposição de Aristóteles é que, ao prestar atenção aos nossos hábitos de fala, podemos ser levados a apreciar verdades simples e óbvias (mas não fáceis, apesar disso) que estão incorporadas em nossos modos ordinários de falar e são já, portanto, implicitamente aceitos por nós. Assim, é frequentemente um exercício útil para leitores de Aristóteles tentarem pensar sobre as observações com relação aos nossos próprios hábitos de fala que apoiam suas asserções.

Portanto, considere, por exemplo, a afirmação 1, a de que animais, além dos entes humanos, possuem desejo sentido (apetite), mas carecem de *prohairesis*. Nem o apetite sentido nem a *prohairesis* são percebidos; e os animais são incapazes de introspecção ou de relatar os resultados de sua introspecção. Assim, com base no que podemos afirmar uma coisa assim? Podemos entender a afirmação como apoiada pela naturalidade em dizermos coisas como: "O cachorro teve um desejo forte de comer daquela tigela de ração", mas é estranho dizermos: "O cachorro *escolheu* comer daquela tigela de ração". Uma vez mais, faz sentido dizer: "Antecipando o prazer disso, ela ansiava por apenas uma prova daquele sorvete", mas faz pouco sentido dizer: "Antecipando o prazer disso, ela *escolheu* apenas uma prova daquele sorvete" – que tende a apoiar a afirmação 5. Do mesmo modo, faz sentido dizer: "No fim, ela *desejava* algo diferente do que desejava" – que tende a apoiar a afirmação 4.

Observe que, se desejássemos assim, com base nas afirmações 1-5 poderíamos começar a gerar algo como uma descrição posi-

---

[58]. Em relação a isso, existem grandes afinidades entre a abordagem de Aristóteles à filosofia e a abordagem do que é chamada "filosofia da linguagem ordinária", especialmente o trabalho de J.L. Austin, que, de fato, inspirou-se em Aristóteles.

tiva da *prohairesis*: (i) envolve essencialmente a razão; (2) é um tipo de capacidade; (3) é um tipo de capacidade que pode variar em efetividade; (4) envolve agir com vistas a "todas as coisas consideradas"; e (5) considera seu objeto algo que é visto como bom em bases racionais.

Aristóteles argumenta apenas muito brevemente que a *prohairesis* é distinta da vivacidade: "Muito menos é vivacidade, uma vez que aquelas ações que executamos por vivacidade parecem muito menos ser aquelas que estão sob o controle da *prohairesis* (1111b18-19). Seu ponto parece ser que, na medida em que atribuímos uma ação à vivacidade, não a atribuímos à *prohairesis*. Se, por exemplo, observássemos com relação à ação de uma pessoa: "Seu temperamento volátil o venceu quando esmurrou a parede", não estaríamos dispostos a dizer, "Esmurrar aquela parede é algo que ele escolheu fazer". Todavia, se a escolha e a vivacidade fossem o mesmo, então, estaríamos igualmente tão dispostos a atribuir uma quanto a outra.

Aristóteles apresenta quatro argumentos de que a *prohairesis* não é o mesmo que um desejo por algo (1111b19-30):

1') A *prohairesis* não visa a coisas impossíveis, mas o desejo sim;

2') A *prohairesis* não visa a algo que a própria agente não possa produzir, mas o desejo sim;

3') A *prohairesis* visa a coisas que contribuem a um fim, mas o desejo não (exceto ao visar a um fim), porém,

4') A *prohairesis* não visa ao fim (exceto ao visar a coisas que contribuem a um fim), mas o desejo sim.

Uma vez mais, deveríamos interpretar a visão de Aristóteles encontrando hábitos de fala que tendam a apoiar essas afirmações. Por exemplo, com relação a 1': faria sentido para uma pessoa observando a beleza do Grand Canyon, e refletindo sobre o bem absoluto de estar viva, dizer algo como: "Nesse momento, eu desejaria poder contemplar isso para sempre". Mas se uma pessoa dissesse, em troca: "Nesse momento, eu escolheria contemplar isso para sempre", consideraríamos essa pessoa ter uma visão insana de suas próprias capacidades. Em apoio a 2', considere que "Estou esperando que o Red Sox vença este jogo", (dito por um fã assistindo ao jogo) faria sentido, mas se alguém dissesse: "Estou *escolhendo* que o Red Sox vença este jogo", teríamos de considerar isso significando outra coisa do que parece dizer – por exemplo, "Estou apostando no Red Sox".

Aristóteles fornece seus próprios exemplos relevantes para 3'. "Eu gostaria de ficar saudável" é apropriado, mas "Eu gostaria de tomar o remédio" não é, no mesmo sentido. (Teríamos de interpretar a segunda asserção no sentido: "Eu gostaria de ser capaz de tomar o remédio".) Similarmente, "Estou desejando ser feliz" faz sentido, mas "Estou *escolhendo* ser feliz faz pouco sentido". (Teríamos de considerar a segunda no sentido: "Estou adotando alguns meios específicos que considero produzirem felicidade".) Geralmente, uma afirmação sobre desejar, que superficialmente tem a mesma forma que uma afirmação inteligível sobre escolher, teria de receber um significado inteiramente diferente, para que de algum modo fizesse sentido.

Observe que a partir das observações 1'-4' podemos concluir que a *prohairesis* é uma capacidade ou faculdade que possui em seu escopo somente coisas que considero capazes de ser produzidas por meio de minhas ações, com vistas a alcançar algum bem. Com relação a esse último ponto: Eu não poderia dizer que estou exibindo *prohairesis* (digamos) ao levantar minha mão, a menos que exista algo a que vise alcançar ao fazer isso, mesmo que meu fim seja meramente o trivial de mostrar que poderia levantar minha mão por nenhuma outra finalidade senão essa.

Aristóteles reserva sua bateria maior de argumentos para distinguir a *prohairesis* da opinião (*doxa*): exibir *prohairesis*, ele insiste, não é pensar ou acreditar que algo é o caso (1111b30-1112a13). Ele possui argumentos muito decisivos de que a *prohairesis* não é o mesmo que a opinião em geral: podemos ter uma opinião sobre qualquer coisa que seja, incluindo coisas que não podem ser alteradas pela ação humana, e certamente sobre coisas que não podem ser alteradas pela própria ação de uma pessoa (*e. g.* necessidades na natureza), e mesmo sobre coisas que nós mesmos consideramos impossíveis (você pode *acreditar* em coisas como "Um quadrado redondo é um quadrado"). Mas obviamente não faria sentido dizer que eu *escolho* uma coisa como essa.

Em resposta a essas objeções, alguém poderia sugerir que *prohairesis* deveria ser identificada não com a crença em geral, mas com crenças sobre uma certa classe de coisas. Suponha, por exemplo, que considerássemos ser correto acreditar no bem ou no mal das ações que estão em nossa capacidade. O que poderia ser dito contra isso? Aristóteles, uma vez mais, apresenta cinco argumentos:

1") Ao exercitarmos a *prohairesis* com relação à ação boa ou má disponível a nós, tornamo-nos ou bons ou maus; mas ao meramente pensarmos que uma ação boa ou má disponível a nós é boa ou má, não nos tornamos bons ou maus.

2") O conteúdo da *prohairesis* é limitado a "X deve ser buscado" ou "X deve ser perseguido", mas o conteúdo de nossas opiniões com relação ao bem ou ao mal das ações disponíveis a nós assume uma variedade de outras formas, como "X é bom", ou "X é expediente para Y", ou "X é bom se for feito do modo Y".

3") Avaliamos uma *prohairesis* julgando se é *própria* ou *correta*; mas avaliamos uma crença, mesmo que diga respeito ao bem ou mal de uma ação disponível ao agente, julgando se é *verdadeira*.

4") É correto dizer que as pessoas exibem *prohairesis* pelo que sabem ser bom, mas não é correto dizer que acreditamos no que sabemos ser bom (de fato, quando consideramos saber algo, geralmente não é apropriado dizer que acreditamos naquilo).

5") Algumas pessoas com mau caráter, contudo, ainda reconhecem o que deveriam fazer: aquilo que por meio de sua *prohairesis* reconhecem como a melhor coisa para elas fazerem não é o mesmo que aquilo que elas *pensam* ser melhor para elas fazerem[59].

A partir dessas observações, podemos continuar a construir nossa teoria positiva: a *prohairesis* inicia uma ação, tornando a pessoa que a possui responsável pela ação (a partir de 1"); o conteúdo da *prohairesis* envolve essa iniciação da ação, e seu conteúdo está de algum modo implícito nessa iniciação (a partir de 2"); portanto, é essencial à *prohairesis* que seja prática, que vise a efetuar uma mudança no mundo (a partir de 3"); ela se assemelha a uma resolução ou a um julgamento, ou, ao menos, diverge da suspensão do

---

59. A doutrina oficial de Aristóteles parece ser que, na medida em que uma pessoa tem um vício, perde sua compreensão do que deveria de fato fazer (cf. cap. 8, adiante). Mas, muitas vezes, Aristóteles fala, de um modo informal, como faz aqui, como se mesmo pessoas más ainda de algum modo reconhecessem o princípio correto que governa suas ações.

juízo e assente em que pode acompanhar a crença (a partir de 4"); e a *prohairesis* é algo que pode ser mais ou menos *estabelecido*, e, portanto, não necessita ser desalojada mesmo pelo reconhecimento de que é errônea (a partir de 5").

Agora, integrando toda a teoria positiva até agora colhida sobre a *prohairesis*, chegamos a algo como a seguinte caracterização: a *prohairesis* é uma habilidade racional; opera a partir de uma perspectiva "todas as coisas consideradas"; varia em efetividade (resolução, força); e é essencialmente prática, na medida em que é dirigida a ações imediatamente em minha capacidade. Ela expressa um tipo de julgamento prático com relação ao bem ou mal das coisas, na própria busca por elas. Atos particulares de *prohairesis* serão atos particulares desse tipo. (É evidente, portanto, que vários termos equivalentes serão adequados em diferentes contextos. Por exemplo, a capacidade ou a faculdade da *prohairesis* pode, por vezes, ser melhor traduzida como "vontade"; um ato particular poderia ser traduzido como "ato de vontade", "escolha", "decisão", "propósito", ou mesmo "intenção"[60].)

Aristóteles parece sustentar que tudo que é distinto sobre a *prohairesis* é capturado ao indicarmos sua relação com a deliberação, uma vez que ele conclui 3.2 como se oferecesse um sumário: "O resultado de tudo isso, ao menos, é que uma ação executada

---

60. Muitos estudiosos evitam usar o termo "vontade" ao descrever ou traduzir a teoria da *prohairesis* de Aristóteles, com base em que a noção de uma faculdade distinta da "vontade" é uma inovação no pensamento ocidental muito posterior a Aristóteles. Contudo, na linguagem ordinária, usamos o termo "vontade" amplamente e nem sempre como implicando alguma teoria ou visão filosófica especial. Poderíamos pensar que a persistência do termo na linguagem ordinária testemunha alguma realidade à qual corresponde. Existe uma sobreposição imprecisa entre esse uso e alguns usos da *prohairesis* em Aristóteles; nesses casos, evitar o termo "vontade" tende a obscurecer, e podemos usar esse termo enquanto mantivermos em mente as advertências necessárias.

com *prohairesis* é aquela sobre a qual previamente se deliberou? A razão: a *prohairesis* implica tanto sermos capazes de darmos uma descrição das coisas e de pensarmos sobre elas. Mesmo o nome parece significar isso – como sugerindo que *vale a pena escolher isso antes de escolher outras coisas*" (1112a15-18). O sentido dessa observação parece ser que é precisamente por meio de nossa deliberação antes de uma ação que uma ação pode ser considerada incorporar ou exibir uma preferência por um bem em vez de outros[61].

Deliberação

Portanto, necessitamos entender a noção de deliberação (*bouleusis*, literalmente "aconselhar-se") de Aristóteles como tendo exatamente a riqueza e o conteúdo para as características distintas da *prohairesis*. Todavia, o que Aristóteles diz sobre ela parece despontadoramente incompleto e além do mais difícil de aplicar ao raciocínio prático.

Aristóteles começa perguntando que tipos de coisas podem ser consideradas objeto de nossa deliberação. Aqui, uma vez mais, temos de considerar suas observações apoiadas em sobre como seria natural falar. Por exemplo, suponha que alguns cosmologistas passem uma tarde debatendo teorias sobre a origem do universo: não descreveríamos naturalmente sua sessão como "*deliberando* sobre a formação do universo", embora possamos dizer que estivessem deliberando sobre como escrever juntos um trabalho científico so-

---

61. Somos, certamente, capazes de considerar uma única deliberação como chegando a um resultado geral que cobre uma classe inteira de ações. Não há razão para supor que, na teoria de Aristóteles, cada ação tem de ser imediatamente precedida no tempo por um processo efetivo de deliberação, se for considerada como resultante de uma deliberação.

bre o tema, ou sobre como testar uma teoria experimentalmente. Uma vez mais, não podemos dizer que os matemáticos *deliberam* sobre teoremas, embora possamos dizer que deliberam sobre como provar melhor um teorema. Do mesmo modo, não teria sentido para um grupo de americanos se reunir para *deliberar* sobre quais políticas deveriam ser executadas na Grã-Bretanha (teríamos de considerá-los, digamos, imaginando-se no parlamento britânico). Como Aristóteles observa, reservamos a palavra "deliberação" para casos em que as pessoas estão considerando assuntos que cabem a elas realizar.

Mas, até aqui, isso identifica apenas a classe geral, uma vez que nem tudo que depende de nós é um objeto apropriado de deliberação. Por exemplo, não estou *deliberando* sobre que letras digitar enquanto digito o manuscrito para este livro, nem você está deliberando sobre quais palavras essas letras formam. Por outro lado, estou deliberando sobre como explicar melhor as ideias de Aristóteles, e você, talvez, esteja deliberando sobre como compreendê-las melhor. Assim, procedimentos bem-definidos (ler e escrever, para uma literatura adulta), casos familiares (um médico diagnosticando uma dor de garganta ordinária) e assuntos não complicados (um contador preenchendo um formulário de restituição de imposto de renda) não são assuntos de deliberação. Em troca, como Aristóteles observa, pode ser dito inteligivelmente que estamos deliberando somente sobre: "coisas que ocorrem tipicamente" (se ocorressem sempre, nada haveria que pudéssemos fazer sobre elas, e se ocorressem aleatoriamente nada haveria que pudéssemos inteligivelmente supor sobre elas); "coisas nas quais não é claro como vão ocorrer" (uma vez que nesse caso há algo que necessitamos determinar por nós mesmos); e "coisas que carecem de parâmetros bem definidos" (uma vez que nesse caso não podemos simplesmente aplicar algum procedimento previamente estabelecido) (1112b8-10)[62].

Recorde que Aristóteles está interessado em como a razão se manifesta como uma causa em casos individuais, não de forma abstrata. Aristóteles pensa que a deliberação é a principal manifestação da efetividade prática da inteligência. Uma criança que emprega um algoritmo para uma divisão longa, embora esteja seguindo um conjunto muito hábil de regras, está fazendo uso do raciocínio que uma outra pessoa realizou há muito tempo, e, portanto, não está ativamente exercendo sua *própria* inteligência em assuntos práticos (embora possamos congratulá-la pelo domínio do método); todavia, se ela tiver de desenvolver (digamos) um esboço apropriado sobre suas férias de verão, então, sua própria inteligência prática é, de fato, ativada. Vemos sua própria inteligência em funcionamento no ensaio, mas não na longa divisão, uma vez que foi dominada. Aristóteles acrescenta,

> E deliberamos não somente sobre fins, mas sobre coisas que contribuem para fins – uma vez que o médico não delibera sobre se curará; ou um orador sobre se persuadirá; ou um político sobre se trabalhará pela ordem civil; ou qualquer outro especialista com relação ao seu fim; mas, em troca, considerando o fim como dado, eles investigam como e por meio de que coisas se realizará (1112b11-16).

Essa observação requer algum cuidado na interpretação. Aristóteles não está afirmando, certamente, como David Hume, que a razão é puramente "instrumental", e que, portanto, nunca podemos avaliar fins em bases razoáveis: recorde que, para Aristóteles, um

---

62. Podemos necessitar deliberar sobre *qual* procedimento estabelecido aplicar, mas a aplicação desse procedimento não é uma instância de deliberação.

fim é simplesmente um bem, e toda *Ética* é um projeto de raciocínio sobre o valor relativo dos bens (sem mencionar que, nesse ponto de seu tratado, ele já deu vários exemplos claros desse raciocínio). Em troca, essa observação deveria ser entendida como implicitamente envolvendo o que os lógicos chamam "reduplicação". A reduplicação está onde tornamos claro que desejamos falar sobre algo precisamente com relação a esse atributo pelo qual o identificamos. Tipicamente, expressamos uma reduplicação com o termo *"enquanto"* ou *"como"*: "uma médica *enquanto* médica", "uma médica como médica". A frase, "uma médica *enquanto* médica" indica uma médica precisamente naquele aspecto no qual possui o atributo de ser uma médica. Uma sentença que tem uma frase assim como a expressão sujeito é, portanto, verdadeira somente se o que afirma é verdadeiro sobre médicos e é verdadeira também sobre eles precisamente por serem médicos. Assim, por exemplo, "Uma médica *enquanto* médica é uma curadora" é verdadeiro, mas "Uma médica *enquanto* médica é uma integrante respeitada da comunidade" é falso, mesmo que, de fato, todos os médicos sejam integrantes respeitados de suas comunidades – porque não é sendo uma médica em si que os torna assim.

A afirmação de que "Uma médica *enquanto* médica não delibera sobre se curará" é, portanto, a afirmação de que, na medida em que uma pessoa é uma médica, ela, portanto, não delibera – uma vez que, caso deliberasse sobre isso, não estaria agindo como uma médica. Isso é fácil de ver: uma pessoa age *enquanto* médica se faz uso de sua formação médica ao agir, mas nada sobre a formação médica de uma pessoa a torna mais bem preparada para decidir sobre se alguém deveria ser tratado ou não. Qualquer um que estivesse envolvido nesse tipo de investigação não estaria fazendo uso de competência *médica*. Suponha que uma médica militar no campo de batalha estabeleça uma triagem e faça julgamentos, baseados em sua formação médica, sobre que ferimentos são ou muito urgentes ou muito secundários para receberem tratamento: ela estaria agindo *enquanto* médica ao avaliar o ferimento, mas agindo em alguma outra posição (digamos, sob diretrizes militares) ao utilizar aquelas avaliações em uma triagem.

Mas por que Aristóteles faz essa afirmação sobre deliberação e fins? Seu ponto necessita ser entendido em relação a temas na *República*, livro 1 sobre a natureza de uma habilidade ou técnica (*technē*), assim como em relação às ideias que Aristóteles propõe antes na *Ética* 1.1. Geralmente, fins, e as práticas para alcançar esses fins, vêm em pares: buscamos fins através da aquisição de habilidades definidas dirigidas para esses fins. Nossas deliberações práticas, portanto, assumem, tipicamente, a forma não de colocarmos tudo para cálculo, senão de questionarmos se, dado que um fim é pressuposto, deveríamos ou não adotar algum outro fim que contribuísse para isso. Se considerarmos seriamente a analogia entre habilidades e virtudes, o que Aristóteles está sustentando é que os fins da ação virtuosa estão correlacionados às virtudes dirigidas a atingi-los. Portanto, a deliberação de uma pessoa virtuosa simplesmente pressupõe esse fim; ela também não expõe esse fim à deliberação. Assim como, *enquanto* médica, uma pessoa não delibera sobre se curará, *enquanto* corajosa, uma pessoa não delibera sobre se deveria estar fazendo o que é admirável no campo de batalha: ela simplesmente pressupõe isso. Sob aspectos importantes, portanto, ser virtuoso requer que *não* exponhamos alguns assuntos à deliberação.

Aristóteles compara a deliberação ao processo de encontrar a construção correta para uma figura geométrica. Com isso ele parece querer dizer que:

1) A deliberação opera retroativamente, do fim à tarefa em questão, construindo uma série de fins intermediários.

2) Onde existem múltiplos caminhos para qualquer fim intermediário, a deliberação requer que encontremos o melhor caminho, onde o que conta como melhor pode variar.

3) Podemos vir a reconhecer que caminhos não podem ser completados, especialmente o caminho que leva de onde estamos agora para o primeiro fim intermediário, em cujo caso necessitamos construir (poderíamos dizer) um plano que nos leva a um lugar onde possamos implementar o plano.

Todas essas observações são bastante familiares a qualquer um que tenha alguma vez tentado conceber um fluxograma para desenvolver um plano de ação.

Todavia, como vimos, poderíamos nos perguntar se essa descrição do raciocínio prático, por admirável que possa ser em capturar a racionalidade administrativa, tenha uma boa aplicação ao raciocínio moral. O raciocínio moral não parece ser distinto ao se apoiar em mecanismos como a universalização ("e se todo mundo fizesse isso?"); adotando um ponto de vista imparcial; agindo com equidade e sem discriminação infundada; e assim por diante? Aristóteles poderia muito bem responder que *esse* tipo de raciocínio representa somente uma espécie de racionalidade moral, o tipo exibido por um legislador formulando leis justas para a sociedade política: tem mais a ver com justiça do que com outras virtudes morais. (Examinaremos em detalhes a descrição de justiça de Aristóteles, adiante, no cap. 6.) O raciocínio de uma pessoa que esteja com vistas a ser corajosa ou generosa tem características diferentes, e nesse ponto de seu tratado ele deseja meramente dar uma caracterização muito geral da deliberação, que poderia se aplicar a todas as virtudes de caráter[63]. E qualquer impressão duradoura de que a descrição de Aristóteles cobre somente a racionalidade administrativa pode, talvez, ser removida ao indicarmos que um "caminho" para um fim não necessita ser um meio instrumental ou mesmo algo anterior no tempo ao fim. Em troca, qualquer caso no qual uma pessoa puder afirmar que "ao fazer X ela alcançou Y", seria um caso no qual um caminho foi adotado para um fim; por exemplo, "Ao se jogar sobre a granada, o soldado agiu heroicamente" – mas ele ter se jogado sobre a granada não é um meio *instrumental* de ação heroica.

A definição final é críptica: "Como aquilo que é originado pela *prohairesis* são essas coisas, que dependem de nós, que são os objetos de conação deliberada, a *prohairesis* em si seria conação, tendo um caráter deliberativo, de coisas que dependem de nós, uma vez que é ao fazermos um julgamento baseado em nossa deliberação que temos a conação que é controlada por essa deliberação" (1113a9-12). ("Conação" é um termo técnico, por vezes usado em psicologia, que corresponde muito bem ao termo cunhado por

---

63. Mas considere esta passagem do famoso discurso do general Patton aos soldados do exército da invasão da Normandia. Ele considera a coragem aparentemente envolvendo a universalização, "e se todo mundo fizesse isso?"; mas, depois, imediatamente compara o curso apropriado de ação ao papel desempenhado por alguém e sua contribuição ao esforço total: "Todos os heróis verdadeiros não são combatentes de livros de histórias, também. Cada homem neste Exército desempenha um papel vital. Jamais esmoreçam. Jamais pensem que seu trabalho é desimportante. Cada um tem um trabalho a fazer e deve fazê-lo. Cada homem é um elo vital na grande cadeia. E se cada motorista de caminhão repentinamente decidisse que não gostava do zumbido daquelas bombas sobre a cabeça, amarelassem, e pulassem de cabeça em uma vala? O bastardo covardemente poderia dizer: 'Que se danem, não vão dar pela minha falta, só mais um homem em milhares'. Mas, e se cada homem pensasse desse modo? Onde, diabos, estaríamos agora? Como seria nosso país, nossos entes queridos, nossos lares, e mesmo o mundo? Não, por Deus, americanos não pensam assim. Cada homem faz seu trabalho. Cada homem serve ao todo" (cf. PROVINCE, C.M. "The Famous Patton Speech" [disponível em: http://www.pattonhq.com/speech.html]).

Aristóteles, *orexis*, que significa geralmente um esforço em direção a um fim.) A passagem é obscura, mas o ponto básico de Aristóteles parece ser que somos constituídos de tal modo que impomos razoabilidade a nossas ações precisamente por meio da deliberação. Se uma virtude relacionada ao caráter é, como vimos, um tipo de responsividade da parte não racional da alma, ou uma abertura à persuasão, então, a deliberação pode ser entendida como o modo pelo qual ela se torna assim persuadida.

Desejo

A discussão de Aristóteles sobre o desejo (*boulēsis*) em 3.4 é breve e visa a apresentar um único ponto, em vez de apresentar uma teoria geral.

Uma visão comum, mas incorreta, deveria ser posta de lado desde o início. Por vezes, supõe-se que Aristóteles considera que o desejo tenha um único objeto, ou seja, o fim último (a felicidade). Todos nós, portanto, ansiamos somente por uma coisa, e estamos fazendo isso constantemente: ansiamos pela felicidade. Nessa visão, 3.4 trata da dificuldade com relação a se cada ente humano tem o mesmo fim último.

Mas essa interpretação parece equívoca. (i) Aristóteles concebe evidentemente o desejo como o mesmo tipo de coisa que a *prohairesis* e a deliberação; mas, como vimos, essas são capacidades gerais que são exercitadas na realização de ações particulares, de modo que o desejo presumivelmente seria igualmente esse tipo de coisa. Além disso, (ii) a doutrina segundo a qual "não deliberamos sobre fins" implica que cada pessoa, a qualquer momento, teria vários fins pelos quais "ansiaria", correspondendo aos vários papéis que ocupasse: por exemplo, uma médica, que também fosse uma cidadã leal de Atenas, pressuporia e, portanto, desejaria tanto o fim de curar como o fim de observar a lei ateniense. Além disso, (iii) como vimos a partir da discussão de Aristóteles sobre as ações misturadas, Aristóteles concebe uma agente como tipicamente perseguindo uma variedade de fins, em uma hierarquização, cada um deles ansiado. Uma vez mais, (iv) a comparação de Aristóteles do desejo a uma faculdade sensível também confirma essa visão. Ele diz que o desejo é como um sentido, que naturalmente produz julgamentos de percepções e intuitivos corretos, mas que pode fornecer registros enganosos se não mais estiver em uma condição natural boa. Todavia, assim como podemos sentir diferentes objetos dos sentidos, e levá-los em conta, simultaneamente, nessa imagem podemos "sentir" uma variedade de bens e levá-los em conta simultaneamente.

É precisamente essa comparação da faculdade de desejar com um órgão do sentido que é a ideia principal do capítulo. Portanto, vamos examinar esse ponto com mais cuidado. Aristóteles começa sua discussão sobre o desejo com um dilema. (a) Suponha que disséssemos que o desejo é uma capacidade que toma como seu objeto coisas que são realmente boas. Nesse caso: se ansiamos por algo, então, *ipso facto* é bom. Mas, então, quando alguém anseia por algo que é de fato mau, essa coisa seria tanto má quanto boa, uma contradição. E, então, (b) suponha que disséssemos que o desejo é uma capacidade que toma como seu objeto coisas que meramente parecem boas. Nesse caso, então, o desejo nunca falharia em alcançar seu objeto (uma vez que devemos sempre estar ansiando pelo que nos parece bom); mas, então, nunca podemos cometer um erro ao desejarmos, e não faria sentido afirmar que aquilo pelo que alguém ansiava é, na verdade, bom.

O dilema é similar a: quando vemos que um objeto tem uma cor, vemos a cor que o objeto *de fato* tem, ou vemos somente a cor que o objeto *parece* ter? Se for o primeiro caso, portanto, um objeto poderia ter duas cores diferentes ao mesmo tempo: como quando temos uma pós-imagem e vemos a parede que é branca como também colorida, ou quando a mesma parede parece branca a uma pessoa, mas amarela para alguém com icterícia. Se for o segundo caso, então qualquer afirmação de que um objeto de fato tem uma cor particular não faria sentido – as cores existem somente em nossa percepção delas.

A saída de Aristóteles é propor que existe uma harmonia natural entre nossa faculdade de desejar – não diferente da harmonia natural que ele pensa existir entre nossos órgãos sensíveis e os objetos daqueles sentidos. Os olhos, Aristóteles pensa, são naturalmente constituídos para registrar as cores que as coisas de fato têm, quando essas são vistas sob condições naturais para a operação desse órgão: um olho saudável, portanto, registra as cores efetivas de uma coisa, enquanto os registros de um olho doente não são confiáveis. Similarmente, a faculdade de desejar é naturalmente constituída para ansiar por fins que são de fato bons: quando ela se desenvolve bem e corretamente, aquilo pelo que anseia é confiavelmente considerado bom; mas quando se desviou de sua condição natural, seus registros não são confiáveis e refletem, em troca, a condição subjetiva da pessoa de cujo desejo é.

Chame uma visão desse tipo, que considera nossas faculdades dirigidas naturalmente a objetos correspondentes, uma visão Teleológica das Faculdades[64]. Essa visão é de grande importância para a *Ética* inteira e é a razão para a frequente asserção de Aristóteles de que uma pessoa boa serve a um tipo de medida ou padrão em assuntos éticos (cf. 1166a12-14 e 1176a17-18). Que uma

---
64. Sobre isso, cf. a útil discussão em Price, 1989: 129-130.

pessoa boa seja um tal padrão implicaria, dentre outras coisas, primeiro, que estamos justificados em nos basear no discernimento de uma pessoa reconhecidamente virtuosa em um tema difícil no qual não podemos discernir o curso correto; e, segundo, que existe um ponto em tentar imaginar como uma pessoa idealmente virtuosa perceberia coisas e reagiria, e depois decidir um assunto difícil a partir desse ponto de vista.

Aristóteles observa que "cada condição tem seus próprios objetos atrativos (*kala*) e aprazíveis (*hedēa*)" (1113a31). Isso remonta à sua doutrina da habituação e treinamento, em que cada condição subjetiva implica um apreço por essas coisas às quais se é acostumado. Mas quando acrescentamos que "a pessoa boa se afasta das outras ao máximo ao ver o que é verdadeiro em cada caso" (a31-32), ele está invocando a visão Teleológica das Faculdades e sugerindo que os fenômenos de ansiar pelo bem deveriam ser entendidos de acordo com uma análise de caso-focal ou de caso-central: as várias más condições do desejar deveriam ser interpretadas como vários modos de se afastar da condição naturalmente boa.

Aristóteles, então, acrescenta: "em muitos casos, a percepção ilusória parece ter se originado do prazer, que, embora não seja bom, parece ser bom, e assim as pessoas perseguem coisas aprazíveis como boas, e evitam coisas desaprazíveis como más" (1113a33-35). Isso também parece remontar à sua doutrina da habituação e treinamento. Suponha que uma pessoa se torne acostumada a fazer algo que de fato não seja bom; como se acostumou a isso, contudo, ela *gosta* de agir desse modo; ela, portanto, tenderá a considerar o prazer que tem ao agir desse modo (ou seja, o prazer no sentido amplo – "satisfação" ou "contentamento") simplesmente *constituindo* o que é bom sobre esse curso de ação.

Uma pessoa adquire um caráter bom ou mau "por sua própria vontade"?

Considere duas mulheres que cometem assassinato. Uma mata uma mulher que flagra cometendo adultério com seu esposo: inesperadamente, descobrindo-os, pega uma arma em um ataque de ira, atira na mulher, e imediatamente após grita em agonia por sua ação, "O que eu fiz?" Uma outra mulher, quando inadvertidamente descobre que seu esposo está tendo um caso, planeja por um longo período a morte dele: contrata um assassino, concebe um ardil para atrair seu esposo para um lugar solitário, onde o assassino o mata brutalmente, e, após o ocorrido, ela ajuda o assassino a destruir o corpo e ocultar as evidências. Ao mesmo tempo, ela não mostra remorso algum. Todo mundo consideraria o segundo crime pior que o primeiro e merecedor de uma punição maior. Por quê? Ambos foram homicídios.

Uma pessoa poderia desejar explicar a diferença em termos de características da ação em si – como a segunda era mais "intrinsecamente má", talvez. A visão de Aristóteles, em troca, é que deveríamos remontar as duas ações até os dois tipos de caráter que as produziram: a ação da segunda mulher é indicativa de um caráter muito pior do que a da primeira, razão pela qual ela merece uma punição maior. O próprio ponto da lei é produzir um caráter bom naqueles por ela governados; assim, a lei pune mais severamente ações que se originam de um caráter pior.

Todavia, poderíamos nos perguntar se esse modo de proceder faria sentido se não fôssemos responsáveis por nossos caracteres. A visão de Aristóteles é que não: se não adquiríssemos nosso caráter "por nossa própria vontade", então, a censura e punição morais dirigidas a uma ação não podem razoavelmente variar dependendo do caráter que produziu essa ação. Assim, em 3.5, como um tipo de sequência à sua discussão inteira sobre a relação da ação com o caráter, Aristóteles defende a afirmação de que uma pessoa adquire o caráter que possui por sua própria vontade[65].

O argumento do capítulo é complexo, mas podemos distinguir quatro estágios básicos: o argumento fundamental (1113b3-21); um argumento confirmador (1113b21-1114a13); um diagnóstico de por que as pessoas são atraídas à visão falsa (1114a13-31); e uma reflexão posterior (1114a31-b25).

O argumento fundamental de Aristóteles é apresentado bem no começo do capítulo e pode ser representado do seguinte modo:

1) Qualquer ação envolvendo desejo, deliberação e escolha depende de nós.

2) Ações virtuosas são assim.

3) Portanto, ações virtuosas dependem de nós[66].

4) Mas se as ações virtuosas dependem de nós, ser virtuoso também.

---

65. Aristóteles não se ocupa nesse capítulo com o problema que chama "liberdade da vontade". Esse problema surge somente quando começa a parecer que alguma descrição geral, determinista, do mundo é verdadeira, e. g., o determinismo causal, a predestinação divina, ou mesmo a teoria que Aristóteles considera no *De interpretatione*, cap. 9, segundo a qual, se a Lei do Terceiro Excluído é verdadeira, então, todos os eventos futuros devem já ser determinados e imutáveis. Mas nenhuma teoria determinista assim está em questão aqui; e claramente Aristóteles consideraria uma discussão metafísica sobre a liberdade da vontade como estrangeira à sua presente investigação prática, assim como outras questões metafísicas.

66. Em 3.5, Aristóteles faz um uso liberal da expressão "depende de nós", que deveria ser entendida em termos de sua noção de uma ação sendo considerada da própria vontade da agente: uma ação depende da agente somente no caso em que a execução dela foi por sua própria vontade; e, se ela não a realizou, o fato de não tê-la realizado também teria sido por sua própria vontade.

5) Portanto, ser virtuoso (ou seja, ter uma virtude) depende de nós.

6) Mas há uma paridade entre virtude e vício.

7) Então, ser mau depende de nós.

8) Portanto, que caráter temos depende de nós.

Aqui, está o texto no qual os passos 1-5 são apresentados: "Como o fim é algo pelo qual ansiamos, então, qualquer ação que envolve essas coisas seriam realizadas por escolha e seriam por vontade própria do agente. Mas as ações por meio das quais qualquer virtude é atualizada envolvem essas coisas. Assim, a virtude igualmente depende de nós" (1113b3-14).

O passo crucial é claramente 4, e Aristóteles não apresenta uma justificação explícita para ele. Talvez, ele pense o seguinte. Recorde que uma virtude é um "estado" ou *hexis*, e, como vimos, um significado da palavra *hexis* é que ela é um tipo de potencial ou capacidade, que encontra sua existência completa em uma atualização. Assim, poderíamos nos perguntar, então, como a *virtude*, um potencial para a ação, não poderia depender de nós, se a atualização desse potencial era inteiramente dependente de nós? A virtude, poderíamos dizer, dificilmente tem mais realidade do que sua série de atualizações. Como, então, poderia *cada atualização única* de uma virtude depender de nós, mas não o termos a virtude? Ou, talvez, a visão de Aristóteles seja o pensamento simples de que ações semelhantes à virtude pelas quais adquirimos uma virtude têm de ser realizadas por nossa própria vontade para que contribuam em nossa aquisição desse caráter, e, então, essa mesma marca teria igualmente de afetar o caráter. (Mas, sem dúvida, é insatisfatório que ele falhe em fornecer apoio explícito para o passo no argumento que mais necessita dele.)

Todavia, se a virtude depende de nós – o argumento continua –, então, o vício também, porque, para cada ação cuja realização seria virtuosa, poderíamos igualmente tê-la omitido, e para cada ação cuja omissão é virtuosa, poderíamos igualmente tê-la realizado. Aqui, está o texto relevante para os passos 6-8:

> Mas o vício similarmente depende de nós. Aqui, está a razão. Nos casos em que realizar uma ação depende de nós, também depende de nós nos abstermos de realizá-la; e em casos nos quais dizer "não" depende de nós, dizer "sim" também depende de nós. Segue-se então que:
>
> [i] se realizar uma ação, supondo que é admirável para nós realizá-la, depende de nós, então, nos abstermos dessa ação também dependerá de nós, dado que é vergonhoso se abster de realizá-la; além disso,
>
> [ii] se nos abstivermos de realizar uma ação, supondo que é admirável se abster de realizá-la, depende de nós, então, realizar a ação também dependerá de nós, dado que é vergonhoso fazê-lo.
>
> Portanto, se realizar ações admiráveis depende de nós, então, realizar ações vergonhosas também depende de nós, e similarmente não realizá-las também. Mas isso era exatamente no que consistia ser uma pessoa boa ou má. O resultado é que sermos bons ou maus depende de nós (1113b6-14).

Isso resolve o problema para Aristóteles. A única alternativa para aceitar a conclusão, ele pensa, é "colocar em questão tudo que até agora mantínhamos e negar que os entes humanos sejam a origem de suas ações e as gerem como seus filhos" (1113b17-19). Ou afirmamos que somos responsáveis por nosso caráter, ou tornamos a ação humana sem sentido e, assim, toda a ética.

Em seguida vem o que chamei o "argumento confirmador", que pode ser esboçado do seguinte modo:

> 1) É uma pressuposição da punição que aquilo que é punido depende da agente.
>
> 2) Mas as pessoas no poder punem *traços de caráter* assim como ações.
>
> 3) Portanto, as pessoas no poder pressupõem que os traços de caráter dependem de nós.
>
> 4) Assim, os traços de caráter dependem de nós.

A inferência de 3-4 reflete bem a atitude filosófica de Aristóteles: ele pensa que é absurdo que o que é geralmente aceito em uma instituição tão indispensável como a autoridade legal possa ser de fato infundado. Recorde que ele pensa que os entes humanos, por natureza, vivem em uma sociedade política e que, portanto, a autoridade política é um elemento essencial e naturalmente resultante da vida distintamente humana. Mas um arranjo natural assim não poderia depender de um erro sistemático.

Quanto a 2, como vimos, Aristóteles a considera uma verdade geral sobre punição: a sólida atribuição de punição (como o exemplo sobre os dois tipos de assassinato mostrados acima) requer que façamos um julgamento sobre a relação entre uma ação deplorável e o caráter de uma agente na execução de uma ação. Mas, para resolver o caso para 2, ele propõe o que certamente considera um exemplo muito claro no qual uma condição em si é punida, ou seja, a ignorância culpável. Aqueles que fazem algo errado porque são culpavelmente ignorantes – por exemplo, pessoas que cometem um crime quando embriagadas (motoristas bêbados que atropelam pedestres), ou que evitaram aprender a lei relevante (sonegadores de impostos) – recebem, tipicamente, uma punição extra. Aristóteles pensa que deveríamos interpretar isso como: eles recebem uma penalidade para o delito e uma outra penalidade por se colocarem ou se manterem na ignorância. Eles recebem essa punição adicional porque reconhecemos, corretamente, que dependia deles não serem ignorantes. Do mesmo modo, sugere Aristóteles, se punimos pessoas em outros casos por seu caráter, é porque reconhecemos que essas condições são similarmente culpáveis.

Não funcionará escusar uma pessoa por se colocar em uma má condição ao pôr a culpa em uma outra má condição antecedente, porque isso leva a um regresso insustentável. Suponha que digamos: "Não foi culpa sua não conhecer a lei relevante, porque é o tipo de pessoa que não se preocupa o suficiente com essas coisas" (cf. 1114a3-4). Ao dizermos isso, estamos escusando sua má condição de *ignorância da lei*, pondo a culpa em uma má condição antecedente, o *descaso em aprender a lei*. Mas, então, e quanto a *essa* má condição? Poderíamos, talvez, escusar *essa* ao transferir a culpa a algum outro descaso mais fundamental, digamos, "o descaso geral". ("Ela foi descuidada em relação à lei, porque nunca foi o tipo de pessoa que se preocupa com coisa alguma".) Mas, esse tipo de manobra termina se tornando inacreditável. No fim, o que temos para dizer é que ela foi descuidada quanto a adquirir maus traços de caráter. Mas, diz Aristóteles, não é possível que uma pessoa lúcida possa falhar em reconhecer que suas ações influenciam seu caráter, e falhe em consentir essa influencia ao realizar ações de um certo tipo: "não *sabermos* que adquirimos uma condição ao realizarmos ações correspondentes seria o cúmulo da obtusidade; e não faz sentido dizer que uma pessoa, ao agir injustamente, não *deseja* ser uma pessoa injusta, ou ao agir de modo autocomplacente, não *deseja* ser uma pessoa autocomplacente" (1114a9-12).

Após apresentar esses argumentos, Aristóteles apresenta seu diagnóstico de por que estamos tentados a pensar que traços de caráter não dependem de nós. Fazemos isso, porque aplicamos a traços de caráter um critério que é apropriado somente para ações. Com relação a ações, é verdadeiro que:

> Se uma agente fizer X depende dela, então, enquanto está fazendo X depende dela o parar de fazer X.

Mas, com relação a traços de caráter e más condições em geral, não é verdadeiro que:

> Se uma agente tiver a condição Y depende dela, então, enquanto ela tiver Y depende dela o parar de ter Y.

A razão é que uma condição depende de nós se sua *aquisição* também depende, ou seja, se cada um dos vários passos pelos quais adquirimos essa condição depende de nós. Mas uma condição uma vez adquirida não é revogável arbitrariamente, e, portanto, pode não depender mais de nós nos livrarmos de uma má condição. É exatamente como: uma vez que tivéssemos arruinado nossa saúde por uma série de decisões imprudentes, não pudéssemos mais, por uma única decisão, recuperá-la. Em suma, a força da visão de que não somos responsáveis por nosso caráter depende de uma confusão entre ações e condições. Supomos, erroneamente que, porque somos "obrigados" por uma condição, uma vez que a temos, fomos obrigados a adquiri-la.

O capítulo conclui com o que chamei uma "Reflexão posterior", destinada aparentemente a refutar a sugestão de que não temos controle real sobre o que fazemos, e sobre o tipo de caráter que adquirimos, com base em que todos nós simplesmente buscamos coisas de acordo com o modo como percebemos o fim, e não temos controle sobre isso (1114a31-b25). Presumivelmente, Aristóteles examina essa sugestão cuidadosamente porque ela depende de premissas similares para visões que ele próprio endossa. Recorde que em 3.4 Aristóteles sustenta que "cada estado de caráter tem suas próprias coisas que são admiráveis e aprazíveis". Assim, talvez, o que parece admirável e aprazível a uma pessoa na verdade determine qual seja seu caráter?

Aristóteles, com efeito, responde do seguinte modo[67]: É verdadeiro que existe uma correlação entre o caráter de uma pessoa e o que lhe parece bom, mas correlação não é ainda causação. De fato, existem duas possibilidades: ou (i) o caráter de uma pessoa (quer tenha virtudes ou vícios) é responsável por como "o fim lhe parece"; ou (ii) como "o fim lhe parece" é responsável por uma pessoa ter virtudes ou vícios.

Se (ii) é indefensável, então, deveríamos aceitar (i). Assim, Aristóteles se volta para a investigação de (ii). Suponha, ele diz, que não temos controle sobre como o fim nos parece, e que, uma vez que o fim é determinado, então, as ações que deveríamos escolher, para alcançar esse fim, também são determinadas. (Aristóteles agora muda o tom de sua linguagem, escrevendo de um modo exagerado, destinado a envolver seus interlocutores.) Nesse caso, então, "uma pessoa 'é bem-nascida' se é naturalmente boa desse modo. O maior e mais excelente bem – que não pode ser adquirido ou aprendido com ninguém mais, mas é por natureza de tal modo a ser assim – é o que ela terá. Na verdade, ser tão bem e excelente-

---

[67]. A passagem é uma das mais obscuras na *Ética*. A interpretação apresentada aqui traça um caminho possível de interpretação através dela.

mente dotada por nascimento, seria ter a forma perfeita e genuína de dom natural" (1114b6-12).

Assim, portanto, uma tal pessoa será admiravelmente virtuosa e merecedora de nosso respeito e enaltecimento? Poderíamos pensar que sim, mas se sua virtude seguisse diretamente de seu dom natural, de fato, ela não mereceria admiração e enaltecimento. O ponto é que não podemos simplesmente sustentar a crença em (ii): no momento em que a assumimos, estamos inclinados a enaltecer e admirar pessoas que de modo algum seriam merecedoras de enaltecimento e admiração se (ii) fosse verdadeiro. Assim, deveríamos, ao fim e ao cabo, aceitar (i)[68].

No fim, o ponto de Aristóteles é que a virtude e o vício devem ambos depender de nós, ou não, e não podemos ser bem-sucedidos em nos fazer crer que a virtude não depende de nós.

Leitura adicional

Kenny (1979, cap. 3) apresenta uma visão geral e uma análise confiáveis de 3.1-5; Broadie (1991, cap. 3) é caracteristicamente sutil e perceptivo. Meyer (1993) é distinto ao considerar Aristóteles propondo uma "teoria da responsabilidade moral".

Para discussões particulares, poderíamos começar com Austin (1970) sobre a responsabilidade, um trabalho de filosofia da linguagem ordinária que visa a realizar de um modo mais completo o que

---

68. Aristóteles, adicionalmente, enfatiza que existe uma outra possibilidade que foi negligenciada, ou seja, que embora o fim seja determinado, há uma margem considerável em como alcançamos um fim, e a diferença entre bom e mau caráter depende de que caminho uma pessoa adota para esse fim. Mas, claramente, ele não está interessado em argumentar aqui em favor de alguma imagem definida de como nos tornamos responsáveis por nosso caráter; ele simplesmente deseja descartar a visão contrária de que não somos.

Aristóteles começou, embora Austin não examine (como argumentei que Aristóteles faz) escusas a fim de chegar a uma concepção positiva da agência humana. Hursthouse (1984) apresenta uma leitura sutil e perceptiva de 3.1 ao modo de Anscombe ou Wittgenstein.

Um par de artigos que são utilmente lidos, sobre a questão de se Aristóteles está preocupado com o que chamamos "livre-arbítrio" são Hardie (1968) e Huby (1967), e a discussão no livro de Sorabji (1980) é valiosa do começo ao fim.

5
ALGUMAS VIRTUDES PARTICULARES RELACIONADAS AO CARÁTER

Ética a Nicômaco, 3.6-4.9

Aristóteles começa examinando virtudes particulares relacionadas ao caráter em 3.6. Ele, primeiro, examina a coragem, depois, o autodomínio (ou "moderação"), em seguida, a generosidade e a magnificência, a magnanimidade e uma virtude sem nome que lida com a honra, antes de examinar várias virtudes sociais inferiores. Ele reserva um tratamento especial para a virtude da justiça, que considera igualmente uma virtude relacionada ao caráter, mas que pensa estar separada de um modo interessante das outras. Seguiremos sua prática e consideraremos seu tratamento da justiça em separado, no próximo capítulo.

Vamos revisar o argumento uma vez mais. A razão pela qual Aristóteles deseja examinar as virtudes, prestando atenção especial aos tipos de ações que uma pessoa virtuosa realiza, é que ele pensa que o fim último da vida humana é um tipo de ação ou atividade que podemos alcançar somente por termos virtude. Como vimos, esse fim deveria ser entendido como assumindo a forma de uma atividade, repetida em intervalos, que serviriam corretamente para organizar e dirigir tudo o mais que fazemos. Mas *qual* atividade desse tipo servira como nosso fim último? É essa atividade,

Aristóteles argumentou, que satisfaz os critérios do Caráter Último, da Autossuficiência e (talvez) da maior Preferibilidade. Mas não podemos determinar qual atividade satisfaz esses critérios até que esclareçamos as atividades que são na verdade distintas das várias virtudes. Assim, essa é agora a tarefa de Aristóteles, que ele executa em 3.6-6.13. Ele considera, primeiro, as virtudes relacionadas ao caráter, e, depois, as virtudes relacionadas ao pensamento (no livro 6).

A discussão de Aristóteles sobre as virtudes particulares relacionadas ao caráter, como o restante da *Ética*, necessita ser vista contra o pano de fundo de Platão. Era a tendência do pensamento de Platão sustentar que qualquer virtude aparentemente *particular*, para que fosse inteiramente adequada e completamente boa, tinha de ser entendida tão expansivamente que efetivamente se tornava identificada com o *todo* da virtude. Portanto, no *Protágoras*, Platão argumenta que a coragem deve envolver uma habilidade para discernir e pesar corretamente prazeres e desprazeres presentes *versus* futuros, e que a aplicação geral dessa habilidade, fora das circunstâncias particulares da ação corajosa, seria simplesmente a virtude em geral (cf., p. ex., *Protágoras* 359a-360e). Uma vez mais, ao final do *Cármides*, um diálogo no qual é buscada uma definição de autodomínio (ou "moderação"), Sócrates faz seu interlocutor concordar que o autodomínio real envolveria uma habilidade completamente geral para discernir a extensão e limites de qualquer competência, incluindo essa própria competência em si (cf. *Cármides* 171d-172c). Uma habilidade assim parece ser tão abrangente que qualquer um que a possuísse dificilmente necessitaria de outra coisa mais a fim de ser inteiramente bom.

A visão de Platão de que qualquer virtude aparentemente particular, caso fosse completamente boa, deve de algum modo ser equivalente ao todo da virtude é por vezes referida como a tese da

"Unidade da Virtude". A tendência de Aristóteles, em contraste, é restringir e localizar as virtudes, ou, ao menos, as várias virtudes relacionadas ao caráter. Consoante à noção de uma *análise* da virtude, que foi examinada no começo do capítulo 2 acima, Aristóteles vê uma virtude relacionada ao caráter como um bem de funcionamento muito restrito, que, contudo, contribui de algum modo para o bom funcionamento da pessoa como um todo. A coragem, ele pensa, tem uma função específica: capacita-nos a agir bem em um campo de batalha. O autodomínio também é limitado em seu propósito: capacita-nos a agir bem ao lidar com nossos desejos basicamente animais por alimento, conforto e sexo. A generosidade nos ajuda a lidar com dinheiro, uma vez que entra em nossa associação cotidiana com outros. A magnanimidade nos capacita a lidar bem com honras importantes. Cada virtude tem um "domínio" muito restrito, como vimos, porque cada uma lida com algum bem restrito que os entes humanos característica e inevitavelmente buscam na vida diária.

Mas isso não é dizer que Aristóteles carece de recursos para considerar as virtudes relacionadas ao caráter tendo igualmente um aspecto geral. A coragem, por exemplo, tem um papel quando não estamos no campo de batalha: com coragem, podemos lidar bem com perigos em geral. Outras virtudes particulares têm similarmente funções estendidas ou análogas, fora de seu domínio principal de ação. Aristóteles, contudo, fazendo uso de seu método de análise de "caso central", sustentará que os vários fenômenos estendidos têm de ser entendidos precisamente em relação ao caso central – que, se falhamos em descobrir o caso central, então, falharemos em dar sentido à série total dos fenômenos da virtude. (Na verdade, Aristóteles poderia afirmar que isso indica a saída para as dificuldades que Sócrates descobriu ao tentar formular "definições estritas", como vimos, dos vários temas. Não encontraremos um atributo que todas as ações atribuíveis a uma certa virtude, e somente essas ações, tenham em comum. Mas essas ações terão em comum que são o efeito de precisamente essa capacidade ou "estado" que a virtude é; e esclarecemos a natureza de um "estado" particular examinando sua atualização principal e extrema.)

O outro principal recurso que Aristóteles tem, para considerar virtudes particulares relacionadas ao caráter como envolvendo uma virtude de um modo mais geral, é sua noção de sabedoria prática (*phronēsis*) – astúcia e inteligência com relação ao ordenamento das próprias ações de uma pessoa. Essa virtude, ele pensa, deve existir, para que qualquer virtude particular funcione como deveria, uma vez que a sabedoria prática serve para harmonizar e dirigir todas as virtudes particulares. O fato de que a sabedoria prática desempenha um papel assim, Aristóteles considera, é o que é verdadeiro sobre a tese da Unidade da Virtude. Ele argumenta em favor disso em 6.12-13 (que consideraremos no cap. 7 adiante).

O papel do *kalon* na virtude relacionada ao caráter

Ao considerar o que Aristóteles tem a dizer sobre a virtude relacionada ao caráter, deveríamos começar examinando brevemente sua doutrina de que essas virtudes visam ao que é nobre, admirável e aprazível considerar na ação. Ele refere esse aspecto da ação como o que é *kalon* em uma ação. É, evidentemente, da mais alta importância para Aristóteles que a virtude relacionada ao caráter vise a isso, todavia, infelizmente, o que isso significa é um tanto obscuro, e Aristóteles diz pouco sobre o tema diretamente.

Kalon (significa, literalmente, "belo". Indica algo aprazível de contemplar, admirável, maravilhoso e mesmo glorioso. O termo é tipicamente traduzido como "nobre"; mas, por vezes, também como "excelente" ou "admirável". ("Admirável" alcança a característica indiretamente, por meio da resposta que uma ação assim deveria evocar em uma pessoa a percebendo: admiração.) Uma coisa *kalon* é atrativa; somos atraídos a ela; desejamos de algum modo possuí-la. O oposto é o ser *aischron* de uma ação – "feio", "embaraçoso", "vergonhoso". Algo *aischron* é, correspondentemente, "ofensivo", "nojento" e "repulsivo".

O uso de Aristóteles desses termos parece amplamente derivado de Platão, que se apoia nas noções de *kalon* (e *aischron*) em quatro contextos importantes. O primeiro é na refutação de Sócrates de Pólo no Górgias, onde Sócrates faz Pólo admitir que se uma ação é admirável (*kalon*) ou embaraçosa (*aischron*) é uma base distinta para avaliar uma ação, além de se é aprazível ou desaprazível, e que considerações sobre *kalon* e *aischron* têm prioridade. Cometer uma injustiça é pior do que sofrê-la, Pólo termina admitindo, uma vez que a segunda é meramente desaprazível, enquanto a primeira é embaraçosa (*Górgias* 474c-475c). Aristóteles segue Platão nisso e sustenta similarmente que uma ação ser *kalon* é uma base distinta para avaliá-la, que tem prioridade sobre se é aprazível ou materialmente vantajosa.

O segundo contexto ocorre mais adiante no mesmo diálogo, onde Cálicles introduz o argumento e questiona a refutação de Sócrates de Pólo, afirmando que Pólo havia se exposto ao ser refutado somente porque havia concordado equivocadamente que ações injustas eram na realidade ou "por natureza" *aischron* (483a). Cálicles insiste, em troca, que ações injustas são *asichron* somente devido às convenções humanas, não na realidade; na realidade, ações injustas são *kalon* se executadas por uma pessoa com força e capacidade suficientes (483b-d). A resposta de Sócrates envolve argumentar que existe uma base real para nossos julgamentos de que certas ações são *kalon* ou *aischron*, dependendo de se elas se encaixam ou não em um tipo de harmonia matemática, que, ele afirma, ações humanas e divinas deveriam observar: "Parceria e amizade", diz Sócrates, "ordem, autocontrole e justiça, mantêm coesos céu e Terra, e os deuses e os humanos, e é por isso que chamam esse universo uma ordem mundial" ou *kosmos* (508a). Aristóteles, similarmente, sustenta que uma ação é *kalon* não por convenção meramente, mas também dependendo de se exibe o tipo certo de ordem, e manifesta um princípio apropriado. Ele por vezes expressa isso dizendo ou sugerindo que uma ação é *kalon* na medida em que é adequada (*prepon*), ou de algum modo merecida (*axion*), ou apropriadamente devida (*deon*) a uma coisa. Talvez, o caso mais claro disso fosse uma ação justa, que, pensa Aristóteles, exibe uma igualdade apropriada.

O terceiro contexto é do *Simpósio*, onde a personagem Diotima argumenta que o motivo mais fundamental de todas as coisas vivas é um esforço por se reproduzirem, que ela interpreta como um desejo de "criar algo" (*poiēsis*) e, em particular, criar uma cópia ou extensão de si própria ou de seu próprio tipo, que é uma imitação da imortalidade. Ela afirma que essa produção é estimulada ou precipitada por sermos atraídos à beleza (*kalon*), e por nosso desejo de possuir a beleza:

> Gravidez, reprodução – isso é uma coisa imortal para um animal mortal fazer, e não pode ocorrer em coisa alguma fora da harmonia, mas a feiúra está fora da harmonia com tudo que é divino. A beleza (*kalon*), contudo, está em harmonia com o divino... É por isso que, sempre que animais ou pessoas em gestação são atraídos para perto da beleza, tornam-se gentis e alegremente dispostos a dar à luz e a reproduzir... (206d).

Observe que o desejo por possuir a beleza não se apresenta por si para nós como um desejo de reproduzir: a razão pela qual desejamos a beleza, pensa Platão, não é a razão que daríamos inicialmente para nossa atração. E a referência de Diotima aos animais também é importante, porque revela que, como Platão vê isso, entes não racionais podem ser atraídos para a beleza: esse motivo é, de fato, partilhado por todas as coisas vivas.

Aristóteles, parece, similarmente introduz a noção de *kalon*, precisamente, para indicar alguma atração que temos pelas ações virtuosas, que não é atribuível no primeiro exemplo à "parte da alma que possui razão". Recorde que as virtudes relacionadas ao caráter, como Aristóteles as concebe, envolvem como "a parte da alma que não possui razão, mas que ouve e responde a ela" se torna adequadamente responsiva a indicações racionais na ação, em diferentes domínios da vida. Essa parte da alma, portanto, necessita de algo ao qual responder, de uma base para ser atraída a uma ação que seja relacionada à razão, mas que não envolva ensaiar ou julgar razões. Ele está supondo que o *kalon* é uma base mais satisfatória de atração para essa parte da alma, e, portanto, ao longo de 3.5-4.9, descreve as virtudes relacionadas ao caráter como visando ao *kalon*, e não ao "racional" ou ao "razoável". E, todavia, ao se referir a uma ação virtuosa como *kalon*, Aristóteles também pretende sugerir que uma ação assim traz consigo uma justificação racional, que poderia, em princípio, ser descoberta e tornada explícita.

O quarto contexto é uma passagem no *Alcibíades*[69]. Em um ponto importante do diálogo, Alcibíades afirma que a coragem é algo ruim, porque às vezes leva à pessoa que a possui a ser morta

---

69. O *Alcibíades* (ou "Primeiro Alcibíades") é considerado por alguns estudiosos não escrito por Platão, mas a visão com a qual estamos ocupados aqui, que esse diálogo expressa particularmente bem, é comum o bastante em outros lugares em Platão.

no campo de batalha. Em contraste com essa afirmação, Sócrates apresenta o seguinte argumento: a coragem leva pessoas a resgatarem seus amigos e parentes no campo de batalha; mas agir desse modo é admirável (*kalon*); e, na medida em que algo é *kalon*, está entre os maiores bens; mas ao agir admiravelmente obtemos o que é admirável, e, assim, o maior dos bens; e obter o maior dos bens é se dar bem na vida; portanto, a coragem *enquanto* coragem é boa e nos ajuda a nos darmos bem na vida (115c-116c). A passagem é um tipo de Argumento da Função em miniatura, executado com respeito apenas a uma virtude, a coragem. Mas o que é importante sobre ele para os propósitos presentes é que Sócrates supõe, e Alcibíades garante, que os maiores bens são aqueles que chegamos a possuir e afirmar como nossos, não por recebê-los, mas por meio da ação. Essa ideia já estava implícita na afirmação de Platão no *Simpósio*, de que a produção mais fundamental das coisas vivas era por algum tipo de *criação* – reprodução, de fato. Aristóteles sustenta, similarmente, que o que é *kalon* na ação pode ser possuído, e que passamos a possuí-lo ao deliberadamente executarmos uma ação *kalon*, intencionada como *kalon*.

Assim, existe já em Platão uma teoria implícita do *kalon* na ação, que Aristóteles captura para seus propósitos, e que podemos sumarizar assim:

> 1) Que uma ação seja *kalon* é uma base distinta para nosso favorecimento dessa ação (é algo bom sobre essa ação); e essa base deve razoavelmente ser preferida em relação a outras bases, como o prazer ou a vantagem material de uma ação.
>
> 2) Ações são *kalon* ou *aischron*, e isso depende de se a ação se adapta ou se conforma ou não a uma ordem apropriada.

3) Que uma ação seja *kalon* a torna atrativa, potencialmente inclusive a capacidades ou agentes não racionais, e, todavia, que seja tão atrativa pode em princípio receber uma descrição racional.

4) Uma ação ser *kalon* é um bem que passamos a possuir, e podemos afirmar como nosso, simplesmente ao executarmos deliberadamente uma ação desse tipo.

Que os elementos dessa teoria já estejam em Platão pode de algum modo ir na direção de explicar por que Aristóteles não discute a noção de *kalon* diretamente.

Já vimos que Aristóteles considera que uma virtude de caráter envolve (i) uma sensibilidade a um bem em algum domínio; e (ii) uma certa classificação desse bem em relação a outros tipos de bens. Por exemplo, se uma pessoa é corajosa, ela necessita considerar a ação heroica algo valioso ou útil, e necessita, além disso, preferir a ação heroica a outros bens que poderia obter por si no campo de batalha, como sua segurança ou vida. Podemos entender isso agora como uma afirmação sobre o *kalon*: uma virtude de caráter requer que reconheçamos alguns tipos de ações como *kalon*, e que mostremos uma preferência pelo bem que obtemos do executar esse tipo de ação em detrimento de outros bens disponíveis a nós (como o prazer ou vantagem material) em algum domínio.

É útil ter uma visão sinóptica das várias passagens nas quais Aristóteles menciona o papel da sensibilidade ao *kalon* na ação virtuosa:

> (Coragem) Uma pessoa que é corajosa se mantém firme, e executa ações características da coragem, pelo *kalon* (1115b23-24, cf. 1116a11-12).

(Autodomínio) É por isso que é uma exigência necessária que, em uma pessoa com autodomínio, a parte da alma que tem desejos deveria estar em harmonia com sua razão, uma vez que o *kalon* é o alvo ao qual ambos visam (1119b15-16).

(Generosidade) Todas as ações de acordo com a virtude são *kalon* e pelo *kalon*, e, portanto, uma pessoa generosa dará presentes pelo *kalon* e do modo correto (1120a23-26).

(Magnificência) Uma pessoa que possui a virtude da magnificência fará esses tipos de despesas por *kalon* – isso é comum a todas as virtudes (1122b6-7).

(Amabilidade) A pessoa com essa virtude se associará a outros como é apropriado, usando o *kalon* como seu ponto de referência (1126b28-29).

(Honestidade) A falsidade é em si má e deve ser evitada, mas a verdade é em si *kalon* e merecedora de enaltecimento (1127a28-30)[70].

Similarmente, aqui, estão várias passagens nas quais Aristóteles menciona ou sugere que uma preferência pelo *kalon* está implícita nas ações virtuosas:

(Coragem) Uma pessoa corajosa prefere o *kalon* que é alcançado no campo de batalha a [permanecer vivo e aos maiores bens] (1117b14)[71].

---

70. Cf. tb., para magnanimidade, 1125b10-11; para sagacidade 1128a6-7, 19. Aristóteles presumivelmente considera óbvio que a igualdade semimatemática buscada em intercâmbios (cf. o próximo cap.) seja *kalon* e atrativa, mas não diz isso explicitamente.
71. Compare a classificação exibida por "soldados cidadãos": "Para esses homens, a morte e a evitação da desgraça são preferíveis a se manterem seguros desse modo" (1116b19-20).

(Autodomínio) Uma pessoa assim [*sc.* uma pessoa autocomplacente] se preocupa com esses prazeres mais do que valem. Mas uma pessoa com autodomínio não é assim; em troca, preocupa-se com eles apenas do modo que uma razão sólida indica (1119a18-20).

(Generosidade) Uma pessoa que dá presentes àquelas a quem não é apropriado dar, ou não, por *kalon*, mas por alguma outra razão, não é generosa... nem aquela que dá presentes, mas se incomoda por fazer isso, uma vez que preferiria o dinheiro às ações *kalon*, e esse não é o modo de uma pessoa generosa (1120a27-31)[72].

(Magnificência) A pessoa está mais preocupada com compreender como poderia gastar dinheiro do modo mais atrativo [*kalon*] e mais adequado [*prepon*], em vez de com quanto está gastando ou com como poderia minimizar seus gastos (1122b8-10).

(Amabilidade) [Uma pessoa amável, em suas conversações com outras] visará a promover o que as beneficia, em vez de visar a não ser desaprazível, ou em ser sempre aprazível (1126b29-30)[73].

(Sagacidade) [Pessoas bufonas] visam a obter uma gargalhada em vez de a uma propriedade no discurso e a não ofender quem quer que a observa (1128a6-7).

Deveríamos observar, contudo, que na *Ética*, Aristóteles se apoia apenas informal e geralmente nessa noção de preferir o *kalon* na ação a qualquer outra coisa. Ele não tenta, por exem-

---

72. Cf. tb.: "[uma pessoa liberal] não é o tipo de pessoa que se preocupa com dinheiro em si; mas, ao contrário, em doá-lo".
73. E veja as linhas imediatamente antes dessas, citadas acima, nas quais Aristóteles diz que uma pessoa assim sempre "considera *kalon* como seu ponto de referência".

plo, explicar esse princípio com precisão suficiente para que possa usá-lo para resolver casos-problema (ele talvez considere isso impossível), e não desenvolve quaisquer exemplos particulares. Todavia, começa a desenvolver, de um certo modo, uma teoria da preferência racional em seus escritos lógicos, em *Tópicos*, livro 3.

Coragem

Como vimos, a primeira virtude de caráter que Aristóteles examina é a coragem. Ele não diz explicitamente por que a examina primeiro, mas há várias boas razões pelas quais poderia fazê-lo: (i) Na teoria de Platão sobre a psicologia humana, desenvolvida na *República*, livros 2-4, há duas partes não racionais da alma humana, vivacidade ou vigor (*thymos*) e desejo sentido (*epithymia*), e duas virtudes correspondentes, coragem e autodomínio. Aristóteles observa no começo de 3.10: "Após a coragem nos levar a discutir o autodomínio, como essas são consideradas as virtudes das partes não racionais da alma" (1117b23-24), o que aparentemente indica que ele examina essas virtudes, primeiro, em deferência a Platão. (ii) A coragem era a principal virtude promovida entre os espartanos, e Esparta era considerada por Aristóteles, assim como para Platão, distinta, entre as cidades-Estado, por de fato dar uma cuidadosa atenção à promoção da virtude entre seus cidadãos (cf. 10.9.1180a24-26). Ao lidar primeiro com a coragem, portanto, Aristóteles enfatiza sua concepção de que as virtudes têm um papel social e se destinam a ser buscadas em comum e promovidas pela legislação sensível. (iii) Além disso, a ação corajosa e a covardia são *evidentes*, e tipicamente a inferência de uma ação ao propósito da agente nesses casos é confiável e muito direta. Tanto o herói como o covarde se destacam muito marcadamente no campo de batalha; na verdade, uma batalha é um tipo de teste de coragem. A coragem, portanto, exibe bem as conexões entre desejo, deliberação e ação que Aristóteles havia discutido em 3.1-5[74]. Em contraste, há poucos testes claros sobre outras virtudes. Seria difícil, por exemplo, extrair inferências sobre a generosidade de uma agente com base em seu uso particular do dinheiro. (iv) Uma vez mais, a coragem é a virtude que provavelmente melhor se conforma à descrição geral de Aristóteles da virtude relacionada ao caráter em 2.1. O processo pelo qual uma pessoa pode receber "treinamento" para agir corajosamente é óbvio e familiar: Em um campo de treinamento militar, oficiais exigem dos recrutas, provavelmente, contra seus desejos, que façam coisas que pessoas corajosas fariam facilmente em várias circunstâncias. À medida que os recrutas avançam no programa, o que lhes exigem que façam se aproxima mais da ação em "condições de batalha". O resultado desejado desse treinamento é que um recruta estabeleceu uma disposição para realizar ações que se situam entre extremos (não atacar precipitadamente e não fugir), e que tem um caráter ou perspectiva que cai entre extremos (não tender a entrar em pânico, mas também não ficar muito relaxado). Tudo isso tende a confirmar as observações gerais de Aristóteles sobre a virtude relacionada ao caráter[75].

---

74. Existem relativamente poucos casos de coragem apenas "aparente", que Aristóteles se esforça em identificar e distinguir em 3.8. Deveríamos imaginar, penso, que Aristóteles considera exibições "aparentes" de outras virtudes muito numerosas e variadas para tabular.

75. Como mencionado acima (cf. cap. 1, nota 15), Aristóteles considera homens os melhores exemplos da natureza humana e da virtude masculina, portanto, o melhor exemplo da virtude. A coragem na Grécia é *andreia*, literalmente "hombridade". A palavra em si poderia, portanto, ser considerada sugerindo – ela claramente tinha essa conotação para muitos contemporâneos de Aristóteles – que a coragem é a virtude distinta de homens e, portanto, a melhor virtude do melhor tipo de ente humano. Assim, uma primeira tarefa de Aristóteles (vemos isso também nas *Leis*, de Platão) é destronar a coragem dessa posição de proeminência. A descrição de Aristóteles visa a fazer isso colocando a coragem em seu lugar próprio como importante, mas ancilar.

Aristóteles começa sua discussão sobre a coragem definindo a virtude estreitamente: a coragem envolve fazer o que é intermediário em circunstâncias nas quais a morte está próxima no campo de batalha, e quando morrer seria *kalon* (aqui, especialmente, o termo significa "glorioso" ou "heroico").

Como uma preliminar, observe que coragem, para Aristóteles, não é uma questão de *não sentir medo*; mas, ao contrário, do sentimento da quantidade correta de medo e de fazer o que uma pessoa deveria, dado que sente o medo apropriado. Presumivelmente, a quantidade correta (e, podemos falar de uma "quantidade correta", Aristóteles pensa, somente quando uma pessoa tem de enfrentar coisas temíveis que são compatíveis com nossa escala humana, não coisas como terremotos e maremotos, com as quais não podemos esperar lidar de um modo controlado) não é apenas medo o bastante para motivar a ação vigorosa e agressiva, mas não em demasia para impedir o controle racional dessa ação. Por exemplo, você está com medo o bastante para "lutar por sua vida", com habilidade em esgrima, mas você não está com tanto medo de entrar em pânico e "esquecer" as habilidades que você treinou, ou de cometer erros tolos porque você "reage de forma exagerada". Aristóteles considera, além disso, que sentimentos de audácia assim como de medo são relevantes à ação corajosa. A ação corajosa envolve tipicamente *abordarmos* um perigo, cautelosamente. Temos impulsos de "lutar ou fugir", mas lutar significa ativamente se envolver e "assumir" o perigo, e a natureza nos deu emoções para nos auxiliar nisso. Esses "sentimentos de confiança" devem ser fortes o bastante para estimular uma ação imediata, mas não tão fortes para inspirar ataques precipitados e imprudentes ao inimigo com vistas a "terminar com isso de uma vez" porque você "não aguenta mais".

A definição de Aristóteles poderia parecer irrazoavelmente estreita. Parece desconsiderar ou excluir a miríade de expressões de coragem que são mostradas na vida ordinária, ou em circunstâncias menos extremas que no campo de batalha: por exemplo, uma pessoa em casa necessita investigar um ruído estranho à noite, para confirmar que não é um ladrão; ou uma pessoa necessita espantar uma vespa que entrou na sala. Nenhuma situação trata de combate corpo a corpo na guerra. Além disso, poderíamos nos perguntar como alguém poderia esperar que a coragem deveria ser geralmente adquirida, se sua manifestação fosse tão estreita. Se, como Aristóteles afirma, os tipos de ações com que adquirimos uma virtude são aqueles pelos quais ela é manifestada, e a coragem é mostrada somente em circunstâncias do tipo das que ocorrem no campo de batalhas, então, presumivelmente, aqueles tipos de circunstâncias são os únicos nos quais ela pode ser adquirida. Assim, pessoa alguma que não tenha servido as forças armadas poderia ser considerada corajosa. Pior ainda: nenhuma pessoa poderia adquirir coragem *antes* de lutar uma batalha.

Mas essas dificuldades podem ser tratadas basicamente, parece, colocando ênfase na noção de virtude de Aristóteles como envolvendo um intermediário que é *relativo a nós*. Essa qualificação é naturalmente considerada implicar um padrão dinâmico e flexível de ação correta. É dinâmica quando estamos considerando uma pessoa ainda adquirindo uma virtude, como uma analogia de treinamento atlético ilustra. Suponha que uma pessoa – chame-a "Vanda" – deseja se tornar uma ciclista hábil. Suponha também que ela considere que a Tour de France represente o auge da habilidade ciclística. Claramente, não seria aconselhável, ou praticável, quando Vanda recém-começasse a praticar ciclismo, que tentasse participar de uma competição como a Tour de France – isso seria muito para ela. Nem seria sensível para ela tentar simplesmente metade da competição (a quantidade intermediária *como julgada pela própria coisa*). Em troca, ela deveria considerar a Tour de France como seu ideal; estabelecer um tempo no qual gostaria de conquistá-la ("Gostaria de me qualificar para a Tour de France em três anos"); e, então, planejar um regime de treinamento que, se seguido com sucesso, poderia razoavelmente tirá-la de onde está agora, para realizar seu fim no tempo estabelecido. Considere esse regime (que indubitavelmente necessitaria ajustes regulares) marcando "a quantidade intermediária relativa a ela". Em cada ponto ao longo do caminho ela poderia treinar em demasia por impaciência ou excesso de entusiasmo, ou poderia treinar de menos por desencorajamento, desânimo ou preguiça. Todavia, o que o regime exigisse seria, com certeza, alterado dinamicamente ao longo do tempo, uma vez que quanto melhor Vanda se tornasse no ciclismo, mais o regime exigiria dela.

Similarmente, deveríamos entender a noção de uma "quantidade relativa a nós" como implicando em casos típicos um tipo de caminho que leva da posição presente de uma pessoa a um fim ideal. Um caminho assim não poderia ser traçado a menos que primeiro algum ideal tivesse sido estabelecido, e o papel da definição aparentemente estreita de coragem de Aristóteles seria estabelecido como um ideal assim. Quando Aristóteles afirma, portanto, que a coragem é um estado que encontra a marca intermediária entre dois extremos em situações heroicas mortais no campo de batalha, ele está tentando menos dar uma fórmula que seja satisfeita somente por ações corajosas do que delinear o exemplo extremo ou máximo do traço, que é aquele ao qual qualquer pessoa que estivesse tentando alcançar a virtude deveria visar. Esse fim, portanto, se torna aquele com respeito ao qual qualquer coisa é propriamente julgada corajosa ou não: em linhas gerais, quando uma pessoa está visando a adquirir a virtude, sua ação conta como corajosa, se é o tipo de coisa que ela faria naquelas circunstâncias, se ela se encontrasse em um caminho que a estivesse levando ao ideal de coragem. Assim, sempre que uma pessoa faz algo em circunstâncias onde o medo e a audácia entram em jogo, ela está potencialmente realizando um tipo de ação corajosa: é assim, caso seja o tipo de ação que seria realizada por ela se ela estivesse no caminho de exibir coragem no sentido ideal[76].

Todavia, poderíamos ainda nos perguntar por que Aristóteles escolhe "a ação heroica no perigo mortal no campo de combate" como o fim ideal para essa virtude. Não é arbitrário considerar esse um fim que pertença a todo ente humano? Por que a coragem não deveria ser definida com relação a algo mais comum, ou que seja parte da vida ordinária? Aristóteles não trata explicitamente desse ponto, mas duas respostas estariam disponíveis a ele, uma interna às nossas práticas de visar a sermos corajosos, e a outra externa.

A resposta interna diz respeito às nossas práticas de enaltecer e culpar e ao modo de falarmos. Na verdade, comparamos outros tipos de comportamentos corajosos ao caso da ação heroica no campo de batalha, mas não fazemos o inverso, e isso sugere que o segundo é central e básico. Considere, por exemplo, uma paciente de câncer que passou por um período doloroso de quimioterapia: digamos que ela está em meio a um curso de tratamento que exige que tome um medicamento desaprazível uma vez por semana por seis semanas. Seria natural exortá-la: "Seja brava. Faltam apenas mais três doses – apenas três batalhas mais. Você

---

76. E, para uma pessoa que atingiu a maturidade e de quem se esperasse já ter alcançado a virtude: então, se sua ação fosse corajosa ou não dependeria, em troca, de se foi o tipo de ação que uma pessoa com coragem realizaria naquelas circunstâncias.

venceu cada uma antes. Você vai vencer sua inimiga". Mas, suponha agora que um general deseje exortar seus soldados. Eles capturaram três posições-chave e necessitam capturar somente mais três a fim de terminar a guerra. Seria absurdo pra ele dizer: "Soldados, sejam bravos. Há apenas mais três batalhas pela frente – apenas mais três 'doses' de quimioterapia, por assim dizer. Sejam como aqueles pacientes que se mantêm firmes no hospital. Vocês vencerão essa 'doença'". Que a primeira série de metáforas faça sentido e a outra não indica que consideramos o heroísmo no campo de batalha a coisa mais fundamental.

Mas uma descrição "externa" poderia ser igualmente proferida, com relação ao fato de que (para Aristóteles) os entes humanos são destinados, por natureza, a viver em cidades-Estados, ainda que nem todos nós vivamos na mesma cidade-Estado. Uma cidade-Estado pode ser entendida como uma sociedade que visa a tornar a vida cotidiana dos cidadãos tão livre de perigos quanto possível. Tipicamente, as cidades não são fundadas em locais que são ameaçados por perigos[77], e um dos primeiros propósitos do governo é remover riscos perigosos da vida civil: buracos em estradas são reparados; feras selvagens soltas são capturadas; e assim por diante. A vida em uma cidade-Estado é estruturada e planejada de tal modo que ameaças à vida e à integridade física sejam removidas.

Contudo, uma cidade-Estado, pensa Aristóteles, é naturalmente destinada a ser relativamente pequena, somente alguns milhares ou mais, de modo que seus cidadãos possam se associar como familiares (*Política* 1326b8-26). Assim, é inevitável que a maior

---

[77]. É considerado algo que necessita explicação especial quando são; por exemplo, "Por que cargas d'água construíram essa cidade sobre uma grande falha sísmica?"

parte da humanidade viva em cidades-Estado que não a sua. Qualquer outra cidade-Estado além da sua, contudo, é potencialmente uma competidora e agressora. Assim, o único perigo que, no curso típico das coisas, não é, em princípio, controlável pelo governo cívico, será ataques de outras cidades-Estado.

Dado esse contexto, podemos apresentar uma interpretação sobre a prioridade que a ação no campo de batalha desfruta em nossa noção de coragem. Observamos que somos dotados, por natureza, de sentimentos de medo e confiança para lidar com o perigo. Podemos inferir que somos providos assim a fim de lidarmos especialmente com o tipo de perigo em particular que permanece como uma ameaça a uma pessoa que vive como cidadã, ou seja, o perigo que vem do ataque daqueles de fora de sua cidade-Estado. Assim, a virtude relevante, que nos permite realizar bem esse trabalho, será aquele traço que nos permite agir corretamente para nos defendermos contra esses ataques – que é a coragem.

Se essa é uma reconstrução correta do propósito da coragem, então, essa reconstrução fornece a "ordem" na qual um ato de coragem se encaixa. E isso explicaria por que, para Aristóteles, a coragem parece se manifestar principalmente em ações que são *kalon*, porque são apropriadamente descritas como ações pelas quais uma pessoa "dá" ou "desiste de" sua vida (cf. 9.8.1169a19-20). Recorde que Sócrates no *Alcibíades* enaltece a coragem precisamente como um traço que leva pessoas a resgatarem seus amigos e parentes; considere também que a coragem no campo de batalha usualmente toma a forma de lutar *por* seus companheiros. Mas em casos de perigo além da batalha, ou essa noção não se aplica, ou não se aplica tão bem. Suponha, por exemplo, que uma alpinista tenha morrido enquanto escalava uma elevação muito perigosa ao longo do topo não previamente conquistado de uma montanha: havia algo de admirável e nobre sobre seus esforços; todavia, faz pouco sentido dizer que "ao morrer, ela deu a vida por ____" (embora pessoas pudessem tentar mais tarde se consolar por sua morte dizendo coisas como: "ela se entregou ao montanhismo"). Uma vez mais, a paciente de câncer que enfrenta a quimioterapia heroicamente não está, com tudo isso, em qualquer sentido óbvio "dando sua vida" para outros ao fazer isso.

De acordo com Aristóteles, como vimos acima, o fato de que uma ação corajosa seja *kalon* tem de ser a razão pela qual uma pessoa escolhe realizá-la. Suponha, portanto, que consideremos uma pessoa arriscar sua vida por seus amigos e sua cidade-Estado o que é *kalon* sobre uma ação corajosa. Todavia, poderíamos nos perguntar qual deve ser precisamente o motivo. Vamos considerar um caso concreto para determinar as ideias. Um comandante envia alguns soldados a uma perigosa missão de combate para destruir uma ponte. A ponte é um objetivo militar vitalmente importante, mas está fortemente guardada, de modo que é muito improvável que possa ser destruída sem perdas substanciais de vida. Agora, como deveríamos descrever o fim de um soldado corajoso em uma missão dessas? É (i) destruir a ponte; (ii) simplesmente executar as ordens de seu comandante (que poderiam envolver em algum ponto desistir de destruir a ponte e voltar); (iii) *arriscar* sua vida para fazer uma das anteriores; ou (iv) se distinguir em heroísmo ao *desistir de* sua vida, se necessário, para realizar essas coisas?[78]

---

78. Deveríamos, talvez, usar evidências reais sobre coragem para decidir essas questões. Por exemplo, o famoso discurso do general Patton aos soldados recém-chegados à frente de batalha na Normandia cita três objetivos da ação corajosa: "Homens, isso que algumas fontes espalham por aí sobre a América querer sair desta guerra, de não querer lutar, é uma besteira. Os americanos amam lutar, tradicionalmente. Todos os americanos de verdade amam a severidade e o confronto da batalha. Vocês estão aqui hoje por três razões. Primeiro, vocês estão aqui para defender seus lares e seus entes queridos. Segundo, vocês estão aqui por seu autorrespeito, porque vocês não

A dificuldade não é sem importância, porque Aristóteles pensa que o fim pelo qual um ato corajoso é propriamente realizado é distinto de outras formas espúrias de coragem. Aristóteles distingue cinco formas espúrias em 3.8: (1) coragem cívica; (2) experiência no campo de batalha (ou ser "aguerrido", como diríamos); (3) pugnacidade; (4) entusiasmo e (5) simples ignorância. Cada uma dessas condições leva em algumas circunstâncias a ações que são características da coragem. Mas nenhuma dessas condições atua pelos motivos que são distintos da coragem; e essa deficiência se tornará tipicamente aparente ao longo do tempo. Assim, muito obviamente, um soldado que é meramente ignorante dos perigos de uma situação se moverá ousadamente adiante, como se tivesse coragem. (Quantos dos homens que atacaram ousadamente os veículos que desembarcavam na Normandia não teriam sido capazes de fazê-lo se tivessem vividamente se apercebido naquele momento do que mais tarde encontrariam?) Um soldado entusiasmado, em desespero, em vez de por realismo, tenta ver tudo com otimismo; mas, quando uma atitude assim não é mais sustentável, mesmo para ele, ele entra em pânico e foge. O soldado de espírito cívico é, talvez, o mais próximo a uma pessoa verdadeiramente corajosa. Como ele reconhece quais ações são consideradas corajosas, e tenta realizá-las – não pela razão de serem corajosas, e *kalon*, mas pela razão de que será tratado com desprezo por seus colegas caso aja de outro modo –, suas ações se assemelharão quase exatamente àquelas de uma pessoa corajosa. O único caso em que poderiam

---

querem estar em qualquer outra parte. Terceiro, vocês estão aqui porque são homens de verdade e todos os homens de verdade gostam de lutar. Quando vocês, aqui, todos vocês, eram crianças, vocês admiravam o campeão da bolinha de gude, o corredor mais rápido, o boxeador mais durão, a maior liga de jogadores de beisebol e todos os jogadores de futebol americano. Os americanos amam um vencedor. Os americanos não tolerarão um perdedor. Os americanos desprezam covardes. Os americanos jogam sempre para vencer".

separar-se seria quando ele está inteiramente confiante de que ninguém descobrirá como se comporta.

Aristóteles conclui sua discussão sobre a coragem com observações sobre os prazeres da coragem, que respondem a uma dificuldade implicada. Em 2.3. como vimos, Aristóteles afirma que nossos gostos e desgostos são indicações de se adquirimos uma virtude ou não: uma pessoa tem uma virtude se gosta de realizar os tipos de ações que são características dessa virtude. Mas parece ridículo dizer que as ações corajosas são agradáveis, especialmente com relação ao caso central de coragem – a ação heroica no campo de batalha – porque uma batalha é uma cena de morte, caos, destruição e muito sofrimento. Quem desfrutaria disso?[79] Para responder à dificuldade, Aristóteles concede que a coragem sempre traz consigo algum sofrimento, uma vez que coisas temíveis são dolorosas, e a coragem envolve, basicamente, manter-se firme quando confrontado por coisas temíveis. Mas, na medida em que uma pessoa faz o que é corajoso a despeito do sofrimento, ela alcança seu fim, e isso é algo do qual gosta e desfruta. Que ela desfrute de sua ação a esse respeito pode ser omitido precisamente devido ao sofrimento que a cerca. A passagem, não diferente do ponto de Sócrates sobre a coragem no *Alcibíades*, mostra que Aristóteles está comprometido com uma teoria da ação que lhe permite distinguir o tipo de ação que a agente *executa* do que *ocorre a ela* ao executar uma ação desse tipo.

Autodomínio

Como vimos, da coragem, Aristóteles passa a discutir o autodomínio observando: "Após a coragem, vamos discutir o autodo-

---

79. Não obstante o "Todos os americanos de verdade amam a severidade e o confronto da batalha" de Patton.

mínio, uma vez que essas são consideradas as virtudes das partes não racionais da alma" (1117b23-24). A observação parece ser em deferência a Platão, mas o fato de que Aristóteles a faz parece indicar que reconhece alguma verdade na descrição de Platão da alma. Aristóteles aparentemente identifica o desejo sentido (*epithymia*) e a vivacidade ou vigor (*thymos*, que envolve tanto os sentimentos de medo como os sentimentos de audácia) motivos especialmente importantes pertencentes à parte não racional da alma, e pensa que esses motivos em particular têm virtudes correlacionadas a eles de um modo distinto.

Ele não apresenta uma justificativa explícita para essa visão, mas duas razões se apresentam naturalmente. Primeiro, alguns motivos não racionais parecem tão persistentes e fortes, e seus objetos tão definidos, que pode parecer que necessitaríamos de hábitos de deliberação de disposição que num sentido direto fundamentam e restringem esses motivos. O desejo sentido, e sentimentos de medo e audácia, parecem ser assim. Em contraste, outros motivos não racionais são relativamente transientes, menos persistentes e fortes, mais fluídos em seus objetos, e capazes de reforçar e complementar um ao outro de vários modos: com relação a todos esses, faz mais sentido simplesmente considerar que as virtudes relevantes governam tipos de *ação* – digamos, como usamos o dinheiro, ou o modo de buscarmos honra e distinção.

Segundo, é uma marca tanto do medo como do desejo por prazeres dos sentidos que esses impulsos, se não controlados, perturbam a razão de uma pessoa; mas aparentemente não se pode dizer o mesmo de qualquer outro motivo. A coragem e o autodomínio mereceriam, então, um título especial como "virtudes da parte não racional", no sentido de que impedem certos motivos não racionais de *subverter* inteiramente a razão (cf. 3.12.1119b7-18 e 6.5.1140b12).

"Autodomínio" traduz a palavra grega *sōphrosynē*. Embora *sōphrosynē*, junto a coragem, justiça e prudência, seja classicamente considerada uma das quatro "virtudes cardeais" – assim chamadas porque são classicamente consideradas aquelas virtudes das quais todas as outras dependem ("cardeais" é de *cardo*, latim para "pivô") – não há uma boa palavra para esse traço, como classicamente entendido[80]. A *sōphrosynē* conota sobriedade e castidade; uma certa humildade; uma tranquilidade, calma e serenidade que vem do autodomínio. Considere o modo de descrevermos a transição que uma pessoa experiencia, enquanto se recupera de uma bebedeira: dizemos que uma pessoa assim "ficou sóbria", "voltou ao seu juízo", "tornou-se ela própria novamente", "apercebe-se do que está fazendo" ou está "uma vez mais em seu juízo". O termo *sōphrosynē* sugere similarmente uma certa clareza e autocontrole na razão, que uma pessoa mantém mesmo enquanto desfruta da satisfação de apetites corporais. A "moderação" é inadequada como tradução, porque *sōphrosynē* pode assumir a forma, por exemplo, de festividade sincera e vigorosa em meio a uma celebração com amigos – não de um comportamento imoderado, com certeza, mas também não o tipo de coisa que descreveríamos naturalmente como "moderado". Do mesmo modo, uma pessoa extremamente apaixonada, mas casta, poderia exibir *sōphrosynē*. Além disso, "moderação" carece das sugestões de autorreflexão que o termo grego carrega consigo (razão pela qual no diálogo de Platão, *Cármides*, os interlocutores assumem tão naturalmente a virtude como um tipo de autoconhecimento).

---

80. Platão frequentemente lista essas quatro virtudes juntas e lhes dá uma importância especial, embora o termo "virtude cardeal" pareça ter se originado em Santo Ambrósio de Milão (340-397 d.C.).

O termo é por vezes traduzido por "temperança" ou "autocontrole". Mas "temperança" não é mais uma palavra ordinária, e se sugere alguma coisa definida, significa a determinação de não beber álcool. "Autocontrole" é equívoca, porque o termo sugere erroneamente uma divisão na agente: ela deseja algo, mas se controla e se abstém disso. Mas, na visão de Aristóteles, *sōphrosynē*, embora possa ser exibida desse modo, é mais caracteristicamente mostrada em uma pessoa que está inteiramente à vontade em não desfrutar ou sequer desejar desfrutar de algum prazer que não lhe seria razoável desfrutar. Para Aristóteles, é uma marca do *vício* correspondente ser perturbado no desfrutar do prazer ilícito quando uma pessoa se abstém dele, embora a atividade de *sōphrosynē* não tenha sofrimentos associados a ela (1117b26-27). "Autodomínio" talvez evite esses problemas, uma vez que pode ser considerado sugerir que uma pessoa está completamente à vontade com o que faz.

A palavra grega para o principal vício correspondente, *akolasia*, também é difícil de traduzir. A palavra significa, literalmente, "a condição de ser indisciplinado", que, uma vez mais e infelizmente, carrega consigo as sugestões de uma divisão na agente, com parte dela sendo comprazida e uma outra parte dela sendo a complacente. Mas, embora a condição, como Aristóteles a vê, surja tipicamente de realizarmos ações que são "autocomplacentes" nesse sentido, uma vez que a condição foi formada, contudo, não há mais parte alguma da agente que faça algo como complacente. Uma pessoa com *akolasia* é, geralmente, inconsciente do caráter imensurável de suas vontades. Como um exemplo do fenômeno observado por Aristóteles em 2.8, a pessoa combinará a condição intermediária com a extrema que é oposta a si: ela considera suas próprias ações aceitáveis e considera uma pessoa com autodomínio alguém que não consegue desfrutar do prazer como deveria (cf. 3.12.1119a33-b7). Contudo, a despeito dessas deficiências, usarei o termo "autocomplacente" na falta de uma alternativa melhor.

Como fez com a coragem, Aristóteles examina o autodomínio esclarecendo melhor seu escopo e caso central. Ele está relacionado aos prazeres, mas não a todos. Para estabelecer que existem alguns tipos de prazer que são irrelevantes à virtude, Aristóteles pode se apoiar no senso de seus leitores gregos do uso próprio dos termos *sōphrosynē* e *akolasia*. Não possuímos um guia assim e necessitamos pensar, em troca, por exemplo, naquelas circunstâncias nas quais faria sentido dizer coisas como "Ela realmente perdeu a cabeça com aquilo", "Aquele prazer a tornou muito insensível", "Nada há realmente que possa explicar o que ela está fazendo exceto o prazer", ou "Isso mostra um desejo deliberado por prazer, nada mais". Está claro que existem alguns prazeres para os quais seria ridículo afirmar qualquer coisa assim. Não poderíamos, dizer, por exemplo, sobre uma pessoa que teve uma conversa interessante longa demais e perdeu um compromisso como resultado, que "Ela mostrou um desejo deliberado pelo prazer daquela discussão" ou "O prazer daquela discussão a perturbou".

Aristóteles faz uma distinção crucial entre "prazeres distintos da alma" (ou "prazeres psíquicos") e "prazeres distintos do corpo" ("prazeres somáticos")[81]. O primeiro, ele diz, envolve experienciarmos alguma mudança na mente, não no corpo (1117b30). Ele, talvez, considere que a distinção já tenha sido introduzida implicitamente, por seu tratamento do prazer da coragem: qualquer que seja o prazer que uma pessoa sente quando age corajosamente, enquanto está sendo abatida pela espada de uma inimiga, parece não

---

81. Essa distinção, talvez, corresponda aos dois tratamentos de prazer que são encontrados mais tarde na *Ética*, a primeira classe é o interesse básico da discussão do livro 10, e a segunda da discussão do livro 7. Mas ver o capítulo 10 adiante.

ser um prazer distintamente corporal. Mas Aristóteles não parece interessado em explicar a distinção e menciona prazeres distintos da alma simplesmente para os colocar de lado: autodomínio e autocomplacência têm claramente algo a ver com o prazer que temos no funcionamento e operação do corpo.

Mas não lidam com todas as funções e operações corporais, nem com algumas delas em todos os aspectos. Uma vez mais, apoiando-se no senso de um falante grego do que seria apropriado dizer, Aristóteles observa que, mesmo que exista excesso, deficiência, e um modo apropriado, intermediário, de buscar os prazeres provenientes da contemplação de obras de arte, ou de ouvir música, não usamos o termo "autodomínio" para distinguir o prazer nesses casos. (Poderíamos dizer, em troca, coisas como "A arte (ou música) desempenha um papel importante em sua vida", e descrever o extremo como um "fanatismo" ou "obsessão", e a deficiência como "falta de cultura" ou "ausência de bom gosto".)

De fato, Aristóteles afirma que, quando prestamos atenção cuidadosamente ao uso das palavras, vemos que o propósito da *sōphrosynē* e da *akolasia* é distinguir uma virtude e um vício que lidam especificamente com prazeres corporais do tipo que partilhamos com animais. Animais não sentem qualquer prazer nos aspectos formais das imagens, sons e cheiros: os cães de Pavlov podem ter sido condicionados a salivar ao ouvirem não um sino; mas, em troca, a abertura da Quinta de Beethoven, mas não foram ensinados a desfrutar da música clássica. Os únicos sentidos pelos quais encontram prazer são o tato e o paladar, mas não em aspectos formais do paladar, ou dos *sabores* (restos de comida gourmet não são apreciados por seu animal de estimação), e nem em aspectos formais do tato, como *texturas* ou *padrões* (Fido nunca irá se interessar o bastante por pontos em relevo para ser treinado a reconhecer o Braille). Em suma, Aristóteles pensa, o "autodomínio" lida com prazeres do tipo que podemos nos referir como "brutos" ou "animalescos" quando são buscados separados de qualquer preocupação com decência ou retitude. Para prazeres desse tipo, nada há de *kalon* sobre *aquilo do qual* uma pessoa está tirando prazer. Esses prazeres são principalmente sentimentos de conforto e satisfação que envolvem o sentido do toque, e especialmente aqueles que envolvem o consumo e os órgãos sexuais.

Todavia, dizer que o autodomínio lida com prazeres de consumo e sexo ainda não dá conta de seu sentido. Distinga, Aristóteles diz, apetites "comuns" de "privados". Um apetite comum é partilhado entre todos os entes humanos: por exemplo, é comum a todos nós necessitarmos de três refeições ao dia ou o equivalente. Comer cerca de três refeições ao dia é o suficiente, para quase todo mundo, para satisfazer o apetite por alimento[82]. Assim, não é correto dizer, simplesmente, que as pessoas são autocomplacentes ao se excederem com relação a prazeres que vêm *de consumir comida*. Em troca, poderíamos dizer que o autodomínio está relacionado com como lidamos com nossos apetites "privados", alguma preferência ou gosto que uma pessoa particular tenha e persiga: por exemplo, uma pessoa gosta especialmente de chocolate, e, assim, uma proporção muito grande de seu consumo diário de alimento passa a consistir em chocolate – e, talvez, *então*, como uma consequência, ela ingira comida *demais*[83]. Com relação a esses praze-

---

82. Certamente, Aristóteles concede, existem algumas pessoas que parecem se importar com simplesmente ter um grande *volume* de alimento, mas isso é inusual e não alcança o caráter distinto da autocomplacência.
83. É porque a autocomplacência surge dos apetites privados que o vício oposto, de buscar essas coisas deficientemente, é muito raro. Tudo que é requerido, para a autocomplacência ser uma possibilidade, é que uma pessoa goste de algumas coisas especialmente mais do que outras, uma vez que pode então se perder ao atribuir um

res que vêm de apetites privados, diz Aristóteles, "muitas pessoas se perdem, e de modos muito diferentes" (1118b22), e, então, ele apresenta a lista usual de particulares: elas "gostam de coisas das quais não deveriam, ou gostam delas mais do que a maioria das pessoas, ou gostam delas não do modo que deveriam".

Na verdade, uma pessoa autocomplacente tenderá a se desencaminhar em todas essas dimensões. A razão, pensa Aristóteles, é que o prazer em comer deveria ser visto como um tipo de efeito colateral de fazer o que é saudável e sensível. Uma pessoa com a virtude do autodomínio. Quando está comendo, visa a fazer "o que contribui para a saúde, ou para a boa condição física", e busca somente os prazeres que são efeitos colaterais dessas coisas, e prazeres que vêm de atividades que não são incompatíveis com a saúde ou as boas condições físicas, sujeitas à condição de que essas coisas não sejam elas próprias odiosas (1118b25), além de seus meios, ou contrárias ao que é *kalon* (1119a18). Ao fazer isso, ela está somente agindo sensivelmente (como indica o "bom-senso", *orthos logos*) (1119a20). Uma pessoa autocomplacente, em contraste, busca o prazer dessas funções corporais diretamente, não como um efeito colateral sujeito às restrições mencionadas acima; consequentemente, ela prefere isso aos bens que vêm dessas restrições. Como ela prefere o prazer disponível nas funções corporais em detrimento da obtenção do *kalon* (ou da evitação do *aischron*) nessas coisas, ela facilmente se excede em cada um dos vários particulares envolvendo prazeres de comida e sexo. Isso também explica por que uma pessoa autocomplacente fica perturbada quando se lhe exige que observe essas restrições, ou, por outro lado, quando se torna impossível obter esse tipo de prazer

---

lugar desproporcional a elas. Mas "mesmo os animais fazem discriminações em sua comida, gostando de algumas coisas e desgostando de outras" (1119a7-10).

(1119a1-5). Em contraste, como vimos, uma pessoa com autodomínio, como não está visando ao prazer diretamente, não se sente perturbada quando se abstém: não há o que deseje que fracasse em alcançar, quando age como o bom-senso indica. "Uma pessoa com autodomínio é caracterizada por *não* ficar chateada pela ausência de prazer, ou quando necessita abster-se do prazer" (1118b32-33).

Próximo ao fim dessa discussão sobre o autodomínio, Aristóteles faz uma comparação astuta entre essa virtude e a coragem, que esclarece um pouco sua noção sutil de uma pessoa agir "por vontade própria", que, como vimos, é introduzida em 3.1. Suponha que Curt seja um covarde, e Sal, autocomplacente. Aristóteles afirma, com efeito, que (i) "Curt se tornou um covarde por vontade própria" é menos apropriado do que "Sal se tornou autocomplacente por vontade própria", e também que (ii) "Curt desgosta do fato de que é um covarde" é provável ser menos apropriado do que "Sal desgosta do fato de que é autocomplacente". Aristóteles considera que essas verdades confirmam tanto sua visão de que condições de caráter surgem de atos correspondentes como sua interpretação do que é uma pessoa agir "por vontade própria". (i) vale porque ações que produzem a condição da covardia são menos o tipo de coisa que uma pessoa faz "por vontade própria" do que ações que produzem a condição de autocomplacência. É menos fácil culpar uma pessoa por não ter adquirido a virtude da coragem, uma vez que oportunidades para a praticar são menos comuns; além disso, todo mundo quer evitar o sofrimento que está envolvido, e o extremo perigo tende a produzir extrema perturbação, que é na verdade debilitante. Mas o oposto é verdadeiro sobre o autodomínio: a vida ordinária contém muitas circunstâncias nas quais adquiri-lo; e não há perturbação debilitante envolvida em qualquer uma de suas atividades características. Todavia, por outro lado, é mais provável que um covarde seja complacente sobre sua má condição, porque não lhe é algo sofrível (e, na medida em que é covarde, visa precisamente a evitar o sofrimento), mas uma pessoa autocomplacente, em contraste, acha sua própria condição desaprazível: "ninguém quer (*epithymei*) ser autocomplacente" (1119a33).

Generosidade

A coragem e o autodomínio, como vimos, envolvem motivos persistentes e naturais, que estão de um modo geral relacionados com bens que relativos ao bem-estar do corpo: proteção contra danos e manutenção da vida. Faz sentido que Aristóteles se dirija a seguir para virtudes que estão relacionadas com a propriedade e seu uso, uma outra constante fundamental da existência humana. Aristóteles reconhece, de fato, três virtudes de caráter que envolvem como usamos nossa propriedade (definida como "tudo de valor que pode ser medido por dinheiro", 1119b26-27): justiça, generosidade e magnificência. A justiça lida com a propriedade, uma vez que participa de intercâmbios e, como vimos, é discutida em um tratado separado (livro 5). A justiça lida com o uso da propriedade por parte de uma pessoa, mas não é limitada a isso, porque alguns atos justos envolvem, em troca, decisões sobre como a propriedade de outros deve ser distribuída ou tomada. A magnificência (por vezes chamada "munificência") envolve gastos de grande escala de um certo tipo. A generosidade ("liberalidade", "ser mão-aberta") é a virtude padrão ou típica que governa o uso das posses. Aristóteles parece considerá-la a virtude pela qual uma pessoa expressa sua visão quanto ao ponto ou propósito de ter posses.

Considerando essa última virtude, uma vez mais, existem dificuldades na tradução. O termo grego relevante é, *eleutheriotēs*, que significa literalmente "estar em uma condição livre", ou seja, na condição característica de um cidadão livre, como oposto a um escravo. Esse contraste é a pista para a noção de governo de Aristóteles. *Eleutheriotēs* é a virtude pela qual uma pessoa não é, como diríamos, "limitada" ou "impedida" por preocupações com suas posses, e, com uma certa falta de preocupação, faz um bom uso delas, a fim de alcançar fins admiráveis. Ela protege uma pessoa de ser "guiada" por suas posses ou de estar em dívida para com elas. *Eleutheriotēs* mantém os bens úteis em seu lugar como subordinados a coisas que são *kalon*. Traduzir isso como "generosidade" não é inteiramente adequado, porque "generosidade" carrega a sugestão, talvez, de "dar mais do que seria esperado", que não é essencial à virtude; "ser mão aberta", por outro lado, sugere o dar indiscriminado; e, embora "liberalidade" alcance a noção fundamental correta, é agora uma palavra antiquada. Assim, "generosidade" parece a escolha menos objetável[84].

Aristóteles considera a generosidade relacionada a como usamos as posses (ao gastá-las e ao dá-las) e a como as obtemos – muito apropriadamente, porque uma pessoa pode estar "em servidão" ou "excessivamente dependente" com respeito ao ingresso ou saída de riqueza. Uma pessoa assim gasta ou dá em prol daqueles a quem deveria, como deveria, quando deveria, e assim por diante; e adquire riqueza somente das fontes corretas, na quantidade adequada, durante o tempo apropriado, e assim por diante. O vício do excesso é "desperdício" ("extra-

---

84. Com certeza, esses e outros problemas de tradução, persistentes como são, terminarão levantando a questão: por que, exatamente, carecemos de análogos diretos para tantos termos éticos aristotélicos importantes?

vagância", "prodigalidade"); o vício de deficiência é "avareza". Existem muitas espécies da segunda, e Aristóteles entra em detalhes: a miséria, a mesquinhez, a pessoa avara, e assim por diante (1121b17-1122a13). Podemos imaginar esses vícios como manifestados tanto em ações características (esquivar-se do grupo quando chega a hora de pagar a conta; comprar por impulso) e perspectivas típicas ou "estado de espírito" (preocupação constante com o valor de seu *portfolio*; ser aprazível apenas quando está considerando comprar algo).

Embora a generosidade esteja relacionada com o uso do dinheiro em geral, e, portanto, com a entrada e a saída, Aristóteles tem dificuldade de estabelecer que "uma pessoa conceder seu dinheiro às pessoas certas é mais característico de uma pessoa generosa do que recebê-lo das fontes certas ou de não o tomar de fontes inapropriadas" (1120a9-11). De fato, ele apresenta sete argumentos para essa afirmação (1120a8-23). É instrutivo anotar o seguinte:

1) A generosidade está relacionada como o uso do dinheiro, mas como *recebemos* ou *aceitamos* dinheiro envolve, em troca, sua possessão e conservação em vez de seu uso.

2) É mais característico da virtude em geral para você *fazer* algo bem, do que ter algo bem *feito para você*, mas gastar e dar são mais como fazer, embora receber e aceitar sejam mais como ter algo feito para você (cf. 9.7.1168a19-20).

3) Ações que alcançam o *kalon* são, em geral, mais características da virtude do que aquelas que meramente evitam algo *aischron*; mas gastar e dar corretamente são uma questão de realizar algo *kalon*, embora receber dinheiro corretamente seja basicamente uma questão de evitar coisas que são *aischron*.

4) Podemos considerar a tendência das pessoas de atribuir enaltecimento ou mostrar gratidão uma marca boa da virtude, mas ninguém presta muita atenção a uma pessoa que se recusa a adquirir dinheiro de formas obscuras, embora todos enalteçam e agradeçam a uma pessoa que dá e gasta seu dinheiro bem.

5) É mais difícil se desapegar de algo que lhe pertenceu do que não adquirir algo que até agora não lhe pertenceu; portanto, é mais difícil gastar e dar dinheiro corretamente do que adquiri-lo corretamente; todavia, é distinto de uma virtude realizar o que é difícil.

6) De fato, se olharmos para como "generoso" é usado como um termo de enaltecimento, as pessoas são enaltecidas por serem "generosas" por como gastam e dão dinheiro, enquanto uma pessoa que recuse dinheiro de uma má fonte é enaltecida por ser "justa", se tanto, e nenhuma pessoa é de modo algum enaltecida por aceitar dinheiro somente de fontes apropriadas.

7) Nós caracteristicamente mostramos amor em resposta ao valor percebido, e pensamos que praticamente o mais amável de todos os traços virtuosos é a generosidade, mas com isso temos em mente, mais precisamente, a forma boa pela qual uma pessoa dá e gasta dinheiro, não a forma pela qual o adquire; aquilo que mais amamos, portanto, é mais característico da virtude (cf. 9.7.1168a20-21).

É útil examinarmos esse repertório de argumentos por duas razões. Primeiro, os argumentos são um exemplo excelente de como Aristóteles está examinando as várias virtudes sempre *por um propósito*. Há uma dialética implícita em seu exame da generosidade e das outras virtudes, consoante ao objetivo da *Ética*: o procedimento geral de Aristóteles é isolar as características de uma virtude particular que a tornam valiosa, e, depois, examinar essa única virtude que melhor exemplifica essas características. Por exemplo, se a generosidade consiste mais em dar, o que é ativo, e menos em receber, o que é passivo, e se é especialmente valiosa precisamente na medida em que envolve dar, então, há uma virtude que de um modo análogo é a mais "ativa" e menos "passiva"?[85]

Segundo, a passagem apresenta uma indicação valiosa sobre a *natureza* do raciocínio moral, como Aristóteles o concebe. Ele claramente considera o raciocínio moral essencialmente diverso. Esse raciocínio não é uma questão de aplicar um cálculo uniforme, e, em vez de apelar a uma única regra, faz uso de uma variedade de princípios, incluindo:

> (i) Análogos na ética de princípios gerais da física e da metafísica: por exemplo, que a utilização (*chrēsis*) do dinheiro deve consistir mais em um fazer (*poien*) do que em um ser feito (*paschein*). Isso é um análogo na ética da verdade metafísica segundo a qual, em uma atividade, a paixão é um derivativo da ação (cf. *Eutifron* 10a-c).

> (ii) Princípios envolvendo a noção geral de uma virtude: por exemplo, que uma vez que existem muitos modos pelos quais algo pode se desencaminhar, o modo que conta como "bom" é em um sentido único, e, portanto, difícil de alcançar (cf. 2.6.1106b9-12).

> (iii) Princípios envolvendo a psicologia moral humana, amplamente entendida: por exemplo, que tendemos a amar o que consideramos bom, e, assim, podemos usar uma reação como essa, propriamente interpretada, como

---

85. De fato, o argumento geral da *Ética* parece ser que a atividade da virtude da sabedoria filosófica contém no grau mais pleno o que faz outros tipos de ações virtuosas valiosas.

um tipo de medida da virtude manifesta em uma ação (cf. *Retórica* 2.4)[86].

O tratamento de Aristóteles da generosidade exibe o tempo inteiro uma aguda percepção do caráter humano. Ele nos diz, por exemplo, que não é fácil para uma pessoa verdadeiramente generosa ser rica, uma vez que é muito motivada a conceder presentes aos outros (1120b14-17); ou que podemos julgar se de fato temos a virtude, por nossas reações de satisfação ou perturbação, uma vez que ficarmos perturbados quando gastamos ou damos nosso dinheiro, mostra que, preferimos nosso dinheiro ao *kalon* que poderíamos adquirir ao gastá-lo (1120a29-31); ou que, sobre os dois vícios correspondentes, o desperdício é mais fácil de curar do que a avareza, uma vez que tende a ser autocorretivo (1121a20-25). Uma vez mais, Aristóteles consideraria as implicações práticas de sua teoria uma confirmação parcial de sua verdade.

Magnificência e magnanimidade

Há duas virtudes que Aristóteles reserva para um tratamento separado porque, ele nos diz, elas envolvem grandes questões. A "magnificência" (ou "munificência", *megaloprepeia*, literalmente, "bom gosto em uma grande escala") está relacionada ao uso do dinheiro, assim como a generosidade, mas apenas a gastos, e somente aqueles que são "grandes". A "magnanimidade" ("nobreza de

---

86. Nenhum dos argumentos de Aristóteles 1-7 nos ocorreria naturalmente hoje. Por isso, parte da tarefa de entender a teoria ética aristotélica, para nós, deve ser reconhecer e recuperar uma familiaridade com esses princípios, e conquistar um domínio intuitivo ao empregá-los, de modo a nos acostumarmos a similarmente explicarmos nossa experiência moral. Para entender a abordagem de Aristóteles à ética, não é suficiente apenas articular suas doutrinas, uma vez que geralmente o conteúdo de uma doutrina é inseparável de seu modo de justificação.

espírito" ou "grandeza de coração", *megalopsycheia*, literalmente "grandeza de alma") está relacionada com a nossa atitude em relação a grandes honras. (Em 4.4, Aristóteles reconhece uma virtude sem nome como relacionada com honras ordinárias, análoga à generosidade no domínio do dinheiro, mas não a discutiremos aqui. Podemos considerá-la a "ambição razoável".)

Por vezes sustenta-se que Aristóteles pensa que essas sejam virtudes aristocráticas, que podem ser possuídas somente por pessoas muito ricas ou especialmente privilegiadas; e considera-se que, além talvez de ser em si repugnante, sua visão possui um problema para a tese da Unidade da Virtude – uma vez que claramente podemos imaginar uma pessoa que tivesse somente riqueza e *status* médio, e que tivesse todo o resto das virtudes, mas carecesse dessas virtudes que envolve a grandeza. Mas essa não parece ser a visão de Aristóteles, porque ele argumentará adiante, no livro 10, que a felicidade e a prática da virtude não requerem grandes quantias de riqueza ou grande influência:

> Só porque não é possível ser feliz sem bens externos, não deveríamos pensar que, para uma pessoa ser feliz, necessitará de muitas coisas, e de grandes coisas (*megalōn*). Nem o requisito da autossuficiência nem a ação exigida consiste em algum tipo de extremo: é possível muito bem realizar ações *kalon* sem governar mar e terra. De fato, uma pessoa é muito capaz de agir de um modo que exiba virtude com recursos modestos. Isso é muito fácil de ver: compare indivíduos privados a pessoas no poder, e os primeiros parecem não realizar menos ações exemplares; mas, em troca, muito mais delas (1179a1-8; cf. a12-13).

Como veremos (no cap. 11 adiante), essa afirmação é uma de suas principais conclusões do tratado. A passagem seria bizarra se Aristóteles de fato sustentasse que algumas virtudes requerem grande riqueza e poder.

Além disso, em nenhuma parte de seu tratamento da magnanimidade ele afirma que a riqueza extrema seja necessária a ela: ele diz, um pouco ambiguamente, que bens de fortuna podem "fazer uma contribuição separada à magnanimidade" (1124a21); e geralmente sua visão parece ser a de que pessoas ricas, e aquelas que desfrutam de *status* e posição, tendem *equivocadamente* a se considerar grandes, e dignas de honra especial, por conta dessas coisas, com o resultado de que se tornam arrogantes e insolentes (a26-30). Na realidade, ele adverte, somente a bondade de caráter merece honra (a25, cf. 1123b19-20).

Quanto à magnificência, a visão de Aristóteles não é a de que uma pessoa necessite ser rica para tê-la, mas somente que não pode ser pobre, uma vez que, então, a disparidade entre o gasto que empreende e seus meios arruinaria essa própria iniciativa (1122b26). De fato, diz Aristóteles, a magnificência é exibida em coisas como dar um suntuoso banquete de casamento, ou aparelhar uma casa (1123a6-9) – gastos que estão ao alcance de pessoas de riqueza média – ou mesmo escolher um brinquedo especialmente precioso para um filho (a14-16). Sem dúvida, para Aristóteles o caso central da magnificência é observado em grandes gastos para beneficiar o público ou no serviço do Estado, como realizado por pessoas de vastos recursos e de meios independentes. Mas poderíamos similarmente dizer que os melhores exemplos de filantropia hoje são doações dos ricos para casas de ópera ou universidade – sem com isso negar que aproximadamente qualquer um pode praticar filantropia de uma forma ou de outra.

Aristóteles fecha sua discussão sobre a magnanimidade apresentando o que é por vezes chamado seu "retrato" de uma pessoa magnânima, 1124b7-1125a16. Esse "retrato" passou por sérias críticas: uma descrição de "uma pessoa arrogante com a prepotência e maus modos de uma pessoa arrogante", como um acadêmico de Oxford alegadamente disse (HARDIE, 1980: 119). Mas toda ou grande parte do caráter ofensivo aparente do retrato se esvai quando o lemos como acompanhando o que Aristóteles pretende mostrar com ele. Aristóteles afirma que a magnanimidade trabalha de modo a aumentar e refinar a operação das outras virtudes (1124a1-2). Mas quão precisamente faz isso? Como Aristóteles explica, uma pessoa que tem magnanimidade se considera digna de honra, por conta de sua virtude. Mas isso implica que tenha uma atitude mesurada em relação a bens externos em geral: não se preocupará especialmente com honra como concedida por juízes competentes em boas bases; ela não se importará de modo algum com honras não vinculadas à virtude (ou seja, muitas das honras que são concedidas na sociedade); a desonra não a afetará; e todos os outros bens externos, que ela julga menos valiosos do que a honra, terão igualmente menos apelo sobre ela (1124a4-20)[87]. Ao mesmo tempo, precisamente porque uma pessoa assim continua a aspirar à verdadeira grandeza, como ela a concebe, possui um motivo adicional para realizar ações *kalon*, ou seja, o de serem exemplares. Como uma consequência, com respeito a cada uma das virtudes, uma pessoa magnânima é tanto menos vinculada aos bens que são abandonados por meio da prática da virtude, e mais grandemente interessada em agir de um modo exemplar com relação a essa virtude.

O famoso "retrato" pretende mostrar isso em detalhe. Percorre as várias virtudes e argumenta, em cada caso, que uma

---

87. Ela tem uma atitude de "desprezo", sustenta Aristóteles – não por pessoas; mas, ao contrário, por aqueles bens que a impediriam de agir corretamente, caso fosse vinculada a eles.

pessoa com a virtude da magnanimidade exibirá, por essa razão, essa virtude em um grau maior e com maior refinamento. Assim, por exemplo, uma pessoa magnânima mostra refinamento especial em generosidade, porque é rápida em beneficiar outros, sem chamar atenção para si mesma (b9-15). Seu senso de justiça é magnificado porque não se oferece a recompensas e distinções (b23-24). Novamente, ela forma facilmente amizades precisamente porque não se importa excessivamente com ser amada, e possui traços que a tornam uma boa amiga, tais como uma propensão a evitar a fofoca e calúnia (1125a1-8).

A coragem lida com ações para proteger a vida; o autodomínio, com ações para sustê-lo; a generosidade e a magnificência lidam com posses; a magnanimidade com a honra. Família e amigos, ou nossa vida entre eles, constitui ainda um outro tipo de bem externo, para Aristóteles, e existem virtudes também que governam esse bem: sagacidade, amabilidade e honestidade. Existem alguns outros traços incidentais que Aristóteles reconhece, que levam sua discussão sobre as virtudes relacionadas ao caráter a um fechamento – exceto pela justiça, que lida não com nossa própria orientação para bens, mas com esses bens na medida em que entram em nossas transações com outras pessoas, consideradas iguais. O tratamento de Aristóteles dessa virtude no livro 5 será nosso próximo passo.

Leitura adicional

Os trabalhos de Young (1977, 1988, 1994) sobre várias virtudes particulares são recomendados. Pears (1980) sobre a coragem levanta algumas dificuldades importantes. A magnanimidade e se ela coloca um problema para a Unidade das Virtudes em Aristóteles pode ser examinada via Irwin (1988b), Gardiner (2001) e Pakaluk (2002). Curzer (1991a) dá uma resposta efetiva a críticos ao tratamento de Aristóteles da magnanimidade; ver também Pakaluk (2004). O *locus classicus* para discussão das virtudes é, com certeza, Tomás de Aquino (1947 – *Summa Theologiae*, II-IIae, q. 47-170).

6
JUSTIÇA COMO UMA VIRTUDE RELACIONADA AO CARÁTER

Ética a Nicômaco, livro 5

O contexto platônico

A discussão de Aristóteles sobre *justiça*, que ele considera uma dentre outras virtudes relacionadas ao caráter, é muito diferente de um tratamento da justiça que poderíamos encontrar em John Stuart Mill ou John Rawls. Aristóteles dedica muito trabalho, por exemplo, para definir a justiça como uma virtude "particular" em vez de "geral". A fim de apreciar por que, necessitamos (uma vez mais) entender o contexto platônico no qual ele está evidentemente escrevendo.

Aristóteles começa o livro 5 dizendo:

> Observamos, portanto, que, ao se referir à "justiça", cada um tem em mente aquela condição de caráter que torna uma pessoa o tipo de pessoa que realiza ações justas, e responde justamente, e que gosta de ver a justiça feita. Do mesmo modo, com "injustiça" tem em mente aquilo que torna uma pessoa o tipo de pessoa que age injustamente e gosta de ver a injustiça feita. Muito bem, então, em primeiro lugar, vamos adotar essas como definições esquemáticas (1129a6-11).

Ao final do capítulo 5, ele completou esses esquemas, e apresenta o seguinte como suas definições finalizadas:

> A justiça é aquilo com respeito ao qual uma pessoa justa é dita ser o tipo de pessoa que, por sua própria escolha, faz o que é justo, e que distribui bens, tanto para si, em suas transações com outras, como para outros, em suas relações entre si, não de modo a obter mais do que é desejável, e seus vizinhos receberem menos (e inversamente por coisas prejudiciais); mas, em troca, de modo a obter uma quantidade igual (ou seja, uma quantidade proporcionalmente igual), e, igualmente, quando distribui bens a outros, e não está envolvida, faz isso de um modo que cada um dos outros receba uma quantidade igual (uma vez mais, uma quantidade proporcionalmente igual). E a injustiça é o oposto disso (1134a1-7).

Essa definição completa e relativamente complexa tem cinco componentes. A justiça: (1) é um estado distinto de caráter; (2) envolve um propósito ou escolha; (3) lida com bens distribuíveis; (4) está relacionada a dois tipos de distribuição; (5) essas distribuições, quando justas, são marcadas pela igualdade. Queremos entender esses cinco componentes, e por que Aristóteles os considera tão importantes.

Uma vez mais, necessitamos começar com algumas observações sobre linguagem. A palavra "justiça" pode significar: (i) um estado de coisas justo, ou seja, um arranjo, ou situação, que é justo ("que a justiça seja feita"; "com liberdade e justiça para todos"); (ii) a intenção com a qual uma ação é realizada ("a justiça foi feita"); ou (iii) o estado de caráter, ou virtude, que leva uma pessoa a visar a estados de coisas justos com uma intenção justa ("A magistrada exibiu justiça exemplar – ou seja, ela mostrou que é uma pessoa justa – quando recusou o suborno"). Em grego, há palavras separadas para cada uma dessas situações:

- *to dikaion*: um estado de coisas justo;
- *to dikein*: agindo justamente, com uma intenção justa;
- *hē dikaiosynē*: a virtude da justiça.

Usualmente, é possível marcar essas distinções com circunlocuções adequadas; ou o contexto torna claro precisamente que sentido de "justiça" é pretendido. Assim, por exemplo, a elaborada definição de Aristóteles de "justiça" dada acima é claramente designada para ser uma definição desse estado de caráter. Mas observe que ela define o estado de caráter por referência à igualdade como uma marca de um estado de coisas justo, e também por referência à intenção correta de uma agente ao realizar uma ação justa. Poderíamos, portanto, dizer, um tanto perversamente, que a definição de Aristóteles se reduz a: "Justiça é buscar justiça com justiça".

Aristóteles começa a construir sua definição se esforçando por esclarecer ainda uma outra ambiguidade. Podemos ter uma ideia de sua preocupação se considerarmos que existem alguns termos de enaltecimento que, parece, podem ser usados, geralmente, para enaltecer qualquer tipo de boa conduta, mas que parece que podem ser usados especialmente para identificar certos tipos restritos de boa conduta. Considere, por exemplo, o termo "próprio". Qualquer boa ação pode ser considerada própria, e uma pessoa que realiza qualquer tipo de boa ação pode ser considerada ter agido propriamente: "Foi próprio para o soldado não fugir naquele momento" (coragem); "Não seria próprio pretender honras além daquelas que você de fato merece" (magnanimidade); e assim por diante. Mas o termo tem um uso especial quando aplicado a transações financeiras: "Aquela foi uma distribuição imprópria de fundos", "O banqueiro de investimentos agiu impropriamente (inclusive: 'com impropriedade') em não revelar o conflito de interesses". Do mesmo modo, a palavra "justo", usada como um termo de enaltecimento, pode significar ou "completamente virtuosa" ou algo como "honesta ao lidar com dinheiro"[88]. Assim, então, se desejamos dizer que a justiça é ainda uma outra virtude relacionada ao caráter, desejamos dizer que é um estado de caráter que ajuda uma pessoa a ser completamente virtuosa? Ou desejamos afirmar que tem um campo restrito de operação, e, do mesmo modo que o autodomínio, de acordo com Aristóteles, lida somente com prazeres do paladar e do tato?

A questão era mais obscura para Aristóteles e seus contemporâneos do que para nós, devido ao importante trabalho de Platão sobre o tema. Aristóteles pensa que o trabalho de Platão contém confusões sérias, ainda que sutis; por isso, ele tenta cuidadosamente esclarecê-las. E é porque não abordamos o tema a partir do mesmo contexto que esses esforços podem nos parecer demasiado elaborados e sob alguns aspectos desnecessários.

Chame a virtude relacionada ao caráter que envolve a ação virtuosa "justiça geral" extensiva; chame a virtude relacionada ao caráter que visa a um tipo restrito de boa ação "justiça particular". Tanto no *Mênon* como no *Protágoras*, Platão explora o que Aristóteles consideraria uma confusão entre justiça general e particular, para propor seus fins filosóficos. No *Mênon*, Sócrates insiste em que antes de tentarmos determinar se a virtude pode ou não ser ensinada, deveríamos tentar defini-la, com base em que, somente após sabermos o que a virtude *é*, podemos determinar se

---

88. O primeiro sentido é raro hoje, embora não seja incomum em contextos religiosos: "José era um homem justo" não significa que a escala de valores de José fosse verdadeira; mas, ao contrário, que sua conduta era geralmente reta.

é o tipo de coisa que *pode ser ensinada*. Assim, Mênon propõe uma definição de virtude: a virtude, ele diz, deveria ser definida como "a habilidade de governar" (73d). Mas Sócrates logo adverte, e Mênon concorda, que essa definição falha em distinguir o bom comportamento (governar bem) do mau. Então, Mênon revisa sua definição e diz que a virtude é, em troca, "a habilidade de governar *justamente*". Sócrates, em seguida, pede a Mênon que nomeie as várias virtudes, e Mênon apresenta uma lista que inclui autodomínio, sabedoria filosófica, magnificência e justiça; nesse ponto, Sócrates, muito naturalmente, reclama que Mênon definiu a virtude em termos dela própria. Ele considerou um tipo de virtude, a justiça, e definiu toda virtude em termos dela, como se uma pessoa fosse definir forma como "redondez" (74b). A refutação encerra as tentativas de Mênon de definir "virtude" e indica o caminho para Sócrates afirmar, mais adiante no diálogo, que a virtude é um tipo de conhecimento. Mas Aristóteles resistiria a essa conclusão e o modo de o diálogo chegar nela: ele sustentaria que a definição de Mênon era basicamente válida, e que poderia ter escapado da refutação caso tivesse apenas distinguido entre justiça geral e justiça particular. A virtude em geral (justiça geral) tem a justiça (justiça particular) como uma de suas partes.

No *Protágoras*, o personagem Protágoras adota uma visão de virtude não diferente daquela de Aristóteles: a virtude humana é uma única coisa que, contudo, tem partes, como uma face é uma única coisa, mas tem uma boca, nariz, olhos e orelhas como partes (329e). Cada parte do todo da virtude, insiste Protágoras (novamente, como Aristóteles), é distinta das outras partes e do todo, porque tem sua própria capacidade (330a). Mas, então, Sócrates, argumentando contra isso, observa que algumas palavras indicando uma virtude particular, como "justo", são tais que podem ser predicadas de outros tipos de ação virtuosa: podemos dizer de qualquer ato de piedade que é *justo* (331a), e do mesmo modo também a sabedoria é justa, a temperança é justa, e assim por diante. Mas, em contraste, não desejamos predicar um termo que aplicamos a uma parte da face a uma outra parte da face: não dizemos coisas como: "O olho é como a orelha" ou "O nariz é como a boca". Mas, argumenta Sócrates, nesse caso, então, as diferentes virtudes não estão relacionadas entre si como partes de um todo (331b). Sócrates prossegue, sugerindo, em troca, que todas as virtudes putativamente separadas são aspectos diferentes de uma mesma coisa. Mas, aqui, novamente, Aristóteles desejará resistir tanto à conclusão quanto ao argumento que leva até ela. Aristóteles diria que Protágoras poderia ter evitado ser refutado caso tivesse feito uma distinção entre "justo", usado em um sentido geral, e "justo", usado em um sentido particular. O segundo sozinho indica uma virtude particular, e "justo", quando usado nesse sentido especial, *não pode* ser aplicado significativamente a outras virtudes, embora "justo" usado em um sentido geral *possa* ser assim aplicado[89].

Mas no livro 5, Aristóteles parece estar reagindo, sobretudo, ao grande diálogo de Platão sobre a justiça, a *República*, que tradicionalmente trazia o subtítulo *Peri dikaiosynēs*, "Sobre a virtude da justiça". Convém fazermos um breve comentário sobre esse diálogo.

A *República* visa a mostrar que a virtude da justiça é inerentemente desejável, e argumenta em favor disso através do desenvolvimento de uma analogia elaborada entre uma sociedade polí-

---

[89]. Como veremos, de acordo com Aristóteles, a razão pela qual "justo" pode, portanto, ser usado em geral é que distingue uma ação sob um certo aspecto – na medida em que envolve a relação da agente com um outro distinto – e uma ação de *qualquer* virtude pode ser considerada e referida sob essa descrição.

tica ideal e a alma humana. Uma sociedade política ideal, sustenta Platão, conteria uma classe governante (os Guardiães), uma classe militar (os Auxiliares) e uma classe trabalhadora, as três partes da alma humana: razão (*logos*), vivacidade ou vigor (*thymos*) e desejo sentido (*epithymia*). Ele pensa que, ao observarmos o que torna uma tal sociedade política ideal boa, seremos capazes de ver claramente o que torna boa uma alma humana boa. E se pudermos ver *por que* é que algo que torna boa a sociedade política ideal seria inerentemente desejável, então, poderemos ver *por que* a coisa correspondente que torna uma alma humana boa seria inerentemente desejável.

Na parte principal de seu argumento, que constitui os livros 2-4 da *República*, Platão assume a doutrina das quatro virtudes cardinais e identifica a virtude da justiça por um processo de eliminação. Na sociedade política ideal, ele argumenta, a classe governante arranja bem as coisas: esse é o análogo da virtude da *sabedoria*, a boa condição da parte racional da alma. Similarmente, a classe militar apoia as decisões da classe governante e combate ameaças de fora: esse é o análogo da virtude da *coragem*, a boa condição da parte viva da alma. Uma vez mais, a classe trabalhadora se envolve em seus assuntos assiduamente e não exige coisa alguma além disso: e esse é o análogo da virtude do *autodomínio*, a boa condição da parte apetitiva da alma.

Mas e quanto à justiça? Há quatro virtudes cardinais, mas somente três classes naturalmente distintas na sociedade política ideal (assim pensa Platão), e somente três partes da alma. A justiça, ele afirma, envolve o *arranjo* das partes entre si, o que explica por que a virtude é tão difícil de discernir e de reconhecer como valiosa. Que cada parte da sociedade realiza sua própria função, que as partes inferiores obedecem aos comandos da classe governante, argumenta Platão, *é* simplesmente a justiça na sociedade política ideal; portanto, similarmente, que as partes da alma mantenham seu lugar e permaneçam propriamente submissas à razão *é* a virtude da justiça em um indivíduo. Platão conclui seu argumento mostrando que existir, para a alma, é ela ter simplesmente essa ordem; portanto, a virtude da justiça é desejável pela razão de que a própria existência de uma pessoa é desejável – e, claramente, a existência é inerentemente desejável, caso alguma coisa seja (443c-444e)[90].

Esse é um argumento poderoso e atrativo. Contudo, podemos ver como, da perspectiva de Aristóteles, a *República* poderia parecer envolver uma confusão sistemática entre justiça como uma virtude particular e justiça como de algum modo encapsulando a inteireza da virtude. Platão começa o diálogo, no livro 1, fazendo seus personagens discutirem o que significa ser justo no domínio modesto e restrito do uso apropriado do dinheiro (331c-336d). Contudo, à medida que o diálogo avança, a justiça se torna algo muito maior: a justiça, agora, é o ordenamento correto da alma inteira, implicando todas as virtudes. Além disso, o diálogo começa com a questão de por que uma pessoa deveria ser justa, no sentido de não buscar mais do que sua parte equânime em suas transações *com outras*, mas termina apresentando uma descrição da justiça, que se aplica simplesmente a uma pessoa *em relação a si*, independentemente de suas transações com outras. Como um resultado da analogia entre a sociedade política e o indivíduo, a justiça se torna uma virtude que governa a relação de um todo com suas partes, ou das partes de uma coisa entre si, embora inicialmente parecesse ser uma virtude que governava a relação entre indivíduos distintos e independentes.

---

90. E, similarmente, uma pessoa que vise a se tornar injusta, portanto, visa a se subverter.

Delimitando a justiça como uma virtude particular do caráter

Esse é o contexto no qual Aristóteles deseja discutir o que pensa ser um traço particular do caráter, equivalente a todas as várias outras virtudes de caráter, que podem apropriadamente ser chamadas "justiça". Seu primeiro passo, portanto (em 5.1), é delimitar um outro sentido amplo do termo "justiça", que corresponde aproximadamente à compreensão de Platão da virtude, e para explicar que *não* irá discutir isso. Para fazer isso, ele estabelece três princípios:

1) Um estado ou condição de uma coisa (*hexis*), diferente de um ramo de conhecimento, ou de uma capacidade técnica, produz tipicamente apenas um entre opostos. Por exemplo (para usar exemplos modernos): a física chega a conclusões sobre cargas positivas e negativas; uma engenheira civil é a melhor pessoa para contratar tanto para construir edifícios como para demoli-los. Mas a condição de saúde, em si, produz simplesmente a saúde, não a doença. A saúde leva a sinais, aparências e ações saudáveis. "Dizemos que alguém caminha de um modo saudável", Aristóteles observa, "quando caminha do modo que uma pessoa saudável caminha" (1129a16-17), ou seja, a frase "caminha de um modo saudável" não teria sentido definido se saúde pudesse levar a dois resultados opostos.

2) Portanto, podemos identificar uma condição de uma coisa seja por referência aos resultados característicos dessa condição (uma vez que esses serão consistentes), ou estabelecendo um contraste com a condição oposta (uma vez que os efeitos de uma condição serão consistentemente separados daqueles de seu oposto), se essa é melhor conhecida (1129a18).

3) Além disso, em casos nos quais existem duas ou mais condições distintas, ambiguamente designadas por uma única palavra, existe o mesmo número de condições distintas opostas a essas (talvez, contudo, designadas ambiguamente por uma única palavra indicando um oposto) (1129a23-25).

Esses princípios seriam válidos para qualquer uma das virtudes de caráter, mas Aristóteles articula esses princípios, agora, especialmente em conexão com a justiça, porque são úteis, dadas algumas características peculiares da justiça[91]. Como discutiremos a seguir, Aristóteles pensa que, diferente de outras virtudes de caráter, a justiça tem de ser definida unicamente com respeito aos seus efeitos característicos, e em contraste com os efeitos característicos da injustiça. Mas isso implica que tenhamos de chegar ao traço ou estado (*hexis*) simplesmente por meio de seus efeitos característicos.

O princípio 3 corresponde a uma técnica que Aristóteles descreve em seu *Tópicos* para detectar ambiguidade (106a9-621). Por vezes, ele diz, quando é difícil reconhecer uma ambiguidade em uma palavra, é fácil identificar a ambiguidade que afeta os opostos correspondentes. Por exemplo, pode parecer, em princípio, que "claro" significa a mesma coisa quando aplicada a um *argumento* e a uma *vidraça*. Mas o oposto de uma vidraça clara é uma *suja*, enquanto o oposto de um argumento claro não é um argumento sujo, mas um *confuso*. A distinção entre *sujo* e *confuso* é muito mais fácil de ver do que aquela entre "claro" em seus dois usos.

Similarmente, pensa Aristóteles, uma diferença de sentido é difícil de discernir na palavra "justo", mas fácil na palavra "in-

---

91. Seu argumento nesse ponto parece uma adaptação consciente de um argumento que Platão havia empregado para um efeito quase oposto, no *Protágoras* 332a-333a, uma vez que Aristóteles visa a exibir em 5.1 como esse tipo de argumento é *corretamente* realizado.

justo". Chamamos uma pessoa "injusta" ou porque é, como dizemos, "imoral" ou "se considera acima da lei" (o termo grego é *paranomos*); ou porque é gananciosa (*pleonektēs*), que está sempre tentando obter algo a troco de nada (*anisos*). Como a variação de sentido com relação a uma condição será equiparada por uma variação similar de sentido em seu oposto (princípio 3 acima), podemos estar confiantes, portanto, de que existem dois tipos correspondentes de justiça. Caso seja verdade, além disso, que os resultados característicos das condições opostas serão opostos (princípio 2), então, um tipo de justiça envolve ser moral e correto, e a outra forma de justiça envolve não ser ganancioso e não tentar obter coisa alguma a troco de nada: em suma, observar um tipo de igualdade nas transações de uma pessoa com outras. Finalmente, se os resultados característicos de uma condição nos permitem inferir a presença dessa condição (princípio 1), então, a primeira forma de justiça pode ser provisoriamente definida como aquele estado de um caráter pelo qual uma pessoa age de um modo moral e correto, e a outra forma de justiça pode ser provisoriamente definida como aquele estado de um caráter pelo qual uma pessoa promove igualdade em suas transações com outras.

O primeiro tipo de justiça, diz Aristóteles, não é realmente um estado único de caráter, senão de todas as virtudes, enquanto postas em uso de um certo modo. Isso explica por que, afinal, ele não está particularmente interessado nesse sentido de "justiça"; é uma virtude espúria, ele pensa, e não uma das virtudes de caráter. Justiça, em seu sentido amplo, é, como ele coloca, "a virtude completa ou madura como exercida em relação a outros" (*teleia aretē pros heteron*). Com "outros", Aristóteles não quer dizer "outras pessoas em geral"; mas, em troca, aquelas que são, em princípio, estranhas, ou seja, pessoas que não aquelas que conhecemos na vida privada. (Seria absurdo considerar qualquer uma das virtudes morais, como Aristóteles as caracterizou – exceto, talvez, o autodomínio – como tendo qualquer existência além de serem exercidas para o bem de outras pessoas.) É por isso que Aristóteles cita Bias em apoio: "A autoridade adquirida revela a pessoa" (1130a1-2): ou seja, quando uma pessoa assume responsabilidades fora do lar, então, fica claro, por sua atuação justa ou injusta (no sentido amplo), se tinha as virtudes *antes* de assumir essa responsabilidade[92]. Essas reflexões tornam mais claro, também, por que Aristóteles não considerava a justiça nesse sentido amplo como uma virtude distinta: nenhuma pessoa adquire uma virtude simplesmente expandindo o escopo de operação de suas virtudes, mais do que, digamos, um pianista concertista adquire qualquer habilidade de desempenho quando finalmente toca em uma grande sala de concertos.

Que apliquemos a mesma justiça para "a virtude completa como mostrada em relação a estranhos" explica, pensa Aristóteles, as coisas extravagantes ditas sobre a justiça, que seriam inexplicáveis se o termo "justiça" fosse aplicado somente a uma dentre as várias virtudes de caráter. As pessoas dizem que a justiça é "a melhor de todas as virtudes", e "o ponto elevado" ou "extremo" da virtude (1129b30) – sim, porque a virtude é mais atrativa e melhor quando posta ao uso extensivo. As pessoas também dizem, cinicamente, que a justiça equivale a "fazer o que é bom para uma outra pessoa" (1130a3); mas dizem isso, explica Aristóteles, porque estão pensando a virtude somente em seu uso público (na vida privada é ao menos tão óbvio, Aristóteles sustentaria, que a virtude de uma pessoa trabalha em seu *próprio* benefício).

---

92. Essa noção do exercício da virtude "para com os outros" requer exatamente a mesma noção de "outros distintos" como está envolvida no que Aristóteles chama "justiça política" – da qual trataremos mais adiante.

Todavia, poderíamos nos perguntar por que as pessoas se referem à "virtude completa mostrada em relação a estranhos" como *justiça*: por que elas transferem o nome *dessa* virtude particular à virtude completa desse modo: Por que, por exemplo, elas não usam "generosidade" em dois sentidos, amplo e restrito? Por que não se referem ao uso público da virtude como, digamos, "coragem" ou "magnificência"? A razão, sustenta Aristóteles, é que a virtude particular da justiça, sozinha entre as virtudes de caráter, contém como parte de sua definição que é exercida "em relação a outros" (ou seja, uma vez mais, em relação a pessoas que não pertencem à sua família)[93]. Não é possível efetuar o tipo de igualdade ao qual essa virtude particular visa, Aristóteles acredita, exceto entre aqueles que estão relacionados entre si inicialmente como estranhos. Devido a esse elemento partilhado em comum, ele pensa, o nome de uma é transferido para a outra. Com relação às outras virtudes de caráter, contudo, nada as impede de serem exercidas mesmo em relação a família e amigos; por isso, seria incongruente escolher uma dessas virtudes para significar nosso agir virtuosamente em relação a aquelas outras pessoas que não são nossa família e amigos. "Está claro que existe um tipo particular de injustiça, diferente daquele que envolve ir contra a virtude em sua inteireza. Ela tem o mesmo nome, porque sua definição, em seu gênero, é a mesma, uma vez que ambas são exercidas em relação a outros (*pros heteron*)" (1130a32-b1).

Deveríamos considerar brevemente três argumentos adicionais de Aristóteles, encontrados no começo de 5.2, de que "justiça" significa uma virtude distinta e particular de caráter. A estratégia de Aristóteles, em cada caso, é argumentar que existe um vício de

---

93. Ou, para com membros da própria família, mas não na medida em que são tratados como tais.

injustiça distinto e particular, que ele considera implicar que existe uma virtude correspondente. Dois dos argumentos exploram o fato de que o motivo distinto da injustiça particular é *pleonexia*. Isso significa, literalmente, "gananciar". Não é injustamente considerada "ganância" ou "cobiça". Mas, como mencionado acima, podemos ter uma ideia do que Aristóteles quer dizer com ela se a entendermos como a atitude de uma pessoa que deseja, ou espera, ou pensa que tem direito, de obter algo a troco de nada em suas transações com outras pessoas.

O primeiro argumento (1130a16-24) é este. Existem vários tipos de transgressões que as pessoas podem cometer: abandonar as armas em uma batalha e fugir; dizer coisas desagradáveis a outras; não prestar ajuda financeira a uma amiga em necessidade. Cada tipo pode ser referido amplamente como "fazendo uma injustiça" (e, na verdade, cada tipo de transgressão envolve infligir dano a outros). Todavia, além disso, atribuímos mais explicações particulares a essas ações: "Ela estava agindo *por medo* quando fugiu"; "Ela é uma pessoa difícil, e é por isso que disse aquela coisa desaprazível"; "Não surpreende que tenha deixado você na mão, uma vez que é tão *mão-fechada* com seu dinheiro". Ora, cada tipo de atribuição serve para identificar um vício particular, que corresponde a uma virtude de caráter particular. (E cada um desses vícios é claramente distinto do sentido geral em que algo é "injusto".) Todavia, em nosso repertório dessas atribuições, existem também frases como: "Ela fez isso por que é uma *trapaceira*" ou "Isso é bem dela, sempre *tentando obter algo a troco de nada*". E descobrimos que: (i) somente esse tipo de explicação faz sentido para alguns tipos de ação ("A única razão de ela lhe ter dado troco para dez, e não para vinte, é que ela é *mão-fechada*" é inapropriada *nesse* tipo de caso); e (ii) esse tipo de explicação não faz sentido para os tipos de transgressão das quais as outras atribuições tratam apropriadamente ("Ela abandonou suas armas e fugiu porque é uma trapaceira" faz pouco sentido). Aristóteles pensa que a melhor explicação para esses fatos sobre como explicamos a transgressão é que existe um vício distinto, que envolve ser uma trapaceira, e uma virtude distinta, que envolve não ser uma trapaceira – ou ser "justa".

O segundo argumento (1130a24-28) é que duas ações semelhantes, ambas "injustas" no sentido amplo, podem diferir quanto a se são "injustas" no sentido estreito. Dormir com a esposa de seu vizinho é "injusto" no sentido amplo de prejudicar a mulher a quem (presumimos) o homem jurou fidelidade exclusiva. Todavia, podemos imaginar dois cenários. No primeiro, uma pessoa está desesperada por dinheiro, e, convenientemente, o esposo de sua vizinha muita rica simplesmente calha ser obcecado por essa pessoa; ela, portanto, finge estar apaixonada por ele, e, quando ele lhe envia presentes, ela os vende, e põe o dinheiro imediatamente em uma conta de investimento. No segundo, uma mulher tem muito dinheiro, e o esposo de sua vizinha é pobre; mas, escandalosamente, ela abandona sua vida luxuosa em casa e seu trabalho prestigioso para se mudar com ele para um bairro de má reputação, vivendo na pobreza. Suponha agora que ambas as relações terminem. Ambos os homens poderiam alegar ter sido em algum sentido *enganados*, mas o primeiro poderia, num sentido especial, alegar também ter sido *defraudado*: "Aquela mulher era pouco mais do que uma ladra".

O terceiro argumento (1130a28-32) uma vez mais começa com a observação de que existem dois diferentes tipos de transgressão, chame-as "categorias de injustiça". Agora, para cada categoria operamos com uma expectativa de que um vício particular será tipicamente a causa dela: chame essa de "explicação padrão".

A explicação padrão de adultério (Aristóteles pensa) é autocomplacência: por isso poderíamos dizer: "A razão usual para esse tipo de injustiça é a autocomplacência". A explicação padrão de fugir no campo de batalha é covardia: por isso: "A razão usual para uma pessoa desertar de seu posto é a covardia". Mas uma outra categoria de injustiça envolve a transgressão em prol da obtenção de um ganho injusto. Mas qual é a explicação padrão nesse caso? Aristóteles diz que consideramos a injustiça a causa típica: por isso deveríamos dizer: "A razão usual para esse tipo de injustiça é a injustiça". Mas, então (nesse caso somente), estaríamos dando uma explicação tautológica e, portanto, vazia, ou seja, a menos que "injustiça" assuma um sentido diferente em sua segunda ocorrência na explicação. Portanto, deve haver alguma virtude *particular* de justiça e uma forma correspondente de injustiça.

Três formas da virtude da justiça

Uma vez que estabeleceu em 5.1-2, como ele pensa, que existe uma virtude distinta e particular da justiça (a qual, daqui para a frente, referirei simplesmente como "justiça"), Aristóteles tenta defini-la mais cuidadosamente. O vício associado a ela (somente um vício? – veremos mais adiante), envolve "gananciar" e "obter algo a troco de nada" em vez de visar à igualdade. Ela está relacionada com obter um *ganho* injusto. Mas um ganho em que tipos de coisas? Aqui, Aristóteles poderia ter prosseguido sua discussão como fez com o autodomínio, mostrando que não chamamos uma pessoa "gananciosa" se ela visa a sempre obter a maior parte, digamos, do *kalon* em sua ação, e assim por diante. Mas, em vez disso, Aristóteles vai direto ao ponto e diz que a justiça envolve "bens – não todo tipo de bem, mas aqueles que constituem boa ou má fortuna" (1129b4-6). Mais adiante, ele é um pouco mais preciso: ela envolve "honra, dinheiro e segurança – não está claro que tenhamos um termo único que cubra todos esses – inclusive o prazer, ou seja, o prazer que as pessoas obtêm de prosperar" (1130b2-4). Ele, por vezes, chama esses bens de "bens divisíveis" (1130b32), "bens não qualificados" ou "bens não qualificados que são partilhados" (1129b5).

Embora Aristóteles, como vimos, considere *pleonexia* uma marca distinta da pessoa injusta, a descrição que ele prefere é aquela a que uma pessoa visa em suas distribuições de bens que são desiguais (1129a33, b10; 1131a10). Por isso, a descrição fundamental de Aristóteles de uma pessoa injusta é a que é "injusta" ou "não lida justamente" com as outras. Mas essa atribuição de desigualdade é importante, porque é a base para a diferenciação de Aristóteles das três formas de justiça.

Aristóteles raciocina: a justiça envolve (como vimos) *bens* divisíveis; e a justiça envolve claramente *pessoas*; e, além disso, produz *igualdade* – uma relação que fundamentalmente requer uma distinção das duas. Assim, a justiça deve essencialmente envolver a produção de um arranjo de quatro termos: dois pacotes de bens divisíveis, atribuídos a duas pessoas, que poderiam ser representados pictoricamente do seguinte modo (onde "A" e "B" representam pessoas; e "x" e "y" representam pacotes de bens divisíveis):

Aristóteles claramente gostava dessa conclusão e a considerava de primeira importância, o que explica suas figuras geométricas extremamente elaboradas de arranjos justos. Poderíamos, em contraste, ser tentados a descartá-la como trivial. Todavia, podemos começar a compreender sua importância se perguntarmos: *onde* devemos encontrar a igualdade, tão essencial à justiça, na figura acima? Presumivelmente a figura representa um estado justo de coisas; todavia, a justiça é uma igualdade; e uma igualdade se situa entre dois termos. Assim, necessitamos colocar um sinal de igualdade em algum lugar no diagrama. Mas se o colocamos entre o x e o y, obtemos o resultado errado: como Aristóteles mostra, a justiça não consiste em dar porções iguais a cada um, porque as pessoas ficarão corretamente indignadas, não somente se iguais obtiverem partes desiguais, mas também se desiguais obtiverem partes iguais. E se colocarmos o sinal de igualdade entre o A e o B, então, os bens distribuídos se tornam irrelevantes: A e B *já* eram iguais, em algum sentido, *antes* da distribuição. Por isso, Aristóteles mostra, o sinal de igualdade deveria ser de fato colocado, não entre coisa, mas entre as *relações*, ou as proporções, de x em relação a A, e de y em relação a B. (Assim, como Aristóteles diz, a justiça envolve alcançar a "igualdade proporcional", ou seja, uma igualdade de proporções.) E a igualdade que é justiça é, portanto, irredutivelmente uma relação de quatro termos, na qual cada termo desempenha seu papel na constituição do arranjo como justo.

A importância dessa descrição se torna especialmente clara na discussão de Aristóteles sobre reciprocidade em 5.5. Nos capítulos precedentes, Aristóteles apresenta sua visão de que a justiça consiste essencialmente na igualdade. No capítulo 5, ele assume um questionamento à sua visão: a visão concorrente de que a justiça consiste, em troca, na "restituição" ou "reciprocidade". Parece haver algum mérito nessa visão, que introduz a noção de retaliação – a *lex ta-*

lionis do "olho por olho" – e noções e provérbios comuns (como, conforme dizemos, "tudo que vai, volta").

Em resposta, Aristóteles, primeiro, observa que a restituição não funciona em alguns casos: na lei grega, em geral, caso uma cidadã atacasse um membro do governo, a justiça exigiria que fosse punida por algo mais severo do que ser atingida do mesmo modo em compensação; e se um membro do governo atacasse uma cidadã, seria, igualmente, punido com algo mais do que ser atingido do mesmo modo. (Mesmo nossa lei reconhece esse tipo de disparidade: uma cidadã privada que ataca um funcionário do governo está sujeita a uma punição maior do que se tivesse atacado meramente uma outra cidadã.)[94] Que a punição é diferente se a "proporção" entre agente e paciente é evidentemente diferente sugere que alguma noção subjacente de proporção está presente mesmo em casos nos quais a punição seria a mesma.

Mas então Aristóteles apresenta um argumento elaborado em 1132b33-1133b28 – muito complicado para seguir em detalhes aqui – de que mesmo naqueles exemplos nos quais nos baseamos em alguma noção de reciprocidade (e Aristóteles reconhece que a reciprocidade é crucial para a associação humana), estamos de-

---

94. P. ex., no Código dos Estados Unidos (*United States Code*), título 18, seção III, capítulo 7, contém a seguinte provisão:

(a) Em geral. – Quem quer que –

(i) violentamente ataque, resista, oponha-se, impeça, intimide ou interfira com qualquer pessoa designada na seção 1114 desse título enquanto no exercício ou em função do desempenho de deveres oficiais; ou

(ii) violentamente ataque ou intimide qualquer pessoa que anteriormente serviu como uma pessoa designada na seção 1114 em função do desempenho de deveres oficiais durante o mandato de serviço dessa pessoa, deverá, onde os atos em violação dessa seção constituam somente ataque simples, ser multada sob esse título ou aprisionada por não mais do que um ano, ou ambos, e em todos os outros casos, ser multada sob esse título ou aprisionada por não mais do que três anos, ou ambos.

pendendo da igualdade proporcional mais fundamental. A reciprocidade funciona especialmente em relações de negócio contratuais: por exemplo, um sapateiro comercializa uma determinada quantidade de sapatos com um carpinteiro, em troca do trabalho de carpintaria envolvido na ampliação de sua sapataria. A transação é amigável somente se o sapateiro acredita que recebeu bens de igual valor em troca. Mas, observa Aristóteles, esse tipo de arranjo requer que, de antemão (ou *ex ante*, como os economistas dizem), os sapatos sejam considerados *comparáveis* a edificações: digamos, um edifício é considerado valendo o equivalente a dois pares de sapatos por metro quadrado. Além disso, para a transação ser considerada adequada ou justa por ambos posteriormente (ou *ex post*), então, tanto o sapateiro como o carpinteiro têm de concordar que o valor dos sapatos transacionados foi *igual* ao do trabalho de carpintaria realizado.

Primeiro de tudo, uma importante descoberta da parte de Aristóteles é que um arranjo assim permite ser avaliado a partir de duas perspectivas, *ex ante* e *ex post*, que devem ser consideradas separadamente. Mas sua descrição tem duas outras implicações importantes. Primeiro, como a igualdade relevante é aquela das proporções envolvidas, a reciprocidade envolve crucialmente um tipo de "encontro de mentes", onde cada parte da transação aprecia o interesse da outra, e entende que a transação parece igual a outra: tanto o carpinteiro como o sapateiro têm de ver o valor do trabalho de carpintaria, *aos olhos do sapateiro*, como igual ao valor dos sapatos, *aos olhos do carpinteiro*. Segundo, para que isso ocorra com confiabilidade em casos particulares, nenhum caso particular é isolável. É benéfico tanto para o sapateiro como para o carpinteiro, ou para quaisquer outras pessoas envolvidas em uma transação similar com *cada* bem e serviço disponível no mercado. Ou seja, qualquer transação comercial, corretamente entendida, implica a possibilidade de um *mercado*. (Aristóteles astutamente observa que o dinheiro foi inventado precisamente para esse propósito, de generalizar as transações. Ele inclusive descreve o dinheiro como constituindo um "intermediário" para transações comerciais: "ele se torna de um certo modo um intermediário, uma vez que mensura tudo", 1133a20.)

Em suma, as noções econômicas fundamentais de um *mercado*, que permitem que todos os bens sejam comensurados pela *precificação*, e fornece uma medida de seu valor, e de um *equilíbrio de mercado*, por meio do qual o valor desses bens é determinado, cada um com respeito aos outros – e, portanto, também a possibilidade de um tratamento matemático dessas relações – tudo isso advém diretamente da noção aparentemente trivial de Aristóteles acerca da "igualdade proporcional".

Aristóteles pensa que existem três modos de produzir uma igualdade de bens divisíveis, e, assim, três formas da virtude da justiça[95]. A primeira ("distributiva") é para uma pessoa distribuir aos indivíduos bens que foram tomados de um estoque comum: por exemplo, um general concede a medalha de honra a alguns soldados que se distinguiram no campo de batalha; ou uma professora concede notas aos alunos. A segunda ("comutativa") é para pessoas livremente transacionarem bens, da maneira descrita acima. A terceira ("corretiva") é para um juiz corrigir uma desigualdade que seja criada por meio de um ato de injustiça, retirando bens do ofensor e os devolvendo à vítima, ou simplesmente punindo o ofensor.

---

[95]. Não é inteiramente claro por que essas devem ser consideradas três formas de uma única virtude, em vez de três virtudes relacionadas, mas distintas.

Embora Aristóteles argumente, com certo detalhe, que o terceiro tipo de igualdade é distinta ao ser "aritmética", porque a correção ocorre simplesmente fazendo com que o ofensor nada ganhe com sua ofensa (e observe, a propósito, que Aristóteles, seguindo a prática ateniense, tende a olhar para a injúria como somente uma ofensa "civil", comparável à nossa noção de "delito"), esse caso também deveria presumivelmente ser visto como indiretamente envolvendo a igualdade proporcional (cf. 1134a5-6). A razão é que é uma presunção de justiça corretiva que a distribuição de bens anterior à ofensa seja correta e, portanto, igual, mas o padrão implícito nessa pressuposição é o da igualdade proporcional. (Se B toma dez dólares de A, mas separadamente desse A bate seu carro no carro de B, provocando danos no valor de milhares, não deveríamos pensar que tudo estaria resolvido se simplesmente exigíssemos de B a devolução dos dez dólares.)

A doutrina da mediedade conforme se aplica à justiça

Bem no começo de seu tratamento da justiça, Aristóteles assinala que, em seu ver, essa virtude envolve um intermediário de um modo diferente das outras virtudes de caráter: "Necessitamos examinar a virtude da justiça e o vício da injustiça, especialmente a que tipos de ações se estendem, e que tipo de condição intermediária é a virtude da justiça, e de que coisas um estado justo de coisas (*to dikaion*) é uma marca intermediária" (1129a3-5). Mas o quão exatamente é diferente?

A primeira observação de Aristóteles sobre o tema não é útil. Ele usa uma linguagem similar a 2.6 e faz parecer que a virtude atinge a marca intermediária nesse caso exatamente do mesmo modo que em outros:

Em todo tipo de ação é possível fazer mais ou menos, e é igualmente possível fazer o que é igual. Assim, portanto, se algo é injusto porque é desigual, será justo porque é igual (o que é exatamente o que todos creem, embora sem realizar este argumento). E como o que é igual é intermediário, a coisa justa a fazer seria um tipo de marca intermediária (1131a11-15).

À primeira vista, a ideia de Aristóteles parece ser: qualquer intermediário a que se vise implica um tipo de igualdade, uma vez que alcançar o intermediário é alcançar algo igual a ele, e ir além ou ficar aquém dele é alcançar algo "desigual" com relação à marca intermediária. Portanto, atingir o centro do alvo é como atingir uma igualdade: a flecha cai a uma altura exatamente *igual* à altura do centro do alvo, e não se desvia para a direita nem para a esquerda, atingindo o alvo em uma largura exatamente *igual* ao do centro do alvo. E Aristóteles aparentemente deseja argumentar a partir disso que como qualquer marca intermediária é um tipo de igualdade, então, qualquer igualdade é um tipo de intermediário; assim, a justiça, que envolve igualdade, deve envolver algo intermediário, e, portanto, conforme à Doutrina da Mediedade. Mas o ponto, embora bastante verdadeiro, parece trivial e não informativo. Quão precisamente uma igualdade-que-é-intermediária difere de um intermediário-que-é-igual?

Aristóteles prossegue a partir dessa observação muito geral para argumentar em favor de duas diferenças entre justiça e as outras virtudes de caráter. A primeira (parece) é a de que a marca intermediária e os extremos envolvidos na justiça são definidos unicamente em termos das distribuições que a justiça deve produzir, não em termos de quaisquer motivações emocionais, ou impulsos, da agente: "A virtude da justiça é uma condição intermediária, não do mesmo modo que as outras virtudes de caráter, mas simplesmente porque é *de um intermediário*" (1133b32-33). O ponto de Aristóteles parece ser que a *virtude*, o traço de caráter em si, é algo intermediário de um modo inteiramente derivativo: o ser assim é completamente dependente do fato de que ao que *visa* ser intermediário. Em contraste, no caso das outras virtudes, Aristóteles desejava sustentar que o estado real de uma pessoa com a virtude era de algum modo intermediário entre os estados de pessoas com os vícios opostos. Com a coragem, por exemplo, como vimos, a *ação* que é correta – nem atacar precipitadamente contra ordens nem abandonar seu posto – é em geral correlacionada à agente ter emoções que não "vão a extremos" e, portanto, não são suscetíveis ao controle racional. Que as emoções da agente não cheguem a extremos de medo ou de confiança, de modo que o que a agente faz é controlável pela razão, é parte do que Aristóteles tem em mente ao dizer que a *virtude* da coragem é em si algo intermediário.

Em vários textos-chave Aristóteles descreve as virtudes de caráter como tratando tanto de ações como de emoções (2.6.1106b16-17; 2.8.1108b18-19; 2.9.1109a23; 3.1.1109b30; cf. 2.7.1108a30-31). Sua visão parece ser que as virtudes diferem com relação ao grau ao qual lidam com emoções: algumas virtudes, como ser temperado (cf. 4.5), modulam apenas respostas emocionais; outras, como coragem e autodomínio, modulam emoções com vistas à ação correta. Mas a justiça, Aristóteles aparentemente pensa, modula somente ações e os arranjos iguais que produzem, já as emoções não[96].

---

96. Isso não é dizer que uma pessoa poderia não tentar controlar suas emoções como uma *condição* de agir justamente: "É melhor me acalmar, porque, se não, não tenho esperança de ver o que é justo nessa situação". Mas a calma poderia similarmente ser uma condição de uma ação para outras virtudes, sem que fosse aquilo com o que essas virtudes "lidam" ou têm como seu objeto distinto.

A segunda diferença, pensa Aristóteles, é que existe somente um vício correspondente à virtude da justiça, não dois, como no caso as outras virtudes de caráter. Aristóteles observa que "a injustiça pertence aos extremos" (1134a1), todavia, com relação à justiça, existem dois extremos: ter uma pessoa mais do que deveria, e ter menos, o que Aristóteles descreve como "agir injustamente, e ser injustamente tratada" (1133b31). Assim, se existem dois *vícios* de injustiça, depende de se existe uma má condição pela qual uma pessoa consistentemente se trata injustamente, assim como uma condição na qual uma pessoa consistentemente age com injustiça. Mas isso Aristóteles nega, porque, ele afirma, simplesmente, não é possível para pessoa alguma voluntariamente tratar a si injustamente. A razão, em suma, é que uma pessoa que deliberadamente deseje ter menos de um bem do que sabe que pode exigir é simplesmente abandonar, livremente, aquela porção, como uma doação. Assim, qualquer ação que se parecesse com essa poderia ser um exemplo de uma pessoa "fazendo uma injustiça para si" e a pessoa seria propriamente descrita como dando um presente a outra. E, nesse caso, então, deveríamos avaliá-la de acordo com os padrões de amizade em vez de justiça, do seguinte modo: essa era uma amiga próxima o bastante para um presente desse tipo? A pessoa deveria em troca ter dado esse presente para essa outra pessoa, para quem seria mais apropriado? O fato de ela ter dado esse presente a tornou incapaz de ser útil aos seus amigos mais próximos que necessitam de sua ajuda agora? E assim por diante[97]. Esses dois pontos estão, certamente, relacionados, porque a *virtude* não pode ser intermediária, caso exista somente um vício ao qual possa ser contrastada.

Aristóteles dedica 5.9, portanto, para argumentar que não é possível voluntariamente ser tratado injustamente, e 5.11 para argumentar

---

97. Cf. cap. 9, adiante, para as visões de amizade de Aristóteles.

em favor da afirmação relacionada, segundo a qual não é possível uma pessoa tratar a si injustamente, precisamente para explicar por que existe somente um vício associado com a justiça e, assim, por que a justiça é uma exceção compreensível de sua Doutrina da Mediedade. Muitos de seus argumentos nesses capítulos são excessivamente engenhosos. Considere, por exemplo, os argumentos em 1138a18-28, de que uma pessoa não pode fazer uma injustiça contra si atribuindo-se menos do que é sua parte: (i) Suponha que ela se trate injustamente desse modo. Então, ela estaria destinando a si menos que lhe é devido. Mas ela faria isso abstendo-se de algo, que deveria ter. Todavia, nesse caso, como ela é quem está se abstendo disso, ela o teria, no final! Uma vez mais, (ii) qualquer pessoa que receba restituição compensatória por algum dano que provocou é tratada justamente no final. Suponha, portanto, que uma pessoa machuque a si própria: uma pessoa assim, sem dúvida, comete uma ofensa, mas também recebe simultaneamente uma punição exatamente igual à ofensa. Assim, ela se trata justamente, no final! Uma vez mais, (iii) toda injustiça, como vimos, pode ser atribuída a alguma categoria de injustiça. Mas nunca faz sentido atribuir a qualquer categoria assim uma ação que uma pessoa realiza com respeito a si e aos seus próprios pertences. Por exemplo, "cometer adultério com seu próprio esposo"; "roubar sua própria propriedade"; e "invadir sua própria casa" são descrições ridículas. O que elas pretendem discriminar teria de ser descrito diferentemente, por exemplo, "não cometer adultério, afinal, mas tentar cometê-lo", digamos, porque foi seu esposo disfarçado que a encontrou num ponto de encontro[98], como, por exemplo, na canção popular "Lamorna".

---

98. Com certeza, uma pessoa que aceite ou se coloque em algum tipo de desvantagem como um resultado de (digamos) sua timidez ou preguiça, ou de alguma outra inibição assim, pode ser considerada estar "Fazendo uma injustiça para si". Mas, então, isso deveria ser entendido como: ela agiu sem razão de um modo tal que outras a recompensaram com menos do que poderia facilmente ter merecido. (Devo esse es-

Equidade

Dado que o resultado dos capítulos 5.9 e 5.11 é que pessoa alguma comete uma injustiça se deliberadamente toma menos para si do que poderia corretamente pretender como lhe sendo devido, podemos apreciar por que Aristóteles espreme entre esses capítulos seu exame da "equidade", porque ela muitas vezes considera precisamente a forma de uma pessoa tomar para si menos do que corretamente poderia.

A equidade é a correção da lei em particulares, empreendida com vistas ao propósito da lei, ou intenção do legislador. Um exemplo comum, que ilustra bem a noção, é a de um príncipe de uma cidade murada que está sob ataque, que estipula a lei de que o portão da cidade nunca deve ser aberto entre o anoitecer e o amanhecer. De fato, um dia, a milícia da cidade, com o príncipe à sua frente, sai para atacar o inimigo; mas, após uma longa batalha, na qual o príncipe é morto, ela retorna para a cidade após o anoitecer, com o inimigo em seu encalço. Você é a pessoa responsável pelo portão, e a lei lhe instrui a mantê-lo fechado. Você segue a lei, deixando os soldados de sua cidade serem capturados e assassinados, ou você viola a lei a abre o portão? E se você viola a lei, você está sendo justa ou injusta ao fazer isso?

Aristóteles afirma que essas dificuldades inevitavelmente surgirão com relação a qualquer lei. A razão, ele pensa, é que a lei consiste em instruções com vistas à obtenção de algum fim; mas nenhum conjunto de instruções jamais será adequado para todas as contingências; e, de qualquer modo, a lei deve ser relativamente simples, de modo que possa ser fácil e geralmente compreendida e

---

clarecimento a Maximilian Pakaluk.) Não usaríamos a frase "injustiça", exceto como tendo em mente como outros merecidamente a trataram, ou a tratariam.

posta em prática. Assim, é da própria natureza da lei que ela deve ser *inteligivelmente* seguida, através da compreensão de seu propósito, e, depois, pelo afastamento da letra estrita da lei, quando isso destruiria seu propósito com relação às contingências imprevistas[99]. Em nosso exemplo comum, a pessoa responsável pelo portão pode raciocinar que deixar o exército da cidade ser massacrado (o que inevitavelmente levaria à queda da cidade para o inimigo) destruiria o propósito do comando do príncipe. Se você quiser: a pessoa responsável pelo portão pode imaginar o que o príncipe teria incluído na lei quando foi redigida, se a contingência confrontada por ela fosse apresentada ao príncipe naquele momento.

A discussão de Aristóteles sobre a equidade é extremamente breve e meramente apresenta o tema. Um tratamento mais completo necessitaria considerar coisas como: a letra da lei pode ser negligenciada somente quando não a seguir "destrói o propósito" da lei, ou, mais amplamente, em casos nos quais negligenciar a letra seria (aparentemente) um melhoramento da lei? Sob que condições uma cidadã privada, em sua própria autoridade, está justificada a negligenciar a letra da lei (incluído nessa está a área que chamamos "a defesa da necessidade" na lei)? Como podemos confiadamente determinar o propósito da lei, ou a intenção do legislador? A desobediência civil é um exemplo de equidade? Nesse caso, como distinguir esses casos da ilegalidade?

---

99. A equidade envolve a interpretação da lei com relação a contingências que não foram previstas. Ela não permite que cidadãos privados atuem contra a letra da lei em circunstâncias claramente previstas. Por exemplo, não é um exercício de equidade para um motorista atravessar um sinal vermelho quando claramente nenhum outro veículo está na área de uma interseção – uma vez que os legisladores poderiam facilmente prever que isso aconteceria e não permitirem exceção a isso. Similarmente, não é um exercício de equidade um motorista virar à direita após parar num sinal vermelho, onde a lei deixou isso ao juízo do motorista.

Tendemos a considerar a equidade como um tema de demanda judicial: assim, por exemplo, "Cortes de Equidade" surgiram na lei consuetudinária inglesa para fornecer um remédio para casos nos quais a observância estrita da lei produziria uma injustiça intolerável. Mas Aristóteles a considera como um traço de caráter, que é a forma que a virtude da justiça assume quando praticada com refinamento adequado, descrevendo-a como o traço de "deliberadamente visar a, e alcançar, na prática, o que é equitativo" (1137b35-1138a1). Ele diz muito pouco sobre esse traço, talvez, porque o considere muito estreitamente ligado à amizade (cf. 8.1.1155a28, uma referência aparente de volta à equidade), e, portanto, uma área de atualização conjunta da virtude da justiça e daqueles traços de caráter envolvidos na amizade.

Talvez, a manifestação mais surpreendente desse traço, como vimos (e ao qual Aristóteles dá atenção no final de 5.10), é como a equidade leva uma pessoa a exigir menos para si do que a letra estrita da lei permitiria – o que equivale a dar um presente a outros. Por exemplo, embora você fosse a primeira na fila do supermercado, com sua cesta cheia de mercadorias, você permitiu com que o homem que somente desejava comprar um litro de leite passasse à sua frente na fila. Você não era obrigada a fazer isso, de fato, a regra relevante permite que você vá primeiro e proíbe o homem de cortar sua frente, mas você permitiu que ele passasse à frente porque você tem uma noção do que a regra visa a alcançar (o pagamento eficiente pelas mercadorias). Uma vez mais, uma pessoa dá uma contribuição voluntária para sua cidade quando, em função de uma brecha na lei tributária, uma grande renda não é tributada; e assim por diante. Ações como essa claramente requerem alguma intenção geral para fomentar o bem de outros por meio da lei e, portanto, constituem, como pensa Aristóteles, um tipo de "amabilidade cívica".

Tudo que Aristóteles diz sobre a incapacidade da lei de levar em conta todas as contingências da ação será, similarmente, válido para os contratos. (De fato, vale para o raciocínio ético em geral. Como vimos, uma das coisas que Aristóteles pretende quando diz que generalizações na ética valem tipicamente "na maioria dos casos" é que estão sujeitas às mesmas enfermidades que qualquer código legal.) Contratos são essencialmente abertos e incompletos (cf. HART, 1995).

Mas isso implica que uma expressão importante da virtude da equidade seja precisamente reconhecer quando um contrato se afasta do que é razoavelmente correto, para vantagem da própria pessoa, e nesses casos consentir voluntariamente em revisá-lo; e também ser amigável e flexível em lidar com parceiros em um contrato, mostrando uma disposição em mudar a letra de um contrato para cobrir contingências imprevistas que levam a inequidade. Como a amizade repousa em grande medida em arranjos contratuais implícitos, a equidade terminará sendo importante para a prática da amizade.

Política e justiça natural

Podemos complementar essa consideração da visão de Aristóteles sobre a virtude da justiça examinando brevemente duas dimensões da justiça, que são importantes para seu tratamento: justiça política *versus* justiça metafórica; e justiça natural *versus* justiça convencional.

A primeira distinção é familiar, uma vez que diz respeito à exigência, que já examinamos, de que a justiça cobre as ações de uma pessoa *pros heteron*. Comentamos isso como: "em relação àqueles que são inicialmente estranhos"; mas isso não foi inteiramente acurado. É verdade que, de acordo com Aristóteles, membros da família de uma pessoa, e seus amigos, não são "outros" no sentido estrito. Mas esse conceito de "outro" também não se aplica (digamos) à inteireza da raça humana além da família de uma pessoa. Em troca, e mais precisamente, estende-se àquelas pessoas, não membros da família da pessoa, que estão *na mesma sociedade política*[100]. Esse é um ponto extremamente importante. Para Aristóteles, a sociedade política torna possível um modo distinto de associação, não encontrado em outra parte, que ele descreve como uma associação de pessoas que são *livres e iguais* (1134a27), que estão *sob a lei* (a30), e que *partilham* (ou "se alternam") *em governar e ser governadas* (b15). Duas pessoas que estão em uma associação política estão, como tais, associadas uma à outra de um modo tal que as ações de uma em relação à outra são *pros heteron*. Poderíamos dizer que, de acordo com Aristóteles, a distinção das pessoas é mais bem revelada na sociedade política, e na sociedade política a maioria de nós leva em conta essa distinção em nossas transações com outros. Nas famílias, as pessoas não lidam umas com as outras como distintas; fora da sociedade política, elas não lidam umas com as de um modo consistente.

Aristóteles diz que justiça é justiça "sem qualificação", e com isso ele pretende dizer que a justiça no sentido impróprio e amplo (o que a "justiça geral" considera seu fim) assim como a igualdade visada pela virtude particular relacionada ao caráter são centralmente exemplificadas nas relações de membros da sociedade política entre si, precisamente como membros da sociedade política.

---

100. Deveríamos acrescentar a restrição: "ou aqueles que, com efeito, estão na mesma sociedade", para cobrir estrangeiros residentes, embaixadores, visitantes em termos amigáveis, e mesmo membros de outras sociedades na medida em que estão sujeitos a uma mesma lei comum, digamos, por meio de acordos.

Dizer isso é negar que as relações de uma pessoa com membros de sua família, ou com seus amigos, sejam um exemplo de justiça no sentido estrito. Em troca, essas relações exibem uma forma qualificada de justiça; e, no caso da relação entre uma pessoa e aquelas outras que (pensa Aristóteles) são semelhantes a partes dela (diríamos: "Essas pessoas *pertencem* a ela"), dizer que a justiça existe é usar uma metáfora, assim como falar em dar algo para si é uma metáfora. Disso, é claro, vem a crítica de Aristóteles a Platão, com a qual comecei este capítulo. O argumento da *República* envolve uma grande confusão: começa, propriamente, considerando a justiça envolvendo as relações entre outros distintos em uma sociedade política ideal, mas termina afirmando que a justiça como uma virtude da alma envolve uma relação supostamente similar às partes da alma entre si. Mas a justiça não pode ser mostrada na relação de uma pessoa consigo.

A distinção entre justiça natural (ou "primária") e convencional (ou "legal") é, certamente, exigida pela noção de equidade: a convencional é a que existe por acordo ou decisão; e agir com equidade significa precisamente descartar o que foi acordado ou decidido, em favor de julgamentos sobre a justiça que dizem respeito à realidade que se apresenta à agente. A equidade também requer reconhecimento de algumas restrições, princípios ou ordenamentos como em algum sentido "justos", antes da lei, e como o que a lei visa a produzir. (Como Aristóteles observa: "A justiça primária é algo distinto um pouco distinta da justiça legal", 1136b34.)[101] Uma distinção entre justiça convencional e legalidade, e algo ante-

---

[101]. Isso é claro a partir do caráter do que é chamado "a defesa da necessidade": a montanhista que arromba o chalé de esqui de uma outra pessoa e usa os suprimentos que lá encontra a fim de sobreviver a uma tempestade inesperada está julgando (corretamente) que um propósito da lei é preservar e proteger a vida, de modo que qualquer lei que impedisse isso seria, nesse sentido, "injusta". Esse tipo de conside-

rior a isso, já havia sido esboçada por Sócrates. Já uma distinção entre justiça convencional e legalidade, e algo antes disso, havia sido esboçada por Sócrates. Quando Sócrates, na *Apologia*, explica que não seguiu o comando dos Trinta Tiranos para prender e levar a eles um homem inocente, porque seu comando não era *justo* (32a-33b), deve estar apelando a algo diferente de uma lei positiva, porque o comando teria sido legal pelas convenções que estabelecia esse governo. Por isso, Aristóteles teria considerado sua discussão sobre a justiça natural, também, não como uma inovação, mas como uma outra noção que estava simplesmente se apropriando de Sócrates e Platão.

Aristóteles não diz muito sobre a justiça natural. Ele é muito mais claro em sua rejeição da posição oposta de convencionalismo, e em suas bases para rejeitá-lo, do que em suas asserções sobre a justiça natural – talvez por que, no fim, tenha pouca paciência com o convencionalismo, e o considere obviamente errado. Nossas próprias afirmações sobre a justiça natural assumem a forma de declarações de direitos naturais ou leis naturais. Mas Aristóteles não parece ter tido noção alguma de um "direito" como um atributo possuído por um indivíduo[102]. (Ele, é claro, reconhece que existem coisas que seriam "corretas" e "incorretas" fazer a outras pessoas, mesmo antes da lei. Mas isso é expresso no grego por um verbo, *dei*, "deve", não um substantivo, um "direito", que se destinava a indicar uma base duradoura para exigências localizadas em uma pessoa.) E, embora na *Retórica*, ele reconheça "leis não escritas" (1.3), que aparentemente expressariam exigências da justiça natural, na *Ética*, nada diz sobre isso, e, em troca, compara a

---

ração estaria implícito, também, na compreensão de Aristóteles das ações "misturadas" em 3.1.
102. Todavia, cf. Miller (1995), que argumenta de outro modo.

justiça natural ao que chamaríamos uma "propensão", que pode ser objetada por algumas pessoas o tempo inteiro, talvez, ou por todas as pessoas por algum tempo, mas não por todas as pessoas o tempo inteiro. Um bom exemplo de justiça natural nesse sentido seria, por exemplo, o princípio de que uma pessoa deveria ter a posse do que produz por meio de seu trabalho – "o *direito* à propriedade privada", como chamaríamos. Existem algumas pequenas comunidades que desconsideraram esse princípio por um tempo relativamente longo; e existem grandes sociedades, também, que, por um tempo muito breve, e com pouco sucesso, tentaram desconsiderá-lo; mas, em geral, as pessoas se dão bem e prosperam reconhecendo-o. Concebemos e desenvolvemos convenções legais que constituem a lei da propriedade, portanto, precisamente para dar expressão concreta a esse princípio de "justiça natural"; e igualmente em outros casos.

Leitura adicional

Uma crítica provocativa que considera quão precisamente a justiça envolve emoção ou motivação não racional é Williams (1980), ao qual O'Connor (1988) visa a responder.

Meikle (1995) é um estudo abrangente da contribuição de Aristóteles ao começo da economia. Judson (1997) é inestimável sobre a justiça e igualdade das transações. Sobre se Aristóteles aceita alguma noção de lei natural ou de direitos naturais, ver Miller (1995). Para a longa tradição sobre "lei natural" que se considera desenvolvendo observações em Aristóteles, o *locus classicus* é novamente Tomás de Aquino (1947), I-IIae, q. 94. Mas o espírito geral das observações de Aristóteles é talvez mais bem desenvolvido no trabalho dos moralistas escoceses, especialmente Reid (1969).

7
VIRTUDE RELACIONADA AO PENSAMENTO

Ética a Nicômaco, livro 6

Vamos recapitular o argumento de Aristóteles uma vez mais. Ele está buscando identificar o fim último da vida humana, que ele concebe como uma atividade, repetida regularmente, que serve apropriadamente para organizar tudo o mais que fazemos, e que tem as marcas do Caráter Último, da Autossuficiência e da Preferibilidade.

Ele argumentava no Argumento da Função do livro 1 que uma atividade como essa será algo que somente um bom ente humano pode realizar, ou seja, é uma atividade que pode ser realizada somente por aquela pessoa que tem a "virtude" de um ente humano. Assim, ele se dedica no livro 2 a um exame da virtude humana.

Mas a virtude humana termina sendo complexa; permite análise; possui várias "partes". Uma dessas "partes", relacionada ao caráter, torna uma pessoa boa em seguir ou realizar o que pensa que razoavelmente deveria fazer. Ela faz isso, afirmava Aristóteles, de dois modos: ao manter os motivos de uma pessoa em uma condição de responsividade que cai entre extremos irracionais e excessivos, e ao auxiliar uma pessoa a realizar sua ação com refinamento, de modo que é apropriado com relação a todas as várias dimensões de uma ação[103]. Todas

---

103. Recorde a observação de Aristóteles quando ele introduz a Doutrina da Mediedade: uma virtude "coloca uma coisa em uma boa condição" e "faz seu trabalho carac-

as condições estáveis pelas quais nos tornamos assim são virtudes relacionadas ao caráter, e Aristóteles considera que consistem na coragem, autodomínio, generosidade, justiça particular e inúmeros outros traços.

Mas, assim como um ente humano pode ser bom em *seguir* ou *realizar* o que pensa razoavelmente que deveria fazer, também pode ser bom em *pensar* – pensar sobre como deveria *agir*, mas também pensar sobre como *fazer* algo, ou simplesmente pensar sobre temas como geometria, que muitas vezes não têm aplicação evidente com relação à ação ou à produção. Aristóteles havia afirmado no começo do livro 2 que ser bom nesses vários modos é uma parte distinta da virtude humana. Ele chamava essa virtude "relacionada ao pensamento" e afirmava que é adquirida por meio de instrução e aprendizagem em vez de por meio de algum processo de treinamento e prática. No livro 6 da *Ética*, ele volta sua atenção para a virtude desse tipo. Ele identifica cinco dessas virtudes, argumenta que elas são realmente distintas umas das outras, e, de um modo preliminar, argumenta que algumas delas são subordinadas a outras.

As cinco virtudes relacionadas ao pensamento que Aristóteles distingue são:

1) técnica (*technē*);

2) conhecimento (*epistemē*);

3) habilidade administrativa (*phronēsis*);

4) intuição firme (*nous*); e

5) sabedoria ou "compreensão profunda" (*sophia*).

---

terístico se mostrar bem" (2.6.1106a16-17). Ele pensa que uma virtude relacionada ao caráter é em si intermediária e auxilia nas ações que são intermediárias.

Ele sustenta aparentemente que essas são subordinadas uma à outra do seguinte modo: A técnica é subordinada à habilidade administrativa, com base em que a segunda lida com *agir* bem, e a primeira com *fazer coisas* bem, e, geralmente, fazemos coisas como instrumentos de ação: agir é anterior a criar. Mas a habilidade administrativa é subordinada ao conhecimento com base em que a primeira visa a *produzir* algo, relativo a nossos interesses e necessidades, mas o segundo não necessita visar a resultado algum além de si, e pode estar relacionado a temas que não são relativos ou restritos a nossos interesses. Todavia, o conhecimento é subordinado à sabedoria, com base em que, ao visarmos a conhecer qualquer coisa, consequentemente, visamos, sobretudo, a conhecer as causas e razões mais básicas das coisas, e é a isso que a sabedoria está dirigida.

Assim, já no livro 6, encontramos um argumento implícito em favor da visão de que a sabedoria, uma compreensão profunda das coisas (*sophia*), é a melhor e mais fundamental virtude humana. E, portanto, consequentemente, a atividade que os entes humanos podem realizar por terem essa virtude – a atividade de efetivamente pensar, demorar-se e refletir sobre aqueles temas dos quais temos uma compreensão profunda – é a melhor atividade disponível a nós.

Contudo, esse argumento, está implícito no livro 6 e é executado indiretamente, por meio do que, à primeira vista, parece ser um mero projeto de classificação. O principal objetivo de Aristóteles, em primeiro lugar, é simplesmente classificar: quantas virtudes relacionadas ao pensamento existem? Quais são elas? Como se distinguem uma da outra? Quais traços bons deveriam ser considerados ancilares e não realmente virtudes relacionadas ao pensamento por si? Ele parece pensar que a primazia da sabedoria, entre as virtudes relacionadas ao pensamento, torna-se evidente tão logo desenvolvamos uma classificação satisfatória.

Sua preocupação com a classificação deve ser entendida, uma vez mais, como dirigida contra Platão e em um contexto platônico. Como já vimos, Platão descreve a virtude diferentemente como *conhecimento*, *técnica*, *habilidade administrativa* e *sabedoria*, como se fossem intercambiáveis. Platão considera a virtude conhecimento no reconhecimento da segurança, estabilidade e proteção contra o erro que a virtude proporciona. Uma pessoa que possui uma virtude, ele pensa, é, consequentemente, impedida de se desencaminhar, assim como uma pessoa com conhecimento matemático não cometerá erros de raciocínio matemático. Assim, com base nisso, a virtude seria um tipo de conhecimento. Todavia, para Platão, a virtude também parece ser uma técnica superior, uma "técnica das técnicas", que fornece critérios para nossa busca daqueles bens que perseguimos por meio de técnicas subordinadas a ela. (Vimos como o próprio Aristóteles no livro 1 é atraído por essa ideia.) Todavia, a virtude é também fundamentalmente a "boa condição da alma"; e a função (*ergon*) ou tarefa da alma, pensa Platão, é assumir o comando e colocar as coisas em ordem; assim, uma *virtude* da alma nos permitiria fazer essas coisas *bem*, e a virtude consequentemente deve ser algum tipo de habilidade administrativa. Finalmente, de acordo com Platão, se a virtude deve ser fundamentada, não pode estar baseada em superficialidades; mas, em troca, em uma compreensão assegurada das realidades mais fundamentais; mas essas são as Formas, e obter uma compreensão das Formas parece ser um tipo de sabedoria.

Não são poucas as passagens em que Platão desliza facilmente de um para outro desses vários modos de caracterizar a virtude. Mas, então, qual dessas coisas é virtude? Ou a virtude é todas essas juntas? Como é típico, Aristóteles deseja "salvar as aparências" fazendo distinções. Ele distingue cinco virtudes relacionadas ao pensamento, cada uma tendo sua própria tarefa, e argumenta, com efeito, que Platão estava tratando essas virtudes como se fossem as mesmas. Todavia, como essas várias virtudes são distintas, pensa Aristóteles, podemos ver, então, que têm uma certa ordem e prioridade.

É a isso que basicamente ele visa fazer no livro 6, que tem a seguinte estrutura:

1 Introdução

(cap. 1) A "razão sólida" e seu alvo

(cap. 2) Algumas distinções preliminares

2 As cinco virtudes relacionadas ao pensamento

(cap. 3) Conhecimento (*epistemē*)

(cap. 4) Técnica (*technē*)

(cap. 5) Habilidade administrativa (*phronēsis*)

(cap. 6) Intuição (*nous*)

(cap. 7) Sabedoria (*sophia*)

3 Algumas virtudes ancilares

(cap. 8) Variedades de habilidade administrativa

(cap. 9) Ser bom em pensar coisas (*eubolia*)

(cap. 10) Percepção (*synēsis*)

(cap. 11) Compreensão simpática (*gnōmē*)

4 A subordinação da habilidade administrativa à sabedoria

(cap. 12) O valor da sabedoria

(cap. 13) O valor da habilidade administrativa

A "razão sólida" e seu alvo

Nas linhas iniciais do livro 6, Aristóteles faz uma reclamação e sugere uma solução. Mas qual é a reclamação, e que tipo de solução ele vislumbra? Aqui, está a passagem relevante:

> [I] Como dissemos anteriormente que é necessário selecionar o intermediário – nem o excesso nem a deficiência – embora o intermediário seja "como a razão sólida diz", vamos fazer uma distinção com relação a isso.
>
> [II] A razão para fazermos isso é que, com relação a cada um dos tipos de ações previamente mencionados (como em outros temas), há um *alvo* ao qual uma pessoa mira quanto tem o princípio relevante à mão, tensionando ou relaxando conforme for; igualmente, há um *padrão* particular para condições intermediárias (ou seja, aquelas que dizemos estarem entre o excesso e a deficiência, com base em que correspondem à razão sólida).
>
> [III] Todavia, falar desse modo, embora verdadeiro, não é ainda claro. Por quê? Como em outras disciplinas que envolvem coisas para as quais há competência, é igualmente verdade dizer isto: "é necessário se esforçar e relaxar nem mais nem menos; mas, em troca, fazer coisas intermediárias e como a razão sólida diz". Mas, se qualquer pessoa recebesse apenas isso, ela nada saberia além disso – como, por exemplo, os tipos de coisas que deveria aplicar ao corpo, supondo que dissessem: "Os tipos de coisas que a *habilidade médica* recomenda, e do modo que a pessoa que tem essa habilidade recomenda".
>
> [iv] É por isso que, com relação às condições da alma também, é necessário não apenas dizermos isso, corretamente, mas também demarcarmos o que é a "razão sólida", e qual é seu padrão.

Uma visão comum dessa passagem sem dúvida difícil – chame-a "Visão Padrão" – é que Aristóteles está levantando a dificuldade sobre a Doutrina de Mediedade, que envolve o que chamamos antes o "Problema da Orientação". Todos nós desejamos orientação concreta sobre como agir. Que ações deveríamos realizar? Quais deveríamos evitar? Existem quaisquer ações que sejam em cada caso erradas? Até aqui, a única regra à qual Aristóteles aparentemente apelou, em sua descrição das virtudes particulares relacionadas ao caráter, é a Doutrina de Mediedade. Contudo, dizer que "ações virtuosas são ações intermediárias" não é, obviamente, ainda dar qualquer orientação precisa. Mas Aristóteles em suas discussões anteriores foi cuidadoso em dizer que o que conta como intermediário é determinado, ao fim e ao cabo, pela "razão sólida". Mas, então, dizer que "ações virtuosas são intermediárias, do modo que a razão sólida indica" parece simplesmente adiar o problema, pois o que é, precisamente, que a razão sólida tipicamente "indica"?

De acordo com a Visão Padrão, portanto, Aristóteles está reconhecendo na abertura do livro 6 que, a fim de obter uma orientação real, necessitamos, aparentemente, de regras de conduta mais específicas, ou ao menos alguns exemplos concretos de raciocínio sólido. Aristóteles propõe sua comparação com a medicina ao longo dessas linhas. A comparação se destina a sugerir que um tratado sobre ética deveria incluir prescrições específicas sobre como agir virtuosamente, assim como um manual médico tem prescrições específicas sobre como preservar e restaurar a saúde.

Mas se essa é a reclamação de Aristóteles, qual a solução que ele fornece? De fato, Aristóteles no livro 6 nunca apresenta quaisquer regras específicas de conduta ou exemplos específicos de ação virtuosa. Ele jamais responde ao problema que, de acordo com a Visão Padrão, ele levanta no início do livro 6, e que presumivelmente motiva a investigação desse livro. E, portanto, sobre a Visão Padrão somos deixados com uma lacuna entre ao que Aristóteles visa e o que ele de fato realiza. Como um defensor da Visão Padrão coloca:

> Livro VI... parece partir de um falso começo. Na primeira seção do primeiro capítulo, Aristóteles declara claramente que está prestes a examinar a natureza dos princípios da razão correta que determinam o intermediário entre o excesso e a deficiência. O restante do capítulo, contudo, ignora essa seção... Em nenhuma outra parte Aristóteles lida com o problema apresentado na primeira seção do Capítulo 1... (URMSON, 1988: 79).

Na verdade, na Visão Padrão, a lacuna entre o que Aristóteles diz que irá fazer no livro 6 e o que de fato faz é tão grande que alguns proponentes dessa visão inclusive sugeriram que a abertura do livro 6 não tenha sido escrita por ele, e que "deveria ser considerada ou provavelmente um falso começo de Aristóteles ou uma inserção editorial infeliz" (URMSON, 1988: 79)[104].

Contudo, uma interpretação de um texto que implica uma lacuna grande e inexplicável entre o que o autor propõe realizar e o que ele de fato tenta, deveria ser evitada, se possível. Seria melhor preencher a lacuna, mudando como entendemos a abertura do livro 6, de modo que o que diz se alinhe com o que Aristóteles de fato faz no capítulo.

E esse parece o caminho correto a seguir. Parece incorreto, primeiro de tudo, entender que Aristóteles esteja levantando nesse ponto o Problema da Orientação. Em suas discussões sobre as virtudes particulares nos livros 3-5, Aristóteles não mostrou quais-

---

104. Que não seja nem uma coisa nem outra, contudo, é indicado pela passagem paralela na *Ética a Eudemo* 1249a21-b23.

quer sinais de considerar a ação virtuosa, em geral, especialmente obscura ou difícil de discernir. (Certamente, o que é problemático no campo de batalhas não é *compreender* o que conta como corajoso. E todos realizamos um bom trabalho, na maioria dos casos, em compreender o que conta como igual e justo em nossas transações com outros – a virtude da justiça.) Aristóteles, além disso, apresenta esboços muito claros sobre o que é ser generoso ou corajoso, ou mostrar autodomínio. Além disso, mesmo que esses esboços fossem especialmente deficientes ou incompletos, e Aristóteles pensasse isso, seria estranho para ele estar nesse ponto exigindo regras ou princípios *adicionais* como uma solução, uma vez que enfatizou até aqui que regras são abertas. O modo pelo qual máximas devem ser deixadas inespecíficas, porque requerem sensibilidade a circunstâncias particulares, não é algo que pudesse ser solucionado pela apresentação de *outras* regras e prescrições. Mas, presumivelmente, é precisamente por meio dessa sensibilidade a circunstâncias particulares que a "razão sólida" faz sua contribuição mais importante à ação virtuosa[105].

Uma vez mais, deveríamos esperar que Aristóteles pretendesse lidar com a "razão sólida" (que ele termina identificando com a virtude administrativa, *phronēsis*) no livro 6, do modo que lida com as outras virtudes relacionadas ao pensamento que ele identifica. Mas, quanto às outras virtudes, o interesse de Aristóteles repousa em *defini-las*, não em apresentar seu *conteúdo*. Por exemplo, ele diz que a técnica (*technē*) é uma virtude relacionada ao pensamento, e a

---

105. Poderíamos, na verdade, reclamar que Aristóteles não diz muito sobre por que alguns tipos de ações como adultério, roubo e assassinato devem ser considerados "extremos" e explicados como errados por de algum modo pertencerem a um "extremo". Todavia, em defesa, seu projeto na *Ética* não está explicando o que é ser mau; mas, ao contrário, o que é ser bom – e, certamente, não tem em vista explicar a uma má pessoa por que sua maldade é má.

define, mas não apresenta manual algum sobre qualquer profissão. Não vamos encontrar na *Ética*, digamos, orientação alguma sobre como construir uma casa. Uma vez mais, o conhecimento é uma virtude relacionada ao pensamento, mas Aristóteles não apresenta quaisquer axiomas ou deduções sobre ramo algum do conhecimento. Na verdade, fornecer o *conteúdo* de qualquer virtude relacionada ao pensamento seria simplesmente apresentar uma *mostra* dessa virtude, para expor esse campo de investigação, e Aristóteles poderia de qualquer modo sustentar que *já* estava fazendo isso com relação à virtude administrativa, no nível apropriado de generalidade, precisamente ao escrever a *Ética*![106]

Parece melhor, portanto, rejeitar a Visão Padrão e entender que Aristóteles, em troca, está levantando uma dificuldade muito mais restrita no começo de 6.1, à qual ele, no fim, consegue responder.

Aristóteles começa em (I) insistindo em que uma distinção de algum tipo necessita ser traçada. Mas com relação ao que uma distinção deveria ser traçada? Parece que Aristóteles está insistindo em que uma distinção necessita ser traçada com relação à noção de "razão sólida". A razão é essa. Antes, na *Ética*, Aristóteles havia falado como se apenas *duas* coisas fossem relevantes na virtude relacionada ao caráter: a virtude em si, que visa a, e cai em, uma área intermediária entre extremos, e a "razão sólida", que ajusta e refina o que conta como intermediário. Mas o que ele, aparentemente, agora deseja enfatizar é que uma *terceira* coisa deve ser igualmente levada em conta, o que em (II) ele chama o "alvo" (*skopos*) ou "padrão" (*horos*), ao qual a razão sólida se refere quando faz ajustes apropriados. A razão prática sólida é *para* algo; visa a *produzir*

---

106. Neste ponto, recorde 1.2.1094b11, onde Aristóteles diz que sua própria investigação é um exemplo da técnica de governar ou "habilidade política" (*politikē technē*), que é, na verdade, uma manifestação da razão sólida (6.8.1141b23).

algo. Nós administramos, governamos, comandamos, regulamos ou damos ordens por um propósito. Portanto, deve haver algum fim ou alvo ao qual a razão sólida visa e que fornece a lógica para seus comandos.

Essa qualificação faz sentido, porque muitas vezes ocorre que o que consideramos apropriado em uma ação depende do "contexto" dessa ação, que, por sua vez, é afetada por algum tipo de fim ou propósito de longo alcance; por exemplo: você está na casa de uma amiga para jantar, e usualmente tomaria duas ou mais taças de vinho à mesa, mas uma outra amiga sua faleceu recentemente em um acidente de carro, e, consistente com sua tristeza, você se recusa a beber. Certamente, tomar dois drinques, você pensa, exibiria um tipo de frivolidade ou falta de consideração inapropriada às circunstâncias. Ou uma amiga lhe pede algum dinheiro emprestado, e ordinariamente você emprestaria sem hesitar; mas você e seu esposo têm feito muitos sacrifícios para juntar dinheiro para pagar a entrada de uma casa, e, dado a essas circunstâncias, você julga, muito apropriadamente, que dessa vez sua amiga terá de buscar ajuda em outra parte. Assim, nosso fim ou propósito afeta o que contamos como indo muito longe ou ficando aquém em ações particulares, e um fim especial pode nos levar a fazer ajustes correspondentes.

Suponha, portanto, que façamos essa outra distinção e digamos que em termos de conduta e resposta emocional apropriada três coisas são necessárias: (1) fazer o que é intermediário, (ii) fazendo os ajustes que a razão sólida indica, (iii) ao que a razão sólida chega com vistas a algum alvo ou padrão. Todavia, como Aristóteles aponta em seguida em (III), dizer isso é apresentar um esquema que vale para *qualquer* domínio de ação no qual existe algum tipo de competência. Em todos esses domínios, seria verdadeiro que uma pessoa necessita usar a razão sólida – vamos chamá-la "bom senso" – com vistas a algum ideal, ao aplicar ou interpretar máximas relevantes. Para avançar além desse truísmo, Aristóteles diz, então, em (IV), que necessitamos identificar o *tipo* específico de "bom senso" que entra em jogo em algum domínio e indicar também o "alvo" relevante. Essa se torna, então, a tarefa de Aristóteles: identificar o tipo específico de "bom senso" que é relevante para deliberação e ação ética, e dizer o que isso deveria apropriadamente considerar seu alvo.

Mas, uma vez que interpretamos os propósitos de Aristóteles desse modo, vemos que isso é exatamente o que ele realiza no livro 6. Ele dedica a maior parte do livro a identificar o tipo exato de "bom senso" que é necessário para as virtudes relacionadas ao caráter, e depois se dedica nos capítulos 12-13 a explicar o que a razão sólida considera seu "alvo". O bom senso nesses assuntos, ele sustenta, é apropriadamente chamado *phronēsis* ("habilidade administrativa", "sabedoria prática", "inteligência e previdência na ação", cf. 6.12.1144b27-28), e pode ser definido como aquela virtude que lida com o que é bom e mau em geral para os entes humanos (1140b5-7). Seu alvo, argumenta Aristóteles, é a atividade especulativa ou contemplativa do tipo no qual nos envolvemos quando exercermos a virtude da sabedoria. Exatamente do mesmo modo que a medicina faz os ajustes relevantes nas condições balanceadas do corpo com vistas ao seu alvo da saúde, a *phronēsis* faz ajustes nas emoções e na conduta com vistas a promover a atividade da *sophia* (cf. 1144a3-5; 1145a6-9). A *phronēsis* é em prol da *sophia*.

Assim, não há discrepância entre o problema que o próprio Aristóteles coloca em 6.1 e aquilo a favor do que argumenta depois. Ele diz que necessita definir o que conta como "razão sólida" na ética e identificar seu alvo, e isso é exatamente o que ele faz[107].

Algumas palavras deveriam ser ditas sobre pontos de tradução. "Razão sólida" traduz a expressão grega *orthos logos*, literalmente "razão correta" ou "razão certa". Por vezes se considera a expressão como referência a um tipo de máxima ou prescrição: "a regra correta" ou "o princípio correto". Mas é melhor considerá-la se referindo principalmente a uma capacidade ou faculdade (do mesmo modo que, como vimos, *logos* por si indica tipicamente uma capacidade ou faculdade)[108]. Isso é claro, primeiro de tudo, a partir das palavras de Aristóteles. Ele diz em 2.2, "Mais tarde discutiremos a razão sólida – o que é e como está relacionada às outras virtudes" (1103b32-34), implicando que *orthos logos* seja uma das virtudes; e ele diz explicitamente no livro 6 que *orthos logos* simplesmente é a virtude da *phronēsis* (1144b28). Além disso, ele trata como equivalente as expressões "como a razão sólida indica", e "como uma pessoa com *phronēsis* indica" (cf. 1107a1); e ele regularmente fala de *orthos logos* como algo que comanda (1114b30) e fala (1138b20) – e seria absurdo adotar uma máxima ou prescrição para fazer essas coisas, ou para pensar que uma *máxima* tivesse o trabalho de ajustar e refinar outras máximas para se adequarem a circunstâncias particulares.

A *phronēsis* possui um significado que é contestado e variável no grego. Como vimos, o principal objetivo de Aristóteles no livro 6 é separar claramente esse traço bom dos traços relacionados.

---

107. Todavia, poderíamos nos perguntar por que o projeto de Aristóteles é interessante. Não é relativamente trivial simplesmente dizer que tipo de coisa a razão prática sólida é? Não seria mais interessante, em troca, apresentar-nos alguns de seus *resultados*? Consideraremos essas questões adiante.

108. De fato, Aristóteles por vezes se refere a *orthos logos* como simplesmente *logos* (cf. 1114b29, 1115b12).

A palavra tem sido diferentemente traduzida como "sabedoria prática", "sabedoria" e "inteligência". Talvez, "sagacidade" seja o melhor equivalente, se essa palavra não fosse antiquada. Para nossos propósitos, podemos pensar a *phronēsis* como "virtude administrativa", em razão de que, como Aristóteles a entende, o ponto dessa virtude é produzir bens importantes de um modo ordenado e eficiente, e de um modo que faça completa justiça a todos eles, e isso é o que pensamos como distinto sobre a boa administração. A única desvantagem dessa tradução é que dificilmente pensamos o ordenamento inteligente de uma pessoa de seus próprios assuntos como um exemplo de boa *administração*, ainda que *phronēsis* em grego se aplique tanto a isso quanto ao ordenamento inteligente de um lar ou de uma cidade-Estado. Mas a expressão funcionará muito bem se mantivermos essa advertência em mente.

O ponto de Aristóteles em 6.1 sobre a necessidade de um alvo apropriado para a virtude relacionada ao caráter – que, como vimos, ele pensa ser uma atividade especulativa ou contemplativa – deveria ser visto no contexto histórico da *descoberta relativamente recente da ciência, da matemática pura e da filosofia* no mundo antigo. Aqui, está como Aristóteles via o tema. Desde tempos imemoriais, os entes humanos se envolvem em trabalho difícil simplesmente para atender as necessidades da vida. Século após século, as pessoas cultivaram a terra, criaram animais e se envolveram em comércio rudimentar para continuarem vivas e criarem uma geração posterior. Mas *para* que todo esse esforço? Qual o *propósito* disso tudo? Observe que nosso desejo de levantar essa questão de modo algum parece indicar que o propósito *não* poderia ser a coragem, a generosidade, a justiça e outras atividades virtuosas que as pessoas exibem na realização dessas atividades. Se as virtudes relacionadas ao caráter davam conta do propósito da vida, então, isso seria evidente, à primeira vista. Mas, de fato, é natural pensar nosso esforço e trabalho como dirigido a algum outro propósito, situado fora disso.

Essa questão do propósito do esforço humano foi respondida, por Aristóteles, com a descoberta – muito recentemente para ele, um século ou mais antes dele – da possibilidade da matemática pura, da ciência natural e da filosofia. Antes dessa descoberta, simplesmente não se suspeitava que houvesse um uso substancial, não prático, da razão – que os entes humanos pudessem investigar e descobrir verdades que fossem, ou que parecessem ser, necessárias, duradouras e universais. Antes dessa descoberta, pareceria razoável para uma pessoa jovem com perspectivas de uma vida bem-sucedida se dedicar exclusivamente a, digamos, iniciativas militares ou ao progresso político. Após essa descoberta, conforme Aristóteles, temos consideravelmente menos razão para nos envolvermos em qualquer outra coisa. Para Aristóteles pareceria vitalmente atraente que uma pessoa jovem devesse minimizar o tempo dispensado em outras coisas, a fim de maximizar o tempo em pensamento especulativo e contemplativo. Esse novo alvo implicava um novo padrão para excesso e deficiência em outras atividades. O que previamente teria sido, por exemplo, uma dedicação razoável a atividades militares ou políticas, poderia, agora, parecer excessivo e inapropriado[109].

O trabalho característico da razão prática

Quais são as virtudes, portanto, da parte pensante da alma? Em particular, como identificamos a "razão sólida" ou o "bom

---

109. A atitude de Aristóteles em relação à descoberta de um domínio de investigação pura é bem retratada em seu *Protéptico*, que, como vimos, é uma exortação estendida dirigida aos jovens para abandonarem a vida ordinária, com suas rotinas e necessidades, e se dedicarem a uma vida de investigação intelectual.

senso" na ética – aquele traço bom que é posto em prática quando as pessoas realizam ações de acordo com as várias virtudes relacionadas ao caráter?

Uma virtude é um traço que determina uma coisa em boa condição e o faz de modo que realize bem seu trabalho característico. Assim, Aristóteles, primeiro tenta identificar o trabalho característico da parte pensante da alma. Em 6.2, ele sustenta que seu trabalho é alcançar a verdade, que ele expressa de dois modos diferentes. Por vezes, ele usa o verbo "ver, contemplar, observar" (*theōrein*) e descreve o trabalho característico dessa parte da alma como um tipo de percepção intelectual:

> Quando coisas que podem ser de outro modo situam-se fora de nossa visão delas (*theōrein*), podem existir ou não sem que as percebamos (1139b21-22).

> Todo tipo de técnica lida com produzir algo, conceber e ver (*theōrein*) como algo que pode ser de outro modo poderia ou não existir (1140a10-13).

> Pensamos que Péricles e homens como ele que têm habilidade administrativa, porque são capazes de ver (*theōrein*) que coisas são boas para eles e que coisas são boas para os entes humanos em geral (1140b8-10).

> Cada grupo diz que ver (*theōrein*) corretamente que coisas são boas para qualquer um de seus membros é ter *phronēsis*.

> Nenhuma das coisas que levam à felicidade de uma pessoa é algo que a sabedoria leve em conta (*theōrein*) (1143a19).

Em outros momentos, ele considera a parte pensante da alma algo que é atualizado por meio de atos particulares de asserção ou negação; ele, portanto, descreve o trabalho característico dela fazer asserções verdadeiras e negações: "Vamos estabelecer que aquelas coisas pelas quais a alma alcança a verdade por asserção ou negação sejam em número de cinco. Essas são a *técnica*, o *conhecimento*, a *habilidade administrativa*, a *sabedoria* e a *intuição* (não incluímos a *suposição* ou a *opinião*, uma vez que essas podem levar à falsidade)" (1139b14-18).

O trabalho específico da parte pensante da alma, portanto, é "ver" ou afirmar a verdade. Realizar esse trabalho *bem* é ter uma virtude relacionada ao pensamento. Como a última citação indica, Aristóteles adota um padrão muito elevado para que isso seja feito bem: uma virtude relacionada ao pensamento é um estado da alma que, quando essa virtude é operativa, nunca chegamos a outra coisa senão à verdade. Uma virtude relacionada ao pensamento, como tal, nunca nos leva a nos perdermos no erro.

A esse respeito, deveríamos examinar mais cuidadosamente a visão de Aristóteles segundo a qual "suposição" ou "opinião" não são virtudes relacionadas ao pensamento. Suponha que Smith faça uma afirmação P. O que torna P uma opinião ou suposição de Smith, em contraste com uma expressão (digamos) seu conhecimento? Aristóteles está pressupondo que não podemos responder a essa questão examinando P apenas e seu conteúdo; mas, em troca, o estado que é operativo quando Smith afirma P. Quando esse estado é tal que o fato de ser operativo implica que aquilo que Smith diga seja verdadeiro, então, esse estado é uma virtude intelectual. Por exemplo, suponha que Smith afirme P, e, ao afirmar isso, Smith está no estado de *saber* que P. Disso segue que P é verdadeiro (uma vez que, se de fato conhecemos algo, então, é necessariamente verdadeiro). Como nesse caso a verdade de P segue da condição de Smith em afirmá-la, a condição de *conhecimento* é uma virtude relacionada ao pensamento. Em contraste, suponha que Smith afirme P, e, ao fazê-lo está no estado de *opinar* que P. Não segue disso que P seja verdadeiro. Por isso, opinar não é uma *virtude*.

Uma virtude relacionada ao pensamento, portanto, é uma condição tal que asserções nas quais encontra expressão são confiavelmente verdadeiras. Como vimos, Aristóteles identifica cinco dessas condições, e se refere a elas como aquelas condições "pelas quais alcançamos a verdade e nunca somos levados à falsidade, com relação a temas que não podem ser de outro modo, ou com relação também a temas que podem ser de outro modo" (1141a3-5).

Uma vez que apreciamos o padrão elevado que Aristóteles estabelece para um traço contar como uma virtude relacionada ao pensamento, podemos entender melhor sua distinção entre as duas partes da alma racional. Seu argumento é o seguinte:

1) As coisas que existem podem ser divididas em (a) aquelas cujas causas não podem ser diferentes e (b) aquelas que podem ser diferentes.

2) Essa diferença é uma diferença de tipo.

3) Compreender algo envolve semelhança e afinidade entre o que faz a compreensão e o que é compreendido.

4) Como existem dois tipos de coisas que existem, existem dois tipos de semelhança e afinidade para elas.

5) O trabalho característico da parte pensante da alma é compreender o que existe.

6) Portanto, ela faz isso pelos dois tipos de afinidade.

7) Mas ela pode ter esses dois tipos de afinidade somente se possui duas partes que diferem quanto ao tipo.

8) Portanto, a parte pensante da alma em si possui duas partes – a parte que alcança o conhecimento (*epistēmikon*), pela qual compreende coisas cujas causas não podem ser diferentes, e a parte avaliadora (*logistikon*), pela qual compreende coisas que podem ser diferentes.

Poderíamos nos perguntar por que o Ponto 3 deveria implicar uma distinção *de tipo* na alma, ou uma distinção em *somente duas* partes: a imagem em um espelho é semelhante ao que está no mundo, mas não existem, como consequência, "partes" diferentes da imagem, correspondentes a tipos de coisas no mundo; e cavalos diferem, quanto ao tipo, de cachorros, mas não desejamos dizer que existe uma parte da alma pela qual conhecemos cavalos e uma outra pela qual conhecemos cachorros. Todavia, a concepção de Aristóteles de uma virtude relacionada ao pensamento explica por que ele adota sua visão. Temos uma virtude relacionada ao pensamento, ele diz, quando existe uma conexão confiável entre o fato de estarmos em alguma condição e o de vermos ou afirmarmos um tipo de verdades. Mas como esse padrão poderia ser satisfeito quando lidamos com coisas mutáveis? Como Aristóteles mesmo diz, "Quando coisas que podem ser diferentes situam-se fora de nossa visão (*theōrein*), podem existir ou não sem que as percebamos" (1139b21-22). Como poderia existir uma conexão confiável, portanto, entre o fato de afirmarmos algo quando em uma certa condição com relação a coisas mutáveis, e o fato de isso ser assim? A resposta de Aristóteles é apelar a dois tipos de afinidade entre a alma racional e o mundo. Com relação a coisas que não podem ser diferentes, a alma percebe e alcança confiavelmente a verdade ao *se tornar como elas*; mas com relação a coisas que podem ser diferentes, a alma percebe e alcança confiavelmente a verdade fazendo com que *se tornem como ela*. Considere a verdade uma correspondência entre o que a alma diz e como o mundo é: um tipo de verdade resulta de a alma entrar em correspondência com o mundo; um outro tipo de verdade resulta de o mundo entrar em correspondência com a alma. Esses são plausivelmente dois tipos de função ou "trabalho característico". Assim, envolveriam virtudes diferentes. Portanto, na visão de Aristóteles, existem dois modos de compreender a verdade; duas partes da alma para realizarem a compreensão (a razão teórica e a razão prática); e duas virtudes principais da parte pensante da alma, que lhe permitem fazer isso confiavelmente:

> O mesmo tipo de coisa que, ao raciocinar, é asserção e negação, na conação, é buscar e evitar. Como resultado, como uma virtude relacionada ao caráter é um estado que envolve escolha, mas escolha é conação deliberativa, se a escolha é ser bom, e as mesmas coisas que a razão diz devem ser buscadas por conação. Desse modo, portanto, isso é raciocinar e a verdade no domínio da ação (1139a21-27).

A razão teórica alcança a verdade simplesmente pela asserção e negação: se o mundo é como ela diz, então, o que ela diz é verdadeiro. A razão prática alcança a verdade ao fazer com que aquilo que considera bom passe a existir de fato. Se um soldado, por exemplo, pensa: "Seria nobre e admirável para mim atacar aquele posto militar e proteger a região"; mas, então, ele foge por medo, ele não alcançou até aqui a verdade prática, como Aristóteles a entende, ainda que tenha afirmado corretamente o que deveria ser feito. Uma vez mais, se, sob as mesmas circunstâncias, é impelido por um completo acesso de fúria a atacar o forte, pensando ao mesmo tempo (incorretamente) que teria sido melhor que tivesse feito algo seguro em vez disso, então, uma vez mais, não alcançou até agora a verdade por meio de sua razão prática. A razão prática está destinada a ser operativa no mundo e a mudá-lo razoavelmente; portanto, funciona mal quando ou falha em fazer isso, ou quando o faz, mas sem consistência de pensamento e impulso[110]. "É por isso que a escolha é ou *inteligência conativa* ou *conação raciocinadora*, e é esse o tipo de origem da mudança que um ente humano é" (1139b4-5).

A noção de Aristóteles de honestidade da razão prática, embora possa parecer inusual, em princípio, não é de fato muito diferente de muitos de nossos modos de pensar e falar. Se uma pessoa diz que acha que alguma coisa é boa, mas nada faz para promovê-la quando tem uma chance, suspeitamos que não pense realmente o que diz – que o que ela diz não é *verdadeiro*[111]. Ou, se uma pessoa busca consistentemente algo, mas sempre que lhe perguntam se esforça em negar que pense que seja boa, nós a consideramos hipócrita e *desonesta*.

Assim, o trabalho característico da parte racional da alma é alcançar a verdade, e a razão prática faz isso ao considerar algo como "a ser buscado", e então buscando-o, consistentemente. Meramente julgar que algo deve ser buscado ainda não é alcançar a verdade na prática; em troca, a coisa de fato tem de ser realizada com sucesso. A imagem de Aristóteles é que alcançamos a verdade por um tipo de compreensão (*gnōsis*, 1139a11) ou contato com

---

110. Por isso, Aristóteles nega que uma pessoa possa ter *phronēsis*, mas mostrar fraqueza de vontade: "A mesma pessoa não pode ao mesmo tempo possuir *phronēsis* e ter fraqueza de vontade... uma pessoa pode possuir *phronēsis* não apenas por ter conhecimento, mas também por ser o tipo de pessoa que age consequentemente" (7.10.1152a6-9).

111. O que ela diz não é verdadeiro, não porque o que ela diz é sobre si e pelo que se esforça por obter ("Isso é bom", dito por Smith não é *sobre* Smith ou sobre os desejos de Smith), mas porque é verdadeiro somente se é consistente com o que se esforça por obter.

ela, e se meramente *pensamos* que algo deve ser buscado, ainda não o compreendemos, uma vez *que* não existe ainda.

Vimos que a razão prática "busca com sucesso" ou "promove" o que é necessário para ser bom, mas *como* ela faz isso? Em uma passagem importante no final de 6.2, Aristóteles argumenta que, embora a razão prática, assim entendida, possa fazer isso em uma das duas formas – ou por meio da ação ou da produção – ela o faz basicamente por meio da ação: "A escolha é a causa originadora da *ação*... O raciocínio prático (*dianoia praktikē*) é também a causa originadora do raciocínio tecnológico ou produtivo, uma vez que qualquer pessoa que faz algo faz por alguma coisa. Além disso, nada do que é produzido é sem qualificação um fim: em troca, é feito *por algum propósito* e *por alguém*. Mas coisas que *fazemos* são sem qualificação fins" (1139a36-b4). Assim, o trabalho característico da razão prática é alcançar a verdade prática basicamente por meio de nossas ações; e a virtude dessa parte da alma seria uma condição que faz com que o façamos tão confiavelmente.

A demarcação da "razão sólida"

Como vimos, próximo ao final de 6.1, Aristóteles diz que sua tarefa é delimitar claramente o que é a "razão sólida" (ou o "bom senso") na ética e qual é seu alvo (1138b33-34). Após descrever em 6.2 o trabalho característico da parte pensante da alma, ele realiza duas tarefas.

Como vimos, ele delimita a "razão sólida" oferecendo definições para cada uma das cinco candidatas à virtude relacionada ao pensamento, e argumentando que essas são todas distintas uma da outra. Ele está especialmente interessado em argumentar (em 6.7) que a habilidade administrativa (*phronēsis*) é algo diferente da sabedoria (*sophia*). Durante sua discussão ele apresenta as seguintes definições:

- Conhecimento (*epistemē*): um estado da parte pensante da alma que faz uma pessoa ativa e confiavelmente disposta a alcançar a verdade por meio da elaboração de provas demonstrativas (1139b31-32).

- Técnica (*technē*): um estado da parte pensante da alma que faz uma pessoa ativa e confiavelmente disposta a produzir bens de um certo tipo precisamente por meio do raciocínio verdadeiro (1140a9-10).

- Habilidade administrativa (*phronēsis*): um estado da parte pensante da alma que faz uma pessoa ativa e confiavelmente disposta a alcançar a verdade na ação com relação a coisas basicamente boas e más para os entes humanos, precisamente por meio do raciocínio (1140b5-6).

- Intuição firme (*nous*): uma disposição ativa para confiavelmente compreender os primeiros princípios de um ramo do conhecimento (1140b33-35).

- Sabedoria (*sophia*): discernimento e conhecimento com relação àqueles tipos de coisas que são melhores por natureza (1141a19-20, b3).

Aristóteles separa conhecimento e sabedoria, de um lado, de técnica e habilidade administrativa, de outro, porque os dois primeiros lidam com "temas cujos princípios básicos não podem ser diferentes", embora as duas outras lidem com coisas mutáveis. A intuição firme, ele afirma, é simplesmente uma parte da virtude do conhecimento. Das virtudes que confiavelmente alcançam a verdade em temas mutáveis, a habilidade administrativa é separada da técnica em suas várias formas, como vimos, com base em que *fazer* é diferente de *produzir*. Assim, vemos que, em 6.3-7, Aristóteles apela para as várias dimensões que ele recém-usou para descrever o trabalho característico da parte racional da alma (coisas imutáveis *vs.* mutáveis; *produzir vs. fazer*) a fim de demarcar as várias virtudes intelectuais.

Esses capítulos da *Ética* podem parecer prosaicos e óbvios para nós. Todavia, ironicamente, eles têm essa aparência devido ao seu grande sucesso como um trabalho de escrita filosófica. As distinções nas quais Aristóteles insiste desde então se tornaram tanto uma parte de nossa cultura intelectual que as aceitamos como óbvias. Todavia, como vimos antes, essas distinções não teriam parecido óbvias para os contemporâneos de Aristóteles, e especialmente não para aqueles influenciados por Platão.

A identificação de Aristóteles da razão prática como um tipo distinto de raciocínio deveria ser contrastada com tentativas de combinar o raciocínio distintamente ético com ou o raciocínio demonstrativo ou o tecnológico. Uma pessoa poderia argumentar que descrições modernas do raciocínio ético pressupõem uma ou a outra dessas identificações. Na verdade, é comumente suposto hoje que existe algo suspeito ou defeituoso sobre o raciocínio ético do senso comum – que a ética ainda não está numa base sólida; que ela não encontrou uma base científica; e que o raciocínio ético não se *estabelecerá* em uma base sólida até que passemos a ver como o raciocínio na ética é similar ao de um sistema dedutivo ou um ramo da tecnologia. As duas abordagens principais ao raciocínio ético hoje são a "deontologia" e o "consequencialismo": mas os sistemas deontológicos apresentam tipicamente o raciocínio ético como um sistema dedutivo; e o consequencialismo é evidentemente espelhado na ciência tecnológica. A demarcação de Aristóteles de uma virtude distinta da *phronēsis* é efetivamente a afirmação de que nenhuma dessas alternativas poderia estar correta.

Poderíamos nos perguntar por que Aristóteles separa a "intuição firme" (*nous*), a habilidade de ver a verdade dos primeiros princípios em várias disciplinas, como uma virtude intelectual distinta. Por que deveria a habilidade de compreender os primeiros princípios ser uma virtude separada, mas não a habilidade dedutiva – a habilidade de ver se as inferências são válidas? Não é arbitrário assumir um só aspecto do conhecimento e elevá-lo a uma virtude distinta? Além disso, não há coisa alguma mais *direta* sobre compreender os primeiros princípios? Uma pessoa lê os axiomas de geometria em Euclides, e então os compreende: os primeiros princípios são "autoevidentes". Parece sem sentido postular uma virtude intelectual separada para *isso*.

Mas, presumivelmente, Aristóteles está pensando "intuição firme" como uma habilidade ativa; é a habilidade não simplesmente para entender os primeiros princípios quando uma pessoa os aprende, mas também para *descobri-los* ou *formulá-los* – se não pela primeira vez, então ao menos "por si", como quando uma pessoa realmente começa a *ver* que um princípio é verdadeiro e extensivamente operativo em um domínio. Presumivelmente, também, uma pessoa com "intuição firme" se beneficia muito da experiência: ela "aprende a lição" de algo que experiencia; "extrai uma verdade dela". Além disso, recorde as observações de Aristóteles no livro 1, de que deveríamos seguir Platão em nos perguntar se estamos raciocinando em direção aos primeiros princípios, ou para longe deles (1095a33-34), e de que existem vários modos pelos quais compreendemos os primeiros princípios, por indução, percepção, habituação e outros meios (1098b3-5). Presumivelmente, parte do que torna a "intuição firme" uma virtude é que ela envolve a habilidade de reconhecer quando é apropriado invocar os primeiros princípios, e também de reconhecer que abordagem, em uma disciplina particular, é apropriada para chegar aos primeiros princípios[112].

Em sua demarcação da *phronēsis* a partir das outras virtudes relacionadas ao pensamento, Aristóteles dedica o maior esforço para argumentar que ela é distinta da sabedoria (*sophia*). Isso é compreensível, uma vez que ele considera essas como as duas principais virtudes relacionadas ao pensamento. Mas a sabedoria é simplesmente um tipo de conhecimento, assim, deveríamos dizer algo sobre como ela ocupa uma posição especial.

O termo "conhecimento", na visão de Aristóteles, indica uma *classe* de virtudes relacionadas ao pensamento, não uma virtude única, uma vez que, correspondendo a cada ramo do conhecimento, seria uma habilidade distinta de produzir provas demonstrativas, e uma pessoa poderia ser competente em um desses ramos, sem ter domínio dos outros. Mas, a despeito disso, Aristóteles pensa que os vários ramos do conhecimento são hierarquicamente arranjados, com alguns temas sendo mais fundamentais, porque são mais explanatórios que outros. Para Aristóteles, o ramo mais fundamental do conhecimento, e o que está, portanto, no topo da hierarquia das ciências, é a "metafísica", que estuda, ele diz, "o ente *qua* ente", ou seja, as coisas que existem na ordem mais eleva-

---

112. Não é despropositado, além disso, sustentar que a mesma habilidade que nos permite ver uma verdade universal em um caso particular também nos permite reconhecer casos particulares de uma verdade universal. Assim, o *nous*, como observa Aristóteles, seria relevante também para julgamentos pertencentes a ações particulares: *"nous* e não o raciocínio lida tanto com definições primárias quanto com particulares últimos" (1142a36-b1). Postular uma regra como cobrindo casos poderia parecer a mesma habilidade que interpretar corretamente particulares como caindo sob uma regra.

da de generalidade. E na metafísica em si há também uma hierarquia: a parte mais fundamental da metafísica é a teologia, o estudo dos entes divinos, e especialmente do ente completa e essencialmente atualizado, vivendo uma vida de felicidade completa, que é a Primeira Causa ou "Primeiro Motor"[113]. Portanto, embora para Aristóteles exista uma multiplicidade de ciências, e diferentes ramos de conhecimento, existe um único tipo de conhecimento que abrange e unifica todos os outros. Portanto, como ele vê, haveria correspondentemente uma virtude principal da parte da alma que compreende as coisas imutáveis, uma virtude única que, por assim dizer, abrange e contém todas as outras virtudes que são tipos de conhecimento. Essa é a sabedoria, como Aristóteles a entende.

Um dos principais argumentos de Aristóteles de que *sophia* e *phronēsis* são distintas é que a primeira é o mesmo tipo de estado em qualquer lugar em que é encontrada – em deuses assim como em entes humanos – mas a segunda é relativa à espécie de coisa na qual é encontrada. Um membro de uma espécie possuir *phronēsis* (e aqui a tradução "sagacidade" funciona melhor) significa buscar efetivamente e de um modo ordenado o que é fundamental e basicamente de seu próprio interesse, e isso varia ao longo das espécies[114]. Um ente humano poderia saber o que é melhor (digamos) para uma espécie de peixe em geral, e poderíamos inclusive fazer determinações particulares sobre qual curso de ação beneficiaria mais algum peixe particular, mas o fato de fazermos isso não seria o mesmo que exercermos a *phronēsis* promotora do peixe; isso, em troca, exigiria uma dedicação acima de tudo aos bens mais básicos

---

113. Para a teologia de Aristóteles, cf. *Metafísica*, livro 12.
114. Quando Aristóteles admite livremente que cada uma das várias espécies de animais não racionais têm seu próprio tipo de "sagacidade", ele deve ter em mente seu comportamento instintivo: 1141a25-26.

desse peixe. (Uma cuidadora humana do peixe não está dedicada ao bem do peixe acima de tudo; ela não é, por assim dizer, uma *escrava* do peixe.) A *phronēsis*, portanto, alcança a verdade *qualificada* no raciocínio prático, verdade que é relativa às espécies; mas a sabedoria, em contraste, alcança a *verdade* (e ponto final). E, assim, a sabedoria é preferível à habilidade administrativa, do modo que um bem não qualificado é preferível a um bem qualificado do mesmo tipo: "Seria estranho para uma pessoa supor que a técnica política ou administrativa fosse o melhor estado, a menos que estivesse supondo que um ente humano fosse o melhor bem no universo inteiro" (1141a20-22).

Após demarcar a *phronēsis* em relação a outras virtudes relacionadas ao pensamento, nos capítulos 8-11, Aristóteles diz algo diretamente sobre ela, ao classificá-la e depois discutir traços incidentais que se assemelham a ela, e que presumivelmente são empregados por uma pessoa que a possui, mas que são ligeiramente diferentes. Podemos esquematizar esses capítulos do seguinte modo:

6.6 Classificação de formas e manifestações da *phronēsis*

6.7 Bom em pensar sobre coisas (*eubolia*)

6.8 Percepção (*synesis*)

6.9 Compreensão simpática (*gnōmē*)

Em 6.8, ele apresenta duas classificações de habilidade administrativa, que, aparentemente, estão entremeadas, e quando postas juntas se assemelham um pouco ao diagrama abaixo. (Mas não discutirei aqui esses capítulos, que não apresentam dificuldades especiais).

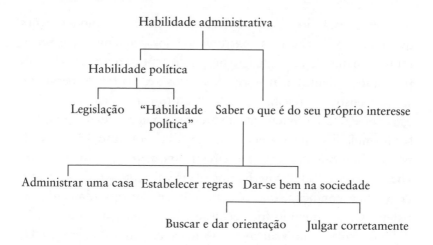

O "alvo" ao qual a "razão sólida" visa

Aristóteles conclui o livro 6 realizando sua segunda tarefa, que, como vimos, consistia em identificar o "alvo" ao qual a *phronēsis* se dirige enquanto ajusta e refina ações realizadas de acordo com a virtude. Deveríamos, talvez, mencionar algo mais sobre esse papel de ajuste e refinamento. Parece possível distinguir vários modos pelos quais a *phronēsis* faz isso, todos os quais envolvendo de algum modo ordenamento.

Não estamos interessados aqui em ações do tipo que, afirma Aristóteles, nunca devem ser realizadas em circunstância alguma, como assassinato, roubo e adultério. Como vimos, Aristóteles pensa que ações assim já têm incorporado em sua especificação que envolvem extremos irracionais (talvez, ao menos o tipo de extremo que marca qualquer injustiça), de modo que *nunca* poderiam ser realizadas corretamente. Não faz sentido dar a recomendação: "Mate uma pessoa somente do modo que a razão sólida ordena", o que sugere que existe um modo sensível de assassinar alguém.

Aristóteles está interessado, em troca, no campo amplo das ações que não são descartadas *tout court* e nos princípios que poderiam ser considerados dirigir ou guiar ações como essas. Esses princípios valem "na maioria dos casos" e, portanto, permitem ser suspensos ou rejeitados (*e. g.* "restituir a amigas antes de a estranhos"; "doar livremente a parentes em necessidade"); podem ser formulados somente em linhas gerais e, portanto, não necessitam ser interpretados dadas as circunstâncias (*e. g.* "não fale sobre você na conversa"; "evite humor ofensivo"); ou são dependentes de alguma condição, que poderia não ser apropriadamente satisfeita (*e. g.* "quando for necessário lutar, aja corajosamente"). A *phronēsis* presumivelmente ajustaria e refinaria a operação das virtudes relacionadas ao caráter em todos esses modos.

Aristóteles concebe a *phronēsis*, na medida em que ela assume esse papel, como a habilidade média em relação ao corpo. Os princípios que governam o corpo em seu funcionamento – princípios de equilíbrio e intercâmbio – não são "regras" que o corpo segue conscientemente, senão regularidades de ação[115]. Quando essas regularidades necessitam de redireção ou de ajuste, e somente aí, a medicina intervém com sua habilidade deliberada. Similarmente, uma virtude relacionada ao caráter é um "estado" que envolve a habituação de elementos não racionais; consequentemente, os princípios que ela segue são regularidades de sentimento e resposta: estamos *dispostos* (digamos) a restituir a amigos antes de a estranhos: isso é *instinto* ou *pressentimento* de uma pessoa; ela *acha certo* cuidar das coisas desse modo. Sem dúvida, existem máximas implícitas nessas regularidades habituais de ação (como a citada

---

115. No entanto, observe que para Aristóteles essas regularidades serão apoiadas por estruturas e sistemas: uma coisa funciona de um modo equilibrado porque suas partes e ações exibem equilíbrio.

acima: "Restitua a amigas antes de a estranhos"); mas, ainda assim, uma disposição virtuosa não é simplesmente uma máxima.

Mas, precisamente, porque uma disposição virtuosa é um hábito de um elemento não racional em nós, ela precisa de direção e orientação. Sim, com certeza, tipicamente, devemos restituir a amigas antes de a estranhos, e não faríamos isso efetiva e consistentemente a menos que fosse o que, em circunstâncias usuais, "parecesse certo" para nós. Mas, em alguns casos, seguir esse princípio levaria a nos desencaminharmos, e em casos assim nossa tendência habitual necessita ser verificada ou suspensa, por exemplo, quando o estranho a quem devemos dinheiro está em muito mais necessidade do que nossa amiga. Em casos assim, torna-se necessário para a *phronēsis* intervir muito diretamente, e, Aristóteles deseja insistir, ela não poderia fazer isso a menos que tivesse em vista algum tipo de alvo, que produz um ordenamento ou "priorização" apropriada de princípios de ação.

Que a operação das virtudes relacionadas ao caráter necessite ser regulada é especialmente claro se consideramos que as virtudes de caráter são operativas, como vimos, somente *supondo que* nós *já estejamos envolvidos* em algum tipo de atividade[116]; portanto, não pode ser sua tarefa dizer se deveríamos ou não nos envolver nessa atividade. Mostramos justiça supondo que estamos intercambiando ou distribuindo bens divisíveis; portanto, a justiça não decide se e até que ponto deveríamos nos envolver em negócios ou assumir responsabilidades públicas. Mostramos coragem quando estamos na guerra; portanto, a coragem em si não decide se deveríamos ou não nos envolver na guerra. Nós, aparentemente,

---

116. Recorde do importante princípio de Aristóteles de que é pelos mesmos tipos de ações que as pessoas se tornam virtuosas ou viciosas, que é, portanto, *como* as fazemos que conta para o caráter.

necessitamos de uma virtude distinta das virtudes de caráter, portanto, que diga, com efeito, até que ponto deveríamos nos envolver naquelas atividades nas quais aquelas virtudes são exibidas. Esse, presumivelmente, é o papel da *phronēsis*. Ela inicia ou abrevia aquelas atividades com vistas a alguma ordem, e essa ordem é formulada com respeito a algum padrão ou meta.

Em 6.12-13, Aristóteles mostra as cartas e declara brevemente o que considera ser esse padrão, embora sua discussão e explanação mais extensas sejam encontradas adiante, no livro 10. Ele revela sua visão enquanto lida com um problema: se a sabedoria (*sophia*) é a melhor virtude que uma pessoa pode ter, como pode ocorrer de a habilidade administrativa (*phronēsis*), como parece, desempenhar o papel de dirigir e governar todos os assuntos humanos? "Pareceria estranho", observa Aristóteles, "se, embora a habilidade administrativa seja *pior* do que a sabedoria, tenha mais autoridade" (1143b33-34).

A réplica de Aristóteles é que a habilidade administrativa tem autoridade sobre a sabedoria, somente do modo que a habilidade médica "tem autoridade" sobre a saúde. A habilidade médica "tem autoridade" sobre a saúde no sentido de que ela visa à saúde e ordena tudo o mais em seu domínio de modo a promover a saúde; do mesmo modo, a habilidade administrativa visa à sabedoria e ordena tudo o mais de modo a promover a aquisição e atualização da sabedoria: "A habilidade administrativa não emprega a sabedoria como um instrumento; em troca, olha para como a sabedoria poderia passar a existir. Dá ordens, portanto, *por* isso; não dá ordens *para* isso" (1145a7-9). A *Ética a Eudemo*, como vimos, é ainda mais explícita sobre esse ponto:

> Do mesmo modo que um médico faz uso de um padrão definido, pelo qual julga que o corpo é saudável ou

não... uma pessoa faz uso de um padrão definido com relação às suas ações e escolhas... [Q]ualquer que seja a escolha ou posse de coisas que sejam boas por natureza (bens do corpo, dinheiro, amigos ou qualquer outro bem), o melhor resulta na contemplação de Deus, isso é melhor – e esse é o melhor padrão. Mas, o que quer que impeça, por meio da deficiência ou do excesso, nosso serviço a e nossa contemplação de Deus – isso é ruim. Nossa alma é assim (e esse é o melhor padrão da alma), quando percebemos a parte não racional da alma, como tal, o mínimo possível (1249a21-b23).

Todavia, se pensamos que essa visão inclina firmemente Aristóteles para a Seleção na busca pelo fim último, as coisas não estão tão claras em outra parte em 6.12-13, onde Aristóteles argumenta que uma pessoa necessita de todas as virtudes de caráter para que a habilidade administrativa seja bem-sucedida em direcionar suas ações para o alvo apropriado. Aristóteles começa esses capítulos levantando dificuldades sobre o valor da habilidade administrativa e da sabedoria: a sabedoria lida com metafísica e teologia, não com a felicidade humana, portanto, que uso ela tem? Parece ser inútil. Quanto à habilidade administrativa, ela tem tanto uso para quem já possui um bom caráter quanto a habilidade médica para as pessoas saudáveis; todavia, se uma pessoa não fosse boa ainda, mas desejasse se tornar boa, seria tão necessário a ela adquirir habilidade administrativa quanto ir a uma escola de Medicina a fim de se curar. Para se tornar saudável, basta seguir a orientação de uma outra pessoa que possui habilidade médica; similarmente, para se tornar boa, basta seguir a orientação de uma outra pessoa que tenha *phronēsis*.

A resposta de Aristóteles a essas dificuldades tem três partes:

1) Primeiro, ele nega a premissa na qual as dificuldades estão baseadas. As dificuldades pressupõem que alguma coisa deveria

ser buscada e adquirida somente se produzir algo bom. Mas Aristóteles sustenta que poderia ocorrer de algo dever ser buscado, simplesmente por *ele* ser bom. De fato, um traço é bom, se coloca aquilo que o possuir em uma boa condição, e a sabedoria e a habilidade administrativa são em si boas por essa razão ao menos: "Deveríamos dizer que essas duas virtudes são requeridas apenas por si, porque, ao menos, são virtudes, cada uma de uma parte distinta, ainda que nenhuma produza qualquer outra coisa" (1144a1-3).

2) Mas, de qualquer modo, Aristóteles deseja insistir, cada virtude produz *sim* algo. Aqui, ele recorda a máxima familiar de 2.6, de que uma virtude de uma coisa "a coloca em uma boa condição e faz isso de modo que realize bem seu trabalho característico". Sabedoria e *phronēsis* fazem isso de modo que um ente humano realiza seu trabalho característico bem e alcança a felicidade. A sabedoria produz felicidade, não como algo distinto dela, do modo que a habilidade médica produz saúde, mas do modo que a saúde produz saúde (1144a3-5): ela é constitutiva da felicidade.

Quanto à *phronēsis*, Aristóteles afirma, ela torna uma pessoa de tal modo que a sabedoria pode desempenhar esse papel de duas formas: primeiro, pressupondo o fim que é inerente na virtude relacionada ao caráter; e, segundo, fornecendo o que quer que seja relevante para alcançar esse fim. A virtude relacionada ao caráter, observa Aristóteles, tem a tarefa de "tornar o alvo correto" (1144a8), e a habilidade administrativa, portanto, produz "aquelas coisas que promovem isso" (a9): "A virtude [relacionada ao caráter] torna as escolhas de uma pessoa corretas, mas aquilo que é adequadamente feito por isso não é o trabalho da virtude [relacionada ao caráter], mas de alguma capacidade distinta" (1144a20-22).

Isso é críptico e desconcertante. Aparentemente, Aristóteles deseja manter que as várias virtudes relacionadas ao caráter – coragem, generosidade, magnanimidade, justiça e assim por diante – encaminham uma pessoa para a direção correta, no sentido de que a dispõem a buscar a felicidade do modo certo, e que a *phronēsis*, por meio de seu trabalho de governar e ordenar os assuntos de uma pessoa apropriadamente, ajuda a pessoa a alcançar esse fim.

O que é especialmente desconcertante sobre isso é que Aristóteles sustentava que a sabedoria é o fim ao qual a *phronēsis* se refere, todavia, ele até agora nada disse sobre como as virtudes relacionadas ao caráter dispõem uma pessoa a considerar a sabedoria, ou sua atualização, o fim último de uma pessoa. Mas como a coragem manteria uma pessoa no curso em direção à sabedoria? Como a generosidade faria isso? Qual é a relação entre justiça e sabedoria? A visão de Aristóteles é a afirmação forte de que a contemplação filosófica é de algum modo visada implicitamente por qualquer pessoa que aja virtuosamente? Recorde que Aristóteles sustenta que as virtudes relacionadas ao caráter visam ao *kalon*, ao que é admirável e nobre na ação, um tipo de beleza moral. Ele pensa que possuímos essa beleza moral somente por meio de uma atividade que seja similar à contemplação? Nessa visão, buscar o *kalon* na ação, acima de tudo o mais, seria, consequentemente, estar comprometido, implicitamente, com a preferibilidade da contemplação em detrimento de tudo o mais como o fim da vida de uma pessoa. Essa é uma sugestão tantalizante, mas Aristóteles nada diz sobre ela. Ou a visão de Aristóteles é a afirmação mais modesta de que as virtudes relacionadas ao caráter dispõem uma pessoa a alcançar o "alvo" correto somente no sentido de que elas não permitem que o alvo se torne errado. Discutivelmente, uma pessoa que age injustamente ou por covardia, definitivamente *não* considera que esse fim último consista na contemplação filosófica; mas, em troca, em algo como a prosperidade material ou a segurança corporal. Aristóteles inclusive afirma em 6.5 que o autodomínio (*sōphrosynē*) recebeu seu nome da habilidade administrativa (*phronēsis*), porque a primeira guarda ou preserva a habilidade administrativa (*sōzousan tēn phrosnēsin*):

> O prazer e a dor destroem e corrompem não toda a compreensão que temos das coisas – por exemplo, que o triângulo contém ou não contém dois ângulos retos –, mas a compreensão que temos de assuntos que envolvem a ação. O primeiro princípio da ação é aquele pelo qual as ações são realizadas; mas quando uma pessoa é corrompida pelo prazer ou dor, imediatamente o primeiro princípio falha em se mostrar, nem está claro que uma pessoa devesse escolher e fazer tudo por isso e por conta disso. O mau caráter é, afinal, corruptor do primeiro princípio (1140b11-20).

3) Aristóteles conclui sua consideração das dificuldades com uma discussão sobre o modo pelo qual a habilidade administrativa ajusta e refina a operação das virtudes relacionadas ao caráter. Ao explicar esse ponto em detalhes (1144a22-1145a11), Aristóteles sustenta que a habilidade administrativa e as virtudes relacionadas ao caráter são mutuamente dependentes. A habilidade administrativa não pode existir sem as virtudes relacionadas ao caráter, porque elas fornecem o alvo correto, e a *phronēsis* não pode existir se possui o alvo errado: quando o raciocínio deliberativo efetivo é dirigido a um bem falso, não pode ser mais do que astúcia ou esperteza[117]. Mas os hábitos e disposições que constituem as vir-

---

117. Como vimos, a *phronēsis* é uma virtude do raciocínio prático, o qual possui um componente de raciocínio e desiderativo; portanto, ambos devem ser bons para que a virtude exista.

tudes relacionadas ao caráter não podem existir sem a habilidade administrativa, uma vez que (como vimos) essas levariam à ação incorreta e prejudicial se não fossem ajustadas e guiadas pela habilidade administrativa – isso seria como se uma pessoa tivesse somente "virtudes naturais", tendências inatas para agir generosamente, magnanimamente e assim por diante, sem que essas jamais fossem refinadas ou corrigidas.

Aristóteles usa essa observação sobre a dependência mútua entre *phronēsis* e as virtudes de caráter para apresentar sua solução à questão da unidade das virtudes, que ele coloca desse modo: ocorre de uma pessoa não poder ter uma virtude sem ter todas as virtudes? Como vimos, Sócrates e Platão haviam sustentado que as virtudes eram, portanto, unidas, porque assumiam que todas as outras virtudes eram facetas ou aspectos de um único tipo de conhecimento. Na visão que Aristóteles defendia, em contraste, pareceria que as virtudes não necessitavam ocorrer juntas: se as virtudes são simplesmente bons hábitos, que são atualizados com relação a domínios distintos, portanto, não pareceriam ser a razão pela qual uma pessoa não pudesse exibir justiça quando envolvida em negócios, mas carecesse (digamos) de generosidade quando associada a amigos. A solução de Aristóteles é que as virtudes como ocorrendo naturalmente não são unidas – uma pessoa poderia ter impulsos e um temperamento inatos que produzissem as mesmas ações como uma virtude – mas consideradas estritamente, como tendências à ação que são apropriadamente formadas e refinadas, elas são unidas. Uma pessoa não pode ter sequer uma única virtude de caráter, no sentido estrito, se sua operação não for ajustada e governada pela habilidade administrativa, todavia, nenhuma pessoa pode ter virtude administrativa, caso careça dos primeiros princípios corretos, e esses são fornecidos e preservados pelas virtudes de caráter. Portanto, ter uma única virtude de caráter implica ter todas as virtudes.

Essa solução é inteligente e atrativa, mas ao mesmo tempo é desconcertante, uma vez que repousa na afirmação, que Aristóteles não explica completa ou claramente, de que a habilidade administrativa possui seus primeiros princípios fornecidos a ela pelas várias virtudes de caráter.

Leitura adicional

Broadie (1991), capítulo 4, é um bom guia geral para o livro 6. Anscombe (1965) apresenta uma descrição provocativa do raciocínio e verdade práticos alcançados na ação. Ver também Wiggins (1980).

Houve um certo renascimento pelo interesse na "virtude intelectual": ver Zagzebski (1996) para uma teoria recente que se pretende de espírito aristotélico. Para duas tentativas diferentes e recentes de descrever o raciocínio prático como não instrumental, ver Hampton (1998) e Richardson (1994).

8
AKRASIA, OU FALHA DE AUTOCONTROLE

Ética a Nicômaco, livro 7.1-10

Ao final do livro 6, Aristóteles completou seu exame das virtudes, tanto as virtudes da parte racional da alma, que é responsiva à razão (livros 3-6), como e aquelas da parte racional da alma (livro 6). Poderíamos pensar que, nesse ponto, ele estaria em uma posição para levar sua investigação na *Ética* a um fim. Ele disse (no livro 1) que o fim último da vida humana é uma atividade, ou atividades, do tipo que podemos realizar por meio das virtudes. Com vistas a determinar isso, ele identificou e descreveu as várias virtudes. Deveria ele agora simplesmente tomar uma decisão sobre esse tema? Todavia, ele não tenta fazer isso até o livro 10, capítulo 6.

Por agora, Aristóteles suspende sua busca pela felicidade, a fim de discutir três tópicos que considera estreitamente relacionados: prazer, amizade e *akrasia*. Ele discute o prazer (7.11-14; 10.1-5), porque deseja argumentar que a felicidade é o mais aprazível assim como o melhor bem. A amizade (livros 8 e 9) é importante, porque as relações envolvendo amizade são o contexto ordinário no qual pessoas boas exercitam sua virtude; além disso, como os entes humanos são animais sociais, a felicidade humana será essencialmente social e, portanto, algo que deve ser partilhada entre amigos, caso possuída. Mas a *akrasia*, o tema de 7.1-10, requer discussão, como ficará claro, basicamente como um tipo de acompanhamento à sua descrição sobre as virtudes.

Mas, primeiro, deveríamos dizer o que é *akrasia*. Essa não é uma tarefa simples, e, na verdade, a discussão de Aristóteles visa, basicamente, a esclarecer como caracterizar e classificar a *akrasia*. O termo em grego significa literalmente "não estar no comando" e é traduzido diferentemente como "falta de controle", "fraqueza", "fraqueza moral", "fraqueza de vontade" ou mesmo (como em traduções mais antigas) "incontinência". O oposto de *akrasia* é *enkrateia*, que significa literalmente "estar no comando" e é traduzido como "autocontrole", "força de caráter", "força moral", "força de vontade" ou (de novo, arcaicamente) "continência". Os termos gregos eram contestados na época de Aristóteles, e hoje os análogos são similarmente contestados. O que conta como "falta de autocontrole"? O que ocorre quando uma pessoa perde o autocontrole?

Deveríamos observar que, embora comentadores falem frequentemente de *akrasia*, ou "falta de autocontrole", como um processo ou evento psicológico particular, Aristóteles está aparentemente ainda mais interessado na *akrasia* e na *enkrateia* como estados persistentes da alma, assim como o vício e a virtude são estados persistentes. Sem dúvida, uma pessoa com *akrasia* age de formas características, mas a condição é distinta daquele tipo de ação, e o termo se aplica principalmente à condição. Que devessem existir tais condições duradouras está implicado pela teoria das virtudes de Aristóteles. Recorde que, para ele, quando uma pessoa possui uma virtude de caráter, seus impulsos não racionais são harmonizados com o que a parte racional da alma requer. Uma pessoa virtuosa não possui desejo de fazer coisas que são erradas ou más, sustenta Aristóteles, e é por isso que uma pessoa fica satisfeita ao fazer o que é certo, mas fica perturbada em fazer algo errado. Todavia, podemos facilmente imaginar uma pessoa que se parecesse muito com uma pessoa virtuosa quanto ao que *pensa* que deveria fazer, mas que tivesse *desejos* persistentes de fazer coisas que pensa que não deveria fazer. Uma pessoa que tivesse esses desejos, mas tipicamente não os controlasse, e fosse propensa a agir em consequência deles, teria *akrasia*; uma pessoa que tivesse esses desejos, mas que tipicamente não os pudesse controlar, não agindo em consequência deles, teria *enkrateia*.

Podemos capturar isso no seguinte diagrama, onde uma marca de verificação indica que uma pessoa tendo a condição é como deveria ser no aspecto relevante.

	Virtude (*aretē*)	Autocontrole (*enkrateia*)	Falta de autocontrole (*Akrasia*)	Vício (*kakia*)
O que ela pensa que deveria fazer	√	√	√	X
O que ela possui impulsos para fazer	√	√	X	X
O que ela de fato faz	√	√	X	X

Como estados persistentes de caráter, portanto, a *akrasia* e a *enkrateia* situam-se entre virtude e vício. Isso explica por que Aristóteles desejaria examinar essas condições detalhadamente. Virtude e *vício* são, por assim dizer, condições ideais, das quais existiriam poucas instâncias puras; uma pessoa esperaria que muitas pessoas se situassem em algum lugar entre uma e a outra. A *akrasia* seria presumivelmente a categoria na qual a maior porção da ação e do caráter humanos deve ser ordenada. Se a estrutura inteira da Ética de Aristóteles é ou não um modo satisfatório de entender os pontos fortes e fracos de entes humanos reais, em grande medida, dependerá da plausibilidade de sua descrição de *akrasia* e *enkrateia*.

Que essas condições se situem entre a virtude e o vício desconcerta Aristóteles (cf. 1145b1-2; 1154b33-34) e provavelmente explica o método elaborado que ele adota para sua discussão. Isso é descrito em uma famosa passagem metodológica, já comentada, no começo do livro 7:

> Deveríamos discutir a falta de autocontrole e a falta de qualidades masculinas (ou delicadeza) assim como o autocontrole e dureza, uma vez que nenhuma dessas condições deveria ser considerada envolvendo a mesma condição que a virtude ou o vício, ou um tipo diferente de coisa. Como em outros casos, o que deveríamos fazer é estabelecer como as coisas parecem às pessoas (os *phainomena*), portanto, após experienciarmos todas as dificuldades (*aporiai*), para justificar – esse é o melhor caso – todas as opiniões confiáveis (*endoxa*) sobre o tema; mas, caso isso falhe, deveríamos justificar a maior parte delas, ou daquelas que são mais dominantes. A razão é que, se as dificuldades são resolvidas e as opiniões são preservadas, então, nossa visão será suficientemente estabelecida (1145b2-7).

A discussão de 7.2-10 segue esse plano exatamente. Aristóteles primeiro estabelece em 1145b8-20 "o que parece ser o caso" (*ta phainomena*), ou seja, o que parece ser verdadeiro às pessoas e encontra expressão no que elas dizem. Ele apresenta, de fato, quatorze opiniões distintas sobre autocontrole e falta de autocontrole[118]. Em

---

118. É útil distinguir e numerar os *phainomena*. Aristóteles agrupa algumas dessas visões em pares; podemos seguir esse arranjo e numerá-los do seguinte modo:

seguida, ele formula cinco dificuldades sobre a *akrasia*[119]. E, então, a discussão subsequente é dedicada a resolver essas de modo a clarificar o que é verdadeiro nos vários *phainomena*.

Muitas vezes, na passagem metodológica acima, intérpretes consideram a frase "como nos outros casos" em um sentido irrestrito significando "como em qualquer investigação filosófica". Nessa interpretação, Aristóteles está descrevendo nessa passagem um "método dialético" que deve ser empregado geralmente

---

Φ1.
(a) Autocontrole e dureza são bons.
(b) Falta de autocontrole e delicadeza são ruins.

Φ2.
(a) Ter autocontrole é obedecer ao seu raciocínio.
(b) Carecer de autocontrole é abandonar seu raciocínio.

Φ3.
(a) Carecer de autocontrole é fazer o que você pensa ser mau, devido à emoção.
(b) Ter autocontrole não é seguir desejos que você considera maus, devido à razão.

Φ4. Qualquer pessoa que possui a virtude do autodomínio também possui autocontrole e dureza.

Φ5.
(a) Qualquer pessoa com autocontrole e dureza possui a virtude do autodomínio.
(b) Não é o caso que qualquer pessoa com autocontrole e dureza possua a virtude do autodomínio.

Φ6.
(a) Pessoas autocomplacentes são exatamente aquelas que carecem de autocontrole.
(b) Pessoas autocomplacentes e aquelas que carecem de autocontrole são diferentes.

Φ7.
(a) Uma pessoa que possui sabedoria prática poderia carecer de autocontrole.
(b) Nenhuma pessoa com sabedoria prática pode carecer de autocontrole.

Φ8. Existe algo como falta de autocontrole com relação a uma pessoa manter seu temperamento, buscando honra e lucro.

119. A Dificuldade 1 é apresentada em 1145b21-1146a9; a Dificuldade 2 em 1146a9-16; a Dificuldade 3 em 1146a16-31; a Dificuldade 4 em 1146a31-b2; e a Dificuldade 5 em 1146b2-5.

em filosofia: ele está sustentando que o método recomendado aqui, que ele emprega no livro 7, é o único método a ser usado em filosofia. Todavia, uma interpretação como essa é dificilmente plausível e além disso desnecessária. É dificilmente plausível porque (como estudiosos muitas vezes observaram) Aristóteles raramente usa esse método mesmo em outra parte na *Ética*, e faz isso apenas infrequentemente em outros trabalhos[120]. Seria estranho para ele afirmar que esse é o único método a seguir sempre em filosofia, quando ele próprio dificilmente o usa. Além disso, Aristóteles é muito flexível e inventivo em suas investigações filosóficas, e pareceria estranho, portanto, e necessitaria de mais argumentação, para ele afirmar que seus vários tipos de investigação são, no fundo, exemplos da única forma de investigação que ele descreve aqui.

Mas, além disso, não é necessário tomar a passagem nesse sentido implausivelmente expansivo e irrestrito, uma vez que pode facilmente ser entendida em um sentido estreito, como se referindo principalmente à tarefa em questão[121]. Como vimos, no ver de Aristóteles, *akrasia* e *enkrateia* não são o mesmo que virtude ou vício, e também não são inteiramente diferentes. Poderíamos, portanto, perguntarmo-nos: como deveríamos lidar com tipos de coisas que, curiosamente, situam-se desse modo *entre* outros tipos? Em casos como esse, de fato, as pessoas por vezes tratarão o tipo intermediário como se fosse o mesmo tipo de coisa que os outros tipos identificáveis, mas por vezes também as pessoas o distingui-

---

120. Bostock conclui uma revisão detalhada do método de Aristóteles na *Ética* dizendo que "a despeito do fato de que o defende como o método certo a ser buscado em todos os temas, ele não se apoia de fato nele em qualquer outra discussão importante [*sc*. além de 7.1-10]", p. 234.

121. Ou seja, entendemos a frase "como nos outros casos" em um sentido restrito para significar "como nos outros casos *iguais a esse*".

rão deles. Que as pessoas lidem com a forma intermediária desse modo inevitavelmente levará a contradições e "dificuldades" aparentes. Como, então, deveríamos lidar melhor com essa falta de clareza e determinação nos modos ordinários de falar?

Digamos que um tipo de coisa seja *análogo* a outras caso não caia sob um gênero comum com outras (ou seja, não está entre várias espécies do mesmo gênero que as outras) e, todavia, não é tão distinta de modo a contar como independente. A passagem metodológica pode ser entendida como descrevendo o melhor modo de proceder quando desejamos descrever e classificar um tipo de coisa que é, portanto, análoga a outros tipos identificáveis: a primeira coisa a fazermos é esclarecer as coisas contraditórias que são ditas sobre ela; a seguir, deveríamos encontrar uma descrição precisa do tipo análogo que está sob investigação; e, se essa descrição for corretamente estruturada, revelará, consequentemente, o quanto o que as pessoas dizem sobre ela é verdadeiro. A descrição correta, portanto, "deixa de pé" aquelas visões aparentemente conflitantes, e o fato de fazer isso é a melhor prova de sua exatidão. Como *akrasia* e *enkrateia* são tipos análogos, nesse sentido, Aristóteles lida com elas desse modo.

Que essa leitura estreita da passagem metodológica seja correta é apoiado pelo fato de que várias passagens na *Ética*, onde Aristóteles usa algo como o método descrito, são aquelas nas quais ele lida similarmente com a classificação de coisas que diferem, quanto ao tipo, mas são analogamente relacionadas: suas discussões, particularmente, sobre o prazer (7.11-14), amizade (8.1-4), e o amor-próprio (9.8)[122].

---

122. A observação de Aristóteles em 9.8.1168b12-13 parece recapitular o método: "Presumivelmente, portanto, com relação a esses tipos de afirmações, necessitamos fazer

Como o problema da *akrasia* parecia a aristóteles

Digamos que ocorre um exemplo de *akrasia* quando:

(i) uma pessoa compreende corretamente o que deveria fazer (ou: sua razão diz que deveria agir de algum modo), mas

(ii) ela faz algo diferente, e

(iii) é apropriado dizer que faz essa outra coisa *devido a* algum impulso ou emoção.

O primeiro interesse de Aristóteles no livro 7 é: como é possível a *akrasia* nesse sentido?[123]

Ao dizer que o primeiro interesse de Aristóteles é em como a *akrasia* é possível, não pretendo sugerir que Aristóteles contemplou seriamente a sugestão de que, talvez, a *akrasia* ou não ocorresse ou fosse impossível. De fato, Aristóteles pensa que é óbvio que a *akrasia* ocorre: observamos exemplos dela o tempo todo, e, portanto, ela certamente existe e é possível. Sua própria divisão da alma em 1.13 em partes racionais e não racionais foi baseada em observações sobre a *akrasia*. Poderíamos, portanto, dizer que sua teoria da virtude e do vício inteira pressupõe a possibilidade da *akrasia*. Todavia, embora ele nunca duvide de sua existência, pensa que existem sérias dificuldades na noção de *akrasia* e que, portanto, alguma sutileza é necessária para descrevê-la corretamente.

Podemos começar a ter uma noção dos interesses de Aristóteles considerando, primeiro a concepção que ele atribui a Sócrates:

---

uma distinção e determinar o quanto e de que modo cada afirmação tão distinta é verdadeira".

123. Desse ponto em diante, por conveniência, usarei *akrasia* para significar indiferentemente a condição ou o ato correspondente; em que sentido é pensado ficará claro a partir do contexto.

Seria surpreendente se, quando o conhecimento está ao redor (assim Sócrates costumava pensar) uma outra coisa tomou o controle e o arrastou, como se fosse um escravo. Sócrates, por sua parte, combateu indiscriminadamente essa noção, embora sustentando que a *akrasia* não exista. Por quê? Porque nenhuma pessoa age contra o que considera ser o melhor; em troca, é devido à ignorância [que uma pessoa falha em fazer o que é melhor] (1145b23-27).

Ou seja, Sócrates estava tão interessado em proteger a verdade da ideia de que o "conhecimento não pode ser subjugado" que adotou uma posição muito mais forte, de que nós nunca agimos contra o que *de algum modo* consideramos ou reconhecemos ser o que deveríamos fazer. Aristóteles considera essa concepção mais forte claramente falsa. Ele pensa que existe algo certo sobre o interesse de Sócrates, no entanto, discorda do modo com que Sócrates estrutura o problema e com sua solução.

Aristóteles rejeita o modo que Sócrates estrutura o problema, porque para Aristóteles a dificuldade não é se o *conhecimento* poderia ser subjugado, mas (em linhas gerais) se a *razão* humana poderia ser subjugada por uma emoção[124]. Ou seja, Aristóteles toma a *akrasia* para levantar dificuldades mais amplas sobre a natureza da irracionalidade humana. A concepção de Aristóteles é aparen-

---

124. Que esse seja o interesse de Aristóteles é mostrado por como ele trata a concepção de que é a *crença verdadeira* em vez do *conhecimento* que está em jogo em um caso de *akrasia* (cf. 1146b24-31; cf. 1145b35-1146a4). Fazer essa mudança, ele afirma, não remove a dificuldade. Suponha que uma pessoa acredite, mas com forte convicção, que não deveria fazer algo, mas o faz mesmo assim. Isso aparentemente ainda seria um caso de sua razão ser subjugada por uma emoção. De fato, Aristóteles intercambia livremente a fala sobre crença (*doxa*) e sobre conhecimento (*epistemē*) e sua discussão sobre a concepção de Sócrates, como se a distinção não fosse importante para seus propósitos. E ele comumente discute o problema da *akrasia* com relação ao papel que a razão (*logos*) desempenha nela, *e. g.* 1145b10-14.

temente a de que a capacidade ou faculdade da razão não pode ser subjugada pela emoção. Todavia, é claro que Aristóteles não deseja negar que a *akrasia* exista, e que um modo natural de descrevê-la seja apenas dizer que uma pessoa é "subjugada" por seus impulsos e emoções; de fato, o próprio Aristóteles fala desse modo (*e. g.* 1149b3). Por outro lado, seria problemático também dizer que a razão não é *subjugada* pela emoção, e sim que *cede* ou *dá espaço* a ela – uma vez que, como poderia fazer isso, a menos que de algum modo consentisse em ou afirmasse ao que a emoção estivesse visando? Mas nesse caso seria difícil ver como uma pessoa *acrática* seria diferente de uma pessoa viciosa, que *deliberadamente* visa a satisfazer seu desejo de fazer coisas más.

Portanto, o problema da *akrasia*, para Aristóteles, é descrever uma condição na qual uma pessoa age irracionalmente, e faz o que uma emoção provoca em vez do que sua razão indica, mas onde a emoção não "subjuga" sua razão, nem sua razão acede à emoção. Conforme Aristóteles: "Há um tipo de pessoa que tende a se desviar da razão sólida e que é tal que, embora sua emoção a controle muito a ponto de ela agir contra o que a razão sólida diz, a emoção não a controla tanto a ponto de passar a aceitar que deveria buscar esses prazeres sem restrição" (1151a20-24).

Aristóteles não declara explicitamente suas razões para concordar com a intuição básica de Sócrates e sustentar que a capacidade da razão não pode ser subjugada por uma emoção[125]. Todavia, podemos especular quanto aos seus fundamentos. Na *Ética*, ele geralmente sustenta que a razão é de caráter divino (cf., p. ex., 1177a15-16, b30-34); nesse caso, então, seria absurdo para uma

---

125. De fato, no livro 7, ele sequer afirma essa concepção explicitamente; em troca, ele pressupõe isso, como fica claro no curso de sua discussão.

coisa não se mostrar mais poderosa, pois se o não divino pudesse subjugar o divino na natureza humana, então, também poderia fazer isso em outra parte[126]. Além disso, Aristóteles considera que a razão seja naturalmente imperativa em um ente humano (cf. 1102b32), embora uma pessoa possa sustentar que nada poderia ter uma autoridade natural, a menos que a autoridade fosse *sempre* operativa (de outro modo, a autoridade seria de algum modo *adquirida*); mas essa autoridade seria vazia, se não trouxesse consigo a possibilidade de controle. Uma vez mais, Aristóteles pensa que é *possível* que sejamos virtuosos (cf. 3.5) e que, em certo sentido, é a intenção da natureza que os entes humanos sejam virtuosos; mas a virtude, ele pensa, implica o governo uniforme de ações e emoções pela razão; contudo, se as emoções pudessem subjugar a razão em *alguns* casos, então, em princípio, elas poderiam fazer isso em *qualquer* caso – e, portanto, a virtude seria ou impossível ou, ao menos, instável (cf. 1100b15-16). E sua concepção é provavelmente baseada também em considerações mais metafísicas: se a razão não é uma faculdade material (como Aristóteles aparentemente argumenta no *De anima* 3.4-5), então, pareceria que se ela tivesse algum controle sobre algo material, ela o teria sem restrições, pois o que poderia servir para limitá-la em *alguns* casos somente? Sua operação não poderia certamente ser controlada como se estivesse em conflito com algum outro poder material. Ou, uma vez mais, parece ser inclusive uma verdade conceitual que uma pessoa que consideramos um ente racional possa ter controle sobre suas próprias atividades: "uma pessoa é dita 'ter controle' (*enkratēs*) ou 'falta de controle' (*akratēs*)", observa Aristóteles, "dependendo de

---

126. Uma linha de pensamento como essa, também, parece sublinhar o famoso Argumento Final do *Fédon*, de Platão: se uma única vida pudesse ser subjugada pela morte, então, todas as coisas vivas, inclusive os deuses, estariam ameaçadas (cf. *Fédon* 106d).

se sua mente está ou não no controle, presumindo que isso é o que cada pessoa é" (1168b34-35) – e assim uma pessoa poderia simplesmente considerar uma absurdidade que *uma outra coisa* que não essa pessoa esteja no controle *dela*, como se ela pudesse ser essa pessoa, sem a possibilidade do autocontrole.

O problema da *akrasia* para Aristóteles, portanto, é o seguinte: a razão tem controle sobre as emoções; algo que tem controle pode passar a carecer dele somente se ou alguma outra coisa retirar seu controle (se for "subjugado") ou se abre mão do controle; mas uma emoção não pode assumir o controle da razão; nem poderia a razão abrir mão do controle para uma emoção, exceto acedendo ao que a emoção visa, em cujo caso não haveria mais qualquer distinção importante entre *akrasia* e *vício*. (*Akrasia*, nessa última sugestão, seria simplesmente uma outra forma de vício, que faz mais confusão, ou dá um espetáculo melhor, antes de ir adiante com a má ação.) Esse é o contexto da discussão de Aristóteles em 7.3 sobre a concepção de Sócrates, e explica por que Aristóteles insiste em que "a base fundamental da investigação" (1146b14) é tornar clara a distinção entre *akrasia* e o vício da autocomplacência: "uma pessoa autocomplacente é deliberadamente (*prohairoumenos*) conduzida [por seus desejos], aceitando que 'Eu deveria sempre buscar o prazer que está diante de mim'; uma pessoa acrática, em contraste, não aceita isso, embora busque, de qualquer modo, isso" (b23-24).

A réplica de Aristóteles a Sócrates: distinções iniciais

Deveríamos começar com uma observação sobre a linguagem de Aristóteles em sua resposta a Sócrates, que potencialmente pode provocar confusão. Em sua discussão, Aristóteles usa os termos "conhecimento" e "ignorância", e inclusive diz que o que está em jogo é se, quando a *akrasia* ocorre, a agente *sabe* que não deveria fazer o que está fazendo e, se faz, como sabe isso (1146b9). Todavia, ao dizer isso, Aristóteles está usando "conhecimento" (e o termo oposto, "ignorância") em um sentido informal, como ele muitas vezes faz em outra parte na *Ética* (*e. g.* 1094a26, 28; 1105a31), para significar algum tipo de "compreensão" ou entendimento de algo. Ele não está usando esse termo no sentido técnico que recém-definiu em 6.3 – que uma agente sabe somente no caso de possuir uma capacidade ativa de conceber provas com relação a temas necessários e imutáveis (1139b31-32)[127]. A razão pela qual ele usa essa linguagem é em parte um ponto de *caridade* no argumento: que uma pessoa não devesse usar uma mera diferença na terminologia para obter uma vantagem em um debate filosófico. Mas, mais profundamente, o próprio interesse de Aristóteles, explicar como a razão não pode ser subjugada por uma emoção, é um interesse pela razão *na medida em que é bem-sucedida*. Ele não está interessado no raciocínio deliberativo, que poderia estar confuso com relação ao que afirmar ou buscar (1112b18-25), ou o raciocínio de cálculo, que pode cometer meros erros de cálculos (1111a33-b3). Ele está interessado, em troca, pela razão na medida em que ela *vê* algo e está preparada para aderir a isso, e o termo "saber" sugere isso bem o bastante.

O procedimento de Aristóteles é, primeiro, chamar atenção exatamente para o que estaria envolvido para o conhecimento, nesse sentido informal, estar "presente" ou ser operativo, porque claramente não seria questão de conhecimento ser subjugado pela

---

[127]. Por isso, como foi observado, ele está contente inclusive em chamar essa compreensão uma "crença" (1147a25, b3), mesmo que a crença implique uma falta de conhecimento.

emoção, caso não estivesse sequer, por assim dizer, no campo. Para esse fim, ele faz três distinções:

1) Conhecimento como uma possessão *versus* conhecimento que é "ativado" ou posto em uso (1146b31-35); por exemplo, você entende que adultério é errado, mas (quase certamente) você não estava de fato pensando que era errado cinco segundos antes de ler esta sentença[128].

2) Conhecimento de uma verdade universal *versus* conhecimento de particulares (1146b35-1147a10); por exemplo, você entende que adultério é errado, mas você não sabe que a outra pessoa é casada (ou: você sabe, mas a outra pessoa está usando um disfarce, assim, seu conhecimento não é operativo com relação a essa pessoa diante de você, cf. 1147a7).

3) Conhecimento quando sóbrio *versus* conhecimento quando afetado por uma condição corporal "de alteração mental" (1147a10-24); por exemplo, você entende que não deveria cometer adultério com essa pessoa casada; mas, quando você tomou vários drinques, há um sentido no qual você *não* entende isso, embora você possa dizer que é errado se alguém perguntasse a você.

Cada distinção fornece um sentido de "conhecimento" no qual é evidentemente possível para uma pessoa ter conhecimento, mas para seu conhecimento não ser de um modo preocupante "subjugado", uma vez que sequer está em jogo. Cada distinção, portanto, pode servir como a base para uma réplica a Sócrates. Portanto,

---

128. Um exemplo como adultério é útil como fornecendo um caso claro de alguém se desviando do caminho (segundo os princípios de Aristóteles). Filósofos muitas vezes usam como um exemplo de *akrasia*, digamos, comermos um pedaço de torta quando estamos de dieta. Mas, do ponto de vista de Aristóteles, uma pessoa não poderia de antemão descartar em um exemplo desses que possa ser melhor no fim comer a torta.

após apresentar a primeira distinção somente, Aristóteles declara, aludindo à objeção original de Sócrates, "Isso é o que parece surpreendente – para uma pessoa não fazer o que está *de fato pensando* que deveria fazer – mas não é surpreendente se ele não está pensando de fato sobre isso" (1146b35), como se esse ponto apenas resolvesse o problema de Sócrates. Uma vez mais, como ele introduz a segunda distinção, Aristóteles observa que "nada impede" uma pessoa de agir de modo contrário ao seu "conhecimento" – se com isso ela quer dizer meramente que seu conhecimento *das verdades universais*, quando carece de conhecimento dos particulares (1147a1-2) – porque ações têm a ver com particulares, e, portanto, se o conhecimento de uma pessoa se estendesse somente aos universais, até aqui, sequer teria uma chance de ser "subjugado" por alguma emoção que estivesse influenciando a ação. Similarmente, a terceira distinção apresenta claramente um sentido no qual podemos "conhecer" algo, no qual o conhecimento, porém, não seria operativo com relação à ação: não estamos, afinal, nem um pouco tentados a dizer que o conhecimento (ou razão) é subjugado sempre que uma pessoa fica bêbada.

Mas Aristóteles considera a terceira distinção a mais relevante, e passa a desenvolvê-la com mais detalhes. Referindo-se às pessoas que "possuem, mas não possuem" sua compreensão usual do que deveriam fazer, devido a uma mudança em seu corpo, Aristóteles afirma: "Claramente, deveríamos dizer que pessoas acráticas estão em uma condição similar à dessas" (1147a17-18). Todavia, por que ele afirma que somente essa terceira distinção é a que é relevante, quando as primeiras duas distinções, como vimos, também fornecem uma resposta a Sócrates?

A razão, parece, é que Aristóteles aceita a visão comum (na verdade, é um dos *phainomena*) que a *akrasia* seja atribuída a um impulso ou emoção:[129] é *devido a* uma emoção que a pessoa acrática faz o que previamente pensava que não deveria fazer (1145b12-13). Assim, desde o início, Aristóteles insistia em que, embora a *akrasia* seja explicada, necessitamos levar em conta a *mudança* que a agente experiencia, em relação ao impulso ou emoção que sente. Por exemplo, quando Aristóteles declara inicialmente a concepção de Sócrates, de que a *akrasia* não existe, e, depois, chama atenção para o fato de que essa concepção "diverge da realidade evidente" (1145b28), prossegue observando que "Necessitamos investigar a emoção (*pathos*) envolvida, se a *akrasia* for um resultado da ignorância. Qual é o processo usual (*tropos*) pelo qual a ignorância surge? – uma vez que está claro que, até o momento em que a emoção toma conta, a pessoa que incorre em *akrasia* pensa que não deveria agir como age" (1145b28-31). Ou seja, a emoção é a explicação mais fundamental da *akrasia* do que (como na concepção de Sócrates) a ignorância, porque a emoção aparentemente provoca a ignorância. Todavia, das três distinções que Aristóteles propõe, somente a terceira delas parece relacionada a uma mudança assim.

Dizer, como Aristóteles, com efeito, diz com relação às duas primeiras distinções, que nada impede uma pessoa de fazer o que "sabe" estar errado, em nenhum desses sentidos – que não há impossibilidade nisso – é até aqui simplesmente mostrar que a negação da *akrasia* por Sócrates era sem fundamento. Mas isso já era evidente. O que queremos é uma descrição positiva, que apele a princípios e causas relevantes, mas sujeita a duas restrições, que já nos são familiares. Necessitamos apresentar uma descrição positiva de *akrasia* de acordo com a qual fique claro, primeiramente, que o conhecimento (ou razão) não é subjugado pela emoção, e,

---

129. Um *pathos*, literalmente, uma "mudança induzida" ou "afeto" experienciada pela agente.

segundo, que uma pessoa que incorra em *akrasia* difere de uma pessoa autocomplacente, na medida em que nunca afirma um princípio incorreto de ação. Embora a concepção de Sócrates tenha sido refutada – o que, de qualquer modo, era dificilmente necessário – a própria dificuldade de Aristóteles permanece: como a razão pode falhar em estar no controle do mau comportamento de uma pessoa se nem é subjugada nem acede ao mau comportamento? É por isso que Aristóteles em 1147a24-b17 prossegue e apresenta uma descrição mais completa da *akrasia*, que ele caracteriza agora como apelando "ainda mais a princípios relevantes da mudança" (1147a24, cf. 1167b29, 1170a13)¹³⁰.

A descrição positiva de *akrasia* de Aristóteles

Parece que a descrição de *akrasia* de Aristóteles em 1147 a24-b17 deveria ser entendida dinamicamente: ele está interessado no processo (*tropos*) pelo qual uma pessoa incorre em *akrasia* (*akrateuesthai*, 1147b1). Um episódio particular de *akrasia* é algo que surge (*ginetai*, 1145b29); envolve oportunidade (*hama*, 1147a31); possui elementos que tomam um curso progressivo (*egei, kinein*, 1147a34-35). Um episódio de *akrasia* termina por se dissipar (*lyetai*, 1147b6). O modo pelo qual, exatamente, ela se dissipa requer uma explicação fisiológica (1147b6-9). Em seu começo, curso e mitigação, é comparável a uma doença (1150b29-36). Uma pessoa pode ser mais ou menos disposta a desenvolver *akrasia*, dependendo de seu temperamento corporal e humores subjacentes (1152a27-33, cf. 1154b11-15). Assim, portanto, a descrição posi-

---

130. Parece plausível que *eti kai... phusikōs* em 1147a24 constitua uma unidade linguística e tenha o sentido dado na tradução aqui, não diferente de *phusikōteron* como em 1167b29, 1170a13. (O *asyndeton* resultante é consistente com o fato de a sentença marcar uma nova linha de pensamento.)

tiva de *akrasia* de Aristóteles deveria ser entendida como apresentando uma descrição de um processo típico.

Sua descrição tem três partes: (i) algumas observações preliminares, que fornecem critérios para uma descrição satisfatória da *akrasia* (1147a25-31); (ii) da própria descrição (1147a31-35); e (iii) das cinco observações derivadas da descrição (1147a35-b17).

(i) As observações preliminares são as seguintes:

(a) Um tipo de crença é geral; um outro é sobre particulares. Com relação a particulares, é a percepção sensível que é diretamente decisiva.

(b) Sempre que uma crença singular deriva delas, é necessário que a alma afirme, logo em seguida, a conclusão, e, em temas que envolvem ação, que aja imediatamente. Por exemplo, supondo: "Tudo que é doce deve ser provado, e isso (coisa particular) é doce", então, é necessário (assumindo que a pessoa seja capaz de agir e não seja impedida) que ela simultaneamente também faça isso (1147a25-31).

Um modo de entender isso é o seguinte. Considere uma "crença geral" como aquela com a qual estaríamos dispostos a concordar várias vezes e em vários lugares; considere uma "crença sobre particulares" como aquela com a qual estaríamos dispostos a concordar somente em um momento ou lugar particular, ou na presença de uma pessoa ou coisa particular. Como qualquer ação é algo particular, ela necessita ser alusiva a particulares. Mas isso requer crenças sobre particulares; e crenças sobre particulares dependerão do que percebemos com nossos sentidos. Por exemplo, posso ter a crença geral de que, a fim de ouvir as notícias diárias, deveria ligar o rádio às 13:00h; além disso, posso ter várias crenças gerais sobre como ligar o rádio, e sobre como o rádio funciona.

Mas, na verdade, não ligo o rádio, até que acredite que *agora sejam 13:00h*[131]. Além disso, acredito que agora são 13:00h, devido a algo que presentemente percebo com meus sentidos – eu, de fato, *vejo* o relógio da cidade anunciando 13:00h.

Crenças particulares são "diretamente decisivas" para a ação, porque se agimos ou não com base em uma crença geral dependerá de crenças particulares. Por isso, podemos às vezes descartar que uma pessoa tenha uma crença geral, dada a crença particular que tem, ou que tenha uma crença particular, caso saibamos que tenha uma crença geral de um certo tipo, ainda que não aja correspondentemente. Por exemplo, considere o próprio exemplo de Aristóteles: se uma pessoa não prova o doce diante dela, mas (sabemos) acredita que "Tudo que é doce deve ser provado", então, deve carecer da crença particular segundo a qual *esta coisa diante de mim é uma coisa doce*; além disso, se ela tem essa crença particular, embora falhe em provar a coisa doce diante dela, então, podemos concluir que ela não deve ter a crença geral segundo a qual *tudo que é doce deve ser* provado. Em uma pessoa que é capaz de agir e não é impedida, sua falha em agir implica uma carência ou da crença geral ou da crença particular[132].

---

131. O exemplo é de Mellor (2001: 312): "Suponha, agora, mais especificamente que deseje ouvir as notícias das 13:00h, assim, aciono o botão do rádio às 13:00h. Por que fiz isso às 13:00h e não alguns minutos ou horas antes ou depois? Bem, obviamente, porque desejava ouvir as notícias das 13:00h. Mas isso por si não é o bastante, mesmo dado que sei que acionar o botão liga o rádio. Eu poderia estar desejando ouvir as notícias das 13:00h por horas, e poderia ter aprendido a ligar o rádio há muitos anos. Algo mais do que esses dois estados estáveis de desejo e crença é necessário, de fato, para propelir meu dedo a acionar o botão em um momento específico. Obviamente, no que também necessito acreditar é que agora são 13:00h. Até que adquira essa crença presente, nada farei, independentemente do quanto deseje ouvir as notícias e do quão forte seja minha crença atemporal na eficácia de acionar o botão do rádio".
132. Uma vez mais, Mellor: "Se uma pessoa deseja acima de tudo o mais fazer algo em um momento particular, sabe como fazê-lo e é capaz de fazê-lo, não faz sentido supor

Mas isso tem implicações imediatas para a *akrasia*, como segue. Na *akrasia*, uma pessoa tem um lapso no qual muda do agir bem para o agir mal. Ou seja, qualquer caso de *akrasia* envolve uma pessoa que, de antemão, é perfeitamente capaz de agir e não é impedida, e está completamente consciente de tudo que é relevante, ainda que não faça uma coisa errada; mas, então, um pouco depois, faz. Que ela, inicialmente, *não* faça, implica que *não* tenha a crença geral de que *deveria* fazer. Presumivelmente, também (Aristóteles assume isso), ela tenha a crença geral de que *não* deveria fazer. Mas que mais tarde *faça*, implica que ela, então, carece da crença particular que deveria ser decisiva para seu não fazer. A própria falta de consistência na ação da pessoa acrática – sua hesitação e demora, independente do caminho que toma – mostra que carece tanto de uma crença geral sobre um tipo incorreto como (em um momento posterior) do tipo correto de crença particular.

(ii) Isso, portanto, leva Aristóteles a postular em 1147a31-35 o seguinte esquema:

> Portanto, sempre que:
> [a] uma crença geral está presente [na alma] impedindo algo de ser provado,
> [b] e também uma outra, segundo a qual "Tudo que é doce é aprazível, e esta coisa particular é doce", e
> [c] isso é ativado, e
> [d] como ocorre, o desejo sensível está presente [na alma], então, embora a crença um emita o comando: "Afaste-se disso", o desejo sensível exerce sua influência, uma vez que cada parte da alma é capaz de iniciar movimento.

---

que acredita que o momento se apresente, mas ainda nada faça porque é muito inapta para agir conforme sua crença. Se, nessas circunstâncias, ela não age conforme essa crença atual, ela não a possui" (p. 313).

Observe que a passagem em nenhum ponto menciona a *ação* de uma pessoa acrática, seu fazer algo que pensa que não deveria. Em troca, como a sentença final da passagem indica, Aristóteles pretende aqui apresentar simplesmente uma descrição do *conflito* que uma pessoa assim experiencia: não é, até aqui, uma descrição de como esse conflito é resolvido. A passagem poderia, portanto, servir igualmente como uma descrição da condição de uma pessoa encrática, antes de seu fazer a coisa certa. Além disso, como vimos, o esquema de Aristóteles está destinado a descrever algo que é dinâmico. Quando ele diz, por exemplo, que o desejo sensível "exerce sua influência", deveríamos, com certeza, pensar que o faz progressivamente, digamos, ao, primeiro, levar uma pessoa a ensaiar inclusive a linha de pensamento: "Tudo que é doce é aprazível, e essa coisa particular é doce", o que leva à conclusão de que "Isso é aprazível", e que, por sua vez, aumenta o desejo sensível pela coisa. Ou seja, o esquema identifica o circuito positivo de retroalimentação [*positive-feedback loop*].

Entendido desse modo, o esquema de Aristóteles serve, com efeito, como um "modelo", que nos diz se uma pessoa tende ou não a ser acrática, dependendo de como alteramos os elementos do modelo. Vamos considerar um caso particular, para fixar as ideias. Suponha que uma pessoa necessite perder peso e julgue, portanto, que não deveria comer entre as refeições, como tem sido sua prática usual. Ela, portanto, forma a crença geral: "Nada deve ser consumido entre as refeições". Para essa crença geral ser efetiva, ela tem de acreditar adicionalmente em várias crenças particulares, cada vez que a possibilidade de comer algo surge: "*Agora* é entre as refeições", "*Isso* não deve ser consumido", e assim por diante[133]. Suponha que um dia ela

---

133. Observe que, portanto, será mais difícil seguir uma proibição do que uma admonição: a proibição deve se tornar *repetidamente* efetiva.

esteja trabalhando a partir de sua casa, e que, portanto, vá várias vezes à cozinha, quando faz uma pausa ou prepara um café. Cada vez que ela faz isso, vê comida na cozinha, e deve acreditar, naquele momento e com respeito àquela comida particular, coisas como *agora* é entre as refeições e *essa* comida particular não deve ser consumida. Talvez, para se ajudar a acreditar nisso, ela pense sobre quantas calorias a comida tem (e, assim pense sobre como *essa* comida *agora* tem muitas calorias), ou use sua imaginação e tenta imaginar que, se comesse a comida, ela seria transformada em gordura e depositada diretamente em sua cintura. Contudo, ela fica cada vez mais faminta à medida que passa a manhã. No final da manhã, de fato, devido à sua fome, quando entra na cozinha e vê a comida, começa a pensar sobre ela: "Esta comida é gostosa. Coisas gostosas são aprazíveis para comer. Seria muito aprazível comer essa comida". Enquanto pensa sobre a comida desse modo, estimula sua fome. Ela, portanto, fica ainda mais disposta a pensar em quão aprazível seria comê-la. Talvez, a esse ponto, ela se encontre inclusive caminhando em direção a um armário, pegando, sem pensar, uma caixa de salgadinhos (enquanto está um tanto absorta pensando em um problema do seu trabalho), e, manuseando a caixa – antes de voltar à razão –, repete para si sua resolução, afasta a caixa, e sai dali.

O esquema de Aristóteles descreve um conflito como esse. Ora, essa pessoa comerá ou não um salgadinho antes do almoço? O esquema obviamente não leva a uma tal predição. Contudo, identifica que fatores instruem a favor ou contra cada lado do conflito, e, assim, que variações fariam essa pessoa tender mais ou menos a comer a comida. Por exemplo, a pessoa tem uma tendência menor a comê-la: na medida em que fortaleceu sua decisão ao deliberar de antemão; na medida em que pode evitar ver ou cheirar a comida (ou se colocar em uma posição na qual não possa vê-la ou cheirá-la);

na medida em que possa lidar com ou suprimir sua fome (digamos, tomando água para encher seu estômago); na medida em que sua imaginação é menos suscetível à influência de seus apetites. Por outro lado, ela tem uma tendência maior a se entregar, na medida em que sua situação é alterada em algum dos modos opostos.

(iii) Após apresentar seu esquema, Aristóteles o comenta:

[1] Segue que uma pessoa incorre em *akrasia* por meio da capacidade da razão, de algum modo, e da crença. Mas a crença não é em si contrária à razão sólida, apenas incidentalmente, uma vez que é o desejo sensível da agente que é contrário à razão sólida, não sua crença.

[2] Segue também que, por essa mesma razão, animais selvagens não são acráticos, porque não têm compreensão de algo geral, mas têm somente representações e memórias de particulares.

[3] Quanto a como essa falta de conhecimento se dissipa, e uma pessoa acrática se torna novamente uma pessoa com conhecimento, isso recebe a mesma explicação que a de uma pessoa bêbada ou dormindo [retornando ao conhecimento], e não é algo especial para esse tipo de mudança. Necessitamos recorrer aos cientistas naturais para essa explicação.

[4] A última premissa é uma crença sobre um objeto da percepção sensível e é decisiva para a ação. Como isso é assim, ou a pessoa não compreende essa premissa, quando começa a experienciar a mudança, ou a compreende de um modo tal que, como dizemos, não a compreende – mas ela a *diz* do modo que uma pessoa que tivesse bebido muito vinho recita versos de Empédocles.

[5] Além disso, como o último termo não é geral e não parece o tipo de coisa sobre a qual uma pessoa tem conhecimento, como um termo geral parece, obtemos algo como o resultado que Sócrates estava buscando. A mudança ocorre, não onde o que é pensado ser conhecimento no sentido estrito está presente (e esse tipo

de conhecimento não é "arrastado" devido a uma emoção), e sim onde o "conhecimento sensível" está presente (1147a35-b19).

Nesses comentários, Aristóteles está interessado principalmente em mostrar que seu esquema descreve a *akrasia* de um modo que resolve a dificuldade que lhe preocupava, ou seja, que na *akrasia* a razão não é subjugada nem acede a qualquer mau princípio.

Na *akrasia* a razão não é subjugada, porque, em troca, ela, na verdade, desempenha um papel no começo da *akrasia* (observação 1). Na visão de Aristóteles, a razão não é mais subjugada na *akrasia* do que quando uma pessoa bebeu muito (embora sem dúvida cada drinque subsequente a torne menos incapaz de discernir os efeitos de estar bebendo), ou quando uma pessoa fatigada cai no sono, e, portanto, para de raciocinar, após sentar-se em uma cadeira confortável. Todavia, observe que Aristóteles não deseja dizer que a pessoa acrática *deliberadamente* faz isso de modo a seu desejo se tornar efetivo. A *akrasia* não é como deliberadamente "ficar bêbado" ou deliberadamente "ir dormir". Mas, nesse caso, então, os pensamentos de uma pessoa acrática seriam apenas *incidentalmente* contrários ao princípio correto. Na visão de Aristóteles, na *akrasia* pensamos sobre o aprazimento de algo, e ficamos, consequentemente, cada vez mais afetados por isso, de modo que somos levados com um desejo crescente na verdade a tirar prazer disso, mas ao mesmo tempo não estamos deliberadamente *pensando sobre esse prazer a fim de incitar um desejo irresistível*. É devido a esse ponto que a *akrasia* ocupa a posição desconcertante de estar entre a virtude e o vício[134].

---

134. Observe que não há razão pela qual uma pessoa não possa afinal mudar e desejar se sujeitar a desejos subjugadores. Então, presumivelmente, ela teria desenvolvido um vício: cf. 1154b15.

Aristóteles considera o papel da razão em incitar o desejo essencial para a *akrasia* (observação 2). Poderíamos dizer: se o desejo fosse incitado somente por meio de memórias e de imagens mentais (e assumindo que isso ocorresse não por falta da agente), então, consideraríamos a *akrasia* uma condição que merecesse restrição e compreensão, em vez de censura e culpa – como com uma pessoa, por exemplo, que não pode, mas age com sentimentos de raiva que surgem automaticamente, dados certos estímulos, como resultado de más experiências na infância[135].

Todavia, embora a razão desempenhe um papel essencial no começo da *akrasia*, uma vez que uma pessoa seja afligida pela *akrasia*, sua razão nada pode fazer para dissipá-la; em troca, a condição tem de ser dissipada por meio de processos fisiológicos ordinários (observação 3). Contudo, que não possamos, por um ato deliberado, libertarmo-nos de um episódio acrático, não implica que não sejamos responsáveis por ele, mais do que nossa inabilidade de mudar nosso caráter imediatamente, por um único ato, implica que não sejamos responsáveis por nosso caráter: um episódio de *akrasia* é como a pedra que, uma vez lançada não pode ser trazida de volta quando se desejar (cf. 1114a13-21).

Como vimos, deve ocorrer que uma pessoa que está sendo levada por desejo a desfrutar de um prazer que pensa que não deveria desfrutar não *deve* mais estar mantendo a linha de raciocínio que a proíbe de desfrutá-lo. Mas não é correta a crença *geral* segundo a qual ela abandonou: ela se aferrava a ela antes do episódio acrático; ela se aferra a ela após o episódio; e, no ínterim, ela não experiencia uma conversão ou corrupção intelectual. Assim,

---

135. "A *akrasia* é censurada não como um defeito simplesmente, mas também como um tipo de mal, seja mal em uma pessoa sem qualificação, ou como mal com relação a algum aspecto dela" (1148a2-4).

durante o episódio acrático, deve de algum modo faltar uma crença particular, do tipo que teria tornado efetiva sua crença geral. Observe que Aristóteles não está muito interessado em descrever o *modo* exato pelo qual essa crença particular não está mais disponível. Ela poderia simplesmente estar indisponível como um resultado de um exemplo ordinário de evitação; por exemplo, a pessoa em nosso exemplo simplesmente evita olhar para aquela parte da caixa de salgadinhos que lista as calorias e o conteúdo de gordura do salgadinho, porque isso a fará pensar que não deveria comê-lo. Ou, talvez, a crença particular esteja indisponível porque, devido a uma condição induzida pelo desejo que está operando, ela se torna tão "absorvida" com a possibilidade de comer o salgadinho que cessa (esse tipo de coisa ocorre) de ter qualquer consciência efetiva de que comer *contaria* como comer entre as refeições. Mas, após ter comido metade da caixa ela "volta à razão" e se pergunta por que fez aquilo.

De qualquer modo, a observação precedente é suficiente para proteger a afirmação com que Sócrates estava preocupado, ou seja, a de que nada propriamente chamado "conhecimento" pode ser arrastado por forças não racionais (observação 5). O que pode ser arrastado são nossas crenças particulares. Mas, como vimos, essas provêm diretamente da percepção, e envolvem imaginação e memória relacionada à percepção. Dificilmente surpreende que, à medida que o desejo sensível da pessoa pela coisa aprazível aumenta, isso tenha um efeito direto na direção e natureza de sua percepção sensível: ela começa a examinar intencionalmente e presta atenção ao que continua a inflamar esse desejo, e suas imagens mentais e memórias são correspondentemente estimuladas.

Os sentidos central e metafórico da *akrasia*

Como vimos acima, o projeto de Aristóteles no livro 7 é em algum sentido, principalmente, o de classificação. Ele considera a *akrasia* de um modo curioso uma intermediária entre virtude e vício, e deseja apresentar uma descrição dela que capture isso. Todavia, como Aristóteles reconhece, porque o termo "*akrasia*" é disputado e controverso, sua teoria dele ao mesmo tempo apresenta seu julgamento quanto a como esse termo é propriamente empregado.

De fato, Aristóteles sustenta uma visão estreita e estrita sobre a aplicação adequada do termo. "*Akasia*" se aplica, propriamente, ele pensa, somente a lapsos da conduta corrente que são induzidos pela operação do forte desejo sensível pelos prazeres que vêm do paladar e do tato, mas basicamente daqueles do tato. Ele sem dúvida considera a perda do autocontrole envolvendo o desejo sexual o caso paradigmático de *akrasia*, e seus exemplos simplificados envolvendo alimentos doces são, talvez, concebidos como um modo refinado e indireto de representar esse tipo de coisa. Que ele pense a *akrasia* desse modo explica por que pode, tão naturalmente, compará-la a episódios de loucura ou embriaguez, uma vez que o desejo sexual pode ter manifestações similares.

Todas as outras aplicações do termo, ele diz, são metafóricas: "Está claro, portanto, que *akrasia* e *enkrateia* envolvem somente aquelas coisas com que lidam a autocomplacência e o autodomínio, e que *akrasia* com relação a qualquer outra coisa constitui uma forma distinta de *akrasia* – o termo sendo usado em um sentido metafórico e não diretamente" (1149a21-24). Aplicamos corretamente o termo por extensão a outras condições, diz Aristóteles, somente na medida em que a emoção ou o desejo (ou, talvez: "a mudança induzida") seja similar (1148b6-7).

Todavia, a emoção, ou o desejo, envolvida nas outras condições dificilmente pode ser similar, porque o desejo sensível pelos prazeres do tato é o único motivo humano, pensa Aristóteles, que diretamente partilhamos com animais não racionais. Esse era seu argumento, convém lembrar, em 3.10: "O autodomínio e a autocomplacência lidam com os mesmos tipos de prazeres dos quais os outros animais também partilham" (1118a23-25). Mesmo a raiva exaltada é separada do desejo sensual desse modo, como Aristóteles se esforça em argumentar, e, assim, a *akrasia* é apenas metaforicamente aplicada, inclusive a casos nos quais perdemos o controle devido à raiva. A razão é que a raiva toma como seu objeto algo que parece bom apenas como pensado de um certo modo. Você me cobra demais por um trabalho, por exemplo, e eu "me enfureço" quando nossa conversa sobre isso se transforma em um bate-boca, em que digo todos os tipos de coisas desagradáveis das quais mais tarde me arrependo de ter dito. Em minha raiva, desejo atacar você verbalmente desse modo somente enquanto penso em você como uma "trapaceira injusta". Mas, em um episódio de *akrasia* no sentido estrito, o objeto de atração é atrativo devido às características que necessitamos meramente sentir, não pensar. Pensar sobre a comida *estimula* os sentidos e a imaginação, mas o fato de continuarmos fazendo isso não é necessário para a comida continuar nos atraindo:

> Sua razão ou imaginação representa claramente ultraje ou desprezo, e, como se ensaiasse um argumento – de que esse tipo de coisa é causa para ataque – ela imediatamente está confusa. Mas o desejo sensível, em contraste, se a razão ou percepção sensível indica igualmente que "isso é aprazível", avança em direção à gratificação. Segue que o temperamento explosivo coopera com a razão, de um modo, mas o desejo sensível não. [A *akrasia*, no sentido estrito] é, portanto, mais vergonhosa, uma

vez que em um episódio de *akrasia*-raiva uma pessoa é superada pela razão, de um modo, mas [em um episódio de *akrasia*] ela é superada pelo desejo sensível, não pela razão (1149a32-b3).

Uma pessoa que sofre de *akrasia*-raiva raciocina corretamente que a pessoa que cometeu uma injustiça merece punição; e ela está certa, também, em se indignar quando se apercebe disso. Ela comete um tipo de erro implícito, contudo, se ataca a outra pessoa, como se fosse ela quem devesse ministrar corretamente a punição. Seu erro está situado na usurpação, não na indignação: "O temperamento explosivo parece ouvir de algum modo a razão, mas interpretar mal o que ela diz, como empregados temperamentais que se enfureçam antes de ouvir tudo lhes dizem e que, mais tarde, entendem mal as instruções que você lhes dá" (1149a25-28).

Muito naturalmente, qualquer tipo de desvio da conduta correta por conta de alguma emoção mesmo que menos similar ao desejo sensual é chamada *"akrasia"* em um sentido ainda mais remoto e metafórico. Aristóteles menciona uma variedade dessas formas de *akrasia*: *akrasia* com relação a ganho, honra, dinheiro ou mesmo com relação aos membros da família. Não necessitamos pensar que tenha em mente uma emoção ou desejo único que seja operativo em cada caso. Ele diz, contudo, que nesses casos a emoção ou o desejo que explica o lapso não é em si má, porque não tem por objeto algo que é em si mau[136]; assim, a emoção se torna má apenas incidentalmente, quando o contexto ou comparação implicaria que agir em decorrência dessa emoção seria inapropriado – por exemplo, um pai que, devido à sua forte afeição por seu filho (algo em si bom) não pode se refrear de instar para que não se aliste no exército

---

136. Está claro que, ao fazer essa distinção, Aristóteles está se apoiando em pontos de sua descrição das virtudes de caráter.

quando seu país injustamente passou a ser atacado. Essa expressão de sua afeição (para Aristóteles) é inapropriada.

Essa reflexão deveria deixar claro que, no ver de Aristóteles, no caso central de *akrasia*, o desejo sensual é por um prazer que seria (como diríamos) moralmente errado desfrutar. Um bom paradigma de *akrasia* envolve, digamos, o prazer de cometer adultério em vez de comer um ecler de chocolate, quando se está de dieta, uma vez que desejar consumi-lo não é em si mau. Poderíamos dizer que Aristóteles considera a fraqueza *moral* o caso paradigmático da fraqueza da vontade.

J.L. Austin se opôs, famosamente, à descrição de Aristóteles de que ceder à tentação não necessita implicar falta de controle racional:

> Tenho muita predileção por sorvete, e uma cassata (*bombe*) é servida em duas partes correspondentes a cada uma das pessoas na Mesa Alta*: fico tentado a me servir dos dois segmentos e faço isso, sucumbindo, assim, à tentação e mesmo concebivelmente (mas por que necessariamente?) indo contra meus princípios. Mas perdi o controle de mim mesmo? Saqueio, arranco as porções do prato e as engulo depressa, impérvio à consternação de meus colegas? Nem um pouco. Muitas vezes sucumbimos à tentação com calma e mesmo com *finesse* (AUSTIN, 1970: 198, n. 1).

Outros comentadores objetaram que a teoria de Aristóteles é irrealista, porque a fraqueza da vontade não necessita envolver qualquer falta de clareza sobre o mal do que estamos fazendo. A seguinte passagem de Bostock declara fortemente a objeção:

---

* "*High Table*": uma mesa elevada na sala de refeições de uma universidade britânica para uso do professor e colegas e de convidados distintos [N.T.].

Suponha que eu tenha uma forte predileção por creme, e uma pessoa me ofereça um ecler de chocolate. Suponha também que eu pare para pensar, e o que penso é: "Não deveria comer o que é mau para mim; creme é mau para mim; eclers contêm creme; isso é um ecler; portanto, não deveria comê-lo". Desse modo, completo uma deliberação. Mas, suponha ainda, como sabemos ser inteiramente possível, que, apesar disso, eu pegue o ecler e o coma. Então, pela descrição de Aristóteles, isso deve ser porque meu desejo por creme apaga uma parte dessa deliberação... Mas, como sabemos, isso é completamente irreal, pois, mesmo enquanto mordo o ecler, posso muito bem estar pensando: "Não deveria estar fazendo isso". E não há razão alguma para dizer que falhei em entender essas palavras que penso; sei perfeitamente bem que não deveria estar fazendo o que estou fazendo (BOSTOCK, 2000: 133).

Mas Aristóteles pareceria ter uma resposta útil para objeções como essa. Ele pode dizer, simplesmente, que os exemplos de Austin e de Bostock são distantes do caso central da *akrasia*, enquanto sua própria descrição está destinada a descrever o caso central; dificilmente surpreenderia, portanto, se sua descrição não parecesse se aplicar. Se nenhuma emoção ou impulso está, *em qualquer medida*, levando-nos a agir como, por outro lado, não gostaríamos (como Austin está efetivamente, sugerindo, com relação ao seu exemplo), ou se não há limitação ou alteração *alguma*, com relação à nossa percepção sensível ou imaginação (como no exemplo de Bostock), então – segundo os princípios de Aristóteles – o fenômeno é algo diferente da *akrasia*, e não pode ser objeção à teoria de Aristóteles que não o descreva.

Todavia, se os exemplos de Austin e Bostock não são casos de *akrasia* aristotélica, o que são? Podemos descrevê-los, apesar disso, a partir da estrutura de Aristóteles? Não está claro, em primeiro lugar, que esses exemplos consigam descrever casos determinados. Podemos imaginar uma variedade de razões, motivos e processos de pensamento, que poderiam ser consistentes com cada exemplo. Com relação à interpretação particular, poderíamos inclusive desejar contestar se deveria ser contado como um caso genuíno de fraqueza da vontade – em vez de, digamos, mera inconsistência, confusão, autoengano, racionalização ou irritabilidade. Mas, em uma estrutura, pareceria haver dois modos de explicar o comportamento que parece *akrasia*, mas não é, ou seja, o vício e o amor-próprio inapropriado. Pegar as duas porções da cassata na Mesa Alta, dependendo de como interpretamos o exemplo, poderia concebivelmente ser um exemplo de algum vício: injustiça, mesquinhez, falta de afabilidade, ou falta de bom senso. Ou também, poderia ser uma expressão de amor-próprio inapropriado, que Aristóteles discute em 9.4, e que pode se parecer muito com fraqueza da vontade: por exemplo, uma pessoa toma a porção dupla simplesmente porque carece de uma concepção estável de si e de seu verdadeiro bem, e, portanto, não segue qualquer princípio consistente nessas coisas.

Todavia, essa resposta por parte de Aristóteles abre sua teoria para uma outra objeção. Ao restringir tão estreitamente a aplicação adequada do termo "*akrasia*", Aristóteles tornou seu trabalho muito fácil? Ele nos dá uma descrição interessante e sutil, apenas ao ignorar muitos dos fenômenos que necessita explicar? Ele talvez tenha feito parecer que explicou a irracionalidade humana, somente porque nunca defende a abrangência de sua teoria? Parecia no começo que Aristóteles necessitava discutir a *akrasia* a fim de explicar aquela área ampla da ação humana que cai entre a virtude e o vício; e, no entanto, se a *akrasia* é um fenômeno restrito, como

Aristóteles sustenta, poderíamos nos perguntar se essa área intermediária, incluindo a maioria dos fenômenos de irracionalidade, ainda permanece sem explicação.

Leitura adicional

A interpretação "dinâmica" da *akrasia* difere das descrições usuais, que tipicamente consideram Aristóteles interessado no "silogismo prático" (um padrão de raciocínio que se supõe governar inferências que terminam em ação). Ver Bostock, 2000, capítulo 6, para uma visão geral.

Para o "silogismo prático", ver Cooper (1975), capítulo 1. Kenny (1966) sustenta que existe somente um silogismo prático em operação na *akrasia*. Que existam dois silogismos concorrentes em jogo é a visão mais usual, mas os comentadores divergem quanto a se o silogismo que leva à ação correta se torna ineficaz porque a percepção correta é impedida (cf., p. ex., ROBINSON, 1969); porque as premissas relevantes nunca são de fato reunidas (CHARLES, 1984, caps. 3-4); ou porque a agente falha de algum modo em fazer um uso próprio do que sabe (BROADIE, 1991, cap. 5).

Davidson (1969) é importante por retomar o problema da *akrasia* como um enigma sobre a racionalidade na filosofia contemporânea.

9
A AMIZADE

Ética a Nicômaco, livros 8 e 9

A filosofia amiga da amizade

Um dos méritos da abordagem de Aristóteles à ética é que ela visa a ser prática e, portanto, fiel a como os entes humanos de fato são. Isso, certamente, ajuda a explicar por que Aristóteles dedica um quinto de seu tratado a um tópico que é usualmente negligenciado completamente pela teoria moral contemporânea – a amizade. Não nos encontramos com frequência tendo de tomar uma decisão rápida sobre como controlar um trem desgovernado. Raramente ocorre na vida diária que estejamos envolvidos em uma cirurgia delicada e devemos enfrentar a questão de se mutilamos, ou não, uma paciente para separar seus órgãos para doação a outros pacientes, que estão nesse momento sendo preparados para a sala de cirurgias para recebê-los. Mas amizades e "relações pessoais" constituem o tecido da vida cotidiana. Se nosso viver bem não dependesse das relações que formamos com outros, e de como tipicamente tratamos aqueles próximos a nós, então, é difícil ver do que poderia depender. E, certamente, Aristóteles está correto em sustentar que qualquer ideal de felicidade *humana* deve incluir amizades duradouras e satisfatórias: se a uma pessoa oferecessem todas as coisas boas – riqueza, boa saúde, prazeres e uma vida sem fim – sob a condição de que estaria sozinha, ela não aceitaria a oferta (1169b17-18).

Contudo, o que torna Aristóteles não simplesmente um moralista astuto e relevante, mas também um grande filósofo, é *como* ele lida com temas ordinários como a amizade. O principal ponto forte de Aristóteles é ver o que é profundo no que é muito ordinário, de tal modo a conservar em vez de destruir a realidade ordinária, e fazer isso ainda de um modo não inteiramente "conservador". Considere um exemplo de uma área diferente da filosofia. Após Aristóteles ter nos apresentado na *Física* uma explicação filosófica da mudança[137], e passarmos a apreciar sua importância, não estamos tentados a dizer – como após estudarmos alguns outros filósofos – que a mudança não existe; ou que a mudança "não é senão" alguma outra coisa; ou que o que consideramos ser alguma característica real da mudança é ser situada, em troca, em nossas próprias mentes. Em troca, a discussão de Aristóteles afirma uma compreensão do senso comum da mudança, embora visando a nos levar a ver de um novo modo o que já considerávamos ser a mudança; embora, indubitavelmente, ao a vermos sob essa nova luz requeira que também refinemos o que havíamos previamente pensado, e rejeitemos várias confusões que haviam nos afetado. Todavia, essa nova compreensão que atingimos não é algo estático ou fechado, e, portanto, questionavelmente conservador, porque, como Aristóteles diria, uma vez que adquirimos esse tipo de compreensão da mudança, tornamo-nos dispostos a pensar, e de fato estamos preparados para pensar melhor, sobre temas que (para Aristóteles) estão além do domínio da mudança, mas ao qual o fato da mudança inevitavelmente aponta. Se deixar levar desse

---

137. Ele define a mudança como "a atualização de algo em potencialidade, com respeito ao qual está em potencialidade".

modo é buscar a disciplina que Aristóteles chama "metafísica", literalmente, "aqueles temas que devem ser investigados após investigar a física".

A discussão de Aristóteles sobre a amizade tem um caráter similar, uma vez que lida com uma realidade ordinária de um modo profundo, conservando essa realidade ordinária, ainda que não de um modo conservador. A descrição de Aristóteles da amizade se estende ao longo dos livros 8 e 9 da *Ética*. A primeira e maior porção dessa, 8.1-12, trata basicamente de temas de definição e classificação. Como já vimos, para Aristóteles, temas de classificação muitas vezes encobrem um ponto filosófico substancial. Similarmente, aqui: existem muitos tipos de relações que as pessoas chamam "amizade", e é filosoficamente importante, para Aristóteles, ordená-las, selecionando uma forma de amizade que se qualifica como "amizade" no sentido próprio e estrito do termo. Uma vez que essa forma central foi corretamente identificada e descrita, para Aristóteles, então, podemos dar sentido às outras formas e fenômenos de amizade, em relação a esse caso central. Na visão de Aristóteles, o caso central de amizade é uma relação de afeição recíproca entre dois adultos iguais e similares, que têm afeição um pelo outro porque cada um reconhece e desfruta das virtudes do outro. Todos os outros tipos de relações são secundárias e derivadas, como amizades entre desiguais, ou entre pessoas que carecem de virtudes, ou relações baseadas em mera conveniência. (Mesmo a afeição na família, para Aristóteles, é um caso secundário de *amizade*, embora talvez não de *amor*.)

Identificar o caso central é identificar o que necessita ser examinado para extrair conclusões gerais sobre a natureza da amizade. Assim, após colocar os fenômenos da realidade ordinária no lugar, colocando-os em relação ao caso central (e após discutir algumas dificuldades envolvendo a reciprocidade na amizade, em 8.13-9.3), Aristóteles tenta apresentar uma descrição da natureza da amizade em 9.4-8; essa é, indubitavelmente, uma das seções mais fascinantes da *Ética*. É aqui que Aristóteles desenvolve sua notável ideia de que uma amiga é um "outro *self*", porque uma pessoa boa, ele afirma, está relacionada à sua amiga como a si. Essa noção do "outro *self*", para Aristóteles, constitui a ideia fundamental da amizade: na medida em que uma pessoa conta como uma amiga, de qualquer modo ou sob qualquer aspecto, ela desempenha o papel de um "outro *self*". Além disso, há um tipo de intenção ou fim em qualquer amizade para esse ideal ser tão completamente realizado quanto possível, dada a natureza e restrições desse tipo particular de amizade.

Essa noção de uma amiga como um "outro *self*" leva Aristóteles a examinar o amor-próprio. Se amigos amam seus amigos do modo que amam a si, e se deveriam fazer isso, e a amizade é algo bom, então, segue, aparentemente, que o amor-próprio é algo igualmente bom. Essa implicação parece divergir da ideia comum de que o amor-próprio é mau porque envolve o egoísmo, e, portanto, em 9.8, Aristóteles apresenta um extenso argumento de que há um tipo bom de amor-próprio assim como um mau. De fato, é inevitável, pensa Aristóteles, não simplesmente que uma pessoa boa se ame, mas que também se ame mais do que a qualquer outra.

Todavia, a discussão de Aristóteles sobre a amizade não termina com essas reflexões sobre fenômenos ordinários de amizade. Como vimos, há uma direção ou movimento na discussão de Aristóteles, que visa a reformular como pensamos as realidades ordinárias.

Considere, por exemplo, a visão de Aristóteles sobre a reciprocidade na amizade. Nossa visão inicial sobre o tema tende a ser algo assim: a reciprocidade entre amigos assume sua forma mais elevada como um tipo de *intercâmbio de ações* – os amigos se revezam em fazer o bem um para o outro. Se A e B são amigos, necessitam reciprocar cuidado e afeição um pelo outro; e esse cuidado recíproco, pensamos, é mais bem encontrado no serviço recíproco: A faz um favor a B, e, mais tarde, B em troca responde com um favor similar a A. "Você coça minhas costas, e eu coço as suas". Mas Aristóteles considera esse tipo de reciprocidade deficiente; ela não captura ou expressa, ele pensa, o ideal de reciprocidade. Para apreciar suas razões, deveríamos considerar: *por que*, afinal, amigos praticam a reciprocidade em primeiro lugar? *Por que* uma amiga visa a igualar ou corresponder às ações da outra? A razão, sustenta Aristóteles, é que elas desejam ser "outros *selves*" uma em relação à outra. Ser um "outro *self*" implica igualdade e um tipo de partilha. Contudo, um ato de serviço ou doação implica, em troca, uma *desigualdade*: a pessoa que presta o serviço é, nessa medida, uma pessoa superior, e a outra que o recebe é, até aqui, uma pessoa inferior. Além disso, um intercâmbio recíproco que é estendido no tempo não envolve partilha real: os amigos não estão verdadeiramente atuando *juntos*, caso estejam simplesmente se revezando.

Considerações como essas levam Aristóteles a concluir que a melhor expressão de amizade – aquela na qual amigos, mais que tudo, são "outros *selves*" uns para os outros – não é, como talvez pareça inicialmente, quando amigos estão ocupadamente envolvidas em "fazer o bem" uns para os outros, e sim quando estão simplesmente "passando um tempo" uns com os outros e "vivendo juntos a vida" (*syzēn*), como Aristóteles diz. No argumento mais celebrado de toda *Ética*, em 9.9, Aristóteles argumenta que "passar um tempo" com uma pessoa amiga equivale a um tipo de partilha mútua de percepção e pensamento. A amizade, ele pensa, encontra sua maior realização quando amigos estão pensando sobre as mesmas verdades, e cada pessoa reconhece que a outra pensa o mesmo que ela, e cada uma reconhece que a outra reconhece isso. A razão, afirma Aristóteles, é que a percepção e o pensamento humanos são inerentemente reflexivos: pensarmos é sempre também percebermos que pensamos. Somente ao "passar um tempo" com uma amiga entramos em uma relação com uma outra pessoa que se assemelha estreitamente a essa relação que, ao mesmo tempo, uma pessoa tem para consigo.

Como a expressão mais elevada de amizade é simplesmente "passarmos um tempo" ou "partilharmos pensamentos" com uma amiga, e, como Aristóteles argumenta, a amizade é necessária para a felicidade, alguns resultados surpreendentes seguem, por exemplo: como "passar um tempo" com outros requer lazer, a felicidade está especialmente conectada ao lazer; e como a melhor atividade de amigos é uma partilha de pensamentos, então, algum tipo de pensamento é a melhor coisa que amigos podem partilhar. Esses resultados por sua vez apoiam a conclusão de que o fim último da vida humana deve ser algum tipo de pensamento no qual nos envolvemos quando temos lazer, que é exatamente a conclusão de Aristóteles no livro 10.

Assim, uma vez mais, vemos que Aristóteles é conservador, mas não de um modo conservador. Para Aristóteles, uma consideração cuidadosa de fenômenos ordinários da amizade leva a resultados muito não ordinários sobre o fim último da vida humana. Se refletirmos cuidadosamente sobre a realidade ordinária da amizade, ele pensa, e apreciarmos sua manifestação central e natureza básica, chegaremos a uma visão transformada e mesmo radical sobre o propósito da sociedade e da vida humanas.

A partir dessa breve visão geral, podemos ver, portanto, que os livros sobre a amizade têm a seguinte estrutura básica:

8.1.1 Introdução

8.2-12 Definição e classificação da amizade

8.13-9.3 Reciprocidade nas amizades

9.4-8 A natureza e causas da amizade

9.9-12 Amizade e felicidade

Boa vontade, amor e amizade

Aristóteles distingue boa vontade (*eunoia*); amor (*philēsis, philein*); e amizade (*philia*). Assim, vamos esclarecer esses conceitos primeiro.

Ele usa a expressão "boa vontade" em dois sentidos. Mais comumente, ele a usa em um sentido muito amplo; mas, em alguns contextos importantes, ele a usa em um sentido diferente e restrito, e é bom esclarecermos a diferença entre eles. Boa vontade, no sentido amplo, é um tipo de atitude positiva ou auspiciosa manifestada em relação a uma pessoa. Como vimos, Aristóteles pensa que o bem é objetivo: cada tipo de coisa de fato tem um trabalho ou função característica; algo se torna *bom* de fato se possui aqueles atributos que o capacitam a realizar bem aquele trabalho característico; e é *bom para* um tipo de coisa que ela seja boa em realizar bem sua função. Qualquer outra coisa que tendesse a promover seu bem seria, além disso, "boa para" essa coisa, no sentido estendido de *contribuir* para seu bem. Somos capazes, então, de reconhecer o que torna uma coisa boa e o que é bom para uma coisa.

Mas, suponha que vamos além, simplesmente reconhecendo que algo é bom e, além disso, consideramos isso um fim para nós, no sentido mínimo, ao menos, no qual consideramos um fim o que expressamos sinceramente no modo optativo (como os gramáticos o chamam) como um desejo: "Que possa ocorrer isso..." ou "Oh, isso... ocorreria". Isso seria desejar que fosse assim. Claramente, esse tipo de boa vontade é abrangente e não implica qualquer compromisso ou custo (1167a10; compare a expressão "Tenha um bom dia!"). Mostramos boa vontade nesse sentido, como observa Aristóteles, para com atletas que são completos estranhos a nós, quando torcemos por eles em competições, ou mesmo por personagens ficcionais representados no palco, quando desejamos que as coisas vão bem para elas na história.

A boa vontade nesse sentido amplo é superficial e transiente (1166b35). Todavia, ainda assim, Aristóteles sustenta que não podemos ter boa vontade para com não pessoas. Ele não declara explicitamente sua razão para pensar isso, mas presumivelmente sua visão é a de que desejar o bem para uma pessoa envolve algum tipo de identificação mínima com ela, considerando o bem dela o mesmo que o seu próprio: "Desejar o bem ao vinho seria completamente ridículo. Se qualquer coisa assim ocorre, é, em troca, que uma pessoa deseja que seja preservado, de modo que possa consumi-lo" (1155b29-31).

A boa vontade no sentido amplo, portanto, estende-se a pessoas que dificilmente conhecemos, a pessoas em outros lugares e tempos, e mesmo a personagens ficcionais. Em contraste, o *amor* tem um âmbito relativamente estreito e se estende somente ao que é de algum modo consistente com nossos interesses e fins: "Cada pessoa parece amar", diz Aristóteles, "um bem que está relacionado a ela" (1155b23-24). Aristóteles segue o uso grego e aplica o termo "amor" a coisas e animais assim como a pessoas. (Ele não observa a distinção entre "amar" e "gostar".) Sobre esse uso, uma pessoa poderia amar a honra, o dinheiro ou a glória, assim como seu cachorro, seus pais e sua melhor amiga. Todavia, embora amemos coisas inanimadas e animais não racionais, Aristóteles parece sustentar que qualquer amor que tenhamos por essas coisas pressupõe amor por uma pessoa, cujo bem-estar poderia ser genuinamente considerado um objetivo ou "fim" do amor que temos (*telos*). No caso mais típico, o amor de uma pessoa por uma coisa inanimada pressuporá o amor por si: para Smith, amar dinheiro, é, para ele, amar a si: o que ele quer é *ter* dinheiro. (Mas, claramente, do mesmo modo, poderíamos amar dinheiro por alguém outro.) Diferente da boa vontade, o amor implica algum tipo de compromisso e custo, embora talvez de um tipo limitado. Esse compromisso, pensa Aristóteles, é marcado por um envolvimento de nossas afeições e uma disposição ativa de *fazer algo* para promover o bem da pessoa ou coisa que amamos (1166b32-33).

Quanto à *amizade*, Aristóteles parece pensá-la no primeiro exemplo como um certo tipo de afeição que uma pessoa pode ter por outra – o que poderíamos chamar "amabilidade" ou "afabilidade" (cf. 1105b22, 1108a28). Mas existem dois traços distintos desse tipo de afeição, para Aristóteles: primeiro, deseja ou espera reciprocidade (*antiphilēsis, antiprohairesis*); segundo, visa a, e busca, o bem da outra pessoa "por ela" (*autou heneka*). Aristóteles por vezes chama esse segundo traço "boa vontade" também – isso seria "boa vontade" no sentido estreito, mencionado previamente. "Boa vontade" nesse sentido restrito se refere ao caráter especial dessa afeição que é distinto da amizade.

Reconhecendo que o ideal de amar uma outra pessoa "por ela" é profundo e necessita de mais explicação, Aristóteles trabalha com uma variedade de expressões para capturar sua importância. Ele o descreve como amor por uma outra pessoa "por ela" (*di' auton*). Essa frase trata do que propriamente *explica* ou *dá conta* do amor que uma pessoa tem. É atribuir uma explicação: quando A ama B *por* B, então, B, e não outra coisa fornece a explicação para o amor de A por ela. Uma outra expressão que Aristóteles usa é amor por outra pessoa "por ela mesma" (*kath' hauton*). Essa frase trata de se algo em si apenas é o objeto do amor. É uma observação sobre ao que o amor responde e visa a promover: quando A ama B *por ela mesma*, então, em particular, A ama algo sobre B que é independente da relação de B com A.

Como a afeição de amabilidade espera reciprocidade, é encontrada tipicamente em relações recíprocas, e, portanto, a palavra "amizade" é igualmente aplicada a essas relações: *amizade* (nesse sentido) é uma relação na qual pessoas manifestam amizade (no outro sentido) uma em relação à outra[138]. Observe que, ao se referir às relações como "amizades", Aristóteles é muito mais generoso em seu uso desse termo do que nós. Tendemos a reservar "amizade" para relações íntimas entre duas pessoas. Mas como Aristóteles usa o termo para qualquer afeição que espera reciprocidade, ou que espera e encontra reciprocidade, independentemente de quão extensa ou atenuada é essa afeição, ele a aplica muito amplamente: a famílias, clubes, clãs e mesmo a afeições recíprocas de lealdade e patriotismo entre cidadãos. Esses tipos de relações – "associações" e "parcerias" de vários tipos – não repousam tanto na familiaridade direta de uma pessoa com outra, mas são mediadas, em troca, por estruturas de governo.

---

138. Que a amizade permite esses dois sentidos explica a passagem no *Lísias* de Platão (211d-213d), na qual Sócrates embrulha Menexeno com problemas sobre a reciprocidade da afeição da amizade.

Os membros individuais de uma associação permutam afeição e se preocupam uns com os outros basicamente por meio das regras e estruturas dessa associação. Aristóteles dá uma atenção particular a esse tipo de afeição como é encontrada entre cidadãos e é típica da associação política, mediada pela forma de governo da cidade-Estado de uma pessoa; ele chama isso "amizade cívica", e considera esse tipo de afeição crucial à unidade e bom funcionamento da sociedade política.

Essas noções de boa vontade, amor e amizade, portanto, são as noções básicas da descrição de Aristóteles de amizade.

Os três amores

A argumentação de Aristóteles sobre o caso central da amizade (8.2-4) consiste em certas preliminares, que então preparam o caminho para o argumento. Podemos nos referir a essas preliminares como a descrição de Aristóteles: (i) do *padrão* da amizade; (ii) do *esquema* da amizade; e (iii) do *conteúdo* possível de uma amizade. A estratégia de Aristóteles é argumentar que a única relação que satisfaz o padrão de amizade é aquela na qual o esquema da amizade recebe um certo conteúdo.

O padrão da amizade – Como vimos, Aristóteles pensa que as marcas distintas da amabilidade são reciprocidade e um amor pelo outro "por ele mesmo". A segunda é o amor que temos por uma outra pessoa *por causa* dela; amor por ela enquanto ela é *o que é*. Somente uma relação que satisfaz esse padrão, pensa Aristóteles, pode ser considerada uma amizade no sentido próprio do termo. Se uma relação se assemelha a uma amizade, mas falha em satisfazer esse padrão, pode ser chamada "amizade" somente em um sentido impreciso ou estendido.

O esquema da amizade – Uma amizade é, ao menos, amor recíproco. Mas, como Aristóteles assinala, a reciprocidade do amor tem de ser *reconhecida* por cada pessoa para que sejam propriamente consideradas amigas (1155b31-34): se A é uma admiradora secreta de B e envia presentes anônimos para B, e B simplesmente calha ser uma admiradora secreta de A, que também envia presentes anônimos para A, haveria uma reciprocidade de afeição entre A e B, mas não amizade. Para que uma amizade exista, cada pessoa na relação tem de reconhecer o amor que a outra tem, e cada uma tem de considerar seu próprio amor como de algum modo respondendo ao amor da outra. Além disso, cada uma das amigas deve também reconhecer que a outra reconhece sua própria afeição. Assim, a estrutura de uma amizade é amor recíproco que é reflexivamente reconhecido como recíproco.

O conteúdo da amizade – Existem vários tipos de amor, sustenta Aristóteles, e, portanto, vários modos pelos quais o esquema de uma amizade pode ser concretizado. Se distinguimos esses tipos de amor, pensa Aristóteles, e, então, consideramos que tipo de amizade resultaria se o esquema da amizade fosse concretizado por cada tipo de amor, então, podemos determinar que, se cada amizade dessas, satisfaz o padrão da amizade. A visão de Aristóteles é que existem três tipos de amor, e somente um deles, quando é recíproco e mutuamente reconhecido, resulta em uma amizade que satisfaz o padrão da amizade.

Seu argumento de que existem três tipos de amor é o seguinte: O amor é dirigido a um fim, pensa Aristóteles: o amor, como vimos, envolve as afeições e fins para promover algo. Portanto, o amor tem como seu objeto algo que tem a natureza de um fim. Mas existem somente dois tipos de coisas que uma pessoa poderia inteligivelmente buscar como um fim: bens e prazeres. Assim, Aristóteles propõe preliminarmente duas classes de amor: amor por algo enquanto bom e amor por algo enquanto aprazível.

Mas o amor sempre implica algum tipo de relação entre a agente e o objeto de amor, como vimos: diferente da boa vontade (no sentido amplo), o amor não é abrangente, mas pertence somente a coisas que são de algum modo consistentes com os interesses e objetivos da agente que tem o amor. Digamos que um objeto de amor deve, portanto, ser algo que "contribui para" o fim da agente, seja isso seu bem ou seu prazer. Que uma pessoa desse modo contribua para o bem de uma agente ou contribua para o prazer de uma agente, pensa Aristóteles, pode em si concebivelmente se tornar a razão pela qual amamos uma pessoa. A própria relação que uma pessoa tem conosco pode passar a servir como uma base para o amor. E, assim, existem, para Aristóteles, quatro tipos distintos de amor que uma pessoa, A, pode ter por uma outra pessoa, B:

(i) A ama B porque A considera B boa.

(ii) A ama B porque A considera B aprazível.

(iii) A ama B porque A considera que B contribui (de algum modo) para o bem de A.

(iv) A ama B porque A considera que B contribui (de algum modo) para o prazer de A.

Vamos considerar esses tipos mais cuidadosamente. O que para uma pessoa é ser *boa* está bastante claro: uma pessoa ser boa é ter aqueles traços que a permitem fazer bem seu trabalho característico; assim, para A, amar B porque A considera B boa é, para A, amar B porque B possui as virtudes. Mas o que é para uma pessoa ser *aprazível* (ponto final) e amada por essa razão? Para explicar isso, devemos apelar às doutrinas sobre o prazer que Aristóteles introduziu na discussão sobre o prazer em seu livro 7 (e que examinaremos com mais cuidado no próximo capítulo). Aristóteles, evidentemente, apoia-se nessas doutrinas em sua discussão sobre a amizade. No livro 7, ele adota a visão segundo a qual, de um modo geral, os prazeres simplesmente são atividades boas, na medida em que essas atividades são "desimpedidas": entes vivos são em si simplesmente aprazíveis, na medida em que estão realizando atividades de sua condição natural e boa e sem obstrução. Podemos ter uma noção do que Aristóteles quer dizer com isso, se pensarmos, digamos, em um potro pinoteando pelo campo em uma manhã de primavera, ou o olhar de deleite na face de uma criança enquanto brinca em um balanço. Podemos, muito facilmente, passar a considerar essas atividades, e outras como essas, como aprazíveis *em si*.

É verdade que também nos deleitamos nelas – podemos *partilhar do* prazer do potro ou da criança, e poderíamos gostar de trabalhar com cavalos ou de passar um tempo com crianças por essa razão – mas que exista um prazer que nos deleita ou do qual partilhamos (poderíamos pensar) depende da atividade já ser aprazível. Para A amar B porque considera B aprazível, então, é para A considerar a atividade de B em si aprazível, desse modo.

A afirmação mais importante de Aristóteles sobre esses quatro tipos de afeição é que o amor do tipo (iii), ele pensa, pode ocorrer separado do amor do tipo (i) (e, portanto, *a fortiori* separado do amor do tipo [ii] ou [iv]); e que o amor do tipo (iv) pode ocorrer separado do amor do tipo (ii) (e, portanto, *a fortiori* separado do amor do tipo [i] ou [iii]); e ainda que o amor do tipo (i) e do tipo (ii) inevitavelmente ocorrem juntos. Assim, esses quatro tipos de afeição se reduzem efetivamente a três.

Para ver que o amor do tipo (iii) pode ocorrer separado do amor do tipo (i), considere um caso no qual B contribui para o bem de A – ou seja, B é *útil* para A – e, no entanto, B não é bom e não é considerado por A como tal: por exemplo, A é uma escritora que necessita ter seus trabalhos editados; B é um bom editor; mas B não é particularmente uma pessoa boa. Nesse caso, A mantém uma relação com B, portanto, porque B é útil. Para ver que o amor do tipo (iv) pode ocorrer separado do amor do tipo (ii), considere um caso no qual B contribui para o prazer de A – ou seja, B diverte A – e, no entanto, a atividade de B não é inerentemente aprazível: por exemplo, A necessita ser consolada por algum desapontamento ou perda; B é mal-humorado e irritável (e *em si* não aprazível); mas B tem um senso de humor particularmente mordaz que diverte A. Nesse caso, A sustenta uma relação com B, porque B é divertida, não porque B é aprazível.

Em contraste, não é possível conceber casos nos quais (i) e (ii) se separem. A razão, pensa Aristóteles, é que qualquer pessoa boa se envolverá em atividades que são em si aprazíveis. Isso decorre, trivialmente (como veremos), da doutrina do prazer do livro 7 de Aristóteles: lá, ele afirma que uma coisa é em si um prazer, se é a atividade desimpedida de uma coisa viva em boa condição; portanto, atividades virtuosas que são desimpedidas (e, tipicamente, serão assim) são prazeres; e, assim, atividades de uma pessoa boa seriam prazeres. O mesmo resultado decorre também da doutrina da virtude do livro 2 de Aristóteles: uma pessoa virtuosa deseja realizar ações virtuosas por si só e, portanto, apraz-se simplesmente como realizá-las: uma pessoa que não as ache aprazíveis não seria virtuosa.

Assim, (i) e (ii) andam juntas. Mas Aristóteles também argumenta que (i) implicará tipicamente (iii): suponha que A ame B, e B seja virtuosa; mas, então, como B é virtuosa, B se mostrará benéfica a A; e, então, esse benefício naturalmente se torna uma outra razão para A amar B. A principal razão para B, nesse caso, mostrar-se benéfico a A é que a estima por uma pessoa virtuosa, e uma admiração pelo que ela faz, implica uma decisão, da parte da pessoa que tem esse amor, de agir similarmente de um modo virtuoso (cf. 1172a10-14). A própria admiração da pessoa que ama implica um benefício a ela, um melhoramento em sua alma. E se A chega a se tornar amiga de B, quando B é virtuosa e A ama B por isso, então, é claro, A se tornará o objeto frequente das ações virtuosas de B, beneficiando-se de sua generosidade, afabilidade, e assim por diante, e se tornará impossível para A não estimar B também por isso. Assim, (i) traz consigo (iii).

Além disso, (ii) implicará tipicamente (iv), de acordo com Aristóteles. Suponha que A ame B devido ao aprazimento inerente da atividade de B: portanto, A é inevitavelmente aprazida por B; e, assim, que ela seja assim aprazida por B naturalmente se torna outra razão para A amar B. Suponha que A ame B porque a atividade de B é inerentemente aprazível. Mas, então, seria praticamente impossível para A não simpatizar com B e, consequentemente, ser aprazida como B é aprazida (compare: é dificilmente possível passarmos um tempo com uma criança alegre, e admirar a alegria da criança, se nos alegrarmos). Mas, além disso, A não poderia se juntar ao prazer de B sem de algum modo partilhar da intenção de B, o que implica A ter um prazer similar na ação de B: por exemplo, uma amiga lhe conta com excitação seu plano de organizar uma festa surpresa para o aniversário de casamento de seus pais, e você acha quase tão aprazível ouvir o planejamento e execução do evento quanto se fosse sua ideia e você o estivesse realizando. Assim, (ii) tipicamente traz consigo (iv).

Portanto, o tipo (i) de amor traz consigo cada um dos outros tipos de amor, porque o tipo (i) de amor é inseparável do tipo (ii), e (i) implica (iii), e (ii) implica (iv). Todavia, o tipo (iii) de amor pode ocorrer por si só e não traz consigo (i); e o tipo (iv) de amor pode ocorrer por si só e não traz consigo (ii). Aristóteles, portanto, afirma que qualquer relação baseada no tipo (i) de amor é "completa", porque contém todo tipo de motivo e amor que podem ser encontrados entre duas pessoas; além disso, é "anterior", porque implica todo tipo de amor, embora alguns tipos de amor não o impliquem. Assim, pensa Aristóteles, uma amizade que consiste em amor recíproco do tipo (i) é a única relação completa, e é uma relação que é anterior a todas as outras. Claramente, seria o caso central da amizade.

Como vimos, como (i) e (ii) sempre coincidem, Aristóteles reduz os quatro tipos de amor a três, e lhes atribui nomes do senso comum. As três formas básicas de amor, de acordo com Aristóteles, são:

- "Amor devido à utilidade": amor do tipo (iii) valendo por si só.
- "Amor devido ao prazer": amor do tipo (iv) valendo por si só.
- "Amor devido ao bem": amor do tipo (i) junto ao (ii).

O próximo passo no argumento de Aristóteles, como vimos, é considerar que tipo de relação resulta, quando cada um desses três tipos de amor é inserido no esquema da amizade[139]. Aristóteles faz isso com atenção especial ao princípio segundo o qual, como ele coloca, "pessoas que se amam desejam coisas boas uma para a outra em relação àquilo que amam" (1156a9-10). Ou seja, aquela

---

139. Aristóteles examina, primeiro, e basicamente, relações nas quais cada amiga tem para com a outra o mesmo tipo de amor, "amizades que são uniformes" (1156b33-35, cf. 1163b32-33), porque essas são mais próximas ao ideal de reciprocidade na amizade.

característica particular sobre o objeto de amor que serve como a razão para o amor de uma pessoa serve também como um tipo de restrição ou limite no que ela faz a fim de promover o objeto de seu amor. Por exemplo, se do que Smith gosta em Jones é que Jones é um excelente músico, então, Smith age para promover os interesses de Jones em relação àquilo que promova a habilidade musical ou a carreira musical de Jones, mas de modo algum quando sua promoção dos interesses de Jones fosse irrelevante para a habilidade e carreira musicais de Jones.

Usando esse princípio, Aristóteles argumenta que uma amizade que consiste em amor baseado na utilidade, e uma amizade que consiste em amor baseada no prazer, não satisfazem o padrão de amizade. Vamos considerar seu argumento com relação à utilidade; o outro é similar. Suponha que A ame B devido à utilidade. Então, o "aspecto pelo qual" A ama B é a contribuição de B ao bem de A. (Isso simplesmente torna explícito ao que equivale o "amor devido à utilidade".) Mas, então, isso tem várias implicações para o modo pelo qual A trata B. Aristóteles as apresenta em uma passagem extremamente resumida. Faremos bem em explicitá-las:

1) A não ama B por si só (*kath' hauton*). Por quê? Porque não é algo sobre B por si só que A ama, e sim o fato de B estar em uma certa relação com A. A permanência de B nessa relação, portanto, é uma condição do amor de A, e A não promoverá o bem de B de um modo inconsistente com isso (1156a10-12).

2) A, de fato, ama B devido a A em si, não devido a B (não *di' auton*). Por quê? Porque a razão pela qual A estima o fato de B estar em uma certa relação com ele é que isso promove seu próprio bem. Sua promoção do bem de B, é, portanto, completamente considerada, simplesmente, amor por si (1156a15).

3) A não ama B, exceto incidentalmente (*kata symbebēkos*). Ou seja, seu desejo de bens a B erra o alvo, uma vez que serve para promover uma característica incidental de B em vez do bem de B.

4) A se B não é o alvo do bem-querer de A, então, de fato, não deseja bens para B *em prol de* B (*autou heneka*) (cf. 1156a15-19).

Portanto, esse tipo de amizade não satisfaz o padrão de amizade com relação ao alvo de desejar bens à outra pessoa em prol dela. Mas nenhum dos dois satisfaz o requisito da reciprocidade, Aristóteles argumenta, porque amigas assim raramente reciprocam de modos similares (1157a2-4); as pessoas podem se envolver nesse tipo de amizade e sequer desejar passar um tempo uma com a outra (1156a28-29); e suas transações terminam tipicamente em desentendimentos ou levam a discussões (1162b16-25).

Em contraste, a amizade que consiste em amor recíproco baseado no bem da outra pessoa satisfaz o padrão de amizade, ou assim Aristóteles deseja sustentar. Seu argumento é o seguinte. Suponha que A ama B porque B é um ente humano bom, e, na verdade, B seja bom. Que B seja bom permanece assim, independentemente de qualquer relação que B tenha com A, ou seja, A ama B por si só (*kath' hauton*, 1156b9). Assim, a promoção do bem de B por A não é restringida por qualquer relação que B tenha para com A, e, em particular, A poderia promover o bem de B mesmo que isso fosse inconsistente com os interesses de A. Além disso, a bondade de B explica o amor de A: o amor de A é *devido a* B (1156b10). Uma vez mais, B é, de fato, bom, e a bondade de B é o que A ama, portanto, a bondade de B é o alvo do amor de A: portanto, A ama B *em prol de* B (1156b10).

Além disso, a reciprocidade exibida por uma amizade assim envolve similaridade e unidade. Cada amiga acha bem, útil e aprazível na outra basicamente o mesmo tipo de coisa que sua amiga admira em si. Além disso, como o amor por uma pessoa devido à sua virtude é "completo" e implica todas as outras três razões para amar uma pessoa, então, a relação tem "exatamente o que uma pessoa procura em uma amizade" (1156b35); nada fora da relação necessita atraí-las, e a relação consequentemente tem grande estabilidade (o que é reforçado, também, pela estabilidade inerente dos bons traços de caráter, 1156b12).

A conclusão de Aristóteles é que somente a amizade que envolve amor recíproco baseado nas virtudes de uma outra pessoa é uma amizade no sentido próprio do termo. Ele está um tanto tentado a dizer que nenhuma outra relação deveria sequer ser chamada amizade; mas, como uma concessão ao uso ordinário, e a fim de desvelar o que é certo sobre esse uso, ele concede que qualquer outra relação pode ser considerada uma amizade, em um grau maior ou menor, contanto que se assemelhe a esse ideal (1157a25-32; 1158b5-11).

Alguns comentadores objetaram que a descrição da amizade de Aristóteles estabelece um padrão absurdamente elevado para relações, que, de fato, de acordo com sua descrição, dificilmente quaisquer relações contariam como verdadeiras amizades. Aristóteles presumivelmente aceitaria essa conclusão: ele pensa que a verdadeira amizade é rara, assim como a virtude. Mas recorde que grande parte da *Ética* trata de estabelecer ideais de ação, e, portanto, o que está realmente em jogo é se Aristóteles delineou corretamente o ideal de amizade. Que essas relações sejam raras não implicaria que não sejam um ideal ao qual as relações ordinárias deveriam ser comparadas.

A família e a cidade

Uma das discussões mais curiosas nos livros sobre a amizade é a comparação muito estendida que Aristóteles faz da família com a sociedade política, em 8.9-12. É aparentemente seu tratado sobre a amizade cívica. Todavia, qual é o propósito da comparação? Aristóteles traduz formas de associação familiar em formas de associação política, e vice-versa, mas com que fim? Ele apresenta muito poucas instruções quanto à natureza e direção de seu argumento, ainda que o que segue pareça uma reconstrução plausível.

Os capítulos 8.9-12 apresentam a teoria da amizade de Aristóteles como existindo em uma *koinōnia*. *Koinōnia* significa, literalmente, "uma partilha", e o termo pode ser diferentemente traduzido como "associação", "comunidade", ou "parceria". As pessoas formam uma *koinōnia* quando individualmente desejam ou necessitam de algo, e provavelmente não podem, ou não podem facilmente, obtê-lo como indivíduos trabalhando independentemente, mas podem fazê-lo se cooperarem. O desejo ou necessidade que motiva sua cooperação é o bem original que motiva sua associação; sua obtenção disso por meio da cooperação é seu bem comum.

Não é a obtenção de cada pessoa do bem original que é o bem comum da associação e sim cada uma obtendo-o de acordo com o plano de sua cooperação, uma vez que o bem comum implica um tipo de intercâmbio, que transforma aquilo a que cada membro da associação visa. Um exemplo simples tornará esse ponto claro. Imagine uma sociedade agrária consistindo em cidadãos agricultores em uma comunidade rural. Cada agricultor e agricultora deseja defender sua própria fazenda contra saqueadores; isso é um bem para cada um deles. Cada pessoa reconhece, também, que não pode obter esse bem se trabalhar sozinha: uma defesa descoordenada ou inconsistente não será efetiva. Assim, os agricultores na comunidade, ou a maior parte deles, reúnem-se (compelindo os pretensos oportunistas a aderirem) e formam uma milícia. A milícia exige um plano de cooperação e um tipo de governo para supervisionar e executar o plano. Conforme esse plano, cada agricultor e agricultora abre mão de sua própria defesa de seu pedaço de terra, em troca de proteção da milícia como um todo. Pode ocorrer que, conforme o plano da defesa comum, algum agricultor, ou agricultora, particular calhe ser designado a guardar sua fazenda apenas, o que é exatamente o que vinha fazendo de um modo ou de outro, caso a milícia não tivesse sido formada. Contudo, seu bem (ou fim) agora é diferente, porque agora visa a proteger sua própria fazenda *como parte de um plano* que, se executado, protege a fazenda de cada um deles simultaneamente. Como esse novo fim é compartilhado por todos os outros, é um "fim comum" ou bem comum.

Está claro que uma *koinōnia* desse tipo, para ser justa, requer que cada pessoa seja capaz de obter aquilo que foi a razão para formá-la, em primeiro lugar; de outro modo, um membro da associação, pelo fato de ser um membro, seria forçado a abrir mão de algo sem receber coisa alguma em troca. E como cada pessoa na *koinōnia*, pelo fato de desejar o bem comum, deseja que isso seja feito por todas as outras, e cada uma reconhece que cada outra pessoa assim deseja, há uma analogia entre qualquer *koinōnia* e a estrutura de uma amizade. Portanto, podemos seguir Aristóteles e falar da amizade que é "constituída pela" ou "existe nessa" *koinōnia* (1159b27-30, cf. 1161a10-11). Essa amizade dependerá, como vimos, da construção e implementação justas de um plano para ação conjunta. Portanto, como Aristóteles observa, a amizade de uma *koinōnia* depende da justiça do arranjo.

Embora a amizade de uma *koinōnia* requeira que haja justiça no plano da cooperação, segue daí que a *virtude* da justiça é tudo que será necessário para que as pessoas se associem bem em uma *koinōnia*? Aristóteles nega isso. Ele acredita que a virtude da justiça será insuficiente para garantir a ação corporativa satisfatória entre as pessoas:

> Parece que é a amizade que mantém unida uma cidade-Estado, e que os legisladores estão mais interessados na amizade do que na virtude da justiça... Além disso, suponha que as pessoas sejam amigas: então, não têm necessidade da virtude da justiça. Mas suponha que sejam justas: ainda assim necessitam da amizade. Além disso, aquelas nossas ações que se distinguem em relação à justiça parecem similares à amabilidade (1155a22-28).

Por que Aristóteles pensa que as pessoas necessitam da amizade se têm a virtude da justiça? A justiça, presumivelmente, leva uma pessoa a cuidar de seus interesses e se defender contra prejuízos; torna as pessoas propensas a nutrir ressentimentos, buscar vingança ou se considerarem descontentes. Esses ressentimentos e descontentamentos vão apenas se agravar com o tempo, se o amor e a amizade não os moderarem de algum modo. E, como Aristóteles enfatizou em sua discussão sobre a equidade, cada lei e cada princípio de justiça requerem uma sólida interpretação, dadas as circunstâncias particulares, com referência à intenção da legislatura, embora o bom senso e refinamento em fazer isso requeira que sejamos capazes de ver as coisas do ponto de vista de nossos vizinhos e de "nos pôr em seu lugar", como em uma amizade.

Por essas e outras razões, a vida social humana não seria praticável se as pessoas tivessem a virtude da justiça somente e carecessem da amabilidade uma para com a outra. Mas Aristóteles afirma a sociabilidade natural dos entes humanos: "os entes humanos são por natureza animais que habitam cidades" (1097b11; 1169b18-19). E a natureza não produziria algo para o qual fracassasse em fornecer os meios. Assim, deve haver algum meio naturalmente fornecido pelo qual os entes humanos adquirem aquelas afeições que os equipam a mostrar amabilidade nas várias associações nas quais participam, incluindo a sociedade política. E Aristóteles parece pensar que é a família que naturalmente desempenha esse papel.

A família e a sociedade política ocupam um lugar especial e são separadas de todas as outras *koinōnia* na medida em que são associações naturais: "Os entes humanos são por natureza mais dispostos a se unirem em matrimônio (*synduastikon*) do que a formar cidades (*politikon*)" (1162a17-18). Dizer que essas associações são por natureza é dizer que coisas como aquelas que estamos motivados a formar por motivos que são duradouros e praticamente inevitáveis na vida humana (atração romântica para o casamento; necessidade econômica para a cidade-Estado, cf. 1160a12); é dizer que esses motivos motivam, ou parecem motivar, a algo mais imediato do que as associações às quais levam, de modo que é como se as associações parecessem surgir indiretamente e sem fim deliberado (um homem e uma mulher podem se apaixonar e ter relações sexuais sem pretensão de fundar uma família; vários agricultores livres podem negociar em um mercado sem intenção de fundar uma cidade); todavia, que possamos, ao refletirmos, reconhecer essas associações como boas e endossá-las por essa razão (um casal pode mais tarde passar a considerar seus filhos a melhor razão para terem se apaixonado; a cidade-Estado, como Aristóteles observa, surge a partir da necessidade, mas continua a existir "pelo *kalon*", *Política* 1252b29-30; 1278b15-18; 1281a2; 1291a18). Além disso, tanto a família como a cidade-Estado são associações abrangentes, na medida em que envolvem a partilha dos bens necessários para a vida humana: a cidade-Estado, de acordo com Aristóteles, é simplesmente a unidade social autossuficiente básica, a menor associação em larga escala que pode prover a partir de dentro seus próprios recursos dos bens materiais básicos requeridos para viver bem; e a família é correspondentemente a associação na qual todos esses vários bens são aplicados para a vida diária.

Assim, a sociedade política e a família se distinguem e são separadas de outras associações. Todavia, curiosamente existe uma correspondência nas estruturas dessas associações, e, sugere Aristóteles, é implausível sustentar que essa correspondência seja acidental (cf. 8.10-11). E, portanto, o argumento de Aristóteles prossegue supondo que existe um propósito para a correspondência. Existem três tipos básicos de constituição política, pensa Aristóteles, dependendo de se uma única pessoa governa, ou algumas, ou muitas: essas são a *monarquia*, a *aristocracia* e a *timocracia*, respectivamente. (Gostaríamos de chamar essa última forma "democracia", mas Aristóteles reserva esse termo para o governo *corrupto* de muitos[140].) Todavia, análogos a cada uma dessas formas de governo são encontrados na família (1160b22-23). A monarquia é espelhada na relação entre pai e filhos; a aristocracia é espelhada no governo conjunto dos assuntos da casa pelo esposo e pela esposa; e a timocracia é espelhada no autogoverno dos irmãos e irmãs em seus próprios assuntos.

---

140. Sua visão é que o bom governo difere do governo corrupto, dependendo de se pessoas virtuosas ou não ocupam o cargo. Uma "democracia", no seu entender, é o governo no qual qualquer um tem a palavra no governo, independentemente de se tem virtude, e os meros números ganham. Mas isso seria corrupto. Uma "timocracia", em contraste, é o governo dos muitos no qual uma pessoa tem de satisfazer uma exigência mínima de propriedade a fim de ter a palavra no governo; uma pessoa ter acumulado e preservado um mínimo de propriedade é considerado uma marca ou sinal de um mínimo de virtude.

A correspondência, estamos supondo, não é coincidente: portanto, qual é o propósito? Aristóteles sugere: na família, aprendemos a adquirir as afeições habituais que são apropriadas para governos terem a estrutura correspondente. Essas afeições surgem natural e espontaneamente em uma família saudável, e são transferidas por analogia ao governo da sociedade política, e por meio disso aos concidadãos. As afeições que animam os cidadãos em uma monarquia são simplesmente aquelas que inicialmente cultivaram em relação aos seus pais dentro da família[141]. As afeições que são próprias a uma aristocracia são aquelas que são cultivadas inicialmente dentro de uma família pelo esposo e pela esposa enquanto tendo papéis distintos. E as afeições que deveriam animar os cidadãos em uma timocracia são como aquelas originalmente desenvolvidas em relação aos irmãos e irmãs em uma família.

Observe que na concepção de Aristóteles não é simplesmente que a sociedade política repouse sobre a família, na medida em que a amizade cívica depende das afeições familiares do modo que descrevemos[142]. Ele pensa que a vida familiar, também, repousa sobre a sociedade política, na medida em que as estruturas de governo em uma família são esclarecidas por sua semelhança com as constituições políticas. Por exemplo, um pai em uma família é guiado, em

---

141. Aristóteles poderia usar a análise de "caso central" para lidar com casos nos quais uma criança é criada como órfã ou sob o jugo de um pai negligente ou abusivo. É possível aprender as afeições necessárias vicariamente, mas não se os pais em uma sociedade não forem "na maioria" bons pais. Desnecessário dizer, ele está supondo que existe uma autoridade principal em uma família, o pai.
142. A crítica de Aristóteles ao comunismo de Platão na *Política* 2 deveria ser lida em conexão com sua discussão sobre a amizade cívica na *Ética*. Platão argumenta que a abolição da família em sua República ideal levaria os cidadãos a tratarem-se como se fossem todos membros de uma mesma família. Na *Política*, Aristóteles sustenta que uma pessoa pode ser bem-sucedida em considerar outros cidadãos "irmãos" somente se tem a experiência de lidar com irmãos *reais*: não podemos entender as afeições cívicas senão como análogos das afeições familiares.

como lidera sua família, concebendo-se como similar a um rei, e, então, mensurando suas ações em comparação a como um rei age: ele se considera um análogo de um rei. Igualmente, esposo e esposa juntos se consideram tendo uma partilha quase aristocrática da autoridade sobre a casa[143]; e os irmãos consideram sua associação semelhante a cidadãos iguais em uma timocracia. O ponto principal a enfatizar aqui é que para Aristóteles uma família não existe isolada; é destinada a ser parte da sociedade política, e ela leva à sociedade política; e, portanto, a família pode ser propriamente entendida somente em sua relação natural com a sociedade política.

Outros selves

Após sua discussão sobre a amizade como existe em uma *koinōnia*, e após sua descrição da reciprocidade e falha de reciprocidade nas amizades (8.13-9.3), Aristóteles apresenta em 9.4-8 uma discussão estendida sobre a relação entre amor-próprio e amizade. Esses capítulos, com efeito, apresentam a visão de Aristóteles sobre a natureza e origem da amizade[144].

O argumento em 9.4 é que, para uma pessoa boa, qualquer relação de amizade na qual entre é uma extensão de seu amor-próprio[145]. Vamos esquematizar o argumento, e depois examinar algumas dificuldades relativas a ele.

---

143. Claramente, a compreensão de Aristóteles sobre a autoridade do esposo e da esposa se aplica melhor a uma propriedade, ou a uma família grande, na qual cada parceiro tem autoridade sobre um domínio separado, e presumivelmente também sobre criados e trabalhadores nesse domínio.
144. O livro 9, cap. 9, sob muitos aspectos, pertence a essa seção, embora também sirva como uma ponte para a seção final nos livros sobre a amizade, sobre a relação entre amizade e o fim último da vida humana, e, portanto, também como uma ponte para o livro 10, sobre a felicidade.
145. Que essa seja a tese de Aristóteles fica claro tanto na abertura do cap. (1166a1-2) como em sua referência a ela em 9.8.1168b5-6.

O argumento é deliberada e cuidadosamente construído:

1) Existem quatro "marcas de amizade" (*philika*).
2) Uma pessoa boa exibe essas em relação a si.
3) Uma pessoa má, na medida em que é má, exibe o oposto dessas.
4) Assim, uma pessoa boa está relacionada a si como à sua amiga.
5) Assim, uma pessoa boa está relacionada à sua amiga como a si.
6) Assim, uma amiga é um "outro *self*".
7) Assim, a amizade é uma extensão de, e derivada do, amor-próprio.

As "marcas características da amizade" como distinguidas por Aristóteles são:

(a) *Auxílio* – Uma amiga deseja coisas boas, e coisas que parecem ser boas, e as faz, para sua amiga.

(b) *Alegria* – Uma amiga acha a mera existência e vida de sua amiga algo bom.

(c) *Associação* – Amigas passam um tempo uma com a outra.

(d) *Simpatia* – Uma amiga se apraz com o prazer de sua amiga e fica aflita com a aflição de sua amiga[146].

Não necessitamos discutir sobre a lista, que é muito plausível. De qualquer modo, ela se origina com coisas que Aristóteles já afirmou sobre a amizade. (a) era parte da definição original de

---

146. As designações dadas aqui não são de Aristóteles, mas representam como poderíamos nos referir a essas características.

amizade de Aristóteles; (b) se assemelha muito à intuição fundamental subjacente à "boa vontade", de desejar o bem a uma pessoa em prol dela; (c) parece relacionada aos pontos que Aristóteles levanta sobre a relação estreita da amizade com a *koinōnia*, e ele vem insistindo o tempo inteiro em que simplesmente passar um tempo com uma outra pessoa é a atividade mais distinta da amizade (cf. 1157b22-24); e (d) parece um caso especial de (a).

Com relação ao argumento, os passos 5 e 6 parecem não controversos. Se existe uma similaridade de relações, de amiga a amiga e de *self* a *self*, então, segue 5, e a frase "outro *self*" se torna simplesmente um modo abreviado, embora um tanto paradoxal, de expressar essa similaridade de relações.

Os passos controversos do argumento são 2 (e 4, que depende desse), e o passo 7, a conclusão. A conclusão é controversa porque, como diz a máxima, "a correlação não implica causação". Se o amor-próprio e a amizade são correlacionados, da forma que o argumento afirma, então, existem ao menos três explicações para isso: ou a amizade é causada pelo amor-próprio; ou o amor-próprio é causado pela amizade; ou o amor-próprio e a amizade têm ambos uma causa distinta. Que a primeira explicação seja correta, como Aristóteles sustenta, exigiria aparentemente um outro argumento.

O passo 2 (e, portanto, igualmente o passo 4) é controverso, devido à estranheza da afirmação de que uma pessoa pode ter para consigo uma relação similar àquela que tem para com sua amiga. Uma pessoa pode *dar* algo a si, por exemplo (como se perguntava Wittgenstein)? Mas, se não, como pode ela se *auxiliar*? Aristóteles está consciente da dificuldade (1166a33-b2). Mas ele sugere que uma pessoa deve ser capaz de falar de amabilidade em relação a si: afinal, como poderia o extremo da amizade ser *como* a relação que uma pessoa tem para consigo, se essa relação não fosse ela própria *como* a amizade? E faz sentido postular algo como a amabilidade de uma pessoa para consigo, na medida em que pode ser considerada *de algum modo* duas, e na verdade uma pessoa pode de vários modos ser considerada duas: a mesma pessoa em dois momentos diferentes é de um certo modo duas; e também duas partes de uma pessoa em um único momento; e também uma parte de uma pessoa em relação ao todo.

E esse é o modo que Aristóteles argumenta que as marcas (a)-(d) são exibidas por uma pessoa boa em relação a si, examinando como uma única pessoa pode ser considerada de algum modo duas. Ele faz isso, parece, ao pressupor o modelo de virtude humana que, como vimos, foi esboçado e desenvolvido no livro 6 (esp. em 6.12), de acordo com o qual existem três partes de uma alma humana: a razão teórica, a razão prática e a parte não racional que é potencialmente obediente à razão[147]. Correspondendo a essas três há virtudes básicas: a sabedoria filosófica, a sabedoria prática e a virtude de caráter. Quando cada parte tem sua virtude apropriada, então, a alma trabalha do seguinte modo: a razão prática dá ordens à parte não racional da alma, que as realiza, obedientemente, no serviço da atividade da parte teórica da alma. Aristóteles também pressupõe que, geralmente, um ente humano individual se identifica apropriadamente com sua parte pensante, que, como diz Aristóteles, desconcertantemente, cada pessoa é "mais que tudo". Assim, o modo pelo qual uma outra parte de sua

---

147. Deveríamos observar que estudiosos debatem sobre até que ponto 9.4-9 pressupõe ou repousa sobre uma distinção entre razão teórica e razão prática. A visão adotada aqui é a de que a aceitação da distinção por Aristóteles é aparente em vários pontos, mas que seu argumento dificilmente repousa sobre ela.

alma ou sua alma inteira trata sua parte pensante, como Aristóteles deseja sustentar, é um análogo do modo pelo qual uma pessoa trata uma outra pessoa.

O argumento de Aristóteles de que a marca (a), *auxílio*, é exibida por uma pessoa boa em relação a si, quando completamente esclarecida, é algo com o seguinte. Uma pessoa boa visa a agir virtuosamente. Mas isso é fazer o que é *kalon*. Mas o *kalon* é um bem que é alcançado por e apreciado por sua parte pensante, e cada pessoa é corretamente identificada com sua parte pensante. Assim, uma pessoa boa deseja coisas boas para si. Além disso, ela as realiza porque tem virtude de caráter, e, consequentemente, sua parte não racional obedientemente realiza o que sua razão dita[148].

Do mesmo modo, uma pessoa boa exibe a marca (b), *alegria*: todos nós, inevitavelmente, desejamos o que consideramos ser bom para nós mesmos; mas uma pessoa boa *é* boa; portanto, sua existência continuada é boa; assim, uma pessoa boa deseja continuar a existir. Mas ela o faz somente sob a condição de que aja racionalmente. Por quê? Se ela fosse agir irracionalmente, estaria gratificando sua parte irracional, e, nesse sentido, tratando essa parte como se fosse ela própria. Todavia, "pessoa alguma escolhe sequer ter tudo sob a condição de que, para possuí-lo, torne-se uma pessoa diferente do que é agora" (1166a20-21). Portanto, ela deseja sua existência somente *como* racional. Mas, como é especialmente sua parte pensante (afirma Aristóteles), ela fazer isso é um análogo de uma pessoa desejar a mera existência a uma outra.

Do mesmo modo, uma pessoa boa exibe a marca (c), *associação*. Associar-se ou passar um tempo com uma outra pessoa (como

---

148. Aristóteles não esclarece esse ponto introduzindo sua noção do *kalon*, mas sua discussão posterior sobre o amor-próprio em 9.8 justifica isso.

Aristóteles argumenta em 9.9) é simplesmente partilhar percepção ou pensamento. Mas uma pessoa virtuosa, devido à consistência de sua boa ação, pode, a qualquer momento, assumir e endossar a perspectiva e os motivos de qualquer outro momento de sua vida. Mas isso significa simplesmente que sua parte pensante em um determinado momento partilha os pensamentos de sua parte pensante de algum outro momento. Além disso, seus pensamentos no momento presente são similarmente aqueles nos quais ela deseja permanecer. Mas isso é simplesmente para sua parte pensante partilhar seu próprio pensamento, devido à reflexividade do pensamento (discutida extensamente em 9.9). Uma vez mais, porque cada pessoa pode ser identificada com sua razão (como Aristóteles afirma), esses são análogos, em uma única pessoa, da associação entre duas ou mais pessoas.

Finalmente, uma pessoa boa exibe a marca (d), *simpatia*, devido à harmonia entre sua alma não racional e sua alma racional. Ou seja, sua parte não racional responde com prazer às mesmas coisas pelas quais sua parte racional é aprazida, e é afligida pelas mesmas coisas pelas quais sua parte racional se aflige. Como (uma vez mais) cada pessoa é especialmente sua razão, isso é um análogo de uma pessoa boa simpaticamente partilhando do contentamento ou da aflição de uma outra pessoa boa.

Os argumentos de Aristóteles ganham força e plausibilidade se os interpretamos nos termos da noção de "identificar-se com" uma pessoa. Aristóteles não usa essa ideia explicitamente, mas parece implícita em sua noção de "outro *self*". Uma pessoa considerar uma outra pessoa um "outro *self*" é ela se identificar com essa pessoa. O argumento básico de Aristóteles se torna, então: a posse da virtude requer que uma pessoa "se identifique" com sua parte pensante; e essa identificação, portanto, capacita essa pessoa a se identificar, similarmente, com a parte pensante de uma outra pessoa. Em contraste, na medida em que uma pessoa "se identifica" com sua parte não racional, ela está impedida de se identificar com uma outra, uma vez que a parte não racional da alma simplesmente carece da capacidade de se identificar com qualquer coisa distinta dela.

Quando os argumentos de Aristóteles são vistos desse modo, é justificada sua conclusão de que a amizade é uma extensão do amor-próprio de uma pessoa a outras? Por que Aristóteles afirma que o amor-próprio é *anterior* ao amor por outros e à amizade? Bem, ele pode não ter em mente que o amor-próprio é anterior *no tempo*. Pode pretender que sua afirmação seja meramente "ontológica": assim como a categoria da substância é anterior (na existência ou realidade) à da relação, de modo que um traço de uma única substância é "ontologicamente" anterior a qualquer relação que tenha com outras. (P. ex.: dois retalhos de tecido de cor amarela são criados simultaneamente, e, todavia, é verdadeiro sobre cada um que o fato de ser similar em cor a si é *ontologicamente anterior* ao fato de ser similar em cor ao outro.) Ou, Aristóteles pode ter tido em mente apenas a verdade óbvia e senso comum de que adquirimos nosso caráter enquanto crescemos, mas desenvolvemos amizades no sentido estrito, ou seja, aquelas baseadas na virtude, somente quando nos tornamos adultos. As pessoas podem se tornar amigas devido à virtude somente se cada uma *já* tenha adquirido virtude, à qual a outra pessoa pode ser atraída (cf. 1166b25-29). Isso nada implicaria sobre a relação entre amor--próprio e amor por outra pessoa durante a formação da virtude, digamos, para uma criança na família.

Mas, independentemente de que modo, o amor-próprio seja anterior à amizade, na teoria de Aristóteles ainda é o caso que o amor-próprio seja algo bom. Isso, contudo, implica uma dificuldade, como vimos, porque o amor-próprio é amplamente deplorado como sendo algo ruim. Assim, Aristóteles necessita explicar as aparências e justificar o amor-próprio. Isso ele faz em 9.8, argumentando que existem dois tipos de amor-próprio, dependendo de se uma pessoa se identifica com sua parte pensante ou com sua parte não racional, e que o primeiro é de fato admirado e apreciado, enquanto o segundo tipo está apenas sujeito a críticas.

Podemos entender a visão de Aristóteles sobre o tema considerando um exemplo de uma distribuição justa de bens externos (1168b15-28). Suponha que uma pessoa receba menos de algum bem externo do que poderia, porque prefere que a distribuição seja igual, em vez de obter mais do bem relevante. Ao preferir isso, pensa Aristóteles, ela prefere e favorece – identificando-se, consequentemente com – a parte da alma para qual a completa igualdade é um bem. Isso é exibir amor por aquela parte dela que (pensa Aristóteles) ela principalmente é, e, assim, esse é um bom tipo de amor-próprio. Em contraste, uma pessoa que preferisse ter mais de um bem material, mesmo quando exigisse uma distribuição desigual e, portanto, injusta, estaria favorecendo sua parte não racional, identificando-se desse modo com isso, e exibindo um tipo censurável de amor-próprio.

No ver de Aristóteles, as pessoas se enganam com relação ao autossacrifício tanto quanto se enganam com relação ao amor-próprio. Se receber mais de um bem material em vez de uma quantidade igual conta como *não* se amar, portanto, abrindo mão de um bem material, quando apropriado, em vez de mantê-lo, conta *especialmente* como amar-se. De fato, argumenta Aristóteles, se entendemos o amor-próprio corretamente, vemos que é impossível amarmos uma outra pessoa mais do que a nós mesmos. Uma pessoa poderia fazê-lo de um dos dois modos: ou concedendo um bem material a uma outra pessoa, ou partilhando um bem racional com ela. Se ela concede um bem material a outra, assumindo que é correto fazer isso (ou seja, que fazer isso seria uma expressão ou de justiça ou de afeição amigável bem ordenada), então, conceder esse bem é *kalon*, e a pessoa que faz isso obtém algo *kalon*, embora a pessoa a quem é concedido obtém somente um bem material. Mas um bem que é *kalon* é um bem maior do que qualquer bem material; e qualquer pessoa a quem distribuamos o bem maior, quando temos uma escolha, é aquela a quem mais amamos; portanto, a pessoa que doa, ao conceder o presente, exibe um amor maior por si do que pela outra pessoa.

Se, contudo, uma pessoa fosse amar uma outra *partilhando* um bem com ela (digamos, partilhando uma boa conversa, ou uma compreensão de um teorema matemático), então, como Aristóteles argumentou em 9.4, o amor-próprio serve como o próprio *padrão* para esse tipo de coisa, ao qual a amabilidade entre duas pessoas distintas poderia somente se aproximar como um ideal – o qual implica que uma pessoa mostra esse tipo de amor por si acima de tudo.

Essa é efetivamente a interpretação e defesa filosófica de Aristóteles da ideia de que "é mais abençoado dar do que receber". Os argumentos de Aristóteles se baseiam, crucialmente, como vimos, na afirmação de que o *kalon* é um bem verdadeiro, que beneficia e é apreciado pela parte racional da alma. Como vimos acima no capítulo 5, essa doutrina não é explicitamente explicada ou defendida na *Ética*, mas Aristóteles se baseia nela o tempo todo.

Amizade e felicidade humana

Portanto, como vimos, de acordo com Aristóteles, as pessoas podem ter uma amizade no sentido próprio do termo somente se ambas têm virtudes: uma outra pessoa não seria amável, e não seria particularmente boa na reciprocidade necessária para a amizade, se tivesse vícios. Segue-se, então, que, se a felicidade não é possível sem amizade, então, a felicidade não é possível para uma pessoa que careça das virtudes. Isso permaneceria verdadeiro mesmo que a felicidade em si não *consistisse* na amizade ou não consistisse na atividade de qualquer uma das virtudes.

Todavia, Aristóteles aparentemente deseja argumentar em 9.9 em favor do resultado mais forte de que a atividade na qual consiste a felicidade deve ter um caráter social. Ele chega a esse resultado por meio de três conjuntos de argumentos. Não necessitamos nos deter muito no primeiro conjunto, que apela a considerações muito gerais com relação à felicidade:

- se uma pessoa feliz não carece de bens humanos importantes, não pode carecer de amigos, que são considerados "o maior dos bens externos";

- a felicidade é um tipo de prosperidade, mas desfrutamos da prosperidade ao fazermos o bem às outras pessoas, e dificilmente seria satisfatório estar ajudando estranhos em vez de amigos;

- entes humanos são naturalmente sociais, e seria absurdo pensar uma pessoa que pudesse ser feliz desprovida de um bem natural básico (1169b8-22).

Aristóteles não está evidentemente satisfeito com esses argumentos, talvez, porque não façam uso de sua definição de felicidade, e considerem amigos apenas instrumentalmente valiosos para a felicidade. Assim, ele começa um segundo estágio do argumento (1169b28-13) apelando à definição de felicidade de seu livro 1 como "atividade da alma de acordo com a virtude". Se amigos nos ajudam a ser *ativos* na virtude, então, necessitamos deles para a felicidade. Mas é óbvio que eles desempenham seu papel: podemos ser mais continuamente ativos quando fazemos coisas juntos com amigos; nossa atividade fica mais fácil; amigos nos encorajam e nos apoiam; sua concorrência nos instiga a realizar ainda mais; e assim por diante.

Além disso, amigos aumentam o *escopo* da atividade virtuosa de que podemos desfrutar como, e considerar, nossa, ou assim Aristóteles parece argumentar em uma passagem muito difícil em 1169b30-1170a4. Aristóteles argumentou em 9.4 e 9.8 que o principal bem que uma pessoa obtém por meio da atividade virtuosa é o *kalon*. Portanto, se amigos aumentam significativamente nossa aquisição do *kalon*, então, eles contribuem para o bem de uma vida feliz e são desse modo "necessários". Mas adquirimos o *kalon* simplesmente por meio de nossa apreensão de uma ação *kalon* como algo que é "nosso". No caso típico, uma ação conta como "da própria pessoa" porque foi de fato *feita* por essa pessoa; mas a identificação de amigo com amigo (supõe Aristóteles) é um outro modo pelo qual algo pode se tornar "da própria pessoa": se uma pessoa se identifica com sucesso com uma outra, então, as ações *kalon* da segunda podem ser consideradas "da própria pessoa" pela primeira. Assim, por meio da amizade, o escopo da ação *kalon* do qual podemos nos apropriar e desfrutar é consideravelmente expandido. E se alguma coisa se perde pelo fato de que nós não *realizamos* as ações virtuosas de nossos amigos, isso é compensado pela claridade maior da ação de uma amiga, porque (como coloca Aristóteles) "vemos melhor nossos vizinhos do que a nós mesmos, e vemos melhor suas ações do que as nossas" (1169b34).

Todavia, mesmo esse argumento deixa Aristóteles insatisfeito. Embora apele à sua definição de felicidade, o argumento não apela à sua definição de uma amiga como um "outro *self*", exceto indiretamente, quando supôs que as ações de uma amiga contam como "da própria pessoa". Além disso, esse tipo de argumento ainda considera amigos como contribuindo apenas extrinsecamente para a felicidade de uma pessoa feliz. Todavia, Aristóteles deseja argumentar, como nos diz, que "uma amiga é pela natureza do caso desejável a uma pessoa boa" (1170a14). Para esse fim, ele apresenta um dos mais intrincados argumentos do corpus aristotélico, em 1170a13-b12.

Podemos entender esse argumento como envolvendo três pressuposições. A primeira poderia ser chamada um princípio de "maior preferibilidade":

Maior Preferibilidade – Se A e B são ambos desejáveis na condição C, mas B contém C em um grau maior do que A, então, B é mais desejável do que A.

A segunda poderia ser chamada um princípio de "amplificação" para relações:

Amplificação – Quando a mesma relação ou uma relação similar existe entre duas coisas, e entre uma coisa e ela própria, então, a relação como entre duas coisas é uma atualização dessa relação.

A terceira é um princípio de "relevância para a felicidade":

Relevância para a Felicidade – Se A é necessário para a felicidade de uma pessoa, e B é mais desejável para ela do que A, então, B é necessário para sua felicidade.

Aristóteles argumenta, então, de um modo semelhante ao seguinte:

1) Cada pessoa deseja que ela viva.
2) Mas viver é perceber.
3) E perceber é uma atividade inerentemente reflexiva, ou seja, perceber é perceber que se percebe.
4) De fato, a reflexividade do viver é uma condição de sua desejabilidade.
5) Considere: a atividade mais distinta da amizade é "viver a vida juntos".
6) Mas viver a vida juntos é partilhar a percepção.
7) Quando duas amigas partilham a percepção, a relação entre elas é a mesma que ou similar àquela que cada uma tem para consigo ao perceber reflexivamente; é um tipo de reflexividade partilhada entre elas.
8) Portanto, a reflexividade como partilhada entre amigas é uma atualização mais completa dessa relação do que a reflexividade da percepção de um indivíduo apenas (Amplificação).
9) Contudo, tanto viver de forma independente como partilhar a percepção com uma pessoa amiga são desejáveis na condição da reflexividade.
10) Portanto, partilhar a percepção com uma pessoa amiga é mais desejável do que viver de forma independente (Maior Preferibilidade).
11) Mas viver de forma independente é necessário para a felicidade.
12) Portanto, partilhar a percepção com uma pessoa amiga é necessário para a felicidade (Relevância para a Felicidade).

O núcleo do argumento é que aquilo ao que amigos visam é simplesmente passar um tempo com seus amigos; mas, quando analisamos "passar um tempo com uma pessoa" cuidadosamente, vemos que é uma relação na qual cada pessoa assume um papel em relação à outra, que cada uma tem em relação a si, simplesmente por conta da reflexividade de seu próprio pensamento e percepção; portanto, essa atividade distinta de amigos é uma atualização mais completa da vida que cada pessoa tem individualmente, precisamente na medida em que sua vida era digna de escolha para elas em primeiro lugar. Chegamos, portanto, ao resultado segundo o qual, por assim dizer, é inerente à estrutura da consciência humana que desejamos viver nossas vidas com outros.

Para Aristóteles, é, basicamente, porque o pensamento é reflexivo que os entes humanos são animais sociais – um resultado muito extraordinário de uma investigação sobre algo que é muito ordinário. E, como vimos, para Aristóteles, esse resultado tem ramificações importantes para a amizade cívica e para o papel da investigação teórica em uma cidade-Estado governada corretamente.

Leitura adicional

Estudos sobre a perspectiva de Aristóteles sobre a amizade, que podem ser consultados para comentários sobre passagens particulares, são Price (1989), Stern-Gillet (1995), Palaluk (1998) e Pangle (2004). Para as formas de amizade em particular, ver Fortenbaugh (1975), Cooper (1977) e Walker (1979). Para amizade e amor-próprio, Annas (1977) já foi mencionado, mas ver também Annas (1988, 1993) e Madigan (1985). Para a amizade cívica, Cooper (1990) apresenta uma interpretação de Aristóteles, e Schwarzenbach (1996) examina o tema dentro da filosofia política. O *De anima* 3.2 de Aristóteles deveria ser consultado em conexão com a *Ética* 9.9 sobre a reflexividade da percepção.

10
O PRAZER

Ética a Nicômaco, 7.11-14 e 10.1-5

Dificuldades desaprazíveis

O que pode ser mais comum e tão bem conhecido para nós do que o prazer? Não o buscamos ao longo do dia? Não guia ou mesmo influencia frequentemente nossas ações? Muitas pessoas aparentemente inclusive vivem para prazeres de um certo tipo.

E, todavia, parece quase impossível dizer o que é o prazer. É uma sensação, como ver um pedaço de céu azul? Ou é um sentimento, como a alegria e o contentamento? Se é um sentimento, pode ser duradouro, como um "humor", ou é algo passageiro, como uma emoção? Mas, talvez, o prazer não seja uma "coisa" à qual estejamos relacionados, e sim nosso *estar relacionado* a algo de uma certa forma, de modo que ser aprazido é simplesmente "tirar prazer" de algo que não é em si um prazer. Todavia, não tirar prazer de algo não é também aprazível? (Como não poderia ser?) Mas, então, se é aprazível ser aprazido, um prazer *poderia* servir como um objeto de prazer.

Além disso qual é a relação entre prazer e atração? Poderíamos ser *repelidos* por um prazer, *qua* prazer, ou essa sugestão não faz sentido? Mas se somos necessariamente atraídos ao prazer, não devemos em algum sentido inevitavelmente considerá-lo bom? Seria, se um bem é um fim. Ou, ao menos isto parece verdadeiro: o fato de que algo é aprazível parece ser um tipo de *sinal* de que é bom. (Nós, tipicamente, consideramos que é – mas por quê?) Todavia, então, por que não consideramos o prazer *extremo* um sinal de que algo é *extremamente* bom? De fato, muitas vezes suspeitamos desse tipo de prazer e pensamos que é provavelmente mau. (Deveríamos considerar o prazer, portanto, *prima facie* bom ou mau? Quando dissemos acima que "muitas pessoas aparentemente vivem por prazeres de um certo tipo", era natural assumir uma vida assim como censurável. Mas, talvez, *devêssemos* viver para prazeres – "bons prazeres"?)

Uma vez mais, se o prazer é inefável e difícil de compreender, que diferença faz se o temos? Por que deveria ser tão importante? Quando pensamos sobre ele cuidadosamente, o prazer pode parecer um tipo de nada. E, contudo, dificilmente poderíamos viver sem esse "nada"; além disso, seu oposto, a dor, dificilmente nos surpreende como nada.

Essa perplexidade sobre o prazer é profunda, como podemos confirmar se abrirmos qualquer dicionário[149].

---

149. Usualmente, é arriscado para alunos de filosofia introduzir uma definição de dicionário em uma discussão filosófica, uma vez que um problema filosófico genuíno será profundamente controverso, enquanto citar um dicionário seja simplesmente apelar a uma autoridade – a autoridade de um lexicógrafo casual. Todavia, apesar disso, em um espírito aristotélico, dicionários podem fornecer material útil para a filosofia. Eles nos dizem ao menos como as coisas parecem às pessoas (*phainomena*), e transmitem "opiniões confiáveis" (*endoxa*) inerentes à linguagem, especialmente para algo tão familiar quanto o prazer, com relação ao qual todo mundo é uma certa autoridade.

Prazer

1) O estado ou sentimento de ser aprazido ou gratificado.

2) Uma fonte de alegria ou contentamento: *Era um prazer assistir aos graciosos patinadores.*

3) Entretenimento, diversão ou alegria mundana: "*O prazer... é um guia mais seguro do que o direito ou o dever*" (Samuel Butler).

4) Gratificação sensual ou complacência [...][150].

Prazer é um estado, ou talvez seja um sentimento. Ou nenhum dos dois, e sim a *fonte* da "alegria" (ou seja, do *prazer*, de modo que o prazer é a fonte de si). Ou o prazer não é um objeto passivo da experiência, ou o experienciarmos algo, como um guia para a ação, embora não o fim. (Mas, então, o prazer da ação é distinto da ação?) Por outro lado, o prazer está associado aos sentidos ("gratificação sensual"); por outro ainda, está tão intimamente conectado às capacidades racionais de desejo ou escolha que podemos inclusive dizer que a preferência razoável de uma pessoa é simplesmente o *prazer* dessa pessoa.

Prazer duplo

Dificilmente necessitamos ficar surpresos, portanto, por encontrarmos uma discussão sobre o prazer na *Ética*. O tema é inerentemente interessante, além de também diretamente relevante à ação. O que é surpreendente, contudo, é encontrarmos *duas* discussões sobre o tema. A primeira está em 7.11-14, após a discussão de Aristóteles sobre a *akrasia* e imediatamente antes de seus dois

---

150. *American Heritage Dictionary of the English Language.* 4. ed.

livros sobre a amizade. Por conveniência, adotarei a convenção dos estudiosos e chamarei essa a discussão "A" (ou simplesmente "A"). A segunda está em 10.1-5, após os livros sobre a amizade e pouco antes de Aristóteles extrair suas conclusões finais sobre o tratado. Vamos, similarmente, chamar essa a discussão "B" (ou simplesmente "B").

As duas passagens levam a duas dificuldades, uma "editorial" e a outra "filosófica". A dificuldade editorial é explicar por que duas discussões distintas sobre o prazer ocorrem em um livro que, como vimos, é, por outro lado excessivamente bem planejado e coerente. As discussões são distintas não simplesmente porque ocorrem em lugares diferentes, mas também no sentido forte de que nenhuma parece mostrar qualquer consciência da outra. Por exemplo, A parece nunca assinalar um tópico como algo a ser discutido mais tarde, e B parece nunca dizer que está se baseando em, sumarizando, ou esclarecendo, algumas coisas que foram mencionadas antes. Todavia, no que eles sustentam e desejam refutar, A e B por vezes se sobrepõem.

O que é pior, cada um parece inclusive *excluir* o outro, uma vez que cada um começa como se fosse a única discussão sobre o prazer na vizinhança. Vimos como, quando Aristóteles começa um novo tema na *Ética*, sua prática usual é justificar seu exame sobre esse tema em relação aos objetivos do tratado como um todo – tipicamente, referindo sua definição de felicidade, ou virtude, ou aos fins de um profissional de "habilidade política" ou "da arte de governar", que é a disciplina que ele pensa que a *Ética* exemplifica (recorde 1.1.1094b11). Mas ele perece fazer isso no começo tanto de A como de B. Aqui, está a abertura da versão A:

> É apropriado que um profissional da arte de governar devesse examinar o prazer e a dor. As razões são:

> [1] Uma pessoa assim é uma artesã mestre de nosso fim, e é ao atentarmos ao nosso fim que chamamos cada coisa, sem qualificação, ou boa ou má.
> [2] É, além disso, inclusive necessário que ela o investigue, porque virtudes e vícios relacionados ao caráter (como afirmamos) lidam com dores e prazeres.
> [3] E a felicidade (muitas pessoas dizem) envolve o prazer (1152b1-7).

Essa passagem se refere explicitamente a 2.3 e implicitamente a 1.1 e a 1.8. Assim, refere-se a outro material no livro, embora em nenhuma parte em A encontramos uma referência a algo em B. Compare com isso a passagem paralela no começo de B:

> Após esses temas, decorre presumivelmente que discutamos o prazer. Por quê?
> [1] Porque nada parece ser tão cuidadosamente adaptado ao tipo de coisa que somos quanto o prazer. É por isso que as pessoas educam os jovens conduzindo-os por meio do prazer e da dor. E parece um grande auxílio para adquirir a virtude relacionada ao caráter, também, que uma pessoa goste das coisas que deveria fazer e desgoste das coisas que não deveria fazer.
> [2] Prazer e dor permeiam completamente a vida; são crucialmente importantes e influentes para a virtude e uma vida feliz, uma vez que as pessoas escolhem fazer coisas aprazíveis, e evitam fazer coisas dolorosas.
> [3] E, além disso, pareceria que uma discussão sobre prazer e dor não deveria, particularmente, ser negligenciada, especialmente porque envolve tantas dificuldades (1172a19-28).

A versão B justifica igualmente uma discussão sobre o prazer observando sua conexão com a felicidade e a virtude, e, embora B não se refira explicitamente ao identificável, em passagens anteriores na *Ética*, ela se baseia nessas passagens que Aristóteles havia defendido anteriormente, como a importância, para aquisição da virtude, de realizar ações típicas dessa virtude. Assim, tanto A como B aparentemente se referem a material anterior na *Ética*, mas nenhuma das duas se refere à outra.

A dificuldade *filosófica* envolve uma aparente contradição nas visões adotadas por A e B. Ambas as passagens, parece, propõem definir o que é o prazer, e ainda assim apresentam definições aparentemente incompatíveis. Aqui, estão as definições[151] que Aristóteles parece apresentar:

A: O prazer é a atividade desimpedida de uma coisa viva em sua condição natural (1153a12-15).

B: O prazer é um fim que sobrevém e completa uma atividade (1174b31-33).

Essas definições necessitam de uma explicação. Com "em sua condição natural", Aristóteles expressa o modo que uma coisa é quando não necessita ser "restaurada". Aristóteles considera a vida de um animal submetida a ciclos de atividade, por um lado, e de repouso e restauração, por outro. Repouso e restauração são condições defeituosas, e uma coisa viva que está se restaurando ainda não está fazendo o que deveria fazer. É somente na medida em que está restaurada em bem descansada que está em condições de fazer seu trabalho ou atividade característica. Se nesse ponto encontrasse impedimentos ou obstáculos, experienciaria sofrimento; portanto, é essa atividade como desimpedida que é o prazer – ou essa, de certo modo, parece ser a visão de Aristóteles em A.

---

151. Há uma dificuldade de entender e inclusive traduzir essas definições corretamente; não é sequer claro que Aristóteles esteja pretendendo apresentar definições adequadas quando apresenta essas caracterizações. Mas, aqui, apresento a visão padrão do tema.

Portanto, Aristóteles em A parece identificar o prazer com certos tipos de atividades. O prazer de ver uma bela paisagem, por exemplo, é justamente essa atividade de ver; o prazer de uma caminhada vigorosa em um belo dia de primavera é justamente essa atividade de caminhar. Mas em B a atividade e o prazer são considerados distintos. O ver de uma bela paisagem é uma coisa; o prazer de ver é outra. O prazer "segue a" ou está "vinculado à" atividade, diz Aristóteles (cf., p. ex., 1175a5, 19), porém, nenhum prazer é idêntico à atividade da qual é um prazer. Com efeito, o prazer e a atividade da qual tiramos prazer são tão estreitamente relacionados que as pessoas por vezes pensam que equivalem à mesma coisa; mas, de fato, essa visão, Aristóteles parece dizer, é "absurda" (1175b34-35). Portanto, B, aparentemente, não apenas contradiz como também considera absurda a visão adotada por A.

As maneiras padrão de responder a essas dificuldades parecem todas insatisfatórias. Uma resposta comum à dificuldade editorial é sustentar que A é anômala, porque não pertence originalmente à *Ética*. Recorde que os livros 5-7 da *Ética a Nicômaco*, os assim chamados "Livros Comuns", coincidem com os livros 4-6 da *Ética a Eudemo*; e A cai nesse material. Se os Livros Comuns pertenciam originalmente à *Ética a Eudemo*, então, A também. Assim, poderíamos supor: a *Ética a Eudemo* foi escrita primeiro; os Livros Comuns originalmente a integravam; os livros peculiares à *Ética a Nicômaco* tinham sua própria discussão sobre o prazer (versão B); e, quando os Livros Comuns foram mais tarde incorporados à *Ética a Nicômaco*, a discussão duplicada foi mantida.

Mas isso, dificilmente, é uma explicação. Quem tomou a decisão editorial de manter A, embora reconhecendo que ela duplicava, mas contradizia B? Foi Aristóteles? Mas é tão inexplicável que Aristóteles tenha tomado esse tipo de decisão pobre como editor quanto a de que o tenha feito como autor. Foi outra pessoa, então, e não Aristóteles? Mas, presumivelmente, essa pessoa que editou também revisou o resto do material do Livro Comum ao incorporá-lo à *Ética a Nicômaco*. Contudo, por que quem editou adaptaria tão bem o material que não se sobrepõe a outro material na *Ética a Nicômaco*, embora negligenciando a harmonização precisamente desse texto (versão A) que, por ser duplicado e contradizer algo na *Ética a Nicômaco* (versão B), necessitaria de mais edição? Postular uma pessoa responsável pela edição que falha em editar dificilmente explica alguma coisa.

Quanto à dificuldade filosófica, há duas respostas comuns, uma minimizando a diferença entre A e B, a outra enfatizando-a. A visão minimizadora nega que existe uma dificuldade porque, como sustenta, as definições A e B são de fato consistentes. As duas formulações, como afirmam, dizem a mesma coisa com palavras ligeiramente diferentes. A versão A define prazer como "atividade desimpedida", ou seja, como atividade *na medida em que* é desimpedida. O prazer, portanto, não deve ser identificado com a atividade, simplesmente, e sim com o *não impedimento* da atividade. O prazer é, por assim dizer, adverbial: ter um prazer é se envolver em uma *atividade de um certo modo*. Mas a versão B define prazer como algo que "aperfeiçoa" uma atividade. Isso, inicialmente, parece diferente, mas deveria ser considerado que, no que tange a uma atividade, ser realizada *perfeitamente* é justamente ser realizada sem impedimento. Uma atividade ser *perfeita* e ser *desimpedida* é a mesma coisa. Em ambos os casos, o prazer é a diferença marginal entre a mera realização de uma atividade (talvez de um modo impedido ou frustrado) e sua realização de um modo desimpedido. Assim, A e B dizem basicamente a mesma coisa de modos ligeiramente diferentes.

Mas essa resposta não é inteiramente satisfatória. Em B, Aristóteles sustenta que um prazer é distinto da atividade da qual é um prazer: mas o desimpedimento de uma atividade *não* é distinto dela. Além disso, em B, Aristóteles diz que o prazer de uma atividade constitui um fim distinto daquele da atividade. Todavia, pareceria estranho dizer que o desimpedimento é algum tipo de fim, ou que, caso seja, apresente um fim que seja distinto de simplesmente realizar a atividade.

A segunda resposta[152] é admitir que A e B apresentam definições diferentes, mas insistir em que as definições não são incompatíveis, porque visam a definir fenômenos diferentes. Nessa visão, que enfatiza as diferenças entre as definições na esperança de torná-las complementares, primeiro, observamos que o termo "prazer" é ambíguo e pode significar tanto algo objetivo – que tipos de atividades ou coisas nos dão prazer – ou algo subjetivo – o que é para nós tirar prazer de uma atividade ou coisa. Então, podemos afirmar: o projeto de Aristóteles em A é definir o prazer no sentido objetivo; seu objetivo em B é definir o prazer no sentido subjetivo. É por isso que em A ele define prazer como um certo tipo de atividade, ou seja, aquelas atividades das quais, para ele, tiramos propriamente prazer. Todavia, em B, ele define prazer como algo distinto da atividade, mas que a aperfeiçoa, como tirarmos prazer de uma atividade é distinto dessa atividade, segue dela, e serve como um motivo adicional para nos envolvermos nela. Em suma, uma pessoa ser aprazida é relacional: envolve uma pessoa sendo aprazida por algo. A versão A examina um *relatum* da relação; a versão B examina o outro, ou talvez a própria relação.

---

152. Desenvolvida em um trabalho famoso de Owen (1971/1972).

Mas essa resposta, embora atrativa, também parece problemática. A resposta sustenta, em efeito, que "prazer" é usado de dois modos básicos. Mas, tipicamente, Aristóteles é extraordinariamente sensível aos vários significados dos termos, especialmente quando isso tem importância filosófica. E, como vimos em vários exemplos, quando ele observa uma variação importante no uso de um termo, usualmente, tenta determinar qual sentido do termo é primário e central. Se Aristóteles na verdade escreveu tanto a descrição A como a descrição B, e essas são diferentes, teria sido estranho para ele não ter notado a diferença, e ainda mais estranho que não tenha argumentado que um sentido do termo é mais básico ou mais próprio. Além disso, se sustentarmos que as versões A e B não são incompatíveis, mas complementares[153], então, a dificuldade editorial se torna ainda mais urgente. Por que seu caráter complementar não foi percebido por quem quer que tenha incluído ambas na *Ética a Nicômaco*? Uma única linha indicando a distinção entre prazer no sentido objetivo e prazer no sentido subjetivo presumivelmente teria sido suficiente para harmonizar as duas descrições.

Encontrando prazer em um outro lugar

Talvez, encontrássemos algum auxílio para esses temas se examinássemos, primeiro, o que Aristóteles diz sobre prazer em outra parte da *Ética*, fora de A e B. De fato, ele propõe afirmações importantes em outro lugar, e presumivelmente A e B devessem ser entendidas nesse contexto. Podemos distinguir seis afirmações básicas, que estão estreitamente inter-relacionadas.

---

153. Owen escreve: "Elas não são respostas concorrentes nem colaborativas a uma questão, mas respostas a duas questões diferentes" (1971/1972: 335) – sim, mas respostas *colaborativas* a duas questões.

1) *O prazer necessariamente envolve a aparição* – talvez não a aparição do prazer, mas a *aparição* de algo. Algo pode ser bom ou útil sem aparecer, de modo algum, a qualquer coisa viva. Se uma árvore em uma floresta é boa, não necessita aparecer para ser boa, ou aparecer para ser qualquer outra coisa, a qualquer ente vivo. Mas a árvore não poderia ser aprazível, sem aparecer de algum modo para alguma coisa viva. Portanto, o prazer envolve essencialmente uma relação com um ente percipiente ou pensante. Aristóteles chama essa a relação de "ser aprazido" e observa que "Ser aprazido é algo que pertence à alma" (1.8.1099a8). Na visão de Aristóteles, aparentemente, se nenhuma coisa viva existisse, não haveria prazer[154].

É natural falar da aparição de algo *como* algo. Nesse sentido, uma aparição tem "conteúdo". A visão de Aristóteles parece ser a de que quando algo parece ser bom ou útil a um ente vivo, então, aparece como aprazível: o conteúdo dessa aparição é, ou ao menos inclui, aprazimento, ou assim ele parece dizer: "O que é *kalon* e o que é útil parece aprazível" (2.3.1105a1). Porque isso é assim, podemos considerar o aprazimento um sinal do bem. Todavia, quando algo não é de fato bom, mas parece ser, e, portanto, é aprazível, podemos nos desencaminhar pelo prazer: "Em muitos casos, a causa da decepção parece ser o prazer, uma vez que parece bom, embora não seja. As pessoas, portanto, escolhem o que é aprazível como bom, mas evitam a dor como má" (3.4.1113a33-35).

2) *A relação de ser aprazido é teleológica.* Cada tipo de coisa é naturalmente destinado[155] a ser aprazido por certos tipos de

---

154. Na *Metafísica*, Aristóteles sustenta claramente que a atividade de Deus é extremamente aprazível, e Deus é uma mente; mas Aristóteles não aceita que Deus tenha uma alma. Que "o prazer pertença à alma" é verdadeiro para entes sublunares, ao menos.
155. Aristóteles usa o termo grego *bouletai*, "deseja", onde diríamos mais naturalmente que algo está "destinado" a agir ou ser de um certo modo.

coisas; essas são as coisas que lhe são aprazíveis "por natureza". Por exemplo, diferentes espécies de animais têm diferentes *habitats* e alimentos que são aprazíveis a elas. Uma maçã é, por natureza, aprazível de comer, para um ente humano; capim não nos é aprazível de comer (embora para cavalos seja); similarmente, a atividade característica (*ergon*) de um tipo de animal é por natureza aprazível para ele. Essas afirmações sobre o que é aprazível por natureza estão destinadas a se aplicar basicamente a coisas que estão em boa condição. Dizer que uma maçã é por natureza aprazível de comer para um ente humano é dizer que uma maçã em boa condição (uma maçã madura, não machucada) é aprazível de comer para um ente humano em boa condição (uma pessoa saudável com um bom apetite). Uma vez mais, dizer que a atividade característica de um tipo de animal é por natureza aprazível é dizer que um bom exemplo desse tipo achará essa atividade aprazível.

É necessário, portanto, traçarmos uma distinção entre "aprazível por natureza" e "aprazível para esse animal particular". O que é aprazível por natureza é o que está destinado a ser aprazível a algo desse tipo. O que é aprazível a esse animal particular é o que ele de fato acha aprazível. Para um animal em boa condição, o que ele acha aprazível é o que é aprazível por natureza. Mas animais não saudáveis, ou animais que recebem tratamento inusual, podem tirar prazer de atividades diferentes daquelas que são aprazíveis por natureza. "Os prazeres da maioria das pessoas estão em conflito entre si, porque não são os tipos de coisas que são aprazíveis por natureza; mas, para aqueles que desejam realizar ações nobres e admiráveis, o que lhes é aprazível são coisas aprazíveis por natureza" (1.8.1099a11-13). É claro que Aristóteles considera a natureza um sistema harmonioso, de modo que um animal que desfrute de algo aprazível por natureza não será impedido, consequentemente, de desfrutar de outras coisas aprazíveis por natureza.

Somente em um animal de boa condição há um alinhamento entre o que ele acha aprazível e o que é aprazível por natureza. Segue-se que, se sabemos que um animal está em boa condição, podemos inferir, do fato de que ele acha algo aprazível, que o que ele acha aprazível é aprazível por natureza. Essa é uma razão pela qual Aristóteles afirma que uma pessoa boa serve como um padrão: "Uma pessoa boa discerne cada classe de coisa corretamente, e o que lhe parece bom é o que é verdadeiro, com relação às várias classes de coisas. A razão é que há atrações e prazeres distintos correspondentes a qualquer condição. E, presumivelmente, uma pessoa boa é mais distinta em ver o que é verdadeiro para cada classe de coisa – como se ela fosse um padrão ou medida delas" (3.4.1113a30-33).

Observe que a noção de coisas aprazíveis por natureza requer que tracemos uma distinção entre prazer no sentido objetivo (aquilo do que tiramos prazer) e prazer no sentido subjetivo (nosso tirar prazer disso). Que alguma coisa seja aprazível por natureza é uma afirmação sobre seu aprazimento no sentido objetivo: é algo do qual animais de uma certa espécie tiram prazer. Que uma pessoa boa sirva como um padrão é dizer que o que é aprazível para ela no sentido subjetivo é um padrão do que é aprazível em um sentido objetivo.

3) *Podemos tirar prazer ou de uma atividade em si ou de algo incidental a ela.* Aristóteles considera essa distinção seguindo de sua noção de atividades que são aprazíveis por natureza. Um ente humano bom tira prazer do que é naturalmente aprazível. As ações características de uma coisa como realizadas por um bom exemplo desse tipo são naturalmente aprazíveis. Para um ente humano, de acordo com Aristóteles, isso é agir virtuosamente. Mas, como vimos, agir vir-

tuosamente é simplesmente se dar bem naqueles tipos de ações que ocupam a maior parte da vida humana: trabalho, negócios, administração, passar tempo com a família e com amigos, buscar conhecimento e cultura. Assim, simplesmente viver a vida bem é aprazível para uma pessoa boa. No fim do dia, ela não se encontrará pensando que não viveu aprazivelmente: "O modo de vida de pessoas boas não necessitará, portanto, de prazer adicional – como algum tipo de coisa inserida nela –, mas contém prazer em si" (1.8.1099a15-16). Uma pessoa que não é boa, em contraste, não será capaz de tirar prazer prolongado de suas atividades ordinárias. Ela está em uma má condição e tira prazer, portanto, de fazer coisas ruins. Mas essas "estão em conflito entre si": ela deseja evitar o trabalho, por exemplo, mas também deseja dinheiro para gastar. No fim do dia, ela acha que não viveu aprazivelmente e busca acrescentar prazer artificialmente à sua vida com entretenimentos e diversões.

4) *A coincidência última de bem, atratividade e* aprazimento. Das reflexões do tipo que acabamos de considerar, Aristóteles pensa seguir-se que a felicidade, o fim humano último, envolve uma harmonia de bem, atratividade e aprazimento. Aristóteles está evidentemente satisfeito com esse resultado e o tem como uma consideração importante em favor de sua visão: "Então, é o melhor e mais atrativo e a coisa mais aprazível – a felicidade é – e essas coisas não são autossuficientes... uma vez que todas elas pertencem às várias atividades do melhor tipo, e dizemos que a felicidade consiste nelas, ou da única melhor atividade dentre todas essas" (1099a24-31). É claro que Aristóteles considera a unidade do bem e da atratividade direta e óbvia. O resultado mais importante, e aquele que ele argumenta mais extensamente, é a unidade do aprazimento com essas duas: "Se essas coisas são assim, então, ações correspondentes à virtude seriam aprazíveis por si" (1099a21-22).

5) *O prazer é invariavelmente relacionado à motivação.* Aristóteles pensa que se amamos ou desejamos algo, acharemos essa coisa aprazível; e se achamos algo aprazível, somos atraídos a ele. Assim, amamos ou somos atraídos a algo justamente no caso de sermos aprazidos por ele. Aqui, estão duas passagens nas quais ele sustenta que amar algo implica achá-lo aprazível:

> Quando dizemos que uma pessoa é "amante disso-e-daquilo", então, isso-e-aquilo lhe é aprazível. Por exemplo, cavalos são aprazíveis para amantes de cavalos; e espetáculos visuais são aprazíveis para amantes dessas coisas. Do mesmo modo, também, ações justas são aprazíveis para amantes da justiça, e, em geral, as várias ações correspondentes às virtudes são aprazíveis aos amantes da virtude (1099a7-11).

Uma vez mais,

> Prazeres podem ser divididos entre aqueles que pertencem à alma, e aqueles que pertencem ao corpo. Considere amor à honra ou amor à aquisição de conhecimento. Cada pessoa tira prazer daquilo que caracteristicamente ama, mesmo que seu corpo não experiencie qualquer mudança e sim seu pensamento (3.9.1117b28-31).

Similarmente, é um tema familiar a Aristóteles, e uma verdade óbvia, que tirar prazer de algo faz uma pessoa desejá-lo ou desejar fazê-lo: o prazer fornece uma razão para escolhermos algo, e seu oposto, a dor, é uma causa para evitarmos algo (2.3.1104b30-33); e é difícil lutar contra o prazer (1105a8). Além do bem, diz Aristóteles, aprazimento é a única razão pela qual algo pode ser amado como um fim (8.2.1155b21)[156].

---

156. Como vimos, se uma pessoa considera ser bom simplesmente um fim, então, o aprazimento *deve* ser algo bom.

6) *O fazer de uma ação aprazível tem uma complexidade inerente*. Vimos, acima, que Aristóteles é levado a traçar, na verdade, deve pressupor, uma distinção entre prazer no sentido objetivo e prazer no sentido subjetivo. Prazer é o tirar prazer (subjetivo) de alguma atividade, que é em si aprazível (objetivo) ou não. Mas nosso sermos aprazidos por algo é em si capaz de se tornar um objeto de atenção e sua própria motivação. Como vimos, de acordo com Aristóteles, tendemos a considerar nosso sermos aprazidos por algo como um sinal de seu bem. Uma pessoa pode considerar essa condição de ser aprazido em si um objeto de aspiração, tornando-se, portanto, uma "amante do prazer": "O que é aprazível, também, é um bem – para aquelas pessoas que amam o prazer", observa Aristóteles (8.4.1157a33). O que ocorre nesse caso é que uma pessoa considera sua condição externa um fim de sua ação, em vez de traços e características nas pessoas ou coisas com que está lidando, que contribuem para seu bem. Como Aristóteles comenta: assuma que B é uma pessoa inteligente e divertida na conversação; suponha que A ame B por amor ao prazer; então, o que A ama não é algo sobre *B* – que B é um tipo de pessoa inteligente, o que é algo bom sobre ela –, mas algo sobre *si* – que ela, A, é aprazida pela companhia de B (1156a12-14). Amar algo por prazer, portanto, é considerar a própria resposta subjetiva da pessoa de ser aprazida como o fim de sua ação.

Mas Aristóteles é levado a reconhecer ainda um outro tipo de complexidade na experiência do prazer, por meio de suas reflexões sobre a amizade. Recorde que ele sustenta que uma amiga é um "outro *self*", uma afirmação, que, como vimos (em 9.4), ele deseja entender como: é possível encontrar análogos, na relação de uma pessoa boa consigo, das várias relações amigáveis que ela tem para com sua amiga. Uma relação amigável que uma amiga tem para com sua amiga é a de que uma amiga tira prazer das ações de sua amiga; por exemplo, quando B realiza uma ação justa, A tira prazer na realização de B dessa ação justa. Mas qual é a natureza desse tirar prazer? Parece ser algo mais do que um prazer "desinteressado", o tipo de prazer que, digamos, A poderia tirar de *qualquer* ação justa. Em troca, com amigas há algo mais, um tipo de prazer "simpático". Queremos dizer que A *partilha* o prazer que B tira de sua própria ação.

Vimos que B acha sua própria ação aprazível, e que A, caso seja uma amiga e, portanto, um "outro *self*", adota uma relação para com aquela ação, não diferente da relação que B tem para consigo. O que isso requer, portanto, é que uma relação que B tem para consigo seja um análogo da relação que A tem para com ela, precisamente na medida em que A partilha seu prazer, o que implica que B tirar prazer de sua própria ação tem um nível acrescido de complexidade, ou esse, aparentemente, é um dos temas na passagem difícil de 9.9 (1170a13-b17).

Aqui, está como podemos entendê-la. Suponha que quando B tira prazer de sua própria ação, haja apenas dois elementos: a ação de B, e B tirando prazer dela. Portanto, para A adotar para com essa ação a mesma relação que B tem para com ela, seria suficiente para A tirar um prazer desinteressado dela. Contudo, como vimos, amigas tiram prazer das ações umas das outras em um sentido mais completo do que esse: A *partilha* o prazer de B. Podemos interpretar isso como: A e B *juntas* tiram prazer da ação de B. Mas para a relação ser análoga à relação que B tem para consigo, deve haver um sentido no qual B e B "juntas" tiram prazer da Ação de B. B tem de *partilhar* seu próprio prazer. Aristóteles sustenta que isso é o que ocorre por meio da reflexividade da consciência. Quando B realiza uma ação justa, ela tira prazer dessa ação. Todavia, devido à reflexividade inerente da consciência, sempre que fazemos algo, também percebemos que o fazemos. Assim, quando B realiza uma ação justa, B percebe que B realizou essa ação justa. Esse perceber é em si naturalmente aprazível e algo do qual B tira prazer ("a percepção de que uma pessoa está vivendo deve ser contada entre as coisas que são aprazíveis por si", 1170b1). Assim, quando B realiza uma ação justa, B tira prazer dessa ação, e tira prazer do perceber essa ação. Desse modo, B, por assim dizer, partilha seu próprio prazer em agir justamente. Isso parece ser o modo pelo qual, de acordo com Aristóteles, quando A partilha o prazer da ação de B, ela está ocupando um papel com relação a essa ação análogo à postura de B para consigo: A tira prazer da ação de B ao tirar prazer de B tirando prazer de sua ação, e isso é análogo à reflexividade de B tirando prazer de B tirando prazer de sua ação.

Sem dúvida, a discussão de Aristóteles em 9.9 é intrincada e um tanto difícil de destrinçar com relação aos detalhes exatos da percepção reflexiva. A percepção reflexiva de uma ação inerentemente aprazível deve ser simplesmente identificada com o tirar prazer dessa ação da agente, ou é algo além disso: A percepção reflexiva é apenas objetivamente aprazível – algo do qual a agente *pode* tirar prazer – ou também leva consigo seu próprio prazer subjetivo, distinto do tirar prazer da agente de sua ação? Mas, independentemente desses detalhes, segue desse tipo de análise que existem ao menos três "prazeres" em uma ação sempre que uma pessoa boa tira prazer de uma ação naturalmente aprazível: o prazer objetivo de sua ação como algo naturalmente aprazível; seu tirar prazer subjetivo da ação; e seu tirar prazer (de algum modo) reflexivo da ação. A discussão de Aristóteles em 9.9 sobre a experiência subjetiva da amizade exibe uma considerável sofisticação, e pressupõe, como vimos, uma distinção entre prazer no sentido objetivo e prazer no sentido subjetivo.

A discussão "A" sobre o prazer no livro 7

O contexto das discussões separadas sobre o prazer, nos livros 7 e 10, é, portanto, este. Aristóteles considera estabelecido que existe uma coincidência entre bem e prazer. Essa coincidência deve ser esperada dado que a natureza é teleológica. Se as duas não coincidem, então, poderiam tipicamente inclusive divergir, e os animais, portanto, teriam uma motivação geral para fazer o que não fosse bom a eles. O sistema natural que um animal é seria atraído em várias e conflitantes direções. Elas coincidem, pensa Aristóteles, no sentido forte de que o principal bem é também a coisa mais aprazível. Isso explica por que as pessoas pensam que uma vida feliz envolve prazer (1.8.1098b25), e por que as pessoas consideram uma pessoa feliz "divinamente abençoada" (*makarios*). Além disso, como vimos, Aristóteles presume e se apoia em distinções entre prazer natural e prazer peculiar; entre prazer objetivo e prazer subjetivo; e entre prazer inerente e prazer adventício. Ele reconhece uma complexidade em nossa experiência do prazer.

Se esse é o contexto geral da discussão do livro 7, pareceria incorreto interpretá-lo como uma tentativa de estabelecer visões similares, como se fosse pela primeira vez. Não é uma prática usual de Aristóteles questionar, como duvidoso, algo que ele já considerou estabelecido. Poderíamos especular, em troca, que o propósito do livro 7 é este: mostrar que nada do que havia sido dito na discussão imediatamente precedente sobre *akrasia* conta contra as visões de Aristóteles, já estabelecidas, de que o prazer é bom, e de que o principal bem é algo aprazível por natureza.

7.11-14 tem uma estrutura relativamente simples. Em 7.11, Aristóteles apresenta uma variedade de argumentos de que o prazer não é bom, e de que o principal bem não pode ser um prazer. Em 7.12-13, ele argumenta que esses argumentos não mostram o que se propõem mostrar. E em 7.14, ele explica por que, se o prazer é de fato bom, e o principal bem é um prazer, as pessoas passaram a pensar que o prazer é mau. A discussão é, portanto, defensiva e negativa. Visa a mostrar que as visões de Aristóteles sobre o prazer não são afetadas por considerações que poderiam ser plausíveis, dada sua discussão sobre *akrasia*, por sua ênfase no prazer como algo que nos desencaminha na ação.

Que a discussão tem esse caráter limitado, defensivo, não é, inicialmente, claro, porque parece começar com uma introdução geral, e, depois, levanta o que parecem ser preocupações gerais sobre a natureza do prazer e da dor. Todavia, se olharmos para a introdução uma vez mais, dessa vez com o contexto da passagem em mente, não parece ser esse tipo de introdução geral. "É apropriado que um profissional filosófico da arte de governar devesse examinar o prazer e a dor"; ou seja, não é apropriado que isso seja decidido por argumentos metafísicos abstratos (como os platônicos e outros desejavam fazer). "Uma pessoa assim é uma artesã mestre de nosso fim, e é ao atentarmos ao nosso fim que chamamos cada coisa, sem qualificação, ou boa ou má"; ou seja, somente nesse tipo de investigação temos a orientação, e podemos afirmar a competência, para determinar sem sermos objetados se um tipo de coisa, como o prazer, não é de fato bom. "[...] virtude e vício relacionados ao caráter (como afirmamos) lidam com dores e prazeres. Além disso, a felicidade (muitas pessoas dizem) envolve prazer" – e, claramente, esse comentário introduz conclusões anteriores e pretende estabelecer um ônus da prova: alguns argumentos poderosos seriam necessários, intima Aristóteles, para revogar aquilo ao qual já chegamos.

Assim, a introdução à discussão A não é de modo algum geral. Em troca, leva a esta questão restrita: o prazer não é de fato algo bom, como afirmamos?

Então, três versões da visão de que o prazer não é bom são propostas:

1) Prazer e bem são distintos; portanto, o prazer é não bom; portanto, o prazer não é bom (1152b8).

2) Muitos prazeres são maus, e, portanto, (é sugerido) que é o tipo de coisa que o prazer geralmente é (1152b10)[157].

3) O bem principal não pode ser um prazer, mas (é sugerido) somente o bem principal é *verdadeiramente* bom (cf. 1096b10-14); e, portanto (a despeito de intenções e propósitos), podemos dizer que o prazer não é bom.

Aristóteles, portanto, observa, por meio de um sumário, que a razão subjacente pela qual alguns filósofos consideram que o prazer não seja bom é a visão metafísica de que um prazer é um tipo de *genesis* – um processo pelo qual algo passa a existir (chame esse um "processo", para abreviar) – mas nenhum processo pode ser bom, porque um processo sempre tem um termo ou fim, e (como estabelecemos) somente o que tem a natureza de um fim pode ser bom. O *fim* do processo talvez seja bom, mas não o *processo* que leva a esse fim (1152b12-15). Observe que esse argumento se torna especialmente relevante pela discussão precedente da *akrasia*, porque os

---

157. Essa visão explora a própria noção de Aristóteles de que na *Ética* as generalidades tendem a ser, na maioria dos casos, verdadeiras: que prazeres são maus, na maioria dos casos, autoriza a asserção o "prazer é mau".

prazeres do comer da gratificação sexual envolvidos principalmente na *akrasia* parecem estar conectados aos "processos" nesse sentido.

Mas, então, Aristóteles introduz uma variedade de argumentos subsidiários, muitos dos quais tomam seu começo similarmente de sua discussão sobre *akrasia*, por exemplo, o de que qualquer pessoa que tenha a virtude do autodomínio aparentemente visa a *evitar* prazeres; mas (o argumento pressupõe) uma pessoa boa serve como um padrão do bem ou do mal das coisas; e, assim, sua evitação do prazer mostra que prazeres são maus. Uma vez mais, qualquer pessoa que deseje mostrar liderança e governo responsáveis (uma *phronimos*) visa a viver uma vida calma, afastada dos prazeres; e os prazeres podem ser um obstáculo ao pensamento; mas (o argumento pressupõe) um tipo de pensamento é o bem mais elevado; portanto, o prazer é incompatível com isso (1152b15-18); e o que é incompatível com o bem mais elevado é mau. (E, se além disso, considerarmos que Aristóteles havia recém-afirmado que o desejo por prazer pode levar a um tipo de *loucura* que provoca um estado temporário de *ignorância*, dado que nos tornamos capazes de fazer as coisas mais vergonhosas, então, esses argumentos parecerão ter uma força ainda maior.)

Após apresentar argumentos como esses, Aristóteles anuncia o que deseja mostrar: "Que não se segue desses argumentos que o prazer não seja bom, ou que não seja o melhor bem, está claro pelas seguintes considerações" (1152b25-26). Ele, então, dedica 7.12 a refutar os vários argumentos de que o prazer não é bom, e 7.13 a refutar a visão de que o principal bem não é um prazer.

Seu maior trecho de argumento em 7.12 concerne à relação entre prazeres e processos (1152b2-1153a17). A passagem é intrincada e difícil, mas suas ideias principais parecem ser as seguintes:

1) Nem tudo é um processo: existem estados e atividades assim como processos e algumas atividades são prazeres. O fim de uma atividade não é distinto dessa atividade, do modo que o fim de um processo é distinto do processo, e, sugere Aristóteles, um prazer pode ser um fim de uma atividade[158]. Assim, mesmo que nenhum processo seja bom, isso não implicaria que nenhum prazer seja bom.

2) Mas, de fato, alguns processos são bons. Um processo deveria ser considerado bom, se leva a uma boa natureza ou condição (1152b27-29). Assim, se um processo desse tipo é um prazer, então, é bom.

3) Mas qualquer processo que pareça ser tanto mau como um prazer é ou bom sob algum aspecto – o aspecto sob o qual é aprazível – ou não é um prazer. Com algo que "parece ser um prazer, mas não é", Aristóteles pretende, aparentemente, dizer algo que não é em si aprazível, mas que tem algo aprazível associado a ele, de modo que equivocadamente atribuímos o prazer àquilo ao que ele não pertence propriamente. Um exemplo disso seria o prazer que obtemos de comer quando estamos com fome. Não é "comer quando estamos com fome" que, propriamente falando, é um prazer, porque isso envolve dor, e prazer e dor são contraditórios. Em troca, o que ocorre nesse caso é que a fome é dolorosa e nossa natureza, na medida em que é restaurada, e está operando como restaurada, é aprazível. Assim, é algo "subjacente" à restauração e está associado a ela que é o prazer, não o processo de restauração em si. A restauração é apenas incidentalmente aprazível porque é acompanhada por esse prazer (1152b27-29).

---

158. Observe que essa consideração implica *um tipo* de distinção entre a atividade e o prazer.

Observe que Aristóteles mantém em vista firmemente a distinção entre prazer objetivo e prazer subjetivo ao longo da discussão. Ele está consciente de que soa estranho dizer que algo que parece ser um prazer não é. Mas, diz, "As coisas aprazíveis estão relacionadas entre si, assim como os prazeres derivados delas" (1153a6-7). Ou seja, deveríamos tornar a fala sobre prazer subjetivo consistente com a de prazer objetivo[159]. As pessoas quando estão doentes tiram prazer de coisas ácidas. As pessoas quando estão saudáveis não tiram prazer delas. Caso contássemos a primeira como prazer, então, resultaria disso que o mesmo tipo de coisa é um prazer e não é um prazer. É melhor dizer, então, que não é um prazer – exceto *para* uma pessoa doente[160].

A refutação de Aristóteles da visão de que o prazer não é bom também removeu o principal argumento para pensar que o prazer não poderia ser o principal bem – a visão de que todos os prazeres são processos. Assim, ele começa 7.13 com uma reiteração sumária de sua própria visão:

> I. – *O prazer é um tipo de bem*. A dor deve ser evitada e má (como todos concordam); o prazer é o oposto da dor; e o oposto de algo mau é um bem: "É necessário, portanto, que o prazer seja algum tipo de bem" (1153b4).

---

159. O princípio usual de Aristóteles é que, quando X está relacionado a Y, então, juízos sobre a natureza de X são dependentes de juízos sobre a natureza de Y. X tirar prazer de y, portanto, conta como um prazer, dependendo de se Y conta como um prazer ("por natureza", "sem qualificação") ou não.

160. Outros exemplos de que se apoia na distinção seriam sua fala sobre os prazeres das coisas que são por natureza aprazíveis (1154b16); sua fala sobre as pessoas tirando prazer de prazeres (1153a2, 1154b3); sua observação de que Deus tira prazer de um único prazer (1154b26); e sua menção aos prazeres *da* contemplação (1153a1), ou seja, *derivado da* contemplação (a22), embora presumivelmente contemplar seja em si um prazer (cf. 1153b10-12).

II. – *O principal bem é um prazer*. O prazer é a atividade desimpedida de algo em boa condição; ações de acordo com as virtudes são atividades de um ente humano em boa condição; se essas são desimpedidas, são prazeres; a felicidade é ou todas essas juntas ou algumas delas; assim, a felicidade é um prazer particular (1153b9-14).

O argumento (II), evidentemente, reitera material de 1.8, mas com uma variação, uma vez que acrescenta a ideia de que uma condição necessária do ser aprazível de uma atividade é que seja desimpedida.

O livro 7, portanto, define prazer no sentido objetivo como "atividade desimpedida de algo em sua condição natural"? Ele rejeita que exista alguma coisa que conte como um prazer, que seja distinta da atividade que é aprazível?

Deveríamos dizer, primeiro, que não está claro que Aristóteles pretenda propor uma definição de prazer. Ele assume uma fórmula de seus oponentes filosóficos, "um prazer é um processo perceptível"; observa que isso é incorreto; menciona que seria melhor dizer "atividade de uma condição natural" em vez de "processo"; e acrescenta, como se em uma reconsideração, que seria similarmente melhor dizer "desimpedida" do que "perceptível" (1153a12-15). Não está claro que a fórmula que resulta dessas substituições é o que Aristóteles apresentaria se estivesse propondo sua própria definição partindo do começo. É plausível, em troca, que ele considere a nova fórmula simplesmente um melhoramento da anterior, útil o bastante para seus propósitos presentes, e ele faz uso da fórmula revisada em argumentos posteriores de um modo predominantemente *ad hominem*; a fórmula revisada representa o que seus *oponentes* estariam inclinados a reconhecer como um prazer, tão logo tivessem feito certas concessões mínimas, porém, necessárias.

Todavia, mesmo que Aristóteles endossasse a fórmula revisada sem hesitação, não está claro o que precisamente ela significa. Como observamos antes: a fórmula significa que um prazer é justamente uma atividade aprazível, ou que o prazer de uma atividade é o desimpedimento da atividade? Presumivelmente, significa a segunda, por duas razões. Primeiro, quando uma mesma atividade passa da condição de estar impedida para a de estar desimpedida, passa de uma condição de ser dolorosa para uma condição de ser aprazível; portanto, o prazer não pode ser simplesmente a atividade. Segundo, presumivelmente, o que Aristóteles diz sobre a dor se aplica correspondentemente ao seu oposto. Todavia, ele diz que "alguma dor é má sem qualificação; outra dor é má somente com respeito ao que ela serve como impedimento" (1153b2). Não é inteiramente claro o que isso significa; presumivelmente, significa algo como o seguinte. Uma dor é má "sem qualificação", quando é algo mau que também achamos doloroso, digamos, a aflição que uma pessoa justa sentiria ao agir injustamente para com outra. (Nesse caso, a aflição da execução da ação corresponde do modo correto ao mal da ação; é o tipo de ação que uma pessoa boa, que é o padrão em coisas assim, acharia aflitivo.) Uma dor é má "somente na medida em que é um impedimento", quando uma pessoa está com dor por algo bom, digamos, a aflição que uma pessoa má sentiria ao agir justamente para com outra. No segundo caso, a ação proposta é boa; portanto, é por natureza aprazível; e a dor é justamente a pessoa má estar impedida de realizá-la: seu caráter e antecedentes maus, e suas emoções malgovernadas, tornam essa pessoa incapaz de realizar a ação diretamente e sem esforço. Mas, se isso é o modo correto de interpretar o que Aristóteles diz sobre a dor, então, devemos pensar sobre prazeres correspondentemente, e deveríamos dizer que existem algumas ações que são aprazíveis "somente na medida em que são desimpedidas", digamos, a satisfação que uma pessoa má sente em fazer algo mau. Mas se isso está correto, então, está claro que Aristóteles considera o ser impedido ou não de uma atividade, por assim dizer, correlacionado a, ou uma causa de, acharmos essa atividade dolorosa ou aprazível (prazer no sentido subjetivo). Mas, então, a fórmula "atividade desimpedida de uma condição natural" deveria ser interpretada como incluindo *ambos* os elementos do prazer, os subjetivos e os objetivos: "atividade de uma condição natural" é o que é para algo ser aprazível por natureza; "desimpedido" indica que, além disso, a atividade é aprazível para a agente[161]. Isso faz sentido: a qualificação "desimpedida" foi a substituição de Aristóteles para "perceptível" na fórmula original. Presumivelmente, então, ela desempenha o mesmo papel, como indicando nossa experiência, ou a aparência, de prazer[162].

Assim, minha conclusão sobre a discussão A sobre o prazer no livro 7 é a seguinte. A discussão A é uma discussão *ad hoc* sobre o prazer, e assim se considera: é estreitamente construída para responder a objeções à visão de Aristóteles sobre o prazer que parecem surgir tão logo sustentemos, como faz Aristóteles em seu tratamento da *akrasia*, que o desejo por prazer leva as pessoas a agirem errado. A discussão A não negligencia e sim pressupõe a distinção entre prazer objetivo e prazer subjetivo. A "definição" de

---

161. Observe que, no livro 7, Aristóteles é coerente em considerar a atividade da *eudaimonia* como *não* sendo aprazível (1154a1-5). Observe também que MS Mb, nesse ponto, tem Aristóteles dizendo: "a menos que o prazer e a atividade sejam bons, uma pessoa feliz não estará vivendo aprazivelmente", como se o prazer fosse um bem distinto da atividade.

162. De fato, Aristóteles não diz por que considera "perceptível" inadequado. Até onde sabemos, ele se opõe ao termo estritamente com base em que "perceptível" sugere que o prazer envolve algo como uma percepção sensível interna, ou que um prazer (no sentido objetivo) deve ser corporal, ou situado de algum modo nos órgãos dos sentidos.

prazer que oferece não necessita ser entendida como excluindo o elemento subjetivo do prazer, mas talvez devesse inclusive ser considerada incluindo-o. Em estilo e conteúdo, A é, portanto, de sua parte, inteiramente consistente tanto com o resto da *Ética* como com a abordagem do livro 10 ao prazer.

A discussão "B" sobre o prazer no livro 10

Vimos que na discussão A, Aristóteles apelou livremente à distinção entre prazer no sentido objetivo e no sentido subjetivo. O mesmo é verdadeiro em B: (i) Ele distingue entre (a atividade de) ser aprazido e o prazer em si (1173a17, 22), com a primeira variando em grau, e a segunda sendo uma mistura e tendo uma estrutura formal, que varia em sua "pureza". (A linguagem que ele usa para a segunda é similar à que usa para descrever objetos dos sentidos como existem na realidade.) (ii) Em conexão com a teoria de que o prazer é a "restauração de uma condição natural", ele distingue entre o que o prazer seria nessa teoria (uma restauração) e o que seria o sujeito que *tiraria prazer*: Aristóteles argumenta que na visão da restauração, o sujeito seria o corpo, absurdamente assim (1173b9-10). (iii) Ele traça uma distinção entre uma coisa aprazível, e o prazer tirado dela (1173b20-28). Aristóteles especula que talvez possamos explicar aparentemente prazeres maus sustentando que, embora os prazeres que as pessoas tiram dessas coisas sejam bons, os prazeres dos quais são derivadas não são. (iv) Ele sustenta que *coisas aprazíveis* são aquelas das quais uma pessoa boa tira *prazer* (1175a18-19), claramente pressupondo a distinção entre prazer objetivo e prazer subjetivo.

Não deveria surpreender que essa distinção seja pressuposta em B assim como em A, uma vez que Aristóteles sustenta, em ambas as discussões, como o faz ao longo da *Ética*, que o prazer envolve aparência – e não pode haver aparência sem a possibilidade de uma distinção entre objetivo e subjetivo.

Se a diferença entre as discussões A e B, portanto, não é A tratar do prazer no sentido objetivo e B no sentido subjetivo, então qual é? À primeira vista, podemos dizer: A argumenta que o prazer não é mau; B argumenta que o prazer é um bem ao qual deveríamos visar direta e deliberadamente. A discussão A visa a absolver o prazer das acusações contra ele; a discussão B visa, em um sentido, a argumentar em favor do hedonismo (de um certo tipo). A visão B é a de que o prazer fornece uma razão adicional e correta para realizar uma boa ação, e de que o prazer está destinado a desempenhar esse papel. A perspectiva de B é que a natureza vinculou prazeres a atividades boas por um propósito – a fim de estimular e encorajar essas atividades – e que estamos certos em perseguir esses prazeres junto às atividades.

Que esse seja o propósito de B fica claro em sua introdução. As observações no início de B são sobre a teleologia natural do prazer: os prazeres que desfrutamos são estreitamente compatíveis com o tipo de animal que somos (1172a20); prazeres do tipo certo nos estimulam a agir bem, assim como o tipo certo de aflição nos ajuda a evitar a má ação (a21-23); prazeres, de fato, como permeiam a vida humana, levam-nos à felicidade (a23-25). Eles o fazem ao se tornarem um objeto distinto a ser perseguido: "as pessoas deliberadamente buscam prazeres, e são cuidadosas em evitar a dor" (1172a25-26). Essas observações são observações de caráter natural sobre o papel que o prazer desempenha em nossas ações. É sem sentido e prejudicial, acrescenta Aristóteles, pretender de outro modo – como aqueles filósofos disfarçados que entre si sustentam que o prazer é bom, mas externamente sustentam que é mau, porque esperam com isso encorajar as pessoas ordinárias a se tornarem menos apegadas ao prazer. Esses filósofos inevitavelmente serão pegos buscando prazer, para um mau propósito: "Se uma pessoa, que censura o prazer, é vista uma vez sequer buscando-o, então – as pessoas pensam –, ela assume que todo prazer é como o prazer pelo qual está abandonando seus princípios" (1172b1-3). Nesse ponto, será útil para ela protestar que somente prazeres seletos são bons, uma vez que "fazer distinções está além da capacidade da grande maioria de pessoas" (1172b2). Portanto, uma pessoa necessita realmente ensinar explicitamente que o "prazer é bom". O único problema é como apresentar isso: como podemos sustentar que o prazer é bom, e encorajar outras pessoas a buscarem o prazer deliberadamente, sem, no entanto, levá-las a buscar os tipos errados de prazeres? É essa tarefa que a descrição de B visa a realizar. A principal afirmação da discussão B na realização dessa tarefa, que ocupa 10.4-5, é que os prazeres diferem, quanto ao tipo. Se os prazeres diferem, quanto ao tipo, Aristóteles considera, então, é possível perseguirmos alguns *tipos* de prazeres, sem com isso nos tornarmos dedicados ao *prazer*, em geral. A afirmação de que os prazeres diferem, quanto ao tipo, é essencial para estabelecer o tipo eticamente bom de hedonismo que Aristóteles deseja defender.

Observe que a dificuldade sobre como perseguir seletivamente o prazer se torna mais urgente quando o lado subjetivo do prazer recebe uma ênfase maior. Enquanto pensamos o prazer como basicamente aquilo *do qual* tiramos prazer (como expresso no livro 7), então, fica fácil pensar os prazeres como diferindo, quanto ao tipo, uma vez que as coisas das quais tiramos prazer evidentemente diferem, quanto ao tipo. Mas, como vimos, em sua discussão sobre amizade, a fim de destacar como a relação de uma pessoa com seu próprio prazer, quando tira prazer de algo, é análoga à apreciação simpática de sua amiga por seu prazer, Aristóteles teve de dar atenção particular à experiência de tirar prazer de algo. A visão, portanto, começa a indicar que única coisa que importa no prazer é seu lado subjetivo: o tirar prazer é em si bom, e o prazer no sentido subjetivo é o mesmo tipo de coisa, independentemente da atividade ou objeto que o ocasiona. Talvez, então, uma pessoa má experiencie tanto (ou mais) prazer nesse sentido subjetivo que uma pessoa boa.

A passagem na qual Aristóteles explica por que deseja estabelecer que prazeres diferem, quanto ao tipo, começa com a doutrina padrão do livro 7:

> Em resposta àqueles que propõem que deveria ser censurado [*sc.* como uma objeção à visão de que o prazer é bom], poderíamos dizer que essas coisas não são prazeres – ou serem aprazíveis para as pessoas que estão em uma má condição não deveria nos fazer pensar que *são* aprazíveis, exceto *para essas pessoas*... (1173b20-22).

Mas imediatamente, Aristóteles propõe uma outra resposta possível, que parece plausível, agora, que o lado subjetivo do prazer recebeu mais proeminência em suas discussões:

> Ou poderíamos dizer isto: que os *prazeres* são desejáveis, embora não *como derivados* dessas coisas – do mesmo modo que adquirir riqueza é desejável, mas não em pagamento por uma traição, ou que ser saudável é desejável, ainda que não independentemente do que a pessoa tem para comer? (b25-28).

Mas, de fato, Aristóteles não acolhe essa abordagem, a visão de que o prazer no sentido objetivo é meramente a causa instrumental do prazer indiferenciado no sentido subjetivo. Aristóteles visa a rejeitá-la enfatizando que prazeres diferem, quanto ao tipo (b28). A visão necessita ser rejeitada, insiste Aristóteles, por considerações éticas:

- É necessário haver um prazer distinto que esteja disponível apenas para aquelas pessoas que têm uma virtude – que, presumivelmente, pode servir como um tipo de recompensa e encorajamento da virtude (b29-31).

- Necessitamos ser capazes de estabelecer uma distinção entre o tipo de prazer que uma aduladora provê e aquele que uma amiga provê (uma consideração que segue claramente de 8.2-4) (b31-1174a1).

- Não pode ser o caso que o prazer que tiramos de uma má ação possa ser igual em valor a, ou valer mais do que, o prazer que tiramos de boas ações, uma vez que se tornaria correto executar a má ação pelo prazer. Ou seja, os prazeres de realizar o bem devem ser melhores do que e incomensuráveis aos prazeres de realizar algo mau (a1-4).

A tarefa de Aristóteles, portanto, é tentar estabelecer uma diferença na forma entre prazeres, suficiente para sustentar essas considerações éticas, embora ainda preservando o ponto de que o bem da atividade é uma coisa e o bem do prazer derivado dela (*ap' autōn hēdonē*, 1174a8) é uma outra coisa.

O modo pelo qual Aristóteles argumenta em favor disso é dar, por assim dizer, uma definição *funcional* do prazer. Ele não está na discussão B muito interessado no que *é* o prazer – o "conteúdo" putativo do prazer, ou seu *status* ontológico – e sim em como o prazer *funciona*. Ele parece pressupor que, como o prazer é um bem, e qualquer bem tem a natureza de um fim, investigar o que é o prazer é propriamente uma investigação sobre como ele funciona como um fim. Seu argumento básico é aparentemente o seguinte:

1) O prazer de uma atividade funciona como um fim distinto, cuja realização está correlacionada com a completa execução de uma atividade.

2) Mas o prazer não poderia desempenhar esse papel, a menos que fosse compatível precisamente com a atividade à qual está, assim, correlacionado.

3) Mas o prazer não poderia ser compatível assim, a menos que variasse, quanto à forma, com a atividade.

4) Assim, o prazer derivado de uma atividade varia, quanto à forma, com a atividade da qual é derivado.

E se, portanto, varia, quanto à forma, então, as consequências éticas censuráveis esboçadas acima são impedidas.

Ele prefacia sua discussão com alguns argumentos preliminares contra visões que implicariam que prazeres não variam, quanto ao tipo, com as atividades das quais são derivados, especialmente a visão de que o prazer é um tipo de movimento ou processo[163]. Ele começa traçando uma analogia entre percepção e prazer: tirar prazer de algo, como um ato de ver (*horasis*), é completo, quanto à forma, em qualquer momento; mas um movimento (*kinēsis*) – e o caso especial da geração (*genesis*) – não é algo que seja completo, quanto à forma, até que tenha alcançado seu fim, quando o movimento estritamente não mais existe. Por exemplo, a edificação de uma casa é incompleta, quanto à forma, ao longo do processo de sua construção; e quando há algo formalmente completo, a casa, o processo está terminado. Em contraste, ver é algo que tem sua forma desde o começo e a mantém durante o curso dessa atividade.

---

163. Existe uma sobreposição entre esse material e a descrição A, mas o propósito de Aristóteles em B é muito diferente.

Muito se escreveu sobre essa distinção e sobre se Aristóteles expressa propriamente os critérios para fazer a distinção. Não é possível examinar isso aqui, nem seria realmente o propósito. O que é importante para os propósitos presentes é que estaria implicado se o prazer fosse um "movimento" ou "processo". Se um prazer fosse esse tipo de coisa, então, a forma do prazer, se tivesse uma forma, não seria concorrente com a forma da atividade. Nesse caso, o prazer não poderia, em virtude de ter um certo tipo de forma, desempenhar o papel que Aristóteles deseja que desempenhe. Se, por exemplo, o prazer de pensar não tivesse uma forma que fosse apropriadamente compatível com a atividade de pensar, que existisse por tanto tempo quanto o pensamento, então, o prazer de pensar, *como tendo essa forma*, não poderia desempenhar o papel de nos estimular a pensar com maior claridade e intensidade. É por isso que Aristóteles deseja sustentar que prazeres não são movimentos ou processos. Se ele é inteiramente bem-sucedido em sustentar isso não é muito relevante para entender suas intenções.

A passagem crucial na qual ele faz uma observação sobre a função do prazer é 1174b14-23. Primeiro, ele faz uma observação sobre como a atividade ou "atualização" (o termo metafísico mais técnico talvez seja preferível aqui) varia em grau, e as condições sob as quais atinge um máximo; então, ele observa que o prazer da atividade está correlacionado com isso; e dessas ele extrai uma conclusão sobre a função do prazer. A passagem, em prol da perspicácia, pode ser traduzida com numeração e paragrafação como segue:

> [1] Toda capacidade de percepção é atualizada quando dirigida a um objeto dessa capacidade.
> [2] Ela é completamente atualizada, quando está em boa condição e dirigida à melhor coisa dentro de seu escopo. (Por quê? Porque esse é o tipo de coisa que parece ser a completa atualização dessa capacidade, ao máximo. E

não faz diferença se dizemos que a *capacidade* é atualizada ou *aquilo no qual* a capacidade está situada.)
[3] Portanto, com relação a cada capacidade de percepção, sua atualização é o melhor, quando está na melhor condição e dirigida à melhor coisa dentro de seu escopo. Mas isso seria o mais completo e mais aprazível. Aqui, está por quê:
[4] Existe um prazer correspondente à atualização de qualquer capacidade de percepção.
(O mesmo vale para o pensamento e para a percepção intelectual.)
[5] Quanto mais completa essa atualização, mais aprazível ela é.
Mas a mais completa é aquela de uma capacidade em boa condição dirigida à melhor coisa dentro de seu escopo.
[6] Portanto[164], o prazer leva a atividade à completude.

A conclusão desse argumento é muitas vezes traduzida como "O prazer completa a atividade". Mas isso é ambíguo: ele a completa como um constituinte formal, ou, em troca, é sua função completar a atividade? A primeira não pode ser o caso, porque Aristóteles já argumentou que uma atividade não é incompleta, quanto à forma, em momento algum; portanto, o prazer da atividade não pode completá-la como um constituinte. Mas uma atividade, como tendo a mesma forma, pode ser mais ou menos aguda ou intensa – assim como um pensamento pode ser mais ou menos claro, mesmo que seja o mesmo pensamento (e, portanto, tenha a mesma "forma"). A agudeza de uma atividade está correlacionada com seu grau de prazer. Mas o prazer é um fim distinto, que acompanha a atividade (1174b33). Portanto, o prazer tem uma função tal que, ao buscá-lo, envolvemo-nos na atividade com maior agudeza. O prazer funciona como um fim distinto não

---

164. Leitura *dē* em 1174b23.

diferente da beleza em relação à boa forma corporal: nós tipicamente atingimos o pico da boa forma ao visarmos atingir o pico da beleza (b33)[165].

Prazeres não poderiam ser, portanto, correlacionados com a intensidade da atividade se não fossem compatíveis, quanto à forma, com a atividade; de outro modo, pelo que sabemos, ao visarmos ao prazer de fazer geometria poderíamos ser estimulados (digamos) a tocar flauta melhor. "Coisas que diferem, quanto à forma, consideramos, são levadas à completude por coisas que diferem elas mesmas quanto à forma, – que isso opere desse modo é evidente a partir de coisas na natureza e de temas pertencentes à habilidade técnica" (1175a23-25). E a discussão de Aristóteles sobre o modo pelo qual o prazer próprio a uma atividade aumenta a intensidade e acurácia da atividade, mas prazeres estranhos funcionam como impedimentos (1175a30-b24), está destinada a confirmar esse ponto.

Ele leva a discussão inteira a um fim com dois resultados relevantes para a ética. Primeiro, se atividades variam, quanto à forma, como bem e mal, e os prazeres das atividades variam, quanto à forma, com as atividades, então, os prazeres também variam, quanto à forma, como bem e mal (1175b24-28)[166]. Assim, mesmo que prazeres sejam "derivados das" atividades das quais são praze-

---

165. Os comentadores se intrigam com a metáfora de Aristóteles em b33, mas o significado parece claro tão logo interpretamos suas observações sobre o prazer funcionalmente. O que é importante sobre "o auge de uma pessoa" (*akmaios*) e "o auge da juventude" (*hōra*) é que ambos são máximos, que estão correlacionados.

166. Em confirmação: se o desejo por uma coisa boa é bom, e o desejo por uma coisa má é mau, então, sob o mesmo princípio, como um desejo é compatível com seu objeto, mas o prazer de uma atividade está mais próximo a ela e, portanto, ainda mais estreitamente compatível, o prazer de uma atividade boa seria um prazer bom, e o prazer de uma atividade má seria mau (1175b28-32), embora bom "para ela". Cf. a repetição dessa ideia em 1176a19-24.

res, eles não são bons *qua* prazeres. Portanto, os prazeres de ações más não podem sequer ser introduzidos em um cálculo de *bens*[167]. Segundo, assim como há uma atividade característica (*ergon*) para cada tipo de coisa, há um prazer característico para cada tipo de coisa. Portanto, existem prazeres humanos distintos. Esses prazeres são precisamente os prazeres que acompanham as atividades de acordo com a virtude. Podemos, e deveríamos, deliberadamente visar a esses prazeres, uma vez que fazendo isso somos estimulados a agir virtuosamente com intensidade e concentração ainda maiores. E, como prazeres diferem, quanto à forma, não se seguirá que, porque buscamos esses prazeres, vamos nos tornar dispostos a valorizar outros tipos de prazeres[168].

Um final aprazível

E quanto às dificuldades, portanto, com que comecei este capítulo? Distingui uma dificuldade filosófica e uma dificuldade editorial. A dificuldade filosófica foi basicamente dissolvida pela consideração da importância da fórmula "atividade desimpedida de um estado natural" na discussão A, uma vez que vimos que ela reconhecia um lado subjetivo assim como um lado objetivo do prazer, e o termo "desimpedido" parecia ter sido incluído na fórmula precisamente para explicar o lado subjetivo.

---

167. Poderíamos dizer: a função de um prazer, completamente especificado, é estimular na direção de algum bem; um prazer que estimula na direção de algo mau é bom na medida em que ainda opera para estimular – ainda funciona como um fim – mas é mau porque aquilo ao qual ele estimula é mau.
168. Aristóteles pensa claramente que aumenta a atratividade do prazer dizer que é um prazer "distintamente humano", como oposto a um que qualquer animal pudesse partilhar (1176a24-26). Recorde sua separação dos prazeres do paladar e tato, o âmbito do autodomínio, como aqueles prazeres desfrutados por qualquer animal, que, portanto, parecem servis e bestiais (3.10.1118a23-25).

Alguns comentadores, como vimos, sustentavam que a descrição B em um ponto, na verdade, contradizia a descrição A. A passagem relevante ocorre no ponto em que Aristóteles está argumentando que o prazer de uma atividade é estreitamente compatível, quanto à forma, com a atividade da qual é um prazer. Que ela seja tão estreitamente compatível, ele diz, explica por que as pessoas podem inclusive pensar que o prazer e a atividade sejam a mesma coisa:

> Os prazeres são muito estreitamente relacionados às atividades; de fato, são tão difíceis de distinguir que é discutível se a atividade é exatamente a mesma coisa que o prazer. Mas o prazer certamente não é como o pensar, ao menos, e não é uma percepção (isso é absurdo); mas, como não existe separadamente, para algumas pessoas, parece ser a mesma coisa (1175b32-35).

Todavia, o que Aristóteles considera aqui como absurdo não é a identificação do prazer de uma atividade com a atividade – que é um erro comum e compreensível, ele diz – e sim a implicação de que, se esses são identificados, então, o prazer é uma percepção. O argumento implícito de Aristóteles parece ser o seguinte. A atividade de entes vivos consiste ou de percepção sensível ou de pensamento; essas são as únicas duas alternativas (1170a17). Portanto, se o prazer é uma atividade, é ou um tipo de percepção sensível ou um tipo de pensamento. É evidente diante disso que ter prazer não é o mesmo tipo de coisa que pensar. E a sugestão de que ter prazer é um tipo de percepção sensível é absurda, porque isso implicaria, como o pensamento envolve prazer, que não poderia existir pensamento sem percepção sensível.

Sem dúvida, ficamos ainda nos perguntando o que é, exatamente, tirar prazer de algo, ontologicamente. O que é exatamente tirar prazer de algo, caso seja algo que um ente vivo faça, embora não seja uma atividade de pensamento ou de percepção sensível, e não seja bem a atividade aprazível, e sim um fim distinto da atividade? Aristóteles poderia responder que já nos disse: é a atividade desimpedida. Ele parece contente em deixar isso assim, porque a descrição B está ocupada com motivação e teleologia, não com metafísica. Sua visão talvez não seja, enfim, clara, e ele nem sempre fala de um modo tal a evitar possíveis confusões, mas essa é uma dificuldade que surge menos de seus dois tratamentos diferentes do tema do que do próprio tema – e da subjetividade do prazer.

A dificuldade editorial permanece, mas somente em uma forma consideravelmente menor. O que necessita ser explicado não é por que Aristóteles, ou quem editou ou texto, tenha falhado em notar uma mudança importante no significado de "prazer" entre as descrições A e B, e sim uma ligeira inaptidão no modo que as duas discussões são introduzidas e a doutrina do prazer-como-processo é duplamente atacada. Se fôssemos imaginar títulos apropriados para as duas discussões – "Por que prazer não é mau" (para A); "Que o prazer deve ser perseguido por uma pessoa boa" (para B) – mesmo essa dificuldade basicamente desapareceria. Como há uma ligeira repetição em B do conteúdo de A, e nenhuma referência explícita numa e noutra, talvez seja melhor concluir que, em um tratado, de outro modo, coerente, encontraríamos aqui dois tratamentos originalmente independentes, que não teriam sido, afinal, completamente adaptados ao todo no qual foram colocados. Contudo, essa colocação, como vimos, é competente e mesmo requerida pelo argumento do tratado.

Leitura adicional

Os poucos escritos a serem especialmente recomendados em conexão com o prazer em Aristóteles são relativamente densos e compensam um estudo cuidadoso. Owen (1971/2) foi mencionado acima. É com certeza a discussão mais sutil e sofisticada sobre o tema. Gosling e Taylor (1982), capítulos 11-15, apresentam o contexto histórico e uma exegese completa, além de algumas críticas a Owen.

Ackrill (1965) e Heinaman (1995) deveriam ser consultados para uma consideração mais cuidadosa da distinção entre um processo e uma atividade. Bostock (1988) propõe a afirmação importante de que somente pensamentos e percepções podem ser desfrutados, de acordo com Aristóteles.

11
FELICIDADE

Ética a Nicômaco, 10.6-9

Chegando ao fim

Talvez, a sentença mais desconcertante na *Ética* inteira seja aquela que Aristóteles aparentemente pensa que deveria estar perfeitamente clara. Ela ocorre no começo de 10.7, onde ele começa a apresentar suas visões finais sobre o fim último da vida humana, a felicidade (*eudaimonia*): "Se a felicidade é atividade de acordo com a virtude, é razoável que seja atividade de acordo com a melhor virtude" (1177a12-13). Isso é desconcertante, porque Aristóteles, como vimos, sustentou deliberadamente ao longo da *Ética* um tipo de indecisão com relação ao que chamamos Seleção e Coleção. A felicidade é atividade de acordo com a virtude – certo –, mas é uma atividade única (Seleção) ou todas as atividades (Coleção)? Já em 10.5 ele estava aparentemente mantendo a questão aberta: "Assim, se existe um tipo de atividade ou vários que são característicos de uma pessoa completa e abençoadamente feliz, os prazeres que levam essas atividades à completude seriam, no sentido estrito, referidos como 'prazeres humanos'" (1176a26-28). Na verdade, essa passagem nos dirige para a Coleção, uma vez que fala dos *prazeres* que levam essas *atividades* à completude (no plural). Todavia, em 10.7, o tema é repentinamente estabelecido.

Além disso, é estabelecido sem argumento. Examine essa sentença desconcertante no contexto, e observe que ela não é seguida, como é típico em Aristóteles, por qualquer argumento na justificação:

> Se a felicidade é atividade de acordo com a virtude, é razoável que seja atividade de acordo com a melhor virtude. Essa seria a virtude da melhor parte. Se essa parte é a mente ou alguma outra coisa que é considerada por natureza governando e conduzindo, e pensando sobre coisas admiráveis e divinas, e se é em si divina ou a coisa mais divina em nós – a atividade dessa parte, enquanto realizada por meio da virtude própria a ela, seria a felicidade perfeita. Que essa atividade tem o caráter do ver [*sc.* é especulativa, contemplativa] já foi dito (1177a12-18).

É verdade que Aristóteles, como podemos recordar, observou no início de seu tratado, imediatamente após sua definição de felicidade, que "se existem várias virtudes", então, a felicidade seria atividade "enquanto realizada pela melhor virtude, a virtude que mais tem o caráter de um fim" (1.7.1098a17-18). Mas, se já estivesse estabelecido, portanto, que a felicidade era a melhor atividade (e por que não, uma vez que a felicidade é o melhor bem?), por que deveria Aristóteles permanecer aberto ao longo da *Ética*, como permanece, à possibilidade de a felicidade consistir em uma pluralidade de atividades?

Todavia, um outro aspecto desconcertante da passagem é seu uso, da primeira vez, da frase "felicidade última" (*teleia eudaimonia*; cf. tb. 1177b24). O que precisamente isso poderia significar não está claro. Vimos, no livro 1, que a palavra *telos* tende a significar "fim", e palavras derivadas dela tipicamente significam "como um fim". Mas a "felicidade como um fim" dificilmente faz sentido: como poderia a felicidade, o fim último, não ser como um fim? De fato, Aristóteles traça um contraste no livro 10 entre *teleia eudaimonia*, que ele afirma ser contemplação ou atividade do bem, e *eudaimonia deuterōs*, ou "felicidade em um sentido secundário" (1178a9), que ele diz ser a atividade como realizada por meio da razão prática (*phronēsis*) junto às outras virtudes. Assim, o segundo tipo de atividade seria um tipo de felicidade que *não* é como um fim? A sugestão é absurda: se não é como um fim, não pode ser felicidade. Portanto, *teleia eudaimonia* deve ter um sentido diferente. Presumivelmente, significa ou "completa", ou seja, em que nada do que lhe é devido lhe falta, ou "perfeita", ou seja, que ocorre em sua forma mais completa. Mas como algo pode ser carente em relação à felicidade, que Aristóteles argumentou ser algo "autossuficiente" (1097b14)? E Aristóteles nada disse que nos levasse a pensar que pudesse haver graus diferentes de felicidade, de modo que pudesse ter uma forma mais completa ou menos completa. Vimos, de fato, em 1.7, que Aristóteles estava disposto a falar de graus de bem apenas na medida em que uma pessoa poderia *classificar* bens: se o bem de X é em prol do bem de Y, então, Y é bom "em um grau maior" do que X. A visão de Aristóteles pareceria ser a de que esse era o único modo de comparar bens, ou fins. Mas felicidade é aquilo pelo qual fazemos tudo o mais que fazemos. Nunca é por qualquer outra coisa (1097a33-34), e deve se encontrar no ponto final de qualquer estrutura de relações "em prol de/por" (1094a18-22). Mas, claramente, nesse sentido, não poderia haver quaisquer "graus" de felicidade.

Além disso, a fala de Aristóteles sobre "felicidade em um sentido secundário" parece uma tolice. Ele vinha deliberadamente mantendo aberto o tema da Seleção *versus* Coleção, parece, e então decide repentinamente, e aparentemente sem argumento, em favor da Seleção: a felicidade é atividade de acordo com (simplesmente) a virtude da sabedoria filosófica. Ou seja, a felicidade consiste no exercício do conhecimento sobre teologia e metafísica – Deus e os primeiros princípios – e talvez também o pensamento sobre outras coisas, por meio delas. Mas, então, por que não deixar nisso? Por que prosseguir para dizer que *tudo o mais* conta como felicidade? Se esse tipo de pensamento contemplativo é felicidade, então, nada que não seja como isso seria felicidade. (E Aristóteles parece concordar: ele parece dizer que a felicidade se estende apenas até o limite da atividade, 1178b28-29.) Dizer que outras atividades são "felicidade em um sentido secundário" é como se estivéssemos concedendo-lhes um título meramente honorífico. Na verdade, a disputa por ser contado como felicidade parece tão importante (cf. 1094a23) que vir em segundo lugar nada significaria. Determinar o que é a felicidade, Aristóteles declarou em 10.7, é uma questão de Seleção: por que, então, voltar a sustentar que em algum sentido (um sentido "secundário") a felicidade pode também ser uma questão de Coleção? Isso é decidir, mas não decidir, o que é a felicidade, deixando-nos sem uma orientação clara sobre o tema.

Mas há uma outra dificuldade na "felicidade em um sentido secundário". Poderíamos pensar que a visão de Aristóteles é que a Seleção deveria ser usada para determinar o que é a felicidade no sentido completo e "último", e que a Coleção deveria ser usada para determinar o que é a felicidade em um sentido "secundário". Todavia, de fato, essa não é sua visão, porque a segunda não consiste em atividade de acordo com *todas* as virtudes. Esse tipo de felicidade – Aristóteles é explícito sobre o tema – não inclui atividade correspondente à sabedoria filosófica. Ela é simplesmente virtude administrativa (*phronēsis*) trabalhando em conjunto com as várias virtudes relacionadas ao caráter (1178a9-21). Assim, *ambos* os tipos de felicidade são, realmente, fragmentos: a felicidade "última" é um fragmento da atividade virtuosa, e a felicidade "em um sentido secundário" é um fragmento complementar. Nenhuma delas é completa: assim, como ambas podem constituir a *felicidade*?

Três vidas comparadas?

Recorde que, em 1.5, Aristóteles havia dito que poderia julgar o que a pessoa de fato considera ser o bem mais elevado olhando para os tipos de vidas que elas vivem, e distinguia três principais modos de vida: uma vida centrada em torno do prazer; uma vida dedicada ao serviço público; e a vida "teórica". A discussão de seu livro 10 sobre a felicidade ocupa três capítulos, que poderiam parecer corresponder a esses três modos de vida:

Cap. 10.6	Divertimentos aprazíveis	A vida tranquila
Cap. 10.7	Felicidade última: a atividade da sabedoria filosófica	A vida dedicada a atingir discernimento (a vida teórica)
Cap. 10.8	Felicidade em um sentido secundário: a atividade da virtude administrativa e relacionada ao caráter	A vida de envolvimento cívico

Assim, uma sugestão plausível é que deveríamos entender o livro 10 como apresentando um julgamento sobre o valor relativo dessas várias vidas, que foram introduzidas, primeiro, no livro 1. No livro 10, nessa visão, Aristóteles estabelece efetivamente uma classificação dessas vidas: a teórica é preferível à vida de envolvimento físico, que é preferível é vida tranquila. No livro 10, portanto, Aristóteles está interessado menos nas *atividades* que, diz ele, constituem a felicidade completa ou secundária do que nos "modos de vida" que estão centrados em torno dessas atividades.

Essa interpretação pareceria resolver algumas das dificuldades que levantamos. Embora as *atividades* em torno das quais essas vidas estão centradas possam ser "fragmentos" de atividade virtuosa, as *vidas* em si não são fragmentos; em troca, podemos concebê-las como todos coerentes. E a razão pela qual a felicidade secundária, embora de caráter inclusivo, não envolve a atividade contemplativa, é presumivelmente a de que esse modo de vida centrado em torno desse tipo de felicidade – uma vida de serviço público – é o tipo de vida que deveria ser perseguida precisamente por uma pessoa que tivesse pouca aptidão para a metafísica ou teologia. Afinal, as pessoas têm diferentes aptidões, e não há razão pela qual uma pessoa que careça de talento em metafísica ou teologia devesse ser excluída completamente da felicidade. Há um modo de vida aberto para ela no qual pode exercer várias virtudes práticas e, com isso, ainda atingir um tipo de felicidade, embora, com certeza, não o melhor tipo. Isso é "felicidade em um sentido secundário".

Que esse seja o modo correto de entender o argumento de Aristóteles no livro 10 parece ser apoiado por sua linguagem. Em 1177b26, ele começa um extenso argumento, aparentemente em favor da visão de que uma vida centrada na atividade teórica é melhor do que uma vida centrada na virtude prática, com base em que a primeira é atividade divina, enquanto a segunda é distintamente humana, e deuses são melhores que humanos:

> Um modo de vida como esse seria melhor do que uma vida adequada a um ente humano. Por quê? Porque não é na medida em que uma pessoa é humana que ela viverá assim, mas na medida em que há algo de divino nela. A extensão da diferença entre essa parte divina e a composição que ela é, é a extensão da diferença entre essa atividade [viz. da sabedoria filosófica] e a da outra virtude [viz. da sabedoria prática]. Assim, se a mente

humana é divina, em comparação a um ente humano como um todo, assim também é o modo de vida correspondente a essa parte divina, em comparação com um modo de vida meramente humano (1177b26-31).

Contudo, existem várias dificuldades nessa interpretação do livro 10 como propondo uma comparação de "vidas". Por exemplo, os prazeres de relaxamento e distração que Aristóteles discute em 10.6 parecem não ser os mesmos tipos de prazeres em torno dos quais uma vida de prazer estaria centrada em 1.5; lá, os prazeres vislumbrados são evidentemente os da comida, bebida e sexo, mas em 10.6, Aristóteles parece ter em mente coisas como jogos e contar piadas. Os argumentos diferentes empregados por Aristóteles nas diferentes passagens confirmam esse ponto. Como vimos, ele não apresenta *argumento* algum em 1.5: simplesmente descarta os prazeres sob consideração como servis e bestiais (1095b19-20). Observe que esses termos sugerem que uma pessoa perseguindo esse tipo de vida terá tipicamente o vício da autocomplacência e agirá consequentemente. Em contraste, as diversões mencionadas em 10.6 parecem inofensivas em si e consistentes com a virtude – Aristóteles inclusive as recomenda, como modos de relaxamento antes do trabalho (1176b33) – e em 10.6, Aristóteles usa argumentos bastante sofisticados, a fim de mostrar que, contra o que poderia parecer ser o caso, esses prazeres não constituem felicidade.

Uma vez mais, ele descarta a vida de serviço público, em 1.5, como visando ao fim relativamente superficial da honra; é claro que, subsequentemente, na *Ética* ele sustenta que uma pessoa que busque honra separada de sua fundação na virtude corre o risco ou de ter o vício do autoenaltecimento ou de cair vítima da *akrasia* com relação à honra. Mas o modo de vida descrito em 10.8 é o de uma vida de atividade virtuosa que aparentemente não tem a honra como seu fim último.

Na verdade, pensaríamos que, ao final de 1.5, Aristóteles tivesse considerado todos os modos de vida exceto o da vida teórica não mais de interesse de sua investigação. Sua observação, descartando a vida dedicada a ganhar dinheiro, de que "é claro que as riquezas não são o bem que estamos buscando", parece do mesmo tipo que aquela em que descarta a vida de serviço público. Mas, então, se uma não é mais uma candidata séria à vida feliz na *Ética* após 1.5, a outra também não é. Vimos, de fato, que Aristóteles estava envolvido em um tipo de processo de eliminação em 1.4-1.5. No começo de 1.6, restaram apenas duas candidatas para o bem último: a Forma do Bem, o principal bem da teoria platônica, que imediatamente é eliminada, e a "atividade de acordo com a virtude", a visão do próprio Aristóteles, que é a única visão remanescente em 1.7. A tarefa da *Ética*, como diz Aristóteles, é completar os detalhes dessa visão (1098a20ff.), não argumentar em favor dela novamente. E a discussão do livro 1 não fornece razão alguma para pensar que a definição de felicidade de Aristóteles dará azo uma vez mais a uma nova pluralidade de "vidas", que necessitarão ser comparadas e julgadas em algum momento posterior.

Há uma dificuldade, também, em considerar 10.8 delimitando uma "vida de envolvimento político" que putativamente envolve apenas virtude administrativa e virtudes relacionadas ao caráter. Aristóteles foi claro no livro 6 quanto à virtude administrativa requerer algum "alvo" (*skopos*) ao qual visa, de modo a desempenhar seu papel de emitir comandos à parte não racional da alma. Mais adiante no livro 6, parecia que esse "alvo" era de fato a atividade da sabedoria: a visão de Aristóteles parecia ser que o propósito da virtude administrativa é apoiar a sabedoria e sua atividade. Mas, nesse caso, e se 10.8 estivesse descrevendo um modo de vida que carecesse da atividade da sabedoria, então, estaria descrevendo uma vida na qual a virtude administrativa carecesse de um "alvo" – um modo estranho de vida, no qual uma pessoa empregasse sua razão bem na medida em que sua inteligência fosse aplicada à ação, mas no qual carecesse completamente da habilidade de usar sua razão bem quando não aplicada à ação. Pareceria, adicionalmente, estranho, segundo os princípios de Aristóteles, que uma pessoa pudesse ser considerada uma pessoa *boa* – presumivelmente seria necessário para ela ser boa para que tivesse qualquer perspectiva de felicidade – e, no entanto, tivesse somente uma das duas principais virtudes intelectuais.

Poderíamos responder, uma vez mais, que Aristóteles tinha em mente tipos diferentes de vidas, que seriam adequadas a pessoas com diferentes aptidões, e que ele pensa que o bem do melhor tipo de pessoa, envolvendo a contemplação filosófica, deveria fornecer o "alvo" para a sabedoria prática do tipo menos dotado de pessoa. As duas vidas são destinadas a se complementarem e a serem coordenadas dentro da sociedade política. Mas seria estranho, caso essa fosse sua intenção, que nunca tivesse dito coisa alguma como essa explicitamente. Ele não fala (como Platão) sobre diferentes classes de pessoas correspondendo aos diferentes modos de vida, ou de como poderíamos identificar a qual classe uma pessoa deveria ser associada; e ele não indica qualquer tipo de arranjo político envolvendo os dois tipos de vidas. Além disso, exceto por essas considerações, não é claro por que deveríamos contar de algum modo como feliz uma pessoa que não tivesse "aptidão" para a melhor virtude e atividade humanas: a felicidade no esquema aristotélico está destinada a ser um ideal, não um receptáculo para todas as pessoas com diferentes tipos de deficiência.

Uma vez mais, assim como é estranho, no esquema de Aristóteles, pensar a virtude administrativa como incrustada em um modo de vida sem ter qualquer "alvo", é estranho considerar a sabedoria filosófica como perseguida em um modo de vida separada da virtude administrativa. E, portanto, é como se a "vida teórica", assim interpretada, pudesse ser uma vida imoral. Se a vida teórica fosse simplesmente uma vida de uma busca frenética de contemplação filosófica, é difícil ver por que (em um exemplo familiar) uma pessoa não pudesse matar sua tia rica e ficar com sua herança – caso pudesse escapar sem punição –, se isso aumentasse suas possibilidades para reflexão filosófica. Uma vez que dividimos as virtudes desse modo ao longo de diferentes "vidas", um tipo de vida parece carecer de propósito e o outro de quaisquer restrições.

Uma conclusão esquemática?

Uma outra abordagem ao livro 10 seria assumir seriamente a observação de Aristóteles no começo de 10.6, onde ele introduz seu tópico:

> Agora que as várias virtudes, tipos de amizade e tipos de prazer foram discutidos, nossa tarefa remanescente é discutir a felicidade em linhas gerais, uma vez que a estamos propondo como o fim de todas as preocupações humanas (1176a30-32).

A palavra "propondo" aqui traduz um verbo que também significa "estabelecendo" ou "instituindo". Aristóteles parece estar dizendo que pretende apresentar um esquema da felicidade (presumivelmente se baseando no que disse até aqui) que possa servir como um tipo de ideal prático da ação. Se o está propondo como um fim, mas falha em dizer o bastante para dirigir nossas "preocupações humanas", então, fracassou em sua tarefa. Dizer, além disso, que pretende esquematizar a felicidade "em linhas gerais" sugere uma delineação de partes ou aspectos de uma única coisa, em vez de uma classificação de tipos. Observe também que sua linguagem sobre discutir a felicidade "em linhas gerais" parece corresponder à sua intenção declarada anteriormente no livro 1 (1098a 20) e sugere que agora ele estará consolidando e reunindo em vez de introduzindo alguma coisa nova.

Suponha, portanto, que ele não esteja, de fato, pretendendo introduzir alguma coisa nova, que ele esteja pressupondo e importando para o livro 10 seu esquema da inter-relação das virtudes que já havia apresentado em 6.12. Recorde que sua visão lá é a de que a sabedoria filosófica, ou, melhor, sua atividade, fornece o "alvo" ao qual a virtude administrativa visa e com respeito ao qual a virtude administrativa emite comandos que guiam as virtudes do caráter. Poderíamos também recordar a insistência frequente de Aristóteles de que a felicidade requer algum tipo de equipamento para seu exercício, algum grau de riqueza e autoridade, e também que a felicidade está de algum modo relacionada com a boa fortuna – que uma vida feliz não pode ao menos ser prejudicada pela má fortuna e geralmente necessita ser vista por meio de algum fim desejável.

Juntando isso tudo, podemos dizer que um esquema da felicidade, como Aristóteles havia considerado na *Ética*, exigiria a menção de quatro elementos:

(i) a atividade da sabedoria filosófica como o "alvo" e mais altamente colocada entre os constituintes;

(ii) o funcionamento da virtude administrativa, em conjunção com a virtude relacionada ao caráter, a serviço da atividade da sabedoria filosófica;

(iii) uma suficiência apropriada de bens materiais;

(iv) uma boa fortuna apropriada, ou ao menos imunidade contra a desastrosa má fortuna.

Ao descrever esses quatro elementos em relação adequada um com o outro, ao que parece, uma pessoa teria fornecido um esquema da felicidade.

Suponha, a seguir, que, em vez de dividir o material de 10.6-9 correspondente às divisões de capítulos (que provavelmente não são originais de Aristóteles, de qualquer modo), deveríamos dividir o texto de um modo muito coordenado com esses quatro elementos assim distinguidos (cf. tab. 11.1).

Se esse é o tipo de esquema a que Aristóteles visa estar apresentando, então, no livro 10, pelo que parece, ele de fato apresenta uma direção bem definida sobre como uma vida deve ser vivida para que seja feliz. Primeiro, uma pessoa deve escolher o "alvo" apropriado, que é aquele a que ela visa maximizar. Aristóteles insiste em que deveríamos visar a viver uma vida que apresente o maior escopo possível para o exercício da virtude da sabedoria filosófica. Essa pareceria ser a importância de sua insistência em que "Não deveríamos andar com aquelas pessoas que aconselham que os meros entes humanos deveriam pensar sobre coisas humanas – que 'mortais deveriam pensar pensamentos mortais' – mas, na maior extensão possível deveríamos agir como os imortais, e deveríamos fazer tudo que fazemos com vistas a viver ao modo do melhor elemento em nós" (1177b31-34).

Texto	Tema	Elemento no esquema
10.7	A atividade da sabedoria filosófica, como pertencente ao elemento principal e divino em um ente humano	(i) Atividade constituindo o "alvo"
1178a9-22	A atividade da sabedoria prática e das virtudes de caráter, como pertencendo a um ente humano como uma composição de inteligência e animalidade	(ii) Atividade apoiando a atividade da sabedoria filosófica
1178a22-1179a22	O que equivale aos bens materiais são necessidades se uma pessoa visa à atividade da sabedoria filosófica acima de tudo	(iii) Suficiência apropriada de bens materiais
1179a22-32	Como uma pessoa que visa acima de tudo à atividade da sabedoria filosófica será amada pelos deuses	(iv) Imunidade contra a desastrosa má fortuna

Certamente, é impossível uma pessoa dispensar todo seu tempo em contemplação filosófica. Não somos simplesmente mentes: somos entes humanos que são criaturas compostas, e, portanto, esse lado de nossa natureza necessita ser cuidado (1178b33-35). Mas necessita de um cuidado mínimo. Que consideremos a contemplação filosófica nosso alvo de fato implica que vivamos uma vida mais simples e mais austera do que se (equivocadamente) considerássemos o exercício das virtudes relacionadas ao caráter nosso bem mais elevado: a contemplação filosófica "requer ou um equipamento mínimo ou menos do que a virtude relacionada ao caráter" (1178a23-25). Não necessitamos nos preocupar com que essa austeridade nos coloque em desvantagem sob qualquer aspecto em relação às virtudes, porque nenhuma atividade virtuosa exige qualquer grau de riqueza ou influência: "é possível realizar ações admiráveis sem governar mar e terra" (1179a4), observa Aristóteles, e "Anaxágoras também parecia supor que uma pessoa feliz não era nem rica nem poderosa, uma vez que observava que não deveria ser surpreendente se uma pessoa feliz parecesse estranha à maioria das pessoas" (1179a13-15). Certamente, nesses temas, a austeridade e a simplicidade da vida dos sábios atestam essa verdade ainda melhor do que o que eles dizem (1179a17-22).

O fim é, portanto, a contemplação filosófica; os meios materiais requeridos são mínimos. A virtude que se encarrega de que os meios necessários sejam obtidos para a busca máxima desse fim é a virtude administrativa (*phronēsis*), que treina e adestra os impulsos não racionais da natureza humana para alcançar esse propósito, inculcando as virtudes relacionadas ao caráter. A maximização da atividade contemplativa, pensa Aristóteles, é, portanto, sujeita à restrição de que pode ser maximizada somente por meio de ações que sejam consistentes com as várias virtudes. Aristóteles se refere a essa restrição geralmente como nosso agir sempre de um modo "adequado" ou "apropriado": "Em nossas transações uns com os outros realizamos ações justas, ações corajosas, e ações das outras virtudes – em meio aos nossos negócios, interesses, ações de todo tipo, e nossas emoções – tomando cuidado para salvaguardar o que é adequado em cada caso" (1178a10-13).

Mas os deuses gostam de qualquer pessoa que se esforce desse modo para maximizar a contemplação filosófica, sujeita às restrições apropriadas. Embora Aristóteles não diga tão explicitamente, parece razoável inferir que, na passagem seguinte, ele está sustentando que uma pessoa assim, portanto, será mantida segura pelos deuses contra os extremos da má fortuna que poderiam prejudicar sua felicidade:

Uma pessoa que faz um uso ativo de sua mente, que cuida de sua mente e se encarrega para que esteja na melhor condição possível, pareceria o tipo de pessoa que é mais amada pelos deuses. Aqui, está por quê. Suponha que exista uma coisa como um cuidado especial para entes humanos pelos deuses, como parece haver. Então, faria sentido que os deuses desfrutassem do que é melhor e mais semelhante a eles (o que seria a mente humana) e devolvessem o favor daqueles que estimam e honram isso acima de tudo – com base em que essas pessoas mostram um cuidado especial pelo que os deuses amam, e também em que essas pessoas agem correta e admiravelmente. Que todas essas coisas sejam verdadeiras sobre uma pessoa que tem sabedoria filosófica não está claro. O resultado, portanto, é que ela é o tipo de pessoa que é mais amada pelos deuses. É de se esperar que qualquer pessoa que seja mais amada pelos deuses seja a mais feliz (desse modo, também, uma pessoa pode chegar à conclusão de que qualquer pessoa com sabedoria filosófica é a mais feliz) (1179a23-32).

As observações de Aristóteles aqui podem, portanto, ser consideradas respondendo à questão que ele havia levantado em 1.9, sobre o papel que os deuses desempenham em conferir felicidade (1099b11-14). Sua visão considerada é aparentemente a de que a felicidade é conferida pelos deuses indiretamente em um sentido relativamente limitado: eles não conferem virtude, nem o treinamento requerido na virtude, mas favorecerão ativamente uma pessoa que tenha adquirido as virtudes e as esteja exercendo pelo fim certo.

Que Aristóteles pretenda em 10.6-8 simplesmente estar consolidando uma visão que já delimitou explicaria por que suas observações sobre a sabedoria filosófica parecem abruptas e sem qualquer justificação. Ele a considera tão óbvio que essa seja a melhor "atividade de acordo com a virtude" e, nesse sentido, a felicidade.

Mas, é claro, que há outras pontas soltas. Por que ele sustenta até esse ponto, como vimos, uma aparente indecisão quanto a se a felicidade é uma única atividade ou várias? Como vimos acima, ele usa esse tipo de linguagem já em 10.5. Como um outro exemplo, recorde também a linguagem similar em 7.13: "Presumivelmente, é inclusive necessário, caso haja atividades desimpedidas de qualquer condição, seja a felicidade a atividade de todas essas ou a atividade de alguma dessas em particular, se é desimpedida, seria aquela que é preferida sobre qualquer outra. E isso é um prazer." (1153b9-12). Parece haver dois modos de interpretar essas passagens, além de indicar indecisão. Primeiro, ele pode estar usando a construção "ou ... ou" simplesmente para indicar *independência* em vez de hesitação: o ponto que ele deseja enfatizar é independente da posição que se adote sobre o outro tema. Se é assim que deveria ser entendida, então, seria melhor traduzir como: "independentemente de se a felicidade consiste em todas essas atividades ou de alguma atividade particular, isso ainda vale..." (Sua preocupação em enfatizar a independência poderia, portanto, indicar uma disputa constante em sua escola em vez de qualquer hesitação de sua parte.) Segundo, muitas vezes ocorre de Aristóteles usar "ou... ou" para significar de fato "ambos" quando elementos conjuntos têm uma ordenação e, portanto, um elemento tem uma certa prioridade. Vimos isso já na discussão de Aristóteles sobre a amizade e o amor-próprio: cada pessoa "ou é ou é especialmente sua parte pensante" 1169a2). Poderíamos parafrasear essa asserção como: "Cada pessoa é ou sua parte pensante, ou é sua parte pensante junto a sua parte não pensante", ou seja, ela é ambas as partes, mas a parte pensante tem prioridade. Assim, se esse é o sentido da disjunção, então, "felicidade é ou uma atividade particular ou várias atividades" significava o tempo inteiro que "felicidade é ambos os tipos de atividades, mas em um certo ordenamento".

Mas, então, por que Aristóteles fala no livro 10 sobre a "felicidade última"? O que essa frase significa, e como ele está justificado a falar de *graus* de felicidade? Observe que, na interpretação de 10.6-8 como apresentando uma linha geral da felicidade, não consideramos que as frases "uma vida vivida de acordo com a mente (ou sabedoria filosófica)" (1177b30) ou "uma vida vivida de acordo com as outras virtudes" (1178a21) significam modos de vida separados, ou biografias possíveis; mas, em troca, modos de viver, que coexistem na vida de uma pessoa. Aristóteles enquanto dá aula de filosofia está vivendo a "vida de acordo com a mente", e quando está escrevendo seu testamento, e exercendo a virtude administrativa e a justiça, está vivendo a "vida de acordo com as outras virtudes". Aquelas frases deveriam ser consideradas indicando tipos de atividade. Seu argumento em 10.7 é que o primeiro tipo de atividade tem todas as marcas da felicidade, e é por isso que é "última" (ela tem qualquer atributo que as pessoas desejam atribuir a uma pessoa abençoadamente feliz 1177b23), e aquelas marcas da felicidade que o segundo tipo de atividade tem, ela tem em um grau menor. Por exemplo, de acordo com Aristóteles, as atividades das virtudes de caráter não são como fins, porque as realizamos somente sob a condição de que necessitamos obter algum bem, como a proteção contra inimigos ou riqueza, que então é posta em uso para promover a contemplação filosófica (1177b3). Uma vez mais, essas atividades são menos autossuficientes, ele afirma, porque repousam mais nas condições materiais (1178a24-34).

Mas, então, por que considerar a atividade de acordo com as virtudes relacionadas ao caráter como felicidade? Por que não dizer que somente a contemplação filosófica é felicidade, especialmente devido ao fato de que Aristóteles sustenta que a felicidade se estende apenas até o limite da atividade (1178b28)? Qual é a diferença se uma pessoa sustenta que há somente uma atividade que é a felicidade, mas que existem também outros tipos de atividades que, embora não sejam a felicidade, são similares a ela?

Sua razão, por fim – um tema profundo, mas somente implícito, da *Ética* – pareceria ser que ações correspondentes às virtudes relacionadas ao caráter são "razoáveis"; porque são razoáveis são "fins" da ação (o que para Aristóteles implica que nunca podem ser contrariadas); e que o fato de serem fins de algum modo envolve sermos capazes de refletir sobre elas ou de *vê-las* com satisfação razoável; isso não é contemplação filosófica estritamente, mas um tipo de percepção intelectual, presumivelmente do *kalon*, ou seja, o que é admirável e atrativo na ação. Deve ser a visão de Aristóteles por fim que realizar uma ação adequada é de algum modo *ver* que é adequada, e que nosso ver que é assim é a melhor parte da ação, e que não há outro propósito na vida além do *ver* desse modo.

Tudo que está bem termina bem?

Essas reflexões nos levam às dificuldades que foram levantadas no primeiro capítulo deste livro, as dificuldades globais sobre a interpretação da *Ética*, que, podemos sentir, não foram inteiramente resolvidas, mesmo dadas as análises sutis e intrincadas de Aristóteles. Eu as revisarei apenas brevemente porque uma consideração completa nos levaria além do escopo de um livro introdutório como este. E devo estar basicamente limitado a expressar juízos, em vez de revisar as bases para esses juízos.

O problema da seleção versus *coleção* com relação à *eudaimonia* – Qual Aristóteles sustenta? Ambos, parece, mas em uma ordem. E o resultado é desapontador: como vimos, sem outro argumento, as razões pelas quais Aristóteles entusiasticamente coloca a contemplação filosófica na primeira posição não vão além e explicam, com persuasão completa, por que as atividades das outras virtudes são contadas como felicidade.

O Problema da Ordem – Esse não parece estar resolvido, ao menos no sentido que a noção de Aristóteles de ordem é *inteligível*. Que devêssemos usar C para perseguir Y embora respeitando a natureza de X (fazer somente o que é "adequado" ou "apropriado" dado o que X é) faz sentido bem o bastante. É talvez menos claro por que a natureza de X deveria nesses casos provar uma restrição incondicional na ação; todavia, se uma pessoa está disposta a garantir que X assim como Y devem ser considerados um "fim", talvez o tema possa ficar aqui. Um "fim" nesse sentido é aquilo ao que uma pessoa nunca pode razoavelmente *se opor*, mesmo que alguns fins sejam aqueles *pelos* quais ela deveria consistentemente *agir*.

O Problema do Egoísmo versus *Altruísmo* – Para Aristóteles, não há problema sobre a "possibilidade do altruísmo" porque ele pressupõe que a mente humana tem a capacidade de discernir o que a natureza de uma coisa é e, portanto, o que é bom para ela; além disso, ele pensa que, uma vez que tenha discernido isso, é capaz de desejar que isso seja assim. A mente ser capaz de fazer essas coisas é uma capacidade intelectual geral, do mesmo tipo que nosso conhecimento da natureza, e, em princípio, independente de nossos interesses e emoções. Ele também não pensa que um ente humano tenha originalmente desejos autointeressados somente, que devem de algum modo se propagar a outros. Em troca, ele considera um ente humano originalmente uma pessoa privada, com amores e preocupações que em primeiro lugar se desenvolve dentro de uma família, na qual seus outros membros são considerados não inteiramente distintos dela. Certamente, após o caráter de uma pessoa amadurecer, torna-se uma tarefa estender seu concernimento analogamente aos concidadãos concebidos como livres e iguais. Mas essa é uma prática não um problema filosófico, que, embora possa ser difícil de alcançar, não envolve grandes mistérios.

O problema da objetividade moral – Está claro que Aristóteles pensa que podemos formular juízos morais que sejam verdadeiros ou falsos; também que esses juízos são verdadeiros ou falsos dependendo das características objetivas das pessoas e suas ações. Mas ele diz pouco sobre as bases desses juízos ou da assim chamada "epistemologia moral". Essa parece ser simplesmente uma deficiência da *Ética*: o tratado necessita ser complementado por uma descrição mais completa do *kalon*.

O Problema da Orientação – A esse ponto, deveria estar claro que a *Ética* não contém uma escassez, mas uma abundância de orientação; a dificuldade é, em troca, que não é inteiramente evidente como equilibrar o conselho que Aristóteles dá, ou se essas várias fontes de orientação poderiam ser simplificadas ou reduzidas a alguns princípios mais comuns ou básicos. Deveríamos visar a simplificar nossas vidas, diz Aristóteles, a fim de maximizar a contemplação, dentro das restrições da virtude; deveríamos cultivar distintamente prazeres humanos; deveríamos passar um tempo com amigos; deveríamos ser cuidadosos em formar um pequeno número de amigos íntimos, mas não muitos; relações com amigos deveriam apropriadamente envolver reciprocidade; diferentes tipos de bens devem ser dados a diferentes tipos de amigos em diferentes bases; deveríamos evitar nos colocar em uma posição na qual a disponibilidade de prazeres do paladar e do tato afetasse nosso corpo de modo que não pudéssemos controlar nossas ações razoavelmente; deveríamos adquirir conhecimento, especialmente metafísico e teológico, e usar nosso lazer para fazer uso desse conhecimento; deveríamos ser treinados em habilidades relevantes; a igualdade de vários tipos, temperada pela equidade, deveria guiar nossas transações com outros; deveríamos evitar aqueles extremos de emoção que implicam respostas tudo-ou-nada de nossa parte; deveríamos tomar cuidado para executar ações típicas dos bons traços que desejamos adquirir; deveríamos descontar o prazer de uma ação ao decidirmos se vamos realizá-la – e assim por diante.

A questão que esses conselhos e direções variados levantam é: qual é a natureza do raciocínio moral, e da vida moral – e como deve ser a educação moral – se tornar-se um ente humano bom é um tema tão nuançado e sutil como o tratado de Aristóteles implica? Isto, ao menos, parece claro: que o progresso na compreensão de uma abordagem aristotélica da ética será uma questão de viver uma vida dentro de uma cultura e tradição na qual essa abordagem é tomada seriamente. Poderíamos esperar encontrar uma compreensão mais profunda da ética aristotélica menos nos trabalhos de filosofia e mais nos trabalhos de literatura e cultura, e nas aspirações e realizações humanas reais.

Ao nos apresentar somente um esquema da felicidade humana e das exigências da ética, independentemente de seus outros propósitos, Aristóteles certamente também nos deixou espaço de fato para colocá-las em prática por nós mesmos.

Leitura adicional

Das muitas boas discussões sobre os desconcertantes capítulos finais da *Ética*, a serem recomendados como levantando quase todos os pontos importantes, e cobrindo as principais posições alternativas, estão Broadie (1991), capítulo 7; Keyt (1978); Curzer (1991b); e ver também, já mencionado, Cooper (1975), Lawrence (1993), Kraut (1989), e N.P. White (1988).

Referências

As notas de rodapé ao final dos capítulos em Broadie (1991) podem ser usadas como um guia bibliográfico seleto e bom, assim como, para uma literatura anterior, as notas adicionais em Hardie (1980).

ACKRILL, J.L. (1974). Aristotle on Eudaimonia. *Proceedings of the British Academy* 60, p. 3-23 [reimp. in: RORTY, A.O. (org.). *Essays on Aristotle's Ethics*. Berkeley: University of California Press, p. 15-34].

_____ (1972). "Aristotle on 'Good' and the Categories". In: STERN, S.M.; HOURANT, A. & BROWN, V. (orgs.). *Islamic Philosophy and the Classical Tradition*. Oxford: Oxford University Press, p. 17-25 [reimp. in: BARNES, J.; SCHOFIELD, M. & SORABJI, R. (orgs.) (1977). *Articles on Aristotle*. Vol. II: Ethics and Politics. Londres: Duckworth, p. 17-24].

_____ (1965). "Aristotle's Distinction between energeia and kinesis". In: BAMBROUGH, R. (org.). *New Essays on Plato and Aristotle*. Londres: Routledge, p. 121-141.

ANNAS, J. (1993). *The Morality of Happiness*. Nova York: Oxford University Press.

_____ (1988). Self-Love in Aristotle. *Southern Journal of Philosophy* 27, p. 1-18.

_____ (1977). Plato and Aristotle on Friendship and Altruism. *Mind* 86, p. 532-554.

ANSCOMBE, G.E.M. (1965). "Thought and Action in Aristotle". In: BARNES, J.; SCHOFIELD, M. & SORABJI, R. (orgs.) (1977). *Articles on Aristotle*. Vol. II: Ethics and Politics. Londres: Duckworth, p. 61-71.

AUSTIN, J.L. (1970). A Plea for Excuses. *Philosophical Papers*. 2. ed. Oxford: Oxford University Press, p. 175-205 [1. ed.: A Plea for Excuses – The Presidential Address. *Proceedings of the Aristotelian Society* 57, 1956-1957, p. 1-30].

BARNES, J. (ed.) (1984). *The Complete Works of Aristotle* – The revised Oxford translation. 2 vols. Princeton: Princeton University Press.

BARNES, J. (1980). Aristotle and the Method of Ethics. *Revue Internationale de Philosophie* 133/4, p. 490-511.

BARNES, J.; SCHOFIELD, M. & SORABJI, R. (orgs.) (1979). *Articles on Aristotle*. Vol. III: Metaphysics. Londres: Duckworth.

_____ (1977). *Articles on Aristotle*. Vol. II: Ethics and Politics. Londres: Duckworth.

_____ (1975). *Articles on Aristotle*. Vol. I: Science. Londres: Duckworth.

BOLTON, R. (1991). "Aristotle on the Objectivity of Ethics". In: ANTON, J.P. & PREUS, A. (orgs.). *Essays in Ancient Greek Philosophy*. Vol. IV: Aristotle's Ethics. Albany: State University of New York Press, p. 59-72.

BOSTOCK, D. (2000). *Aristotle's Ethics*. Oxford: Oxford University Press.

_____ (1988). Pleasure and Activity in Aristotle's Ethics. *Phronesis* 19, p. 251-272.

BROADIE, S. & ROWE, C. (2002). *Aristotle: Nicomachean Ethics* – Translation, Introduction, and Commentary. Oxford: Oxford University Press.

BROADIE, S. (1991). *Ethics with Aristotle*. Oxford: Oxford University Press.

BURNYEAT, M. (1980). "Aristotle on Learning to Be Good". In: RORTY, A.O. (org.). *Essays on Aristotle's Ethics*. Berkeley: University of California Press, p. 69-92.

CHARLES, D. (1984). *Aristotle's Philosophy of Action*. Londres: Duckworth.

CHROUST, A.H. (1973). *Aristotle*: New Light on his Life and on Some of his Lost Works. South Bend: Notre Dame University Press.

COOPER, J. (1990). "Political Animals and Civic Friendship". In: PATZIG, G. (org.). *Aristoteles: Politik* – Akten des XI Symposium Aristotelicum. Göttingen: Vandenhoeck and Ruprecht, p. 221-242.

_____ (1985). Aristotle on the Goods of Fortune. *Philosophical Review* 94, p. 173-196.

_____ (1977). Aristotle on the Forms of Friendship. *Review of Metaphysics* 30, p. 619-648 [uma versão ligeiramente abreviada de "Aristotle on Friendship" (in: RORTY, A.O. (org.). *Essays on Aristotle's Ethics*. Berkeley: University of California Press, p. 301-340)].

_____ (1975). *Reason and Human Good in Aristotle*. Indianapolis: Hackett.

CURZER, H.J. (1996). A Defense of Aristotle's Doctrine of the Mean. *Ancient Philosophy* 16, p. 129-139.

_____ (1991a). Aristotle's Much-Maligned megalopsychos. *Australasian Journal of Philosophy* 69, p. 131-151.

_____ (1991b). The Supremely Happy Life in Aristotle's Nicomachean Ethics. *Apeiron* 24, p. 47-69.

DAVIDSON, D. (1969). "How Is Weakness of the Will Possible?" In: FEINBERG, J. (org.). *Moral Concepts*. Oxford: Oxford University Press, p. 93-113 [reimp. in: DAVIDSON, D. (org.) (1980). *Essays on Actions and Events*. Oxford: Oxford University Press, p. 21-42].

FOOT, P. (2001). *Natural Goodness*. Oxford: Oxford University Press.

_____ (1978). *Virtues and Vices*. Berkeley: University of California Press.

FORTENBAUGH, W.W. (1975). Aristotle's Analysis of Friendship: Function and Analogy, Resemblance, and Focal Meaning. *Phronesis* 20, p. 51-62.

FURLEY, D.J. (1980). "Self-Movers". In: RORTY, A.O. (org.). *Essays on Aristotle's Ethics*. Berkeley: University of California Press, p. 55-68.

GARDINER, S. (2001). Aristotle's Basic and Non-Basic Virtues. *Oxford Studies in Ancient Philosophy* 20, verão, p. 261-195.

GEACH, P. (1977). *The Virtues*. Cambridge: Cambridge University Press.

GLASSEN, P. (1957). A Fallacy in Aristotle's Argument about the Good. *Philosophical Quarterly* 7, p. 319-322.

GOMEZ-LOBO, A. (1991). "The Ergon Inference". In: ANTON, J.P. & PREUS, A. (orgs.). *Essays in Ancient Greek Philosophy*. Vol. IV: Aristotle's Ethics. Albany: State University of New York Press, p. 43-57.

GOSLING, J.C.B. & TAYLOR, C.CW. (1982). *The Greeks on Pleasure*. Oxford: Oxford University Press.

HAMPTON, J. (1998). *The Authority of Reason*. Cambridge: Cambridge University Press.

HARDIE, W.F.R. (1980). *Aristotle's Ethical Theory*. 2. ed. Oxford: Clarendon.

_____ (1968). Aristotle and the Freewill Problem. *Philosophy* 43, p. 274-278.

_____ (1965). The Final Good in Aristotle's Ethics. *Philosophy* 40, p. 277-295.

HART, O. (1995). *Firms, Contracts, and Financial Structure*. Oxford: Clarendon.

HEINAMAN, R. (1995). Activity and Change in Aristotle. *Oxford Studies in Ancient Philosophy* 13, p. 187-216.

_____ (1988). Eudaimonia and Self-Sufficiency in the Nicomachean Ethics. *Phronesis* 33, p. 35-41.

HUBY, P.M. (1967). The First Discovery of the Free Will Problem. *Philosophy* 42, p. 353-362.

HURSTHOUSE, R. (1984). Acting and Feeling in Character: Nicomachean Ethics 3.i. *Phronesis* 29, p. 252-266.

_____ (1980-1981). A False Doctrine of the Mean. *Proceedings of the Aristotelian Society* 81, p. 57-72.

IRWIN, T.H. (1988a). *Aristotle's First Principles*. Oxford: Clarendon.

_____ (1988b). Disunity in the Aristotelian Virtues. *Oxford Studies in Ancient Philosophy*, vol. supl., p. 61-78.

_____ (1985). Permanent Happiness: Aristotle and Solon. *Oxford Studies in Ancient Philosophy* 3, p. 89-124.

_____ (1981). "Aristotle's Methods of Ethics". In: O'MEARA, D. (org.). *Studies in Aristotle*. Washington: Catholic University of America Press, p. 193-224.

JAEGER, W. (1948). *Aristotle*: Fundamentals of the History of his Development. Oxford: Clarendon.

JUDSON, L. (1997). Aristotle on Fair Exchange. *Oxford Studies in Ancient Philosophy* 13, p. 147-175.

KACZOR, C. (1997). Exceptionless Norms in Aristotle: Thomas Aquinas and Twentieth Century Interpreters of the Nicomachean Ethics. *Thomist* 61, p. 33-62.

KENNY, A. (1979). *Aristotle's Theory of the Will*. New Haven: Yale University Press.

_____ (1978). *The Aristotelian Ethics*. Oxford: Oxford University Press.

_____ (1966). The Practical Syllogism and Incontinence. *Phronesis* 11, p. 163-184.

KEYT, D. (1978). Intellectualism in Aristotle. *Paideia* 7, p. 138-157.

KOSMAN, L.A. (1980). "Being Properly Affected: Virtues and Feelings in Aristotle's Ethics". In: RORTY, A.O. (org.). *Essays on Aristotle's Ethics*. Berkeley: University of California Press, p. 103-119.

KRAUT, R. (1989). *Aristotle on the Human Good*. Princeton: Princeton University Press.

_____ (1979). Two Conceptions of Happiness. *Philosophical Review* 88, p. 167-197.

LAWRENCE, G. (2001). The Function of the Function Argument. *Ancient Philosophy* 21, p. 445-475.

_____ (1997). Nonaggregatability, Inclusiveness, and the Theory of Focal Value: NE 1.7 1097b16-20. *Phronesis* 42, p. 32-76.

_____ (1993). Aristotle and the Ideal Life. *Philosophical Review* 102, p. 1-34.

MACINTYRE, A. (1994). *After Virtue*. 2. ed. Londres: Duckworth.

MADIGAN, A. (1985). Eth. Nic. 9.8: Beyond Egoism and Altruism? *Modern Schoolman* 62, p. 1-20.

MEIKLE, S. (1995). *Aristotle's Economic Thought*. Nova York: Oxford University Press.

MELLOR, D.H. (2001). "The Need for Tense". In: LOUX, M. (org.). *Metaphysics*: Contemporary Readings. Londres: Routledge, p. 304-320.

MEYER, S.S. (1993). *Aristotle on Moral Responsibility*. Oxford: Blackwell.

MILLER, F.D. (1995). *Nature, Justice and Rights in Aristotle's Politics*. Oxford: Oxford University Press.

MORAVCSIK, J.M.E. (org.). (1967). *Aristotle*: A Collection of Critical Essays. Garden City: Anchor Books.

NUSSBAUM, M.C. (1982). "Saving Aristotle's Appearances". In: SCHOFIELD, M. & NUSSBAUM, M.C. (orgs.). *Language and*

Logos: Studies in Ancient Greek Philosophy. Cambridge: Cambridge University Press, p. 267-293.

O'CONNOR, D. (1988). Aristotelian Justice as a Personal Virtue. *Midwest Studies in Philosophy* 13, p. 417-427.

OWEN, G.E.L. (1986). *Logic, Science, and Dialectic*. Ithaca: Cornell University Press.

_____ (1971/1972). Aristotelian Pleasures. *Proceedings of the Aristotelian Society* 72, p. 135-152 [reimp. in: OWEN, G.E.L. (1986). *Logic, Science, and Dialectic*. Ithaca: Cornell University Press, p. 334-346].

_____ (1961). "Tithenai ta Phainomena". In: MANSION, S. (org.). *Aristote et les problèmes de méthode* – Papers of the Second Symposium Aristotelicum. Louvaina: Publications Universitaires de Louvain, p. 83-103 [reimp. in: MORAVCSIK, J.M.E. (org.). (1967). *Aristotle*: A Collection of Critical Essays. Garden City: Anchor Books, p. 167-190. • BARNES, J.; SCHOFIELD, M. & SORABJI, R. (orgs.) (1977). *Articles on Aristotle*. Vol. II: Ethics and Politics. Londres: Duckworth, p. 113-126. • OWEN, G.E.L. (1986). *Logic, Science, and Dialectic*. Ithaca: Cornell University Press, p. 239-251].

_____ (1960). "Logic and Metaphysics in Some Earlier Works of Aristotle". In: DÜRING, I. & OWEN, G.E.L. (orgs.). *Aristotle and Plato in the Mid-Fourth Century* – Papers of the Symposium Aristotelicum held at Oxford in August, 1957. Göteborg [Studia Graeca et Latina Gothoburgensia, 11] [reimp.: in: BARNES, J.; SCHOFIELD, M. & SORABJI, R. (orgs.) (1979). *Articles on Aristotle*. Vol. III: Metaphysics. Londres: Duckworth, p. 13-32; OWEN, 1986: 180-199].

PAKALUK, M. (2004). The Meaning of Aristotelian Magnanimity. *Oxford Studies in Ancient Philosophy* 26, Summer, p. 241-275.

_____ (2002). On an Alleged Contradiction in Aristotle's Nicomachean Ethics. *Oxford Studies in Ancient Philosophy* 22, p. 201-219.

_____ (1998). *Aristotle: Nicomachean Ethics Books VIII and IX* – Translation with Commentary. Oxford: Clarendon Press [Clarendon Aristotle Series].

PANGLE, L.S. (2004). *Aristotle and the Philosophy of Friendship*. Cambridge: Cambridge University Press.

PEARS, D. (1980). "Courage as a Mean". In: RORTY, A.O. (org.). *Essays on Aristotle's Ethics*. Berkeley: University of California Press, p. 171-188.

PRICE, A.W. (1995). *Mental Conflict*. Londres: Routledge.

_____ (1989). *Love and Friendship in Plato and Aristotle*. Oxford: Clarendon.

_____ (1980). Aristotle's Ethical Holism. *Mind* 89, p. 338-352.

REID, T. (1969). *Essays on the Active Powers of Man*. Cambridge: MIT Press.

RICHARDSON, H.S. (1994). *Practical Reasoning about Final Ends*. Cambridge: Cambridge University Press.

ROBINSON, R. (1969). "Aristotle on Akrasia". In: *Essays in Greek Philosophy*. Oxford: Clarendon Press, p. 139-160 [reimp. in BARNES, J.; SCHOFIELD, M. & SORABJI, R. (orgs.) (1977). *Articles on Aristotle*. Vol. II: Ethics and Politics. Londres: Duckworth, p. 79-91].

RORTY, A.O. (org.). (1980). *Essays on Aristotle's Ethics*. Berkeley: University of California Press.

SCHOFIELD, M. & NUSSBAUM, M.C. (orgs.) (1982). *Language and Logos*: Studies in Ancient Greek Philosophy. Cambridge: Cambridge University Press.

SCHWARTZENBACH, S. (1996). On Civic Friendship. *Ethics* 107, p. 97-128.

SORABJI, R. (1980). *Necessity, Cause, and Blame*. Londres: Duckworth.

STERN-GILLET, S. (1995). *Aristotle's Philosophy of Friendship*. Albany: State University of New York Press, 1995.

TOMÁS DE AQUINO (1993). *Commentary on Aristotle's Nicomachean Ethics*. Beloit: Dumb Ox Books.

_____ (1947). *Summa Theologiae*. Nova York: Benzinger Bros.

URMSON, J.O. (1988). *Aristotle's Ethics*. Oxford: Basil Blackwell.

_____ (1973). Aristotle's Doctrine of the Mean. *American Philosophical Quarterly* 10, p. 223-230 [reimp. in RORTY, A.O. (org.). *Essays on Aristotle's Ethics*. Berkeley: University of California Press, p. 157-169].

WALKER, A.D.M. (1979). Aristotle's Account of Friendship in the Nicomachean Ethics. *Phronesis* 24, p. 180-196.

WEDIN, M. (1981). Aristotle on the Good for Man. *Mind* 90, p. 243-262.

WHITE, N.P. (1988). Good as Goal. *Southern Journal of Philosophy* 27, p. 169-193 [supl. Spindel Conference].

WHITE, S.M. (1992). *Sovereign Virtue*: Aristotle on the Relationship Between Happiness and Prosperity. Stanford: Stanford University Press.

WHITING, J. (1988). Aristotle's Function Argument: A Defence. *Ancient Philosophy* 8, p. 33-48.

WIGGINS, D. (1980). "Deliberation and Practical Reason". In: RORTY, A.O. (org.). *Essays on Aristotle's Ethics*. Berkeley: University of California Press, p. 221-240.

WILLIAMS, B. (1980). "Justice as a Virtue". In: RORTY, A.O. (org.). *Essays on Aristotle's Ethics*. Berkeley: University of California Press, p. 189-200.

YOUNG, C. (1994). Aristotle on Liberality. *Proceedings of the Boston Area Colloquium in Ancient Philosophy* 10, p. 313-334.

_____ (1988). Aristotle on Temperance. *Philosophical Review* 97, p. 521-542.

_____ (1977). "Aristotle on Courage". In: HOWE, Q. (org.). *Humanitas*: Essays in Honor of Ralph Ross. Claremont: Scripps College Press, p. 194-203.

ZAGZEBSKI, L. (1996). *Virtues of the Mind*. Cambridge: Cambridge University Press.

ÍNDICE

Ação 180-224
   diferente de produção 87-88
   distinto dos entes humanos
     126-127, 185-186
   envolvendo escolha 195-206
   forçada 182-183, 186-192
   misturada 189-192
   particulares da 170
   "por vontade própria"
     (*hekousion*) 182-185
   realizada devido à
     ignorância 191-196
   realizada não
     voluntariamente 187-188,
     192-193
   voluntária 184-185

Adequação 36-37
   como implicando restrições
     na ação 36-37

Admirabilidade; cf. Nobreza

Akrasia; cf. Falha de
   autocontrole

Alexandre o Grande 41, 45, 47

Alma (*psychē*)
   definida 323-324
   distinta do corpo 142-143
   intuição sólida (*nous*)
     302-303, 305-306
   "partes" da 142-148,
     237-238
   princípio da causa da vida
     142-143
   racional 144-148

Altruísmo e egoísmo 32-36,
   470-471
   e amizade 34-35

Amizade
   amiga um "outro *self*"
     374-375, 398-407
   caso central 387-388,
     390-391
   cívica 296-297, 396-399
   como transcendendo o
     egoísmo e o altruísmo
     34-35
   completa 390-391

em associações 392-393
envolve amar a uma outra
  pessoa por seu bem 31-33,
  380-381
marcas da 398-399
mostrada no "viver a vida
  juntos" 376-377, 409-411
reciprocidade na 380-382,
  390-391
relacionada à equidade
  296-297

Amor 377-378
  por outra pessoa "em função
    dela" 380-381, 389-391
  por outra pessoa "por seu
    próprio bem" 380-382,
    390-391
  por outra pessoa "por si"
    380-381, 389-391
  três formas de 383-389

Amor-próprio 374-375
  amizade, uma extensão do
    398-399, 403-404
  tipo bom 405-407

Apetite; cf. Desejo sentido

Argumento da Função 29-30,
  35-36, 120-132, 138-139,
  301-302

Arte; cf. Técnica

Associação (*koinōnia*) 380-382
  amizade na 392-393
  envolve partilha 391-392

Atividade especulativa
  (*theōria*), ou filosófica
  contemplação 452-472
  o trabalho da parte pensante
    da alma 315-317
  vida centrada em torno da
    96-97

Austin, J.L. 368-370

Autodomínio ou "moderação"
  (*sōphrosynē*) 175-176,
  247-256
  a visão de Platão do 227-228,
    237-238, 272-273
  não "autocontrole" 249-250
  papel do *kalon* 235-237
  vício da autocomplacência
    (*akolasia*) 249-250

Bem, bens
  comensurabilidade 285-286
  como fim 25-26, 85-88,
    412-413
  comum 391-394

divisível 282-283
Forma do Bem 98-112
humano 83-84
não qualificado 282-283
natural 408-409
O Bem 85-86
Cf. tb. Fim

Boa fortuna (ou boa sorte);
cf. Prosperidade (*eutychia*)

Boa vontade (*eunoia*) 377-381

Caráter
adquirido por nossa própria vontade 215-224
Categorias
bens dentro de cada 104-105, 107-109
como tipos mais elevados 102-105
Cidade-Estado (*polis*);
cf. Sociedade política
Como um fim (*teleion*) 112-113
vida 131-135

Conhecimento (*epistēmē*) 302-303, 305-306

Convencionalismo 35-36, 298-299

Coragem 175-176, 184-186, 237-238
cívica 184-185, 245-246
definição de 238-239
domínio da 227-228
papel do *kalon* 234-237, 244-245
visão de Platão da 227-228, 272-273

De anima de Aristóteles 350-351

Definido 322-323

Deliberação (*bouleusis*) 205-212

Descartes 51-52, 54-55

Desejo (*boulēsis*) 196-197, 199-202, 212-216

Desejo sentido (*epithymia*) 196-200, 237-238, 247-248, 272-273
comum *vs.* privado 252-253
primeiros princípios (*archai*) 65-69

Deuses 457-458, 466-467
amam uma pessoa com sabedoria 466-467
desfrutam a *eudaimonia* 84-85

meramente pensam 143-144
Primeiro Motor 111-112, 326-327
racionais e vivos 126-127
serviço a Deus como um padrão 331-333

Divisio do texto 74-79

Dor 159-160

Egoísmo; cf. Altruísmo e egoísmo

Emoções, respostas emocionais 163-164
como domínios de virtudes 164-165, 171-172
respondendo à razão 146-147
resposta intermediária 167-168
subjugando a razão 345-346, 354-355

Endoxa 53-58, 91-93, 342

Equidade (*epieikeia*) 293-294
relacionada à amizade 296-297

Escolha (*prohairesis*) 181-182, 195-206
como preferência 205-206
como uma faculdade 196-197
não desejo 199-202
não desejo sentido 198-200
não espírito 199-200
não opinião 201-205
requer deliberação 203-205

Esparta 237-238

Espeusipo 43-44

Espírito (*thymos*) 196-197, 199-200, 237-238, 247-248, 272-273

Estado ou "traço", "condição" (*hexis*) 159-161, 163-164
clarificado por sua extrema atualização 228-230, 259-260
definição de 164-166
produtivo de apenas um entre opostos 275-276

Ética a Eudemo 49-51, 331-333

Ética
acurácia limitada da 65-66, 295-297
primeiros princípios da 65-66
uma disciplina prática 38-39, 180-181

Eudaimonia; cf. Felicidade

Eudoxo 42-43, 71-72, 77-78

Falha de autocontrole (*akrasia*) 339-371
 negada por Sócrates 345-348
 seu oposto 339-340

Família 394-396
 contém análogos de constituições 395-397
 fonte da amizade cívica 396-399

Fato/valor, diferença 36-37

Felicidade (*eudaimonia*) 29-32, 83-85, 452-472
 atividade de acordo com a virtude 23-24, 28-30, 138-139, 180-181, 226-227, 339-340, 407-409, 452-453
 Critério da Autossuficiência da 115-120, 138-139, 226-227, 301-302
 Critério da Preferibilidade da 119-121, 138-139, 226-227, 301-302
 Critério do Caráter Último da 112-116, 138-139, 226-227, 301-302
 critérios da 111-121, 138-139
 e Egoísmo 34-35
 envolve prosperidade (*eutychia*) 83-84, 134-135
 secundária 453-454
 última 453-454, 467-468
 visões comuns da 91-98

Fenômenos; cf. *Phainomena*

Fim (*telos*)
 equivalente a um bem 25-26, 85-88
 não deliberado sobre 206-210
 último 19-21, 23-24, 28-30, 34-35, 83-84, 180-181, 226-227, 301-302, 339-340, 452-453

Física de Aristóteles 372-373

Função (*ergon*) 23-28, 122-123
 correlacionada com o prazer 447-448
 da parte pensante da alma 316-317, 319-320
 distinta (*idion*) para uma coisa 124-127
 e teleologia 123-124
 em Platão 23-25, 124-126, 131-132, 304-305

Ganância (*pleonexia*)
tipifica uma pessoa injusta
276-277

Generosidade 148-150,
175-176, 255-261
diferente de magnificência
256-257
domínio da 227-228
papel do *kalon* 235-237

Habilidade administrativa
(*phronēsis*) 181-182,
229-230, 305-306, 312-313,
454-455
classificação da 329-330
compreensão simpática
(*gnōmē*) 329-330
definida 323-324
depende da virtude
relacionada ao caráter
336-337
em Platão 272-273
em prol da sabedoria
filosófica 312-313
equivalente à "razão sólida"
313-314
necessária para a virtude
relacionada ao caráter
336-337

perceptividade (*synesis*)
329-330
sabedoria prática 302-303,
313-314
"sagacidade" 326-327
seu alvo 329-338, 458-463
traços incidentais 327-328

Habilidade; cf. Técnica

Heidegger, Martin 39-40

Hermias 43-46

Honra
não felicidade 93-96

Hume, David 36-27, 51-52

Identificar-se com uma pessoa
403-404, 407-409

Igualdade
aritmética 287-288
e objetividade na ética 36-37
essencial à justiça 282-284
implicando um mercado
286-287
na amizade 376-377
proporcional 283-288

Interdefinibilidade de Bem,
Função e Virtude 25-26

Justiça; cf. Equidade

Justiça, virtude geral da
276-279
  a visão de Platão da 272-273
  como a Doutrina da
    Mediedade se aplica à
    287-292
  comutativa 287-288
  corretiva 287-288
  distinta da justiça geral
    279-283
  distributiva 287-288
  diz respeito a ações não a
    emoções 290-291
  e estados de coisas justos
    268-269
  entre pessoas livres e iguais
    295-298
  envolve igualdade 282-284
  equidade como corretivo da
    293-294
  insuficiente para a vida social
    humana 394-395
  justiça, virtude particular da
    (*dikaiosynē*) 267-300
  marcada pela legalidade
    276-277
  natural ou "primária"
    297-300
  oposta pela ganância
    276-277, 279-283
  política 295-298
  sem qualificação 297-298
  três formas de 282-288
  virtude completa exercida
    em relação a outros
    276-280

Koinōnia; cf. Associação

Liceu 44-47

Magnanimidade 260-265
  domínio da 227-228

Magnificência 260-263

Mediedade, Doutrina da
  163-164, 167-174, 306-307
  enquanto aplicada à justiça
    287-292
  relativa a nós 170-174

Metafísica de Aristóteles
  sobre *aporia* e *lysis* 55-58
  sobre o bem 111-112

Mill, John Stuart 267-268

Moderação; cf. Autodomínio
  ou "moderação"

Nicômaco
  filho de Aristóteles 23-24, 44-46
  pai de Aristóteles 40-41

Nobreza (*to kalon*) 228-237
  como a possuímos 233-234, 405-406, 408-409
  derivada de Platão 230-234
  e objetividade na ética 36-37, 230-231
  motivo para ação virtuosa 234-237
  preferência pela 235-237
  sensibilidade à 234-235

Objetividade na ética 35-39, 469-472
  contrastada com convencionalismo 35-36
  da *eudaimonia* 84-85

Opinião (*doxa*) 196-197, 201-205

Pessoa boa como medida ou critério 213-216
  harmonia natural entre desejo e seus objetos 213-215

Phainomena 51-57, 74-75, 341-344, 352-353

Platão 36-37, 39-44, 135-137, 270-271, 324-325
  Alcebíades 244-245, 247-248
  Cármides 227-228
  contexto platônico da *Ética* 156-157, 226-227, 230-234, 237-238, 298-299, 303-305, 323-324
  Filebo 119-120
  fundador da Academia 42-46
  Górgias 115-117, 230-231
  Mênon 270-271
  problema do Terceiro Humano 106-107
  Protágoras 227-228, 269-275
  República 39-40, 112-113, 124-126, 208-209, 237-238, 297-298
  seu Argumento da Função 124-126, 131-132, 233-234
  Simpósio 230-234
  teoria da justiça 272-275, 297-298
  teoria do bem 25-26, 98-112
  Um Sobre o Múltiplo, argumento 99-102, 104-109
  Unidade da Virtude 226-228, 303-305, 336-337

Política de Aristóteles 47-48
e diferenças quanto aos tipos de virtude 173-174

Prazer 412-451
coincidindo com o bem 386-387, 424-425
completa a atividade 445-448
comumente considerado ser felicidade 93-95
da alma *vs.* do corpo 251-252
definição funcional de 443-446
definido como "atividade desimpedida" 435-438, 448-449
efeito colateral e sinal da ação virtuosa 159-160, 253-255
envolve aparência 421-422
equivalente a "satisfação" 160-161
incidental 424-425
necessidade de descontá-lo 177-178
sentidos subjetivo e objetivo 424-425, 427-430, 437-440, 442-443, 448-449
teleológico 421-425, 440-441
um bem 440-441
um processo 432-434, 444-445

Problema da Ordem 31-33, 469-471

Problema da Orientação 38-40, 306-309, 471-472

Problema da Seleção *vs.* Coleção 28-32, 113-116, 118-121, 331-333, 452-453, 455, 470-471

Problemata 46-47

Prohairesis; cf. Escolha

Prosperidade (*eutychia*) 134-135, 406-407

Protéptico 50-52

Rawls, John 267-268

Razão 144-148, 272-273
prática 315-323

Razão sólida (*orthos logos*) 253-254, 305-306
"bom senso" 310-313
demarcação da 322-330

equivalente à sabedoria
prática 313-314
necessita de um alvo e de um
padrão 309-312, 329-338,
458-463

Reciprocidade 285-287
na amizade 376-377, 380-384

Reduplicação 208-209

Retórica de Aristóteles 49-50,
260-261
leis não escritas 298-299

Sabedoria prática (*phronēsis*);
cf. Habilidade administrativa

Significado focal 57-62

Sociedade política
amizade na 381-382
coragem necessária para
242-245

Sócrates 336-337, 363-364
e definições na ética 36-37,
58-59, 229-230
e justiça natural 298-299
nega falha de autocontrole
346-348, 350-351
sustentava que virtude é
conhecimento 148-151

Técnica (*technē*) 302-303,
305-306, 309-310
definida 322-323
de governo (*politikē*) 88-90,
414-416
inerentemente tem um fim
88-89, 208-209
subordinada ao agir bem
302-303

Teleion; cf. Como um fim

Theōria; cf. Atividade
especulativa

Tópicos de Aristóteles 163-164,
235-237, 275-276

Verdade 315-316

Vigor; cf. Espírito

Virtude (*aretē*)
adquirida por "treinamento"
153-154, 159-161, 237-239
análoga à saúde 167-168
"cardinal" 248-249, 272-273
relacionada ao caráter
138-179, 180-182, 226-230,
301-302
distinta de uma habilidade
161-162

"domínio" da 156-157, 164-165, 175-177, 227-228, 234-235
inclinação natural à 151-152, 173-174
partes da 301-302
personificada, no hino de Aristóteles 45-46
um "estado" ou "traço" (*hexis*) 163-164, 167-168, 218-219
relacionada ao pensamento 144-145, 180-181, 226-227, 301-338
Unidade da 227-230, 262-263, 336-338
definida em termos de função 25-28, 138-139
atividade de acordo com a 23-24, 28-30, 138-139, 180-181, 226-227, 339-340, 407-409, 452-453
uma excelência 24-26
sabedoria filosófica (*sophia*) 29-30, 302-306, 312-313, 458-460, 462-463
definida 323-324
em Platão 272-273

Visão da Faculdade Teleológica 213-214

Wittgenstein 54-55

Xenócrates 43-44

Coleção Chaves de Leitura

- *Fundamentação da metafísica dos costumes – Uma chave de leitura*
Sally Sedgwick

- *Fenomenologia do espírito – Uma chave de leitura*
Ralf Ludwig

- *O príncipe – Uma chave de leitura*
Miguel Vatter

- *Assim falava Zaratustra – Uma chave de leitura*
Rüdiger Schmidt e Cord Spreckelsen

- *A república – Uma chave de leitura*
Nickolas Pappas

- *Ser e tempo – Uma chave de leitura*
Paul Gorner

- *A Ética a Nicômaco – Uma chave de leitura*
Michael Pakaluk